James Melville
Chrysantheme und Schwert

Ullstein Thriller

James Melville

Chrysantheme und Schwert

Ullstein

ANMERKUNG DES AUTORS

Europäer, die über Japan schreiben, übernehmen in ihrer eigenen Sprache häufig die Praxis, die Eigennamen so wiederzugeben, wie sie im Japanischen geschrieben werden: den Familiennamen zuerst, und den Vornamen an zweiter Stelle. Aus zwei Gründen habe ich mich entschieden, diesem Beispiel nicht zu folgen; der zwingendere ist für mich der, daß die japanischen Behörden bei englischsprachigen Dokumenten diese Reihenfolge selbst umstellen und die Namen auf westliche Weise schreiben, obgleich diese Praxis in den letzten Jahren in Japan einige Kontroversen entfacht hat. Zudem ist *Chrysantheme und Schwert,* auch wenn ich davon überzeugt bin, daß meine Rekonstruktion der Ereignisse vom 26. Februar im wesentlichen wie auch in hohem Maße in den Details historisch akkurat ist, ein Roman und kein wissenschaftliches Werk; ich glaube, daß die große Mehrheit seiner Leser die Wiedergabe der Personennamen nach der vertrauten westlichen Art sowohl akzeptabel als auch leicht verständlich finden wird.

DIE HAUPTPERSONEN

1936 fiktiv:

	Yukichi Shimada
Seine Frau:	Chie Shimada
Sein ältester Sohn:	Hideo Shimada
Seine älteste Tochter:	Yoko Shimada
Seine jüngere Tochter:	Teruko Shimada
Sein jüngerer Sohn:	Jiro Shimada
Tokyo-Korrespondent der New York Times:	Dwight Rogers
Dozent an der Waseda-Universität:	Herr Nagai

1936 historisch:

Seine Kaiserliche Majestät, der Kaiser von Japan

Seine Kaiserliche Hoheit, Major Prinz Chichibu

Graf Saito, Ehrwürdiger Bewahrer des Geheimen Siegels

Joseph Grew, US-Botschafter in Japan

Höflinge und Regierungsmitglieder

Seithin Ikeda, Präsident der Mitsui Holding

die Generäle Mazaki, Kawashima, Honjo, Sugiyama

Oberst Aizawa

Die aufständischen Offiziere:	die Hauptleute Ando, Nonaka, Yamaguchi, Kono die Leutnants Kurihara, Takahashi, Yasuda, Nakahashi
Ihre zivilen Verbündeten:	Ikki Kita, Mitsugi Nishida

1986 fiktiv:

Präsident der Shimada Trading Corporation:	Jiro Shimada
Emeritierte Professorin der Bibliothekswissenschaft:	Yoko Shimada
Emeritierter Professor der Japanologie:	Dwight Rogers
Publizistin:	Lesli Hoshino
Leiter des Büros Tokyo des Newsworld-*Magazins:*	Charlie Goldfarb

P.S. Der Schriftsteller Lafcadio Hearn lebte und arbeitete in den angegebenen Zeitabschnitten in Kumamoto und in Tokyo.

1. *Dienstag, 31. Dezember 1935*

Leutnant Hideo Shimada vom Dritten Regiment der Ersten Division der Kaiserlichen Japanischen Armee marschierte mit einer Aura von Selbstsicherheit in den Arden Beauty Salon an der Ginza und wich beinahe sofort wieder zurück. Mehrmals blinzelte er unter der Wucht der heißen, parfümierten Atmosphäre von Weiblichkeit, die ihn umfing und unter seiner schweren Serge-Uniform und dem Mantel prickelnder Schweiß ausbrechen ließ. Bevor er die Empfangsdame an ihrem kleinen Schreibtisch – schon deren Haar ein gewelltes Wunder der Werbung für den Salon – ansprechen konnte, drehten sich alle Köpfe in seine Richtung, und er sah sich einem feindseligen Panorama aus Lockenwicklern und Gesichtspackungen gegenüber. Dann erfaßte sein Blick das peinlich bewegte Gesicht seiner jüngeren Schwester Teruko, die jetzt schüchtern scheuchende Gebärden machte, und nachdem er eine oder zwei Sekunden lang gezögert hatte, kehrte er auf dem Absatz um und zog sich forsch durch den Ausgang zurück, ohne ein Wort gesprochen zu haben.

Während er noch herumstand und sich fragte, was er nun anfangen sollte, sah er Terukos Gestalt in ihrem weißen Kittel verschwommen hinter der beschlagenen Glasscheibe des Fensters aufragen. Sie hielt eine gespreizte Hand und vier Finger der anderen in die Höhe und drückte sie für einen Augenblick gegen die Scheibe; er nickte zum Zeichen dafür, daß er verstanden hatte, und sie huschte wieder davon und verschwand in den Tiefen des Salons. Hideo hatte geglaubt, seine Schwester arbeite nur bis acht Uhr abends; er wußte, daß die eleganten, im westlichen Stil gehaltenen Geschäfte an Tokyos Ginza einen völlig anderen Unternehmungsstil pflegten als die fassadenlosen Kaufläden in der Gegend von Ueno, in deren Nähe sie wohnten. Diese blieben bis zehn oder elf geöffnet, denn die kleinen Läden waren mit den daran anschließenden Wohnungen in augenfälliger Weise verschmolzen. Aber heute war Neujahrsabend, und vielleicht fühlte sich die Leitung des Arden Beauty Salon mit seiner Klientel aus den Kreisen der Ausländerinnen und reichen Japanerinnen verpflichtet, die Tatsache anzuerkennen, daß es für die Damen selbst in diesen schweren Zeiten wichtig war, am nächsten Tag so schön wie möglich auszusehen.

Hideo hatte eine tiefe Abneigung dagegen, daß man ihn warten ließ, aber jetzt hob er nur in philosophischer Gelassenheit die Schultern und wandte sich ab. Er warf einen Blick auf die große Uhr auf dem Mazda-Gebäude gegenüber, die über der ratternd durch die verkehrsreiche Straße schaukelnden Trambahn sichtbar war. Zehn nach acht. Es war ein angenehmer Abend, frisch und kalt, aber trocken, und mit flottem Schritt marschierte er in Richtung des nahegelegenen Hibiya, wo ein großer Teil der Kinos zu finden war. Er nahm an, daß Teruko, wenn sie endlich auftauchte, vom allerneuesten Hollywood-Klatsch übersprudeln würde, wenngleich sie wußte, daß er ihre Frivolität mißbilligte. Er war zwar schon ein paarmal selbst im Kino gewesen, aber nur, um sich japanische Filme anzusehen, die, wenn auch in extravaganter Überhöhung, die Welt widerspiegelten, die er kannte und inbrünstig genoß; Ausländer waren ihm aus Prinzip zuwider, und für ihre Art empfand er nichts als Abscheu.

Ziemlich viele Soldaten und Matrosen in Uniform waren in den lärmenden Straßen unterwegs, und Hideo salutierte, wann es erforderlich war, wie ein Automat; mit den Gedanken war er anderswo, bis er zum Shochiku-Kino kam, wo grellbunte Plakate für *Die Chinesische See* mit Clark Gable, Jean Harlow und Wallace Beery warben. Er blieb stehen, um sich die Fotos in den Schaukästen draußen anzusehen: Die platinblonden Wellen in Jean Harlows Frisur faszinierten und stießen ihn zugleich ab, aber sie wirkte auf ihn, als sei sie weit entfernt und nicht wirklich glaubhaft, während die Empfangsdame im Arden Beauty Salon unter ihrer fremdartigen Dauerwelle durch und durch Japanerin gewesen war. Als nächste Attraktion wurde *Ich tanz mich in dein Herz hinein* angekündigt, und Hideos Blick wurde von den Standfotos im nächsten Schaukasten wie magnetisch angezogen: Mit dreist entblößten Beinen wirbelte Ginger Rogers an der Seite Fred Astaires dahin, und sie lächelte, lächelte, lächelte im arroganten Bewußtsein ihrer weiblichen Macht.

Hideo zog die Schultern unter seinem Mantel hoch und riß sich von der hellen Wärme des Kinoeingangs los. Er war hungrig, aber dieser Zustand war ihm vertraut und störte ihn kaum. Seine Mittel reichten nicht für eine Mahlzeit in einem richtigen Restaurant, und für einen Offizier der Kaiserlichen Armee hätte es sich nicht geziemt, eine billige Nudelbar aufzusuchen: Unter allen Umständen mußte man spät am Neujahrsabend Nudeln essen, aber er hatte die Absicht, Teruko auf dem Heimweg in den großen Kannon-Tempel an der Asakusa zu führen, und dort könnten sie an einem Straßenstand welche genießen, ohne daß jemand es mit hochgezogenen Brauen zur Kenntnis nahm.

Er schlenderte zurück, vorbei an dem mächtigen Block des Imperial Hotel und unter den Bahngleisen hindurch auf das fremdartige Glitzern der Ginza zu, und die gewohnte Empörung erwachte in ihm. Sogar den Pappmachépuppen in den Schaufenstern der Bekleidungsgeschäfte hatte man europäische Gesichtszüge und eine ebensolche Hautfarbe verliehen, und die Häßlichkeit der lateinischen Schrift allenthalben war ein Zeugnis für die snobistische Modewelle mit englischen und französischen Wörtern und Formeln. Ausländische Lebensart hatte sich zersetzend bis ins Herz Japans hineingefressen, während die Kleinbauern sich nicht einmal mehr leisten konnten, den Reis zu essen, den sie anbauten. Hideo war noch kein Kompaniekommandant mit all der furchtbaren Verantwortung eines Vaters für seine Männer, aber er hatte genug halbverhungerte Rekruten gesehen, um das Gefühl von Wut und Scham nachzuempfinden, das die Hauptleute so oft zum Ausdruck brachten, wenn sie davon erzählten, daß sie ihre Männer von der Hungersnot im Nordosten hatten sprechen hören und davon, wie Schwestern für ein paar hundert verzweifelt benötigte Yen an die Bordelle verkauft worden waren. Gleichzeitig verschleuderten hier in Tokyo reiche Politiker und Kapitalisten jede Woche soviel und mehr, um ihre Mätressen mit Tand zu behängen.

Das einzige strahlende, prachtvolle Licht in dieser Finsternis von Korruption und Narretei war der Kaiser in seinem großen Palast hinter dem Wassergraben jenseits der weiten Fläche des Hibiya-Parks, der Kaiser, dem vor zwei Jahren endlich der unaussprechliche Segen widerfahren war, daß ihm ein Kronprinz geschenkt wurde. Hideo hatte damals schockiert die Gerüchte vernommen, denen zufolge Seine Majestät unmißverständlich erklärt hatte, er werde, selbst wenn seine junge Kaiserin etwa noch eine Tochter zur Welt brächte, sein Bett nicht mit Konkubinen teilen. Es war unbegreiflich, denn war nicht der Kaiser selbst Sohn einer Konkubine? Seine göttlichen kaiserlichen Vorfahren hatten niemals Skrupel besessen, wenn es darum gegangen war, die Erhaltung der Linie sicherzustellen – aber jetzt war alles gut, und die Berichte vom Kaiserlichen Haushalt deuteten darauf hin, daß der kleine Prinz Akihito hübsch und kräftig war.

Es war ein paar Minuten nach neun, als Teruko endlich auf ihren hochhackigen Schuhen aus dem Arden Beauty Salon getrippelt kam und ihren Bruder begrüßte. Nie im Leben war sie so vermessen gewesen, ihn beim Vornamen anzusprechen; stets hatte sie die konventionelle Anrede *O-Ni-san* oder »Älterer Bruder« benutzt. Aber in den Jahren ihrer Lehrzeit im Salon war ihr Benehmen Hideo gegenüber immer frecher und respektloser geworden.

»Ich wäre vor Verlegenheit fast gestorben, als du hereinkamst«, begann sie und verfiel dann in einen Kicheranfall. »Was mußt du von diesen häßlichen alten Vogelscheuchen gedacht haben!«

»Ich habe sie kaum bemerkt«, antwortete er knöchern. »Jedenfalls hast du mir sehr deutlich zu verstehen gegeben, daß ich nicht willkommen bin.«

Sogleich wurde Teruko versöhnlich. »Das tut mir leid. Ich war nur so überrascht, dich zu sehen. Wir dachten doch alle, du hättest über die Feiertage Dienst.« Hideo war Ende November 1934 nach seiner Beförderung zum Ersten Leutnant 2. Klasse von Nagoya weg in die Kaserne des Dritten Regiments in Azabu bei Tokyo versetzt worden. Der Einkommenssprung von achthundertfünfzig auf tausendzwanzig Yen im Jahr war ihm enorm erschienen, bis er herausgefunden hatte, um wieviel teurer das Leben in der Hauptstadt für einen Armeeoffizier geworden war, seit er damals hier die Militärakademie besucht hatte.

»Das hatte ich auch, aber ein Freund von mir hat sich erboten, den Ordonnanzdienst mit mir zu tauschen, und der Major war einverstanden. Er ist in Shikoku zuhause, und er hätte ohnedies nicht beizeiten dort sein können.« Dies war nicht der wahre Grund für den Tausch gewesen, aber Hideo hatte nicht die Absicht, seine Familie von der Wiederbelebung seiner Mitgliedschaft in der Bewegung Junger Offiziere in Kenntnis zu setzen; von dem Augenblick, da die Bewegung ihn als Seniorkadetten angeworben hatte, bis zu seiner Rückkehr nach Tokyo hatte diese Mitgliedschaft geruht. Er war stolz darauf, daß es ihm möglich gewesen war, einen ersten kleinen Beitrag zu leisten, indem er einem der Führer der Vereinigung alle vertraulichen Unterlagen im Büro des Adjutanten zugänglich gemacht hatte, und zwar während der wichtigsten Feiertage des Jahres, zu einer Zeit also, da es praktisch ausgeschlossen war, daß ein vorgesetzter Offizier dort auftauchte.

»Jedenfalls war es nett von dir, daß du im Salon angerufen hast. Für die anderen wird es eine Überraschung sein.« Die Familie Shimada hätte es sich nur unter Opfern leisten können, über einen Makler ein Telefon anzuschaffen, selbst wenn ihr der Gedanke an einen solchen Luxus reizvoll erschienen wäre. Hideo hätte ein Telegramm schicken können, um seine Eltern auf seine Ankunft vorzubereiten, aber das hätte Geld gekostet und seiner Mutter wahrscheinlich einen Schreck eingejagt. Den Soldaten an der Armeetelefonvermittlung anzuweisen, ihn mit dem Arden Beauty Salon, Ginza 57-4393, zu verbinden, war hingegen einfach gewesen, auch wenn es ihn mit einer gewissen Verlegenheit erfüllt hatte; er wünschte nur, er hätte die Empfangsdame dort nicht nur gebeten, Teruko eine Nachricht zu übermitteln, sondern sie auch gefragt, um welche Zeit das Geschäft an diesem Abend schließen würde.

»Ich dachte, zuerst gehen wir nach Asakusa.«

Teruko zuckte niedlich die Achseln. Ihr Tuchmantel war nicht sehr warm, aber auf dem Weg zum Tempel, zwischen Verkaufsständen und schreienden Krämern, würden sich den ganzen Abend über die Menschen drängen. Mit ihren fast zwanzig Jahren hielt Teruko sich für eine *moga* – die modische Abkürzung für *modaan gaaru,* die japanische Version der englischen Wörter *modern girl* –, für zu abgeklärt also, um an so gewöhnlichen Festivitäten wie der Verabschiedung des alten Jahres auf traditionelle Art und Weise teilzunehmen, aber trotzdem spürte sie, wie Vorfreude erregend in ihr aufflackerte. »Gut. An der Ecke ist eine Straßenbahnhaltestelle.«

Scharen von Leuten waren in dieselbe Richtung unterwegs, und in der Bahn herrschte großes Gedränge. Teruko und Hideo mußten stehen, und sie wurden in eine Ecke gezwängt, als die Tram dahinruckelte. Plötzlich erhob Teruko sich auf die Zehenspitzen, um ihrem Bruder etwas ins Ohr zu flüstern. Hideo empfand ein heißes, beschämendes Wohlgefühl bei ihrer körperlichen Nähe und der feuchten Wärme ihres Atems an seinem Ohr. »Versuche zu erraten, welche Leute nach Hause fahren, welche nach Uena, welche nach Asakusa – und welche nach Yoshiwara!« Nicht nur der sanfte Druck ihres Körpers, sondern auch das, was sie sagte, verschaffte ihm eine Erektion, und mit einer kurzen, heftigen Bewegung entwand er sich ihr, dankbar dafür, daß die voluminösen Falten seines Mantels ihn einhüllten. Es war nicht das erstemal, daß er eines neuen, frischaufblühenden sexuellen Bewußtseins bei Teruko gewahr wurde, das in scharfem Kontrast zu der bescheidenen, ernsthaften und respektvollen Haltung ihrer älteren Schwester Yoko stand. Yoko hätte so getan, als sei ihr die Existenz des Bordellviertels Yoshiwara unbekannt, und wäre bei der bloßen Erwähnung des Namens errötet; keinesfalls hätte sie ihren älteren Bruder aufgefordert, zu erraten, welcher der Mitfahrenden auf dem Weg dorthin sein könnte. »Wirklich! Benimm dich!« zischte er.

Teruko ließ sich nicht einschüchtern. »Ich wette, *du* bist schon in Yoshiwara gewesen«, wisperte sie munter, und ihre Augen funkelten unter der schräg in die Stirn gezogenen Mütze. »Sag schon – wie ist es dort?« Die Tatsache, daß sie recht hatte, ließ Hideos Empörung eher größer als kleiner werden. Er war zwei- oder dreimal in Gesellschaft einiger Offizierskameraden dort gewesen, von denen die meisten aus wohlhabenden Familien kamen und mehr Geld zur Verfügung hatten als Hideo; er hatte sich nicht leisten können, die ganze Nacht mit einer Hure zu verbringen, sondern hatte sich nach einer kurzen halben Stunde allein wieder zur Kaserne zurückbegeben müssen. »Das geht dich nichts an«, fauchte er, und schweigend starrte er das Fenster an, das vom Atemdunst der zusammengedrängten Fahrgäste beschlagen war.

Sie waren schon fast am Ziel, als er sich getraute, wieder etwas zu sagen. »Wie geht es Mutter?« fragte er sie.

»Gut, denke ich.«

»›Gut, gut‹ – anscheinend sagst du nie etwas anderes als ›gut‹.«

Teruko hob eine schmale, gezupfte Augenbraue. »Du liebe Güte, du *bist* aber empfindlich heute abend, wie? Sie wird immer kauziger, wenn du mich fragst. Hört nicht mehr zu, wenn man mit ihr spricht, murmelt ihre Gebete vor sich hin und vergißt das Haus zu putzen. Vater tut mir ziemlich leid. Morgen und übermorgen kocht Yoko, aber dann werden wir uns vermutlich aus der Nudelküche etwas zu essen herüberschicken lassen müssen, wie gewöhnlich. Da wir gerade von Nudeln sprechen – ich bin verschmachtet. Können wir nicht welche essen? Bitte.«

Hideo nickte. Ihre Mutter hatte schon immer ein unbestimmtes, verträumtes Wesen gehabt, und während des vergangenen Jahres hatte sie sich immer mehr in sich zurückgezogen. Da war es nur gut, daß Yoko eine ordentliche Stelle als Bibliotheksassistentin an der Waseda-Universität hatte und daß ihr Bruder Jiro, mit seinen siebzehn Jahren das jüngste Mitglied der Familie, anscheinend schon gut für sich selbst sorgen konnte und auch in der Schule erfolgreich war.

Ruckend hielt die Straßenbahn an, und fast alles stieg aus und strebte dem großen steinernen *torii* zu, dem Tor, das den Eingang zum Gelände des Kannon-Tempels eröffnete. Der Weg zu den Hauptgebäuden des Tempels war von Ständen gesäumt, an denen man von billigen Kleidern bis zu Neujahrs-Talismanen alles kaufen konnte, und der Gestank der Paraffinlampen mischte sich mit dem Duft von Hühnerspießen, die über Holzkohlenglut rösteten, und Nudeln, die in riesigen Pfannen mit rundem Boden gebraten wurden, daß einem das Wasser im Munde zusammenlief. Die lärmende, muntere Fröhlichkeit der schiebenden, drängenden Menge war ansteckend, und Hideo scheute sich nicht, gleich am ersten Stand, zu dem sie kamen, gebratene Nudeln zu bestellen und dann dazustehen und sie mit hölzernen Wegwerfstäbchen zu essen wie alle anderen auch. Zwei großzügige Portionen in Pappschälchen kosteten hier weit weniger als eine einzige kleine Schale irgendwo in der Stadt, und das Essen munterte ihn spürbar auf. Dann ließ Teruko es sich nicht nehmen, ihm und sich selbst einen Becher warmen *sake* zu spendieren, was seine Laune grundlegend besserte und sie haltlos kichern ließ. »Vermutlich halten mich alle für deine Freundin«, prustete sie und konnte ihre Heiterkeit kaum zähmen, als sie bei dem großen Weihrauchbecken im Vorhof des Tempels ankamen, wo sie sich symbolisch Hände und Gesicht in dem süß duftenden Rauch wuschen, bevor sie die Treppe hinaufstiegen, ein paar *sen* in den wuchtigen Opferkasten vor dem Altar warfen und zu einem kurzen Bittgebet die Köpfe neigten.

Wie stets seit ein paar Jahren, erbat Teruko sich einen amerikanischen Ehemann; Hideo indessen wurde für einen Augenblick wieder ernst, als er um die Gelegenheit betete, dem Kaiser im kommenden Jahr zu Diensten zu sein. Zu Fuß begaben sie sich sodann auf den Heimweg in den zwei Meilen weit entfernt gelegenen Hongo-Distrikt, und sie genossen es, beisammen zu sein.

2. *Neujahrstag 1936*

»Glückliches Neues Jahr! Glückliches Neues Jahr!« Yukichi Shimada erwiderte den Gruß seiner Kinder mit entsprechender Munterkeit, und zärtlich betrachtete er sie, als sie auf den *tatami*-Mattan niederknieten und die Köpfe senkten. Er war im Bett gewesen, als er gehört hatte, wie Teruko und Hideo nach Hause kamen, aber eifrig war er aufgestanden, als ihm die Stimme seines Ältesten ans Ohr gedrungen war, und er hatte sogar seine Frau Chie überredet, auch aufzustehen, um ihn zu begrüßen. Yoko war, obwohl es schon weit nach elf Uhr war, noch in der Küche beschäftigt, aber sie gesellte sich zu den anderen, um ein wenig grünen Tee zu trinken und kurz mit ihnen zu plaudern; nach einer Weile erschien auch Jiro, in seinen *yukata* gehüllt, gähnend und mit schweren Lidern, aber er lächelte, als er sich scherzhaft über den Lärm beschwerte. Es war, als wären nur ein paar Minuten vergangen – schon war es Mitternacht und Zeit, die formellen Glückwünsche zum Tode des alten und zum Beginn des neuen Jahres zu wechseln.

Weihrauchgeruch hing in Hideos und Terukos Kleidern, und sie hatten eine Flasche *sake* mitgebracht. »Wir wollen sie noch nicht öffnen«, sagte Yoko. »Ich habe gewürzten Neujahrs-*sake* für morgen zubereitet – für heute, meine ich. Laßt uns jetzt mit einer Schale anstoßen, und dann sollten wir wirklich zu Bett gehen. Mutter? Möchtest du ein wenig?« Chie sah sich in dem vollen kleinen Zimmer um; sie lächelte schüchtern, und die Augen in ihrem mondweißen Gesicht blickten unstet hin und her. Sie verschüttete ein wenig von ihrem Getränk, als alle ihre flachen, beinahe wie Untertassen geformten roten Lackschalen erhoben, die nur zu besonderen Gelegenheiten hervorgeholt wurden, aber es gelang ihr, das meiste davon zu trinken.

»Nun, einen guten Jahresbeginn euch allen«, sagte Yoko, nachdem sie getrunken hatten, und nahm der Mutter behutsam die Schale aus der Hand. »Wie schön, daß du Urlaub bekommen konntest, Älterer Bruder.« Yoko war dreiundzwanzig Jahre alt, aber sie sah oft älter aus; auch jetzt war es so. Sie hatte die riesige Schürze, die sie über einem alten *kimono* getragen hatte, abgelegt, aber ihr Haar war noch unter einem schützenden weißen Tuch verborgen, das sie jetzt verlegen betastete. »Du liebe Güte, was mußt du nur von uns allen denken?«

»Laß es gut sein. In ein paar Stunden werden wir uns alle feingemacht haben«, sagte Yukichi, ohne seinen Blick von Hideo zu wenden. »Du kommst doch mit uns zum Meiji-Schrein, hoffe ich, Hideo?«

»Natürlich. Es sieht nach gutem Wetter aus. Ein furchtbares Gedränge wird es dort geben. Das macht dir doch nichts aus, oder, Mutter?« Zum erstenmal sah Chie ihm in die Augen, und ihr Lächeln war jetzt bang. »Mir geht es sehr gut«, sagte sie zaghaft, und ihr Mann streckte die Hand aus und tätschelte ihren Arm.

»Sie wird zurechtkommen«, sagte er. »Trotzdem, ich glaube, jetzt sollten wir alle schlafengehen. Du wirst deinem Bruder Platz machen müssen, Jiro.« Hastig rappelte Yoko sich auf. »Ich werde dir Bettzeug hinlegen. Es tut mir leid, daß das Badewasser nicht heiß ist, aber vielleicht können wir zur Feier des Tages morgen frisches heißmachen.« Die Jüngeren im Hause der Shimadas waren stolz auf das winzige Badezimmer mit der hölzernen Wanne und dem holzbeheizten Kessel hinter dem Haus. Die meisten ihrer Nachbarn im Hongo-Distrikt unweit der Universität Tokyo mußten das öffentliche Badehaus benutzen, und einer oder zwei hatten durch die Blume geäußert, sie hielten die Erwerbung, die die Familie Shimada zwei Jahre zuvor getätigt hatte, nicht nur für eine leichtfertige Extravaganz, sondern auch für eine feuergefährliche Angelegenheit. Teruko hatte das größte Vergnügen daran, obwohl sie als jüngere Tochter strenggenommen nach ihrem Vater, den Brüdern, der Mutter und der älteren Schwester die letzte war, die ins Wasser eintauchen durfte, um sich dort abends nach dem Einseifen und Abspülen zu entspannen.

Tatsächlich ergab sich diese Reihenfolge selten, auch wenn Jiro einmal nicht vergaß, das Feuerholz anzuzünden, wenn er aus der Schule nach Hause kam. Hideo war fast nie daheim; die Mutter zog es immer noch vor – wenn sie sich einigermaßen wohlfühlte –, mit ihrer Holzschüssel und dem kleinen Badetuch hinüber in das öffentliche Badehaus zu gehen, wo sie mit Frau Toda und den anderen Damen in ihrer Hälfte des großen, versenkten Badebeckens schwatzen konnte; und selbst wenn ihr Vater schon zuhause war, wenn sie kam, lud er Teruko meistens ein, das Bad zuerst zu benutzen. Er war noch altmodisch genug, zu glauben, der Körper einer Frau mache das Wasser »weich«.

Es war nach ein Uhr morgens, als endlich alle im Bett waren. Yukichi lag schlaflos und schweigend neben seiner Frau im größeren der beiden Zimmer im oberen Stockwerk und lauschte ihren geflüsterten Gebeten. Zum erstenmal seit Monaten schlief Hideo zuhause, auch wenn es ihm mit seiner Stationierung in Tokyo eigentlich jeden Monat gelungen war, zwei- oder dreimal für ein paar Stunden heimzukommen. Yukichis Kollegen in der riesigen Mitsui-Hauptverwaltung begegneten der Tatsache, daß er einen Sohn hatte, der Armeeoffizier war, mit dem gebührenden Respekt und erklärten Yukichi immer wieder, daß ihn dies mit Stolz erfüllen müsse. »Aber natürlich sind Sie ja selbst von Samurai-Geblüt, Shimada-san.« Yukichi konnte sich nicht entsinnen, irgend jemandem im Büro je davon erzählt zu haben, aber es war zwecklos, zu versuchen, vor den Mitgliedern der großen Mitsui-»Familie« irgend etwas geheimzuhalten. Mit einer Ausnahme. Niemand in der

Firma durfte erfahren, daß seine Frau Chie allmählich verrückt wurde. Yukichi seufzte und drehte sich zur Seite.

Yoko und Teruko teilten das Nachbarzimmer. Sein Fußboden bot nur Platz für viereinhalb *tatami*-Matten; das entspricht einer Grundfläche von drei mal drei Metern. Ursprünglich hatte das Zimmer als Raum für die Teezeremonie dienen sollen. Obgleich das Bettzeug der Mädchen, wenn sie es abends ausbreiteten, beinahe den ganzen Boden bedeckte, hatten sie nicht das Gefühl, hier beengt zu hausen. Im Gegenteil – wenige ihrer Bekannten genossen den Luxus einer so umfangreichen Privatsphäre. Yoko hatte sich im Schlaf der Erschöpfung zusammengerollt, aber Teruko war wach, angeregt durch den Lärm und die gleißenden Lichter von Asakusa.

1936, endlich. Sie war sicher, daß es ein aufregendes Jahr werden würde. Bald, an ihrem zwanzigsten Geburtstag Ende Januar, würde sie offiziell erwachsen sein. Dann wäre sie nicht länger Lehrling im Arden Beauty Salon, sondern eine voll qualifizierte Kosmetikerin, die, wenn sie wollte, beinahe sicher eine Stelle im Imperial Hotel bekommen oder gar nach Yokohama oder Kobe gehen könnte, wo die meisten reichen Ausländer wohnten. Sie konnte jetzt schon genug Englisch, um die ausländischen Damen in dieser Sprache zu begrüßen und die meisten ihrer Wünsche zu verstehen; sie beschloß, im Maruzen-Buchladen einen Sprachführer zu kaufen und ihn eifrig zu studieren, um es fließend zu beherrschen. Nur so könnte sie für Amerikaner wirklich attraktiv sein. Langsam und faul öffnete sie ihren *yukata* und fuhr mit der Rechten zwischen ihren glatten Schenkeln herauf, während sie sie spreizte; die linke Hand wanderte zu ihrer Brust. Heute nacht, entschied sie, würde Spencer Tracy ihr Traumliebhaber sein.

Unten schlummerte Jiro traumlos in einem Wust von Büchern und beiseite geworfenen Kleidungsstücken. Er war allein in dem Kämmerchen, das er praktisch, wenn auch noch nicht theoretisch, von Hideo geerbt hatte. Hideo hatte nur einen Blick auf das Durcheinander in seinem alten Zimmer geworfen und Yoko gebeten, ihm statt dessen ein Bett im Wohnzimmer aufzuschlagen. Es fiel ihm schwer einzuschlafen, und als der Schlaf schließlich kam, war er unruhig.

Es war wie ein Fluß, der an Breite und Majestät ständig zunahm; Menschenmassen ergossen sich wie Nebenflüsse in einen anschwellenden Hauptstrom und wälzten sich unter dem mächtigen, unbemalten *torii*-Tor vor dem Meiji-Schrein hindurch. Unaufhaltsam wogten sie dem Heiligtum entgegen, und nur am Rand des Weges konnten einzelne ihr Tempo selbst bestimmen, trödeln oder andere überholen. Es war ein lärmender Fluß; das Gemurmel von Tausenden menschlicher Stimmen untermalte das Knirschen und Klappern der hölzernen *geta*-Sandalen auf dem Kiesboden des Weges. An diesem Tag aller Tage trugen die meisten Mädchen, alle Frauen und sogar die Mehrheit der erwachsenen Männer Kimonos; Hideos Armeeuniform gab allerdings ebenfalls manchem Anlaß zu beifälligem Kopfnicken, und in der Menge sah man noch viele andere Armee- und Marineuniformen. Jiro war, wie die meisten anderen Jungen seines Alters, in eine schwarze, hochgeknöpfte Uniformjacke und eine dazu passende Hose gekleidet, Kleidungsstücke, die sich von Schule zu Schule nur durch geringfügige Details wie Knöpfe oder Mützenabzeichen unterschieden. An einem dünnen Lederriemen um den Hals trug er eine billige Boxkamera, die er in wildem Beschützerdrang mit beiden Händen umfaßt hielt.

»Vater sieht sehr gut aus in seinem Kimono, nicht wahr?« tuschelte Yoko, zu Teruko geneigt. Erst vor wenigen Jahren hatte Teruko angefangen, ihren Vater als einen Mann wie alle anderen zu sehen, und nicht mehr als ein ehrfurchtgebietendes Wesen im Hintergrund, würdevoll und unkommunikativ – eine Autorität, die man zu versöhnen hatte, nicht ein Mensch, den man kennen konnte. Sie schaute nach vorn und ein wenig nach rechts, wo er zwischen seinen beiden Söhnen ging, eine schmale, elegante Gestalt, der die fließenden Konturen des traditionellen Gewandes zusätzliche Würde verliehen, anders als der eher geckenhaft wirkende dunkle Anzug mit dem steifen Hemdkragen darunter, den er trug, wenn er ins Büro ging. »Ja, ich glaube, du hast recht«, antwortete sie einigermaßen überrascht. »Aber für die Männer ist es auch etwas anderes. Die brauchen nicht so daherzuhoppeln wie wir.« Einen kurzen Augenblick lang hatte der Funke der Rebellion in Teruko aufgeglüht, als sie und Yoko einander dabei geholfen hatten, ihre steifen *obi*-Schärpen zu binden, aber sie hatte ihn erstickt. Am Neujahrstag in westlicher Kleidung aufzukreuzen, die ihr unendlich viel lieber war, hätte einen größeren Familienstreit ausgelöst, und sie besaß ohnehin weder einen Mantel, der neu oder schick genug gewesen wäre, noch ein Paar geeignete Schuhe. Wie immer, und trotz ihrer seltsamen Zurückgezogenheit, hatte ihre Mutter sich geschickt und ohne Hilfe allein angekleidet und Teruko sogar erlaubt, ihr einen Hauch Rouge auf die Wangen zu legen. Stumm trippelte sie neben Yoko einher und schaute mit runden Augen umher, als sei sie überrascht, dabei zu sein.

Es war noch ziemlich frostig im Schatten der großen Bäume, die den Weg säumten, aber der Himmel über ihnen wölbte sich blaßblau wie eine Eierschale, und als die Shimadas endlich den offenen Vorhof erreichten, gelangten sie in den warmen Sonnenschein, der auch das massige Dach des Schreins überflutete. Hier hatte man mehr Spielraum, obgleich die Leute sich in Fünfer- und Sechserreihen vor dem Heiligtum drängen mußten, um dem ehrwürdigen Andenken an den Großvater des Kaisers ihre Reverenz zu erweisen, ihm, in dessen Namen dem letzten der Shogune die politische Macht entrissen worden war. Nur wenige Glückliche vermochten die Seile zu erreichen, die an den Anrufungsglocken befestigt waren, aber sie schepperten trotzdem unablässig und übertönten das Klirren und Klappern der Münzen, die zu Hunderten in die Opferkästen längs der gesamten Front des Heiligtums geworden wurden; dahinter bewegten sich Priester in archaischen Hofgewändern und Kopfputz umher, bedient von Tempeljungfrauen in weißen Kimonos mit scharlachroten Überröcken, deren langes Haar auf dem Rücken von goldenen Röhren zusammengehalten wurde.

Genug Leute machten dem Leutnant der Armee und seiner Familie respektvoll Platz, so daß sie bis an die Absperrung gelangten; Jiro konnte eines der Glockenseile erreichen und riß kräftig daran, bevor er in die Hände klatschte und sich verbeugte wie die anderen. Nur Frau Shimadas Lippen bewegten sich, und es sah aus, als handele es sich um ein längeres Gebet; ihr Mann mußte sie sanft beim Arm nehmen und weiterführen, da von hinten andere herandrängten, um die vorderen Plätze einzunehmen. Als sie dem drangvollen Geschiebe entronnen waren, fand Yoko sich an der Seite ihres Vaters, und ein wenig abseits blieben sie stehen, um das Schauspiel zu beobachten.

»Jetzt können wir uns entspannen. Was hast du dir gewünscht, Vater?«

Yukichi sah seine ältere Tochter an, und ein leises Lächeln erschien auf seinem blassen, zerfurchten Gesicht. »Das übliche«, sagte er. »Einen guten Mann für dich, zum Beispiel.« Dunkelrot überlief es Yokos Hals und Wangen. »Es ist schon gut – ich werde heute nicht davon anfangen«, versicherte er ihr. »Ich habe mir auch noch andere Dinge gewünscht.« Einen irrwitzigen Augenblick lang sehnte er sich danach, Yoko anzuvertrauen, was für Dinge es gewesen waren. Sie war ihm von seinen Kindern das liebste und außerdem das einzige, das ihn vielleicht annähernd würde verstehen können.

»Laßt mich jetzt ein Foto machen. Es sind noch zwei Bilder auf dem Film.« Jiro sprach laut genug, um einige Aufmerksamkeit ringsum zu erregen, und gewichtig ließ er alle vor dem Hintergrund der Schreingebäude Aufstellung nehmen. Seine Mutter blieb gehorsam da stehen, wo man sie hinstellte, und sein Vater und Hideo plazierten sich automatisch ins Zentrum der Gruppe. Teruko indessen nahm sich Zeit. »Komm schon! Hier, neben Ältere Schwester! Was grinst du denn so?« Die übrigen Familienmitglieder hatten bereits jenen übernatürlich ernsthaft-feierlichen Gesichtsausdruck aufgesetzt, der für geziemend gehalten wurde, wenn man sich fotografieren ließ.

»Schaut nur, dort drüben. Ein Ausländer, und er beobachtet uns.« Teruko sprach mit eindringlichem Unterton; immer noch starrte sie nach links und lächelte dann wieder in die gleiche Richtung. »O nein! Jetzt kommt er her!« fügte sie entzückt und verlegen hinzu, als sich ein hochgewachsener junger Mann näherte. Die Shimadas blieben wie angewurzelt stehen, und der Fremde lächelte Jiro an, verneigte sich und erbot sich in höflichem, tadellos artikuliertem Japanisch, für ihn auf den Auslöser zu drücken, so daß er sich zur Gruppe seiner Familie stellen könne.

Jiro zögerte, doch dann vertraute er seine kostbare Kamera dem jungen Mann an, der sie mit müheloser Vertrautheit handhabte, seine Fotoobjekte höflich umgruppierte und dann die Aufnahme machte. Mit einem neuerlichen Lächeln gab er die Kamera zurück und wollte sich eben abwenden, als Teruko die Kühnheit fand, das Wort zu ergreifen. »Warum fotografierst du den Herrn jetzt nicht auch, Jiro? Mit uns zusammen«, setzte sie noch waghalsiger hinzu, ohne auf Hideos Stirnrunzeln und ihre voller Unbehagen von einem Fuß auf den anderen tretende Schwester Yoko zu achten.

»Eine gute Idee«, meinte Yukichi und trat auf den jungen Mann zu. *»Good morning, sir«,* sagte er in sorgfältig artikuliertem Englisch, und Yoko und Teruko lauschten in ehrfurchtsvoller Bewunderung. »Mein Sohn möchte Sie fotografieren, bitte.« Er deutete auf die anderen, und der große Ausländer lächelte und kam gehorsam auf sie zu. Jiro brauchte ziemlich lange, um die Gruppe zu seiner Zufriedenheit zu arrangieren, und Teruko, die sich entschlossen neben dem Ausländer aufgestellt hatte, schob sich noch ein wenig näher an ihn heran. Er verströmte einen leichten Geruch, aber nach Eau de Cologne, nicht nach Buttersäure, wie es die meisten Europäer taten, und Teruko verspürte ein köstliches Kribbeln, als seine Hand ihren Handrücken streifte.

Endlich drückte Jiro auf den Auslöser und spulte mit ernsthafter Miene den Film weiter, wobei er konzentriert auf das kleine rote Fenster starrte. Plötzlich hatte Teruko eine Idee. »Wir schicken Ihnen einen Abzug von dem Foto«, sagte sie ein wenig atemlos, »wenn Sie mir Ihre Adresse geben.« Ihr Herz tat einen Satz, als der junge Mann sie angrinste. »Sie sind sehr freundlich«, erwiderte er und zog eine dünne Lederbrieftasche aus seiner Jacke. »Mein Name ist Rogers, Dwight Rogers.«

»Wir heißen Shimada. Sie sprechen sehr gut japanisch«, sagte Yukichi leutselig und mit einer halben Verbeugung. Es machte ihm Vergnügen, ab und zu seine Englischkenntnisse hervorzuholen. »Sie leben hier in Tokyo?« Rogers holte eine Visitenkarte hervor und zögerte einen Augenblick lang; er wußte nicht recht, wem er sie geben und welche Sprache er benutzen sollte. Schließlich antwortete er aus Höflichkeit gegen die Mehrheit auf japanisch und legte die Karte in Terukos ausgestreckte Hand. »Oh. Ja. Das ist meine Karte. Japanisch auf der einen Seite, Englisch auf der anderen. Ja, ich lebe seit fast drei Jahren hier in Tokyo. Ich bin –«

»Zeitungsreporter!« quiekte Teruko entzückt, als sie gelesen hatte, was auf der Karte stand. »*New York Times!*«

»Sie sind Amerikaner? Ein glückliches Neues Jahr auch Ihnen.« Das war Frau Shimada; sie sprach schüchtern, aber deutlich, und blickte zu ihm auf. »Ich hoffe, Sie werden gesegnet sein und es wird Frieden herrschen. Frieden in der Welt, Frieden in China –«

»Es wird Zeit, daß wir gehen, Mutter.« Hideos Stimme klang schroff, und seine Miene wirkte verärgert, als er ihr ins Wort fiel. Die ganze Zeit über hatte er Rogers ignoriert, und nur der Handdruck seines Vaters auf seinem Arm hatte dafür gesorgt, daß er für das zweite Foto stehengeblieben war.

»Bitte – ich darf Sie nicht aufhalten«, sagte Rogers. »Es war mir eine große Freude, Sie kennenzulernen. Ich wünsche Ihnen allen ein glückliches und erfolgreiches Jahr 1936.« Er lächelte in die Runde, und seine Zähne schimmerten sehr weiß unter dem säuberlich getrimmten Schnurrbart. Dann wandte er sich um und ging davon; er war so groß, daß er noch in einiger Entfernung in der Menge zu sehen war.

»Du solltest dich schämen!« empörte sich Hideo, an Teruko gewandt. »Dich in dieser Weise einem Ausländer vor die Füße zu werfen!« Dann fuhr er herum. »Und was dich angeht, Mutter – ich weiß, es geht dir nicht sehr gut, aber du solltest doch so klug sein, mit einem Amerikaner nicht über Politik –«

»Es ist genug, Hideo.« Ein Hauch von Farbe war Yukichi ins Gesicht gestiegen, und seine Stimme klang gepreßt. »Der junge Mann war höflich und freundlich. Weit mehr als du. Teruko war vielleicht ein wenig freizügig, aber ich bin ihr nicht böse. Was dich betrifft, so hast du dich bei Mutter zu entschuldigen.«

»Macht doch nichts. Er hat es nicht so gemeint, das weiß ich.« Frau Shimada merkte offenbar nicht, daß ihr die Tränen über die Wangen liefen, während sie sprach, bis Yoko sie mit einem Taschentuch, das sie aus ihrem Kimonoärmel zog, abtupfte, als wäre ihre Mutter ein Kind.

»Ich fand ihn sehr nett. Und er hat nur versucht, uns behilflich zu sein«, stellte Yoko ruhig fest.

Teruko sagte überhaupt nichts. Sie war Hideos Jähzornanfälle und sein aggressives Geschimpfe gewohnt, und der milde Tadel ihres Vaters kümmerte sie nicht im geringsten. Sie hatte Dwight Rogers' Visitenkarte an sich gebracht und hielt es für recht wahrscheinlich, daß die anderen die Existenz dieser Karte bereits vergessen hatten. Sie bezweifelte stark, daß Jiro Einwände erheben würde, wenn sie sich erböte, den Film zum Entwickeln in die große Drogerie neben dem Arden Beauty Salon zu tragen. Und da sie selbst es bezahlen würde, brauchte niemand zu erfahren, wieviele Extraabzüge sie für den Amerikaner bestellte. Wenn alles klappte, sollte er auch einen Abzug von dem Foto bekommen, das Jiro in der Woche zuvor von ihr allein aufgenommen hatte, in westlicher Kleidung und richtig geschminkt.

Hideo brummte etwas, das als Entschuldigung an seine Mutter durchgehen konnte, und die Aussicht auf das Festmahl, das Yoko vorbereitet hatte, damit sie essen könnten, wenn sie nach Hause kämen, besserte seine Laune wieder ein wenig. Sie gingen durch den weiten öffentlichen Park zwischen der Anlage des Schreins und dem militärischen Paradegelände von Yoyogi, und ein Weilchen hielten sie sich noch damit auf, Männern und Knaben dabei zuzusehen, wie sie bunte Papierdrachen steigen ließen, von denen viele lebhaft und humorvoll mit grotesk starrenden Augen und grimassierenden Mäulern bemalt waren. Andere Jungen spielten mit kleinen, gummimotorgetriebenen Modellflugzeugen aus Pappkarton, die über kurze Strecken durch die Luft taumelten und surrten, bevor sie wieder auf die rauhe, bräunliche Erde stürzten. Sie trugen plump aufgedruckte Armee- oder Marineabzeichen – der allerletzte Schrei.

3. *Samstag, 4. Januar 1986*

Mit leicht gerötetem Gesicht sah Lesli Hoshino zu, wie der Einreisebeamte endlich mit einer Haltung, die neuen Respekt verriet, einen Stempel in ihren Paß drückte und die Codenummer für ein dreimonatiges »Kultur«-Visum eintrug. Es war viele Jahre her, seit sie zuletzt in Japan gewesen war, und zum erstenmal war sie auf dem neuen internationalen Flughafen in Narita gelandet, nicht weniger als achtzig Kilometer östlich der Hauptstadt. Nie zuvor hatte sie auch nur die geringsten Schwierigkeiten gehabt – ganz im Gegenteil: Japano-Amerikanerinnen wie sie wurden zumeist besonders willkommen geheißen, zumal dann, wenn sie gut japanisch sprachen.

Während sie sich über die offene Treppe hinunter in die Zollabfertigungshalle begab, überlegte Lesli, daß es wahrscheinlich an dem Aufruhr lag, der sich um eine kleine Gruppe von Filipino-Frauen am benachbarten Schalter erhoben hatte, daß ihr Paßbeamter sie mit offenkundigem Mißtrauen von Kopf bis Fuß gemustert und sie lang und breit nach ihren Plänen befragt hatte. Als sie sah, daß ihr Koffer bereits auf dem Gepäckband seine Runde drehte, war ihre gute Laune wiederhergestellt: Schließlich war es in gewisser Weise fast schmeichelhaft, daß man sie mit ihren siebenunddreißig Jahren zumindest vorübergehend für eine Hure gehalten hatte, die hierher kam, um in einer Bar, einem Türkischen Bad oder einer Stripshow zu arbeiten. Wie auch immer – Jiro Shimadas Name hatte wie ein Zauberwort gewirkt, und so sollte es wahrhaftig auch sein.

Lesli erblickte das Schild, gleich nachdem man sie kopfnickend durch den Zoll gewinkt hatte und die Automatiktüren vor ihr zur Seite geglitten waren. Es war eine Papptafel, mit grünem Filzstift beschrieben. WELCOME MISS LESLI HOSHINO NEWSWORLD MAGAZINE. Ein kleiner Mann mittleren Alters hielt es ohne große Zuversicht vor seiner Brust, und sein Blick huschte unruhig zwischen dem Foto in seiner anderen Hand und den Gesichtern der ankommenden Fluggäste hin und her. Sein Gesicht leuchtete auf, als Lesli auf ihn zukam. »Ah! Welcome Miss Lesli Hoshino Newsworld Magazine!« intonierte er strahlend auf englisch. Lesli grinste. »Wort für Wort perfekt. Hallo. Ich bin Lesli Hoshino.« Der kleine Mann ließ sein Schild fallen, zog eine Visitenkarte aus der Brusttasche und hielt sie ihr mit einer Verbeugung entgegen. »Ich bin Kazuo Yamada von der Shimada Trading Corporation, Abteilung für Internationale Beziehungen. Ich bin sehr erfreut, Sie zu sehen, Miss Hoshino. Sie müssen nach der langen Reise sehr müde sein.«

»Oh, es ist eigentlich nicht so schlimm. Nett, Sie kennenzulernen, Mr. Yamada. Ich danke Ihnen, daß Sie den weiten Weg bis hierher zum Flughafen gemacht haben.«

Ein jüngerer, gutaussehender Mann kam heran, bückte sich, um das zu Boden gefallene Schild aufzuheben, und bemächtigte sich des Gepäckkarrens mit Leslis Koffer. »Ah ja. Das ist Mr. Hatano, Präsident Shimadas persönlicher Fahrer. Er wird Ihr Gepäck zum Wagen schaffen.« Lesli verneigte sich und begrüßte den Chauffeur höflich auf japanisch. Er schien ebenso überrascht wie dankbar zu sein, und auch Herr Yamada wechselte in diese Sprache über, während sie sich alle drei zum Ausgang begaben.

»Wie wunderbar Sie japanisch sprechen, Fräulein Hoshino. Man hat mich natürlich darüber informiert, aber ich hatte keine Ahnung, daß Sie es so fließend beherrschen.« Unversehens blieb er stehen und wühlte in seiner Brusttasche herum. »Verzeihen Sie – jetzt habe ich das Wichtigste vergessen. Präsident Shimada hat mir diesen persönlichen Brief an Sie übergeben. Er bedauert zutiefst, daß er nicht selbst kommen konnte, um Sie zu begrüßen.«

Lesli nahm den cremefarbenen Umschlag entgegen und riß ihn auf; dabei lächelte sie Yamada ein wenig betrübt an. Sie hatte nur ein paar Worte zu dem Fahrer gesagt, noch dazu Klischees der allerkonventionellsten Sorte: Japaner konnten mit ihren lachhaft extravaganten Komplimenten so herablassend sein! Jiro Shimadas Brief war im Gegensatz dazu ein Musterbeispiel angenehmer Höflichkeit, und sie merkte, daß sie beinahe glaubte, er habe tatsächlich selbst nach Narita herauskommen wollen und sei nur durch irgendeine verdrießliche Pflicht davon abgehalten worden. Sie stopfte den Brief in ihre Handtasche und lächelte noch einmal. »Ich bin überwältigt, Herr Yamada. Es ist mehr als freundlich von Herrn Shimada, mich zu bitten, auf unbegrenzte Zeit sein Gast im Okura Hotel zu sein. Ich kenne es aus alten Zeiten, aber ich hätte mir nicht träumen lassen, daß ich je dort wohnen würde. Es wird herrlich sein, sich dort übers Wochenende zu entspannen, aber ich bin sicher, Herr Shimada wird verstehen, daß ich es mir nicht im Traum einfallen lassen könnte, seine Großzügigkeit länger als ein paar Tage auszunutzen. Ich werde es ihm erklären, wenn ich ihn Montag nachmittag treffe. Er schreibt, daß er mich gegen drei erwartet.«

Es war kühl draußen vor dem Flughafengebäude, und Yamada äußerte sich nicht, als er sie mit schnellem Schritt auf den großen schwarzen Nissan zuführte, der unmittelbar vor dem Ausgang parkte. Chauffeur Hatano wartete neben der Fahrgasttür. »Vermutlich werden wir heute weniger als eine Stunde brauchen, um zum Hotel zu kommen«, stellte Yamada fest, als er sich neben ihr in den Fond setzte. »Auf der Schnellstraße ist nur wenig Verkehr, wegen der Feiertage.«

Lesli nickte, während der Wagen beschleunigte. »Es hat mich schon immer durcheinandergebracht, die Datumsgrenze zu überqueren. Es ist schwer, sich an den Gedanken zu gewöhnen, daß es, soweit es mich betrifft, niemals einen 3. Januar 1986 geben wird. Es ist schön, daß die Neujahrsfeiertage für die Leute wegen des Wochenendes noch länger sind... Es ist mir sehr unangenehm, daß ich Sie und Herrn Hatano auf diese Weise daran hindere, bei Ihren Familien zu sein.« Lesli lehnte sich zurück und betrachtete die vertrauten grünen Autobahnwegweiser, während Yamada und Hatano ihre Entschuldigung höflich zurückwiesen. Sie wußte, daß sie bisher das Richtige gesagt hatte; das half den beiden Männern über die Verlegenheit hinweg, die sie beim Umgang mit diesem zutiefst unjapanischen Phänomen, einer alleinreisenden, berufstätigen Frau, empfanden.

Yamada schwieg ein paar Minuten lang; dann sprach er sie in seinem stockenden, aber recht brauchbaren Englisch an. »Wann waren Sie zuletzt in Japan, Miss Hoshino?«

»Warten Sie ... ich bin vor über sechs Jahren von hier fortgegangen. Gegen Ende der Siebziger habe ich hier drei Jahre verbracht. Ich nehme an, Sie wissen, daß ich in der Tokyoter Redaktion meiner Zeitschrift gearbeitet habe.«

»Ja, natürlich. Wir alle von der Shimada Trading Corporation waren sehr geehrt, als unser Präsident vom *Newsworld*-Magazin vor vierzehn Tagen zum Mann des Jahres ernannt wurde. Er ist der erste Japaner, dem diese Auszeichnung zuteil wird, glaube ich?«

»So ist es. Und er hat sie wohlverdient. ›Japans Botschafter für die Welt‹ – dieser Satz ist von mir, Mr. Yamada. Ich bin ziemlich stolz darauf. Mit den Recherchen für die Titelgeschichte haben wir natürlich schon vor einigen Monaten begonnen, bevor dann schließlich entschieden wurde, daß keiner der übrigen Kandidaten für ’85 es mit Mr. Shimada aufnehmen könne.«

»Und da beschlossen Sie, daß Sie gern eine Biographie schreiben würden? Als sie in New York an der Titelgeschichte arbeiteten?« Herr Yamada schien an Selbstvertrauen zu gewinnen.

»Tatsächlich, so war es. Ich fühlte immer deutlicher, daß Mr. Shimada ein wahrhaft bemerkenswerter Mann sein muß – nicht nur ein höchst erfolgreicher Geschäftsmagnat, sondern auch jemand, dem die Welt am Herzen liegt und der eine neue Art von japanischem Erfolg repräsentiert: menschlichen Erfolg.«

»Ja. Unser Präsident ist sehr erfolgreich. Sie sind ebenfalls sehr erfolgreich, Miss Hoshino. Viele Male hat man schon angeboten, Mr. Shimadas Biographie zu schreiben, aber er hat stets abgelehnt, bis er Ihren Brief bekam. Jetzt scheint es, als sei er von dem Projekt sehr angetan; er hat mich beauftragt, dafür Sorge zu tragen, daß Sie bei Ihren Recherchen alle Hilfe bekommen, die Sie brauchen. Mir wird es ein Vergnügen sein.«

Zwei Stunden später erinnerte Lesli sich an Yamadas Worte: Sie hatte inzwischen gebadet, etwas Leichtes gegessen, ihr Gepäck ausgepackt und ihre Habe in dem geräumigen Doppelzimmer untergebracht, das im luxuriösen und teuren Okura Hotel für sie reserviert war. Sie fühlte sich müde genug, um eine ganze Woche zu schlafen, und zugleich war sie hoffnungslos wach; mit weichen Knien tanzte sie im Zimmer herum, eingehüllt in den frischgestärkten Baumwoll-*yukata,* den man ihr zurechtgelegt hatte, und sie beäugte die Orchideen, die sie hier erwartet hatten, zusammen mit einer handgeschriebenen Karte, auf der ihr Gastgeber sie noch einmal willkommen hieß. Sie waren wunderbar dekadent, und Lesli fand sie der Pracht völlig angemessen, in der sie hier hauste, bewirtet vom Magnaten aller Magnaten, einem geachteten Mitglied des Club of Rome und der Brandt-Kommission, einem weltbekannten Patron der Künste, einem Mann, der japanische Regierungen einsetzte und stürzte. Begegnet war sie ihm nie, aber in gewisser Weise hatte sie wochenlang mit ihm gelebt, und sie hatte das Gefühl, ihn bereits gut zu kennen. Sie freute sich, ehrlich aufgeregt, auf den kommenden Montagnachmittag.

Es war kurz vor Mitternacht, als Lesli endlich in das große Bett kletterte, und sie schlief tatsächlich ausgezeichnet.

4. *Montag, 6. Januar 1986*

»Immerhin bin ich siebenundsechzig Jahre alt, Miss Hoshino«, sagte Jiro Shimada in mühelosem Englisch und lächelte warm. Lesli vermutete, daß er Kontaktlinsen trug und Tausende von Dollars bei seinen Zahnärzten gelassen hatte. Sein weißes Haar war üppig und dicht, und seine Gesichtsfarbe ließ eher an kalifornische Sonnenbräune als an asiatische Pigmentierung denken. Fotografien wurden ihm nicht gerecht, fand sie. In Fleisch und Blut sah er ein bißchen so aus, als habe man aus irgendeinem verschrobenen Grund Cary Grant als Japaner verkleidet.

Im Laufe ihrer erfolgreichen Karriere als Journalistin hatte Lesli viele der Großen und Berühmten kennengelernt, und es war für sie nicht neu, daß diese Prominenten häufig körperlich kleiner als erwartet wirkten, wenn man ihnen leibhaftig begegnete. Es war ungewöhnlich, aber Shimada wirkte eher überlebensgroß, und er strahlte etwas durch und durch Unjapanisches aus. Man hätte ihn leicht für einen *nisei* oder einen *sansei* halten können – für einen Japaner, der in zweiter oder dritter Generation in Amerika geboren war –, wie Lesli selbst also. Er hatte den charakteristischen Gesichtsschnitt seiner Rasse behalten, aber von Statur war er größer als gewöhnliche Japaner und auch merklich unbefangener und freier. Wenn man ihn nur nach seiner Erscheinung und seinen Manieren hätte beurteilen sollen, dann hätte man Shimada leicht für einen US-Senator halten können, für einen Finanzier der Wall Street oder für den Präsidenten eines Mediengiganten, aber nicht für einen japanischen Industriellen und Prominenten.

»Das ist schwer zu glauben, Mr. Shimada«, erwiderte sie mit professioneller Höflichkeit. Sie saßen in seinem Büro im siebenundzwanzigsten Stock des Gebäudes der Shimada Trading Corporation, das sich wie ein gläserner Fangzahn zwischen den anderen Wolkenkratzern im modisch gewordenen Stadtteil Shinjuku emporreckte. Nicht, daß der lärmende Trubel des Bus- und Eisenbahnterminals Shinjuku oder das nahegelegene, von liederlichem Treiben erfüllte Vergnügungsviertel Kabukicho inzwischen verschwunden gewesen wären – die alten zweistöckigen Läden und die Gassen mit den billigen Snackbars klammerten sich zäh und grell an die Rocksäume der blinkenden neuen Hotel- und Bürotürme, hellschäumend wie ein billiger, flitterhafter Spitzenbesatz, den ein Amateur an den Saum eines *Haute Couture*-Abendkleides geheftet hatte.

Nichts derart Vulgäres beeinträchtigte die kostspielige Schlichtheit von Shimadas Büro, dessen einziger Schmuck aus einem Joan-Miro-Gemälde an der Wand und einer Shoji-Hamada-Tonschale in einer Nische zwischen zwei Bücherregalen bestand. Die beiden anderen Wände waren beinahe restlos aus Glas, und durch das eine konnte man den schneebedeckten Gipfel des Fuji im trockenen, funkelnden Wintersonnenschein sehen. »Nun, da kann man nichts machen«, meinte Shimada fröhlich. »Und Sie wissen, daß praktisch jeder männliche Japaner meiner Altersklasse im Zweiten Weltkrieg gewesen sein muß. Ich habe also nicht das geringste dagegen, daß Sie über meine Zeit bei der Kaiserlichen Marine schreiben. Für mich sind diese Jahre der eigentliche Beginn meiner Erziehung. Jedenfalls werden Sie unter meinen persönlichen Unterlagen sicherlich das eine oder andere über die betreffende Zeit finden – selbstverständlich alles in japanischer Sprache, aber wenn ich recht informiert bin, macht Ihnen das nichts aus.«

Er betrachtete Lesli abschätzend – ein selbstbewußter Mann, dem bekannt war, daß sein Ruhm und Reichtum auf Frauen normalerweise wie ein Aphrodisiakum wirkten. Aber sie begegnete seinem unverwandten Blick kühl. »Nein. Mein Vater und meine Mutter haben mich zweisprachig erzogen. Sie waren während des Krieges interniert, und als ich geboren wurde, waren sie darüber noch immer verbittert. Sie haben mich im Schweiße meines Angesichts Japanisch lesen und schreiben lernen lassen, und dafür bin ich ihnen dankbar, seit ich mein Geld damit verdiene, daß ich es kann.« Sie nippte an dem Kaffee, der ihnen beiden von einem Mädchen serviert worden war, das als Fotomodell gut hätte leben können, aber in krassem Gegensatz zu seiner weltfernen, unwirklichen Schönheit höchst scheu und ehrerbietig auftrat.

»Es ist sonderbar, Miss Hoshino – verzeihen Sie mir die persönliche Bemerkung, aber es ist immer wieder sonderbar, jemandem wie Ihnen zu begegnen. Sie sehen ganz und gar wie eine Japanerin aus, aber Ihr Ausdruck und Ihre Manieren sind die einer Amerikanerin. Ich freue mich darauf, Sie in den nächsten Wochen näher kennenzulernen.«

Es war ein allzu vertrauter Spruch, und Leslis Lächeln wurde ein wenig steif, als sie an die Orchideen in ihrem Hotelzimmer dachte. »Ich hoffe, ich werde Sie nicht allzu oft persönlich belästigen, Mr. Shimada. Es ist sehr freundlich von Ihnen, mir Ihr persönliches Archiv zugänglich zu machen. Die hiesige Redaktion des *Newsworld*-Magazins verfügt selbstverständlich über Unmengen von Material, weit mehr, als wir für die Story zum Erfolgsmann des Jahres verwenden können. Außerdem weiß ich, daß Sie ein vielbeschäftigter Mann und häufig auf Reisen sind.« Darauf lächelte Shimada nur wehmütig, und Lesli fragte sich einen Augenblick lang, ob sie das, was sie für ein sexuelles Signal gehalten hatte, vielleicht mißdeutet hatte. Man konnte bestürzend leicht vergessen, daß Jiro Shimada ein Mann in den – wie ihr Vater mit seinem wunderlichen Akzent es immer genannt hatte – Jahren des Sonnenuntergangs war.

»Die Wahrheit ist, daß ich mich geschmeichelt fühle, Miss Hoshino – erstens, weil ich in die erlesene Gesellschaft der ›Männer des Jahres‹ des *Newsworld*-Magazins aufgenommen werde. Zweitens, weil Sie sich so sehr für mich interessieren, daß Sie ein ganzes Buch über mich schreiben wollen. Schauen Sie, wenn ich mein Porträt malen lassen wollte, müßte ich mich für, na, womöglich ein ganzes Dutzend Sitzungen zur Verfügung stellen, oder nicht? Sie haben ein Recht auf mindestens ebenso viel von meiner Zeit. Glauben Sie wirklich, es könnte einen Markt für Ihr Buch geben?

»Das glaube ich, Sir, und der Verlag glaubt es auch – so fest, daß ich einen Vorschuß bekommen habe, der meinem Gehalt für sechs Monate entspricht; so viel unbezahlten Urlaub habe ich genommen, um das Buch zu schreiben. Sie verhandeln bereits mit *Reader's Digest* über eine gekürzte Version.«

Shimada lehnte sich in dem tiefen Ledersofa zurück; ein Arm ruhte auf der Rückenlehne. »Tatsächlich? Wissen Sie, ich habe abgelehnt, wenn japanische Verleger und Autoren mit einem ähnlichen Ansinnen zu mir gekommen sind. Überrascht Sie das?«

Lesli zuckte die Achseln. »In gewisser Weise ja. Darf ich fragen, warum?«

Shimada richtete sich auf, und zum erstenmal seit ihrer Ankunft sprach er japanisch. »Ich bin ein Privatmann, Fräulein Hoshino. Ein Mensch von öffentlichem Interesse, ich weiß, aber dennoch ... Ich habe mir immer große Mühe gegeben, mich so weit wie möglich aus den japanischen Medien herauszuhalten. Aber insgesamt gesehen, war mir die Publicity im Westen willkommen, denn ich habe im Laufe der Jahre versucht, einige der dort verbreiteten falschen Vorstellungen von Japan und den Japanern zu korrigieren. Ihr Buch kann diesen Bemühungen förderlich sein. Vielleicht ist der wahre Grund aber auch, daß mich das Alter jetzt doch noch gepackt hat und mich eitel macht. Jedenfalls hoffe ich, daß Sie sich bei Ihren Recherchen zu Gründung und Wachstum der Shimada Trading Corporation nicht allzu sehr langweilen werden.«

Lesli spürte, daß das Gespräch seinem Ende zuging, und sammelte, während sie in derselben Sprache antwortete, ihre Habseligkeiten ein. »Ich bin Ihnen sehr dankbar, Präsident. Natürlich möchte ich mit dem Anfang beginnen; wenn Sie also in der nächsten Woche, wie Sie es versprochen haben, eine oder zwei Stunden für mich erübrigen könnten, würde ich Sie gern über Ihre Kindheit befragen und ein wenig über die Erfahrungen und Einflüsse hören, die Sie zu dem haben werden lassen, was Sie sind.«

Shimada erhob sich mit der Behendigkeit eines sehr viel jüngeren Mannes von seinem Sofa und ging hinüber zum Fenster. »Die Luftverschmutzung ist nicht mehr so schlimm wie vor zehn oder fünfzehn Jahren, wissen Sie«, sagte er, ohne sich zu ihr umzudrehen. »Das Kasumigaseki-Gebäude war der erste richtige Wolkenkratzer in Tokyo, ungefähr so groß wie dieser hier. Gegen Ende der sechziger Jahre muß das gewesen sein. Aus den obersten Etagen konnte man den Fuji damals bestenfalls an fünf oder sechs Tagen im Jahr sehen. Heute kann man es an fünfzig oder sechzig. Er liegt achtzig Meilen weit weg, wissen Sie.« Er hielt inne, als Lesli neben ihn ans Fenster trat, und fuhr dann fort, ohne Tonfall oder Haltung zu verändern. »Meine Kindheit ist weder von Interesse noch von Bedeutung. Ein paar Absätze werden genügen, um sie zu schildern. Ich fürchte, Sie werden enttäuscht werden, wenn Sie erwarten, daß ich von frühen Erfahrungen und Einflüssen faseln werde, die mich zu dem gemacht haben, was ich bin. Ich bin der festen Überzeugung, daß ich mich selbst zu dem gemacht habe, was ich bin, sehen Sie. Das ist es doch, was die Existenzialisten immer vertreten haben, oder nicht?«

Er wandte sich ihr zu, und wieder lächelte er warm. Zum Englischen zurückkehrend, sagte er: »Sie müssen immer noch müde von Ihrem Flug sein, Miss Hoshino. Ich reise so oft in die Staaten und wieder zurück, daß ich mir manchmal vorkomme wie ein Pendler, aber leichter fällt es mir deshalb nicht. Ruhen Sie sich gut aus, und nehmen Sie sich Zeit. Ich denke, Sie werden feststellen, daß Mr. Yamada Ihnen alles Material wird beschaffen können, das Sie vermutlich benötigen werden. Er dürfte schon auf Sie warten, um Ihnen das Zimmer zu zeigen, das ich für Sie vorbereitet habe, damit Sie dort arbeiten können, wann immer Sie Lust haben herzukommen.«

Das Büro, in das Yamada sie geleitete, lag mehrere Stockwerke weiter unten; es war ruhig, angenehm eingerichtet und nur zwei Türen weit von der Registratur entfernt, wo, wie Yamada ihr erklärte, die Hauptunterlagen des Unternehmens elektronisch gespeichert wurden. Seit der Umstellung auf Computer, fügte er hinzu, wurde Jiro Shimadas gesamte eigene Korrespondenz zudem ausgedruckt und manuell abgeheftet. Er deutete auf die neu aussehende elektronische IBM-Schreibmaschine auf der Arbeitsplatte neben dem Schreibtisch, die man ihr beschafft hatte. »Es gibt hier im Hause nur noch sehr wenige davon, Miss Hoshino. Ich hoffe, Sie nützt ihnen, aber ich kann Ihnen natürlich auch statt dessen ein Textverarbeitungsgerät hereinstellen lassen, wenn Ihnen das lieber ist.«

Eingeschüchtert von soviel Fürsorglichkeit bestand Lesli darauf, daß sie mit der IBM sehr zufrieden sei, und wandte ihre Aufmerksamkeit dann den beiden Aktenschränken zu, die im Zimmer standen. Yamada reichte ihr die Schlüssel dazu und erklärte ihr, was sie enthielten: Es waren Aktenkartons, allesamt säuberlich etikettiert. Auf einem stand einfach »Kaiserliche Marine«, es gab eine Serie mit dem Aufschriften »1945–50 Persönlich«, »1951–5 Persönlich« und so weiter bis »1981–5«, jeweils fünf Jahre umfassend. Andere Akten trugen Bezeichnungen wie »Shimada Trading Corporation (Richtlinien)«, »Club of Rome«, »Brandt-Kommission«, »Verband der Wirtschaftsorganisationen«, »Immobilien«, »Rechtsangelegenheiten« und sogar »Medizinisches«. Jeder der Kartons, die sie öffnete, enthielt offenbar hervorragend geordnete Originalunterlagen und einen großen Umschlag mit Fotos, die meistens Shimada in Gesellschaft anderer Personen zeigten. Die Aktenschränke waren eine Goldgrube an Material, und Lesli juckte es in den Fingern, die Dokumente unverzüglich zu sichten; nur die Notwendigkeit, ein höfliches Gespräch mit Yamada zu führen, hielt sie zurück.

»Sind Sie schon lange bei STC, Mr. Yamada?«

Der kleine Mann blinzelte hinter seinen Brillengläsern; anscheinend überraschte es ihn, daß sie sich für ihn interessierte. »Oh. Ja, schon lange. Mehr als zwanzig Jahre.«

»Dann müssen Sie Mr. Shimada ja sehr gut kennen.« Yamadas Lächeln war honigsüß, aber Lesli spürte eine gewisse Verschlossenheit, als er die Achseln zuckte.

»Eigentlich nicht, Miss Hoshino. Zweifellos werden Sie ihn sehr viel besser kennen als irgendeiner von uns, wenn Sie alle diese Papiere studiert und viele Male mit ihm gesprochen haben. Der Präsident ist nicht sehr – wie soll ich sagen? – mitteilsam gegen unsereinen.«

Lesli erwiderte sein Lächeln. »Nun, wir werden sehen. Ich habe tatsächlich das Gefühl, daß ich heute nachmittag einen Anfang gemacht habe, auch wenn Mr. Shimada offenbar nicht sonderlich daran interessiert ist, über seine Kindheit zu sprechen. Diese Unterlagen hier beginnen anscheinend mit seinem Eintritt in die Marine im Jahre 1941. Ich weiß, daß er unmittelbar davor auf der Universität Tokyo war, aber für die *Newsworld*-Story haben wir nicht versucht, die früheren Jahre zu erhellen. Er ist doch in Tokyo geboren, oder nicht? Daran meine ich mich zu erinnern.«

Yamada nickte. »Ja. Am 27. Mai 1918. Das Datum kenne ich, weil er an seinem Geburtstag immer eine große Party für seine

Mitarbeiter gibt. Ach, übrigens – meine Telefonnummer finden Sie auf der Liste neben dem Telefon auf dem Schreibtisch dort. Bitte zögern Sie nicht, mich anzusprechen, wann immer ich Ihnen behilflich sein kann. Es ist möglich, daß Sie Mühe haben, einige der älteren der auf japanisch verfaßten Dokumente zu lesen, vor allem, wenn es sich um handgeschriebene handelt... Ich weiß natürlich, daß Sie fließend japanisch sprechen, aber viele der chinesischen Schriftzeichen sind seit dem Krieg vereinfacht worden...« Er brach einigermaßen verlegen ab, und Lesli beeilte sich, ihm zu versichern, daß sie seine Hilfe mit an Sicherheit grenzender Wahrscheinlichkeit brauchen werde.

Schließlich ließ Yamada sie allein, und Lesli vertiefte sich so sehr in die Akte »1956–60«, daß es fast sechs Uhr wurde, bevor sie das Gebäude der Shimada Trading Corporation verließ und zum Okura Hotel zurückkehrte, wo man ihr eine Telefonnotiz aushändigte: Charlie Goldfarb hatte angerufen, der Redaktionsleiter des *Newsworld*-Magazins in Tokyo. Lesli seufzte bei sich, als sie auf ihr Zimmer ging und die Notiz auf die Kommode legte. Charlie wollte also, daß sie am nächsten Tag zwischen halb zwölf und zwölf in der Redaktion vorbeikam und dann mit ihm im Presseclub zu Mittag aß, wie? Lesli hoffte nur, daß sie keine Schwierigkeiten mit ihm bekommen würde; es war doch alles schon lange her. Immerhin, sie brauchte das Material über Shimada, das die Redaktion hier besaß; also würde sie sich bemühen müssen, nett zu sein. Aber nicht zu nett. Sie nahm sich vor, eine hochgeschlossene Bluse anzuziehen.

5. *Montag, 6. Januar 1936*

»Ein glückliches Neues Jahr, Fräulein Shimada!«

»Oh. Ein glückliches Neues Jahr.« Yoko rutschte auf ihrem Stuhl hin und her, als sie antwortete; es machte sie verlegen, wie überrascht und zugleich erfreut sie war, seine Stimme zu hören, aufzublicken und ihn vor sich zu sehen. Sie hatte aufgehört, die Neujahrsglückwünsche zu zählen, die sie an diesem ersten Vormittag in der Universitätsbibliothek von Waseda nach den Feiertagen bereits gewechselt hatte, einschließlich der zeremoniellen, förmlichen Begegnung mit dem Titulardirektor, einem Professor der Wirtschaftswissenschaften, den sie in den sechs Jahren, die sie dort – erst als Verwaltungsangestellte, dann, nachdem sie die Abendschule absolviert und sich die Qualifikation gesichert hatte, als Bibliotheksassistentin – arbeitete, kaum jemals zu Gesicht bekommen hatte.

Als der Direktor die Bibliothek nach einem Blitzbesuch verlassen hatte, hatte der geschäftige Chefbibliothekar die Leitung der Veranstaltung übernommen und eine kurze Rede gehalten, mit der er seinen Mitarbeitern, die sich in einem weiten Halbkreis um ihn versammelt hatten, Glück gewünscht, sie ermutigt und ermahnt hatte, und dann war die Zeit für allgemeines, ja sogar zaghaft frivoles Geplauder bei grünem Tee gekommen. Offiziell war die Bibliothek geöffnet, aber niemand rechnete ernsthaft damit, daß am ersten Tag nach den Feiertagen ein Student erscheinen würde. Normalerweise wäre man, wenn es nicht ein Samstag gewesen wäre, bereits am vierten Januar zusammengekommen, aber traditionell war der erste Arbeitstag des neuen Jahres ein Tag, an dem man sich darauf vorbereitete, die Arbeit wieder aufzunehmen, nicht einer, an dem man tatsächlich arbeitete. Die Studenten würden sicher erst in einem oder zwei Tagen wieder auftauchen, und wenn ein normaler Angehöriger des akademischen Personals erschien, erregte dies Erstaunen. Die meisten von ihnen – nicht zuletzt der professorale Direktor – behielten die Bibliotheksbücher, die sie interessierten, sowieso über Monate und Jahre in den Büros.

»Ich weiß, es ist Tradition, aber es erstaunt mich trotzdem, Sie und alle anderen Damen hier im Kimono zu sehen. Es muß ziemlich unbequem sein, darin zu arbeiten.«

Yoko gab einen kurzen, verneinenden Laut von sich, der nur halbwegs verständlich war, und lächelte Herrn Nagai an, der auf der anderen Seite der breiten Informationstheke stand, die eine Hand in der Hosentasche vergraben. Er trug seinen gewohnten Anzug, und darunter das Hemd mit dem unkonventionellen weichen Kragen, das ihm, wie sie fand, so gut stand; Yoko sah erfreut, daß er guter Laune war. Es war inzwischen ein paar Monate her, daß sie zum erstenmal ernsthaft analysiert hatte, was sie für ihn empfand, und sie war zu dem Schluß gekommen, daß sie dem jungen Geschichtsdozenten warme Zuneigung entgegenbrachte – vielleicht noch ein wenig mehr, wenngleich sie kaum wußte, was ihre Schwester Teruko meinte, wenn sie nachts im Bett so oft von »Liebe« und »Romanzen« sprach. Yoko wußte nur, daß eine süße Traurigkeit ihr Bewußtsein durchflutete, wenn sie an Herrn Nagai dachte, und daß sie am Abend zuvor nichts als Schrecken und Entsetzen empfunden hatte, als ihr Vater ihr vorgeschlagen hatte, einen kurzen Spaziergang zu machen, und noch vor der Straßenecke damit herausgeplatzt war, daß er sie demnächst in aller Form einem potentiellen Ehemann vorzustellen gedenke, einem jungen Mann aus seinem Büro.

Als achtbares Mädchen der Mittelschicht hatte Yoko die Unausweichlichkeit der Ehe niemals bewußt in Frage gestellt, und sie hatte es als selbstverständlich betrachtet, daß die erforderlichen Arrangements beizeiten getroffen werden würden, doch bis zu ihrem zwanzigsten Geburtstag hatte dies anscheinend in beruhigend weiter Ferne gelegen. Jetzt aber mußte sie sich mit der Tatsache abfinden, daß sie in einem oder zwei Jahren unter der Haube sein würde, und die Bemerkung ihres Vaters bei dem Besuch im Meiji-Schrein war keineswegs seine erste Anspielung darauf gewesen, wie wünschenswert es sei, einen geeigneten Gatten für sie zu finden, bevor die Wasserscheide ihres fünfundzwanzigsten Geburtstags nahte. Eigentlich wäre es die Aufgabe ihrer Mutter gewesen, die Möglichkeiten zu erkunden, aber im Laufe mehrerer Jahre hatten sich ihre und Yokos Rollen in der Familie nach und nach umgekehrt, und weder Yoko noch Yukichi hatten auch nur den Versuch unternommen, solche Angelegenheiten mit ihr zu erörtern. Jetzt gab es also tatsächlich einen bestimmten Mann, der den Wunsch geäußert hatte, ihr bei einem *o-miai,* einem tugendsam bewachten Zusammentreffen zur gegenseitigen ersten Musterung, vorgestellt zu werden, und obgleich Yoko ein tiefes Widerstreben schon gegen diesen einleitenden Schritt empfand, wußte sie doch, daß sie ihren Vater nicht lange würde hinhalten können. Und heute sah sie Herrn Nagai mit dem plötzlichen, trostlosen Bewußtsein, daß sie ihn liebte und begehrte.

Abgesehen davon, daß er die Bibliothek oft aufsuchte und dann fast immer ein paar Worte mit ihr wechselte, hatte Yoko keinen Grund zur Annahme, daß Herrn Nagais Benehmen ihr gegenüber womöglich mehr bedeuten könnte als schlichte Freundlichkeit und das Wissen um ihre gemeinsame Liebe zur klassischen Musik des Abendlandes; im Club der Musikfreunde der Universität hatte er sich lange mit ihr darüber unterhalten, nachdem sie sich eine Fritz-Kreisler-Aufnahme von Beethovens Violinkonzert angehört hatten.

Es war ein kühner Akt von Yoko gewesen, dem Club beizutreten, denn Verwaltungsangestellte der Universität, selbst wenn sie sehr viel dienstälter als Yoko waren, hatten keinen Zutritt zu den akademischen Vereinigungen, in denen meist eine wütend verteidigte Hierarchie herrschte. Aber bei den Musikliebhabern war es anders: Nach der ersten Verblüffung hatte die Sekretärin die fünfzig Sen Beitrag von dem stillen Mädchen entgegengenommen. In den folgenden Monaten waren die allwöchentlichen Schallplattenabende in dem tristen, zugigen Raum, dem einzigen, der zur Verfügung stand, eine Quelle tiefer, heimlicher Freude für Yoko gewesen. Fast immer kam Nagai auch, und gegen Ende des vergangenen Jahres hatte er angefangen, sich auf einen Platz in ihrer Nähe oder gar neben ihr zu setzen und in den häufigen Pausen, wenn Platte und Nadel gewechselt wurden, leise mit ihr über Mozart und Haydn, Bach und Schubert zu sprechen.

»Na, ich frage mich, ob der Club es sich wohl wird leisten können, eines dieser neuen ›Auto-Electone‹-Grammophone anzuschaffen, von denen ich gelesen habe. Damit kann man bis zu zwanzig Zwölf-Zoll-Schallplatten automatisch abspielen, stellen Sie sich das vor!«

Yoko lächelte schüchtern. »Das wäre wunderbar, nicht wahr?« Das billige Modell, aus dem der gesamte bewegliche Besitz des Clubs bestand, gab häufig zu Klagen Anlaß, und es waren Bestrebungen im Gange, es durch ein anderes zu ersetzen.

»Ja, das wäre es. Aber ich fürchte, die Leute werden uns Extravaganz vorwerfen, wenn wir eines bekommen. Wir werden sie beruhigen müssen, indem wir ihnen versprechen, daß wir ausschließlich Wagner spielen.«

Yoko sah ihn furchtsam an. Sie wünschte, Herr Nagai würde nicht so freimütig über die Leute scherzen, die selbst an der Universität von Waseda mit ihren liberalen Traditionen Gruppen wie den Club der Musikfreunde oder die Schauspiel- und Lyrikvereinigungen stirnrunzelnd betrachteten: Sie hielten solche Gruppen für saft- und kraftlos, ja beinahe für unpatriotisch. Herr Nagai hatte bereits genug Schwierigkeiten; er war freimütig für den in Ungnade gefallenen Professor Minobe von der Universität Tokyo eingetreten, den man ein paar Monate zuvor wegen *lèse majesté* angeklagt hatte, weil er in einem vor dreißig Jahren erschienenen Lehrbuch behauptet hatte, der Status des Kaisers sei der eines »Organs des Staates«. Obwohl der Kaiser persönlich hatte wissen lassen, daß er gegen die Auffassung dieses hervorragenden Juristen nichts einzuwenden habe, war Minobe gezwungen worden, seinen Sitz im Oberhaus aufzugeben, und der Streit tobte noch immer.

Nagai grinste fröhlich. »Machen Sie kein so besorgtes Gesicht, Shimada-san. Niemand außer Ihnen hat gehört, was ich gesagt habe, und Sie werden mich doch nicht melden, oder?«

Yoko schüttelte heftig den Kopf, und jetzt, da er es ausgesprochen hatte, durchzog eine Woge der Angst ihren Magen. »Natürlich nicht. Niemals... aber Sie passen doch auf, nicht wahr?«

Ein paar Sekunden lang blickte er ihr schweigend in die Augen, so daß sie errötete. »Danke für Ihre Besorgnis«, sagte er schließlich. »Aber haben Sie keine Angst – ganz so schlimm ist es noch nicht.«

»Die Zeit ist nicht auf unserer Seite, Kameraden.« Mitsugi Nishida zischte die Worte fast heraus, während er mit der Faust auf den Tisch schlug und die zwei Dutzend jungen Offiziere, die vor ihm versammelt waren, einen nach dem anderen anfunkelte. Sie saßen in einem Unterrichtsraum in einem der abgelegeneren Gebäude auf dem Gelände der Militärakademie auf den Höhen von Ichigaya, nicht weit von den weitläufigen Paradeplätzen von Yoyogi am Westrand von Tokyo. Nishida war vierunddreißig Jahre alt, und vor zehn Jahren hatte er aus gesundheitlichen Gründen sein Patent als Leutnant der Kavallerie zurückgegeben, um sich der Politik zu widmen. »Ich habe dies viele Male gesagt, vor fünfzehn Jahren und mehr, als ich, damals noch ein Kadett an eben dieser Akademie, unsere Bewegung ins Leben rief. Ich habe seither nicht aufgehört, es zu sagen, und heute sage ich es euch wieder, eindringlicher jetzt als zuvor.«

Hauptmann Nonaka und Hauptmann Ando, die der Pultreihe gegenüber rechts und links von ihm am Tisch saßen, nickten. »Die Gerüchte, die wir alle in den letzten paar Wochen gehört haben, beruhen auf Tatsachen, meine Herren«, sagte Ando ruhig, und sein bebrilltes, sonst so fröhliches Gesicht blickte ernst. »Man hat entschieden, die Erste Division in die Mandschurei zu verlegen.« Er warf Hideo einen Blick zu und nickte fast unmerklich. »Erst vor sehr kurzer Zeit ist es uns gelungen, Zugang zu dem Protokoll einer gewissen Generalstabsbesprechung zu erlangen, und es bestätigt die Informationen, die wir informell bereits von... Ich brauche hier keine Namen zu nennen.« Einer oder zwei der jungen Männer grinsten bei diesen Worten und schauten ihre Nachbarn wissend an. »Das entscheidende Datum liegt wahrscheinlich irgendwann im April.«

Nishida nickte, und auf seinen schmalen Lippen lag ein bitteres Lächeln. Abrupt stand er auf und lenkte alle Blicke auf sich. »Ihr habt also höchstens drei Monate Zeit, wenn ihr euch nicht von euren aristokratischen Herren an der Nase davonführen lassen wollt, sobald sie sich dazu herablassen, sich den Armen ihrer *geisha* zu entreißen. Die Situation im Palast könnte jetzt, da wir in das elfte, entscheidende Jahr der Regentschaft Seiner Majestät schreiten, kaum gefahrvoller sein. Ihr alle wißt, daß Saito erst am 26. Dezember, also vor weniger als zehn Tagen, zum Ehrwürdigen Bewahrer des Geheimsiegels ernannt worden ist. Wir wissen, wie er als Premierminister war, von seinen Leistungen als Außenminister ganz zu schweigen – *und* er ist ein Mann der Marine. Jetzt hat dieser Verräter, dieser korrupte, degenerierte, kindische Greis mit all seinen Lügen und Ränken nicht nur tagtäglich Zutritt zum Thron selbst, sondern er ist zudem der oberste offizielle Dolmetscher des geheiligten Willens und der Absichten Seiner Majestät. Alle Vorteile, die Oberst Aizawa mit seiner glänzenden, selbstlosen Aktion im vergangenen August, als er den doppelgesichtigen General Nagata ermordete, für uns erkämpfte und die uns der verstärkende Effekt einbringen wird, den sein bevorstehendes Kriegsgerichtsverfahren für die Verbreitung unserer Ideen zeitigen wird, stehen auf dem Spiel.« Mit funkelndem Blick starrte er in den Raum. »Wer sind unsere beiden besten Führer?«

»Mazaki!« schrie es von einer Seite des Raumes, und in der Mitte konterte einer der jüngsten: »Araki!« Nishidas Zähne blitzten in einem wölfischen Lächeln. »Mein alter Freund Kurihara hat recht... aber unser junger Kamerad hier ebenfalls. General Mazaki muß die nächste Regierung anführen, und unser guter General Araki muß ihm gleichberechtigt zur Seite stehen, mitsamt seinem Schnurrbart! Vergeßt niemals, es war Araki, der als erster vom ›Kaiserlichen Weg‹ gesprochen hat, von jener großen Sache, für die wir alle mit unserem Blut und unserem Leben einstehen. Und wo sind diese beiden prächtigen Männer? Auf dem Abstellgleis, als einfache Mitglieder des Militärrates, ohne Kommando, ohne Verantwortung, während die Kaiserliche Armee den triefnasigen Watanabe als Obersten Leiter der Militärischen Ausbildung ertragen muß – einen Mann, der im letzten Jahr frech und in aller Öffentlichkeit seine Sympathie für das blasphemische Geschwätz dieses geisteskranken Kommunisten und sogenannten Professors Minobe eingestanden hat! Die Kaiserliche Bestimmung kann und darf nicht vereitelt werden, und *ihr* seid diejenigen, denen die hohe Ehre zuteil wurde, beim Marsch auf dem Kaiserlichen Weg voranzugehen.«

Nishida hatte beim Reden die Stimme immer mehr erhoben, und Speicheltröpfchen erschienen rings um seine Lippen. Hideo starrte ihn in ehrfurchtsvoller Bewunderung an, und er verspürte bitteres Bedauern bei dem Gedanken, daß dieser vornehme Mann, dieser Seher, selbst nicht mehr zu den Offizieren gehörte, von denen es abhing, ob der Kaiser von denen, die ihn umgaben, befreit würde oder nicht. Viele Offiziere in allen Ebenen unterstützten mehr oder weniger offen die Gruppe des »Kaiserlichen Weges«, die in Opposition zu der pragmatischen Politik des Generalstabs stand, aber Hideo gehörte zu den weniger als drei Dutzend Leutnants und Hauptleuten der Bewegung Junger Offiziere, die kurz vor den Neujahrsfeiertagen heimlich in einem Restaurant zusammengekommen waren und sich zu einer direkten Aktion verschworen hatten. Mitsugi Nishida wurde von allen als Gründer der Bewegung und ideologischer Berater verehrt, aber seine Inspiration bezog er, wie sie alle, von einem anderen Zivilisten: dem visionären Rechtsradikalen Ikki Kita, dessen *Gesamtplan für die Reorganisation Japans* in der unzensierten Version eine Pflichtlektüre für alle war, und Hideo brütete häufig und pflichtbewußt darüber.

»Welche Neuigkeiten gibt es zum Standpunkt des Prinzen Chichibu? Er ist auf unserer Seite, und er ist *der Bruder* Seiner Majestät! Kann er ihn nicht warnen, nicht dafür sorgen, daß Saito entlassen wird?« Es war Hideos Freund, Leutnant Yasuda mit den leuchtenden Augen, der da sprach, und Hideo wünschte, er selbst hätte das Wort ergriffen, bis Hauptmann Ando sich dem jungen Mann zuwandte und ihn mit zornigem Blick zurechtwies.

»Schweigen Sie, Leutnant!« bellte er. »Einige von uns haben die Ehre, die persönliche Freundschaft Seiner Kaiserlichen Hoheit zu genießen; wir sind alte Kameraden. Vielleicht ist es Ihrer Aufmerksamkeit entgangen, daß der Prinz nicht mehr dem Generalstab zugeteilt ist. Im vergangenen Herbst wurde er zum Einunddreißigsten Regiment versetzt, wo er als Major Dienst tut. In der Tat ist er einer von uns, ein ›Kamerad‹ in dem Sinne, in dem wir in unserer Bewegung dieses Wort benutzen, aber Sie sollten nicht anmaßend sein. Er bleibt ein Kaiserlicher Prinz.« Hauptmann Ando war einer der beliebtesten Offiziere im Regiment, und ein Tadel von ihm war daher um so wirksamer.

Nishida stand noch, und der Blick seiner glitzernden Augen wanderte wieder über die Reihen der Offiziere. »Hauptmann Andos Worte sind, wie immer, weise, und sie kommen zur rechten Zeit«, stellte er fest. »Denkt an unseren Wahlspruch: ›Verehrt den Kaiser – zerstört die Verräter!‹ Wir verehren nicht nur Seine Majestät persönlich, sondern noch mehr den Thron an sich, dem unser Kamerad, der Prinz, sehr nahe steht. Aber es sind die Verräter, die die Person Seiner Majestät umgeben, und andere Männer in einflußreichen Positionen, die zu beseitigen unsere Pflicht ist: vor allem Premierminister Okada, und dann den Siegelbewahrer Saito. Seinen Vorgänger, Graf Makino. Den Großkämmerer Suzuki. Takahashi, den senilen Finanzminister, der mit seinen Ränken und Intrigen die Armee ihrer letzten Mittel beraubt. General Watanabe. Ein paar andere vielleicht – nicht viele. Wir wollen keinem Unschuldigen ein Haar krümmen, und wir wollen auch keinen Bürgerkrieg. Wenn wir den Leib unserer politischen Führung mit dem Blute der Schuldigen reingewaschen haben, können wir geradewegs zum Armeeminister gehen und ihn veranlassen, die Bildung eines neuen Kabinetts unter Mazaki und Araki zu fordern, das der neuerlichen Restauration des Kaisers und den Reformen, nach denen das Volk sich sehnt, verpflichtet ist.« Dies alles erschien Hideo nicht nur möglich, sondern folgerichtig, ja zwangsläufig, und ein prickelndes Gefühl überlief ihn vom Scheitel bis zur Sohle, als er an die Säuberung des Staates dachte, bei der er eine bedeutende Rolle spielen würde.

»Das wird nicht leicht sein«, warf Hauptmann Nonaka ein; aber er stellte nicht die geplante Orgie politischer Morde in Frage, sondern kommentierte sie ruhig und rational. »Ein paar Stunden lang wird Verwirrung herrschen, das läßt sich nicht vermeiden. Wir werden viele Leute brauchen, um eine Anzahl von Schlüsselpositionen in Tokyo besetzen zu können –«

»Nein! Wir müssen allein handeln! Das ist die Art des Samurai, die saubere, ehrliche Art.« Leutnant Kurihara vom Ersten Regiment war aufgesprungen, und er stand mit seiner Meinung nicht allein: Mehrere andere knurrten zustimmend.

»Wir kennen deine Ansichten und respektieren sie, Kamerad«, erwiderte Nonaka. »Aber wir teilen sie nicht.« Er sah sich um; brennende Hingabe leuchtete in den Gesichtern seiner Gefährten. Er hegte keinen ernsthaften Zweifel an der Loyalität jedes einzelnen von ihnen, aber er betrachtete das Projekt im Blickwinkel der Durchführbarkeit und Effizienz. »Was wir planen, ist eine militärische Operation, nicht eine romantische Geste, und Ando und ich sind ebenso wie unsere zivilen Kameraden davon überzeugt, daß wir nicht nur ›die Verräter zerstören‹, sondern auch die Zentren der Regierungsgewalt fest in unsere Hände bringen müssen. Und jetzt möchte ich noch etwas anderes sagen. Einige von uns werden sterben, meine Herren. Vielleicht wir alle. Wenn einer unter Ihnen nur den geringsten Zweifel an seiner Hingabe für dieses Unternehmen hegt, dann mag er mich innerhalb der nächsten vierundzwanzig Stunden vertraulich davon in Kenntnis setzen. Er mag sich in allen Ehren zurückziehen, vorausgesetzt nur, daß er über alles, was er bisher gehört hat, Stillschweigen bewahrt. Das gleiche werde ich auch denjenigen aus unserer Gruppe sagen, die heute nicht bei uns sein können.«

Hideo fühlte, wie das Blut durch seinen Körper wallte, und eine dunkle Freude schwoll in ihm. Unversehens kam ihm die Straßenbahnfahrt mit seiner Schwester Teruko am Neujahrsabend und der Druck ihres Körpers in den Sinn. »Für diejenigen von uns, die weiter voranschreiten«, fuhr Nonaka fort, »ist absolute Geheimhaltung oberste Pflicht. Wenn die Zeit kommt, können wir niemandem Lebewohl sagen. Bis dahin wird keiner der Verheirateten mit seiner Frau über unsere Sache sprechen; niemand wird seinen Eltern oder Bekannten außerhalb der Gruppe einen Grund zu dem Verdacht geben, er habe etwas anderes als die routinemäßigen Militärdienstpflichten im Sinn.«

»Hauptmann Nonaka hat recht.« Nishida ließ seine Schulter in einer merkwürdigen, ruckartigen Bewegung sinken und übernahm wieder die Initiative. »Niemand soll mit halbem Herzen dabei sein. Wir wollen niemanden haben, der nicht freudig sein Leben für den Kaiser hingibt. Als Gruppe werden wir uns, wenn überhaupt, nicht oft wiedersehen – es ist zu gefährlich. Eure individuellen Anweisungen erhaltet ihr von Hauptmann Nonaka oder von Hauptmann Ando. Wenn der Zeitpunkt kommt, wird er plötzlich kommen. Bis dahin aber prüft euch in euren Herzen und befragt euer Gewissen, und vergeßt nicht: Die Zukunft Japans liegt in eurer Hand.«

6. *Dienstag, 7. Januar 1986*

»Du hast dich nicht verändert, Charlie.«

Charlie Goldfarb zwinkerte, kippte seinen Martini und sagte mit seiner komischen Gebirglerstimme: »Ach, Quark«; er faßte ihre Bemerkung als Kompliment auf. Sie saßen seit nicht einmal einer Viertelstunde in der Bar des Auslandspresseclubs hoch über den

Airline-Niederlassungen und Kinos, den Restaurants und Geschäften des modischen Hibiya, aber schon war Lesli von zwei Leuten begrüßt worden, die sie von früher kannte. Nicht, daß es sie irgendwie interessiert hätte, wenn hier jemand die falschen Schlüsse zog – abgesehen von Charlie natürlich.

Sie schob die Hand mit dem schweren Goldring am behaarten kleinen Finger von ihrem Oberschenkel. »Es ist nett, dich wiederzusehen, Charlie. Aber diesmal ist es rein beruflich. Okay?« Sie sprach leichthin.

»Klar, klar. Es hat großen Spaß gemacht, aber es war eben eine von diesen Geschichten. Wie im Lied – *Just one of those things,* wie?«

»So ist es.« Lesli sah, daß Goldfarb ihr nicht ernsthaft glaubte. Auch wenn er sich entspannte, herzlich und freundlich gab – seine schlauen Augen musterten sie abschätzend und hatten bereits gesehen, daß sie keinen Trauring trug, sie hatten festgestellt, daß ihre Kleidung gut, aber nicht teuer war, und sie hatten die grauen Fäden hier und dort in ihrem dichten, kurzgeschnittenen schwarzen Haarschopf bemerkt. Zweifellos fragte er sich bereits, wie lange er brauchen würde, um sie ins Bett zu bekommen, und ob sie in ihrer kurzen Ehe irgendwelche neuen Tricks gelernt haben mochte. Daß sie sich von David hatte scheiden lassen, würde sich schon vor Monaten bis zum Büro Tokyo herumgesprochen haben.

In vieler Hinsicht stimmte es: Charlie hatte sich nicht verändert. Als Lesli lächelnd ihr Glas hob und an ihrem Kir nippte, fragte sie sich, welcher Schaltkreis in ihr wohl außer Betrieb gesetzt sein mochte. Die sechs dazwischenliegenden Jahre schmolzen in ihrem Bewußtsein, und sie sah sich selbst, wie sie sich so oft hatte sehen können, rasend verkrallt in das krause Haargeflecht auf Charlies Brust, beißend und saugend in irrwitziger, süßer Tollheit, ehe sie ihn bestieg, bockte, stampfte, bis sie dann erschauernd, schwitzend, mit hämmerndem Herzen in sich versank. Das Bild in ihrer Erinnerung war lebhaft, aber die Frau auf dem Bett war eine andere Person, nicht die Lesli Hoshino, die hier einem smarten New Yorker Juden gegenübersaß, dessen leuchtende, leicht vorquellende Augen funkelten wie Christbaumkugeln und dessen Mund zu einem schiefen Grinsen verzogen war, einem hingebungsvollen

Familienvater, der seine übergewichtige Frau verwöhnte, sich um seine verheiratete Tochter in Rochester und seinen Sohn an der Columbia University sorgte und der ungewöhnlichste Liebhaber war, den sie je gehabt hatte.

»Rein beruflich«, wiederholte sie. »Obwohl ich in den nächsten paar Monaten nicht einmal mein Gehalt beziehe.«

»Ach, laß nur. Keine Scheu – betrachte das Büro als dein zweites Zuhause, Lesli. Wenn wir was für dich tun können, tun wir's. Das weißt du. He, sag mal, was ist das für'n Ding mit dem Okura Hotel? Hast du in der Lotterie gewonnen oder was?«

Lesli schüttelte den Kopf, während Charlie mit einer fragend hochgezogenen Braue auf sein leeres Glas und dann auf ihres deutete. »Nein, ich möchte nicht mehr. Danke. Aber deshalb brauchst du dich nicht zurückzuhalten.« Sie wartete, bis er seinen zweiten Martini bestellt hatte, ehe sie weiterredete. »Ich wohne nur eine Woche im Okura. Gast der STC. Shimada hat mir angeboten, alle meine Rechnungen zu übernehmen, solange ich in Japan bin, aber –«

»Soll das heißen, du hast abgelehnt? Guter Gott, Missus Mary-Lou, Sie sein ganz verrückt, ja?«

Lesli schüttelte den Kopf und lächelte knapp. »Wenn ich als Ghostwriter an seiner Autobiographie arbeitete, dann würde ich ihn jeden einzelnen Cent berappen lassen, glaube mir, Charlie. Aber so ist es nicht. Das hier wird mein eigenes Buch. Autorisiert, sicher, aber mein eigenes Buch. Wenn ich ihm allzu sehr verpflichtet bin, wird es meinen Stil verkrampfen. Deshalb ziehe ich in ein paar Tagen ins International House of Japan. Um diese Jahreszeit ist es da nicht voll.«

»Wo all die Professoren aus den Staaten wohnen? Öde.«

»Um einiges interessanter als zwischen einem Haufen von Geschäftsleuten und gutbetuchten Touristen. Außerdem kostet da ein Zimmer so viel wie ein Lunch im Okura. *Und* es gibt keine Muzak, weder in der Lobby noch in den Aufzügen, soweit ich mich erinnern kann.«

Ein Kellner brachte ihnen die Speisekarten und ragte über ihnen, bis sie bestellt hatten. Innerhalb von fünf Minuten kam er zurück und geleitete sie zu ihrem Tisch in dem riesigen, lauten Speiseraum. »Mein Gott, ich hatte vergessen, was hier um die Mittagszeit los ist.« Charlie hatte einiges damit zu tun, Bekannten überall im Raum zuzuwinken und ihnen Grüße zuzurufen, aber mit einer Hand hielt er Leslis Ellbogen besitzergreifend umfaßt. »Klar. 'n toller Laden. Ich besorg dir eine befristete Mitgliedschaft, solange du hier bist.«

Sie setzten sich, und das Essen wurde serviert; aber Lesli bemerkte kaum, was sie zu sich nahm, so oft tauchten fröhliche Freunde von Charlie am Tisch auf, und immer wieder mußte sie denen, die sie auch kannte, erzählen, was sie in Tokyo trieb, und sich denen, die sie nicht kannte, vorstellen lassen. Erst als sie ihren Kaffee getrunken hatten und der Raum sich rapide leerte, wurde ihr bewußt, daß der Dezibelpegel sich gesenkt hatte und Goldfarb sie verschmitzt anschaute.

»Weshalb machst du dieses Buch, Lesli? Shimada ist ein großer Fisch, gut. Aber ist er *interessant*? Ist er ein paar Monate deiner Zeit wert?«

»Du bist nicht der erste, der mir diese Frage stellt, Charlie. Ich kann dir sagen, ich habe ein paar verschiedene Antworten darauf, je nach den Umständen. Aber ich glaube, vielleicht verstehst du auch den wahren Grund. Ich bin eine *nisei*. Ich bin nicht zur Hälfte Japanerin und zur Hälfte Amerikanerin. Meine Gene sind *alle* japanisch. Meine Eltern sprechen noch heute nicht besonders gut englisch. Aber zugleich bin ich auch ganz und gar Amerikanerin. Ich war fast dreißig Jahre alt, als ich zum erstenmal nach Japan kam, um hier in der Redaktion zu arbeiten. Okay, ich beherrschte die Sprache, aber in vieler Hinsicht war es schlimmer, als wenn ich eine echte Ausländerin gewesen wäre, eine von der Sorte, die sie ›Blauaugen‹ nennen. Ich *sehe aus* wie eine Japanerin, aber ich *benehme* mich nicht wie eine Japanerin, und ganz bestimmt *fühle* ich mich nicht wie eine Japanerin. Drücke ich mich verständlich aus?«

»Klar.«

»Nun, ich tat mein bestes, stets das richtige zu sagen und zu tun, wenn ich mit entfernten Vettern und dergleichen Leuten zusammenkam, aber die Mühe hätte ich mir restlos sparen können. Für sie war ich eine Fremde, um so mehr, weil ich japanisches Blut habe. Und mir erschienen sie ebenfalls völlig fremdartig. Meine japanischen Verwandten sitzen in einem kulturellen Gefängnis, das sie sich selbst gebaut haben, und sie können sich nichts Schöneres vorstellen. Ich dachte, alle Japaner seien so, und im großen und ganzen denke ich das immer noch. Nur nicht bei Shimada. Shimada hat sich irgendwie befreit. Er ist ein Japaner, der hier draußen in der großen Welt steht, gelassen und sicher. Er würde mich überhaupt nicht faszinieren, wenn er den gleichen Background hätte wie ich. Aber er ist kein *nisei*. Er ist zu hundert Prozent Japaner, und er ist in Japan aufgewachsen. Ich will herausfinden, wie er zu dem wurde, was er ist. Vielleicht wird es mir helfen, mich mit meiner eigenen Familie zusammenzufinden, mit den Verwandten meiner Eltern und Großeltern.«

»Shimada ist nicht einzigartig, Lesli. Nimm Akio Morita, den Gründer der Sony Corporation. Morita besitzt Charme, Stil, ein gewaltiges Talent und alles, was sonst dazugehört. Und in den Staaten kommt er ebenso gut zurecht wie hier. Besser, wenn's darauf ankommt.«

»Stimmt alles. Aber Shimada hat noch mehr. Er ist nicht nur eine führende Persönlichkeit im internationalen Business, sondern auch eine politische Gewalt von internationalem Gewicht. Er ist ganz einfach der berühmteste Japaner der Welt, und das ist er seit Jahren. Außerhalb Japans könnten dir neunundneunzig von hundert Leuten nicht sagen, wie der Premierminister hier heißt, aber von Shimada hat jeder gehört. Und was die Leute gehört haben, gefällt ihnen.«

Goldfarb zog einen massiv silbernen Cross-Kugelschreiber hervor und kritzelte seine Unterschrift auf die Bar- und Restaurantrechnungen, die zusammengefaltet auf einem Teller neben ihm lagen. »Und du wirst der Welt zeigen, wie er wirklich ist, mit all seinen Warzen und Runzeln. Sagt man das so?«

»Merkwürdig, daß du es so sagst. Shimada selbst meinte, er könne mir kaum weniger Zeit schenken als einem Maler, der ihn porträtiert. Aber ich werde ordentlich graben müssen, um etwas über seine Kindheit ans Tageslicht zu befördern. Anscheinend bleibt er in diesem Punkt so verschlossen wie eine Auster.«

Goldfarb zwinkerte ihr zu, bevor er seinen Stuhl zurückschob. »Mal sehen, ob Onkel Charlie da nicht helfen kann«, meinte er, als sie sich auf den Ausgang zubewegten. Seine Hand, die leicht auf ihrer Schulter ruhte, irritierte Lesli, aber sie streifte sie nicht ab. Zumindest wurde ihr bei seiner Berührung nicht mehr heiß und unruhig zumute, Gott sei Dank.

7. *Mittwoch, 8. Januar 1936*

Das Schwert in der weißbehandschuhten Hand, erstarrte Hideo Shimada, als er die Abteilungskommandanten weit hinten zu seiner Linken ihren Männern Habachtstellung befehlen hörte, und er stampfte mit dem linken Stiefelabsatz auf, als er selbst seine Rührt-euch-Position aufgab. Dann brüllte er selbst seinen Befehl: »Abteilung Nummer vierzehn! Ach-TUNG!«

Es war ein wunderschöner, frischer Morgen hier draußen auf dem Paradeplatz von Yoyogi, und obwohl Hideo und seine Leute genau wie die restlichen zehntausend Soldaten der Kaiserlichen Garde und der Ersten Division seit kurz nach acht in Reihe und Glied standen und es nun schon bald zehn Uhr wurde, war die Zeit nicht lang geworden; der Kaiserliche Neujahrsappell erforderte eine ganze Reihe von Vorinspektionen, von denen er die erste vornahm, gefolgt vom Kompaniechef, dann vom Bataillonskommandeur und schließlich vom Regimentskommandeur. Hideos Abteilung hatte sie alle ohne Tadel überstanden, und jetzt endlich sah er aus dem Augenwinkel, daß eine kleine Gruppe berittener Offiziere in das Paradegelände einbog. Er riskierte einen etwas direkteren Blick. Ja! Das vorderste Pferd war strahlend weiß: Es war Shirayuki, Schneeweiß, das berühmteste Pferd im ganzen Reich und Lieblingstier Seiner Majestät.

Es fiel Hideo nicht leicht, inmitten des Geschmetters der Kapelle und des Befehlsgebrülls klaren Kopf zu behalten und sich an Zeitpunkt und Abfolge der Befehle zu erinnern, die er den Männern hinter sich zubrüllen mußte, aber irgendwie gelang es ihm, seine Rolle zu spielen, und nur wenige Augenblicke schienen vergangen zu sein, als er auch schon sein Schwert starr zum Kaiserlichen Salut präsentierte, während die Berittenen trappelnd und klingelnd nur wenige Schritte weit vor ihm vorüberzogen. Der

Schweiß rann ihm übers Gesicht, und er wagte nicht den Blick zu heben, aber dennoch brannte sich das Bild von Shirayukis sahnig weißer Flanke, dem Chrysanthemen-Emblem auf der Satteldecke und einem blinkenden Stiefel in seine Netzhaut ein, bevor der Kaiser, der Paradekommandeur Uyeda und ihre Stabsoffiziere in der Ferne verschwunden waren und das Getöse der Kapelle wieder hörbar wurde, nachdem das Donnern des Blutes in seinen Ohren verhallt war.

Dann erhob sich neuerliches Gedonner, von außen diesmal, und unvermittelt verdunkelte sich der Himmel über dem Paradeplatz, der an den ersten drei Tagen des neuen Jahres von Drachen und Modellflugzeugen gewimmelt hatte, und dreiundsiebzig Maschinen des Fünften Luftwaffenregiments vom Militärflugplatz Tachikawa, nicht weit westlich von Tokyo gelegen, dröhnten zum Salut vorüber. Diesmal hob Hideo seinen Blick; Respekt und Stolz traten an die Stelle der Ehrfurcht, und als er die Flugzeuge beobachtete und die winzige Gestalt des Himmelssohnes in weiter Ferne regungslos auf dem Schimmel sitzen sah, fühlte er sich geläutert, erhaben und unwirklich. Er verlor alles Zeitgefühl; es hätten zehn Minuten oder auch eine ganze Ewigkeit vergangen sein können, als der Kaiser und sein Gefolge den Paradeplatz verließen und er seine eigene Stimme hörte, als sei sie die eines anderen, dessen Befehlsgebrüll dazu führte, daß er mit seiner Abteilung zum Entlassungspunkt marschierte. Noch befand er sich in einem Zustand froher Erregung, aber wenige Augenblicke, nachdem er die Abteilung seinem Unteroffizier übergeben hatte, fühlte er sich schlaff, ausgepumpt und – aus einem Grunde, den er nicht begriff – den Tränen nahe. Es war elf Uhr fünfzehn.

»Was?« Ihm wurde bewußt, daß Leutnant Yasuda mit ihm sprach. »Was hast du gesagt?«

»Die Mondfinsternis. Heute nacht – das heißt, genau gesagt, zwischen zwei Uhr dreißig und drei Uhr dreißig morgen früh. Wirst du sie dir ansehen?«

»Oh, das hatte ich ganz vergessen. Ich glaube nicht. Warum?«

»Ich weiß nicht. Es kommt mir vor wie eine Art Omen, aber ich habe keine Ahnung, was es bedeuten könnte.«

»Sie wollten mich sprechen, Direktor?«

»Ah. Abteilungsleiter Shimada. Gut. Ja. Ich hoffe, Sie haben angenehme Feiertage verbracht?«

»Danke, ja. Mein Sohn konnte ein paar Tage Urlaub ergattern und die übrige Familie besuchen.«

»Der Armeeoffizier? Sie müssen sehr stolz auf ihn sein und glücklich, zu wissen, daß er vorläufig zumindest hier in Tokyo stationiert ist.« Ruhig und ehrerbietig stand Yukichi vor dem Schreibtisch. Er hatte mit dieser Vorladung gerechnet und sie gefürchtet. »Aber jetzt ist er natürlich wieder im Dienst?«

»Ja. In diesem Augenblick müßte er sogar bei der Parade in Yoyogi dabei sein. Beim Kaiserlichen Appell.«

»Aha. Eine große Ehre für ihn. Nun gut, Herr Shimada. Wir müssen alle darauf hoffen, daß dieses Jahr ein in jeder Hinsicht erfolgreiches Jahr sein wird. Unser prächtiger Kronprinz ist schon zwei Jahre alt – wic doch die Zeit vergeht! Aber gesund und stark... und wer weiß, vielleicht wird er binnen kurzem einen kaiserlichen Bruder haben. Und die Nachrichten aus der Mandschurei sind ermutigend, möchte ich meinen. Das Emigrationsprogramm macht Fortschritte, obgleich ich sagen muß, daß die Ansiedlung von einer Million japanischer Haushalte in dieser Gegend innerhalb von zwanzig Jahren aus jedem Blickwinkel als ein gewaltiges Unternehmen erscheint...«

Yukichi sagte nichts. Nachdem der Generaldirektor von Mitsui, Takuma Dan, vier Jahre zuvor von einem rechten Nationalisten ermordet worden war, und angesichts fortgesetzter, weithin verbreiteter Gerüchte, denen zufolge die Führer des mächtigen Industrie-Imperiums Mitsui die politischen Parteien manipulierten und ungeachtet nationaler Interessen stets nur nach immer weiter ansteigenden Profiten strebten, hatten die Männer an der Spitze des Unternehmens in den letzten zwei oder drei Jahren begonnen, gewisse Defensivmaßnahmen zu ergreifen. Einige Angehörige der Familie Mitsui selbst wurden durch die Einführung des Zwangspensionierungssystems behutsam aus leitenden Stellungen gehebelt, und andere fingen an, sich in auffälliger Weise in »patriotischen« Freiwilligenorganisationen und Wohltätigkeitsverbänden zu betätigen. Gleichwohl neigten die leitenden Angestellten von

Mitsui genau wie ihre Pendants in den anderen großen Industrie- und Finanzkonglomeraten, die man als *zaibatsu* bezeichnete, immer noch dazu, im trauten Kreise Gedanken über die Politik der Regierung zu äußern, die wohl als »gefährlich« gelten konnten, vor allem, was die Politik im Zusammenhang mit dem Marionettenstaat Manchukuo anging. Für Leute auf Yukichis Ebene war es nicht klug, dergleichen zu riskieren.

Direktor Nishi fuhr sich mit der Hand über die mit Brillantine an das kahle Schädeldach geklebten Haarsträhnen, und Yukichi schaute unangenehm berührt auf ihn hinunter. Auf dem Schreibtisch zwischen ihnen stand ein massiger Briefbeschwerer aus Messing, und einen kurzen, wahnsinnigen Augenblick lang fühlte Yukichi sich versucht, den jüngeren Mann damit zu erschlagen. Der Impuls war so stark, daß Yukichi, als Nishi unversehens aufblickte, fürchtete, er könne die Mordgedanken in seinen Augen lesen, und einen schnellen Blick zum Fenster warf, durch welches er in einiger Entfernung die rote Ziegelfassade des Bahnhofs von Tokyo sehen konnte. »Ja. Es könnte ein folgenschweres Jahr für das Reich und auch für uns werden, Herr Shimada. Und für Sie persönlich wird es auf jeden Fall von großer Bedeutung sein. Wie ich mich auf meine eigene Pensionierung freue! Aber anders als Sie muß ich mich noch ein paar Jahre lang abrackern. Ihr Geburtstag fällt in den Juli, glaube ich?«

»So ist es, ja.«

Das Inkrafttreten der neuen Pensionierungsvorschriften war ein Schock für Yukichi gewesen; am neunten Juli würde er fünfundfünfzig werden, und am Ende dieses Monats würde er seinen Abschied nehmen müssen. Vor der Neuorganisation bei Mitsui hatte es eine flexible Ruhestandsregelung gegeben, und Yukichi hatte, wenngleich es unwahrscheinlich erschienen war, daß er je über die Ebene des mittleren Managements hinausgelangen würde, immer angenommen, daß er bis etwa zu seinem sechzigsten Lebensjahr würde arbeiten können; bis dahin würden Yoko und Teruko verheiratet sein, und auch Jiro würde die Universität mindestens zur Hälfte hinter sich gebracht haben – falls er das Glück hatte, einen Studienplatz zu ergattern.

Yukichi verdiente hundertfünfzig Yen im Monat; das war kein

schlechtes Einkommen, und die Mädchen verdienten inzwischen genug, um für ihre Kleidung und ihren Unterhalt selbst aufkommen zu können. Gleichwohl waren die Lebensmittelpreise seit Jahren erschreckend hoch, und für die kommenden Jahre hatte er nur ein mageres Sümmchen zusammensparen können. Hideo würde vermutlich innerhalb der nächsten paar Jahre heiraten und eine Frau ins Haus bringen, die Chie und ihn im Alter würde versorgen können, wenn Yoko und Teruko nicht mehr da wären. Aber nur die höchsten Obersten und Generäle verdienten gut, und Yukichi sah keine glänzende Zukunft für seinen leidenschaftlichen, hitzköpfigen Sohn voraus.

»Das dachte ich mir. Man hat mich gebeten, eine Empfehlung zur Frage einer Ruhestandsgratifikation für Sie abzugeben, aber da besteht kein Grund zur Hast, denn Sie werden ja noch ungefähr sechs Monate lang bei uns sein. Sie haben in all den Jahren stets höchst zufriedenstellende Arbeit geleistet, und ich hoffe, daß ich, wenn es so weit ist, in der Lage sein werde, dem Leiter der Personal- und Gehaltsabteilung eine Zahl vorzuschlagen, die Sie als einigermaßen großzügig empfinden werden. Übrigens – meine Frau und ich hoffen, bald die Bekanntschaft Ihrer bezaubernden Tochter machen zu dürfen. Der junge Sato hofft zuversichtlich, daß das *o-miai* noch vor dem Ende dieses Monats stattfinden kann. Wir dachten uns, der Teesalon im Imperial Hotel wäre vielleicht ein angenehmer Ort dafür.«

Yukichi spürte, daß er zu zittern begann. Etwas Ähnliches hatte er erwartet, aber die Plumpheit dieser Kombination aus Drohung und Bestechungsangebot war dennoch zermürbend. Das alles war so lächerlich: Dieser junge Sato war mit dem Direktor gar nicht verwandt. Ja, wenn er es gewesen *wäre*, hätte Nishi sicherlich eine höhere soziale Schicht als die der Shimadas ins Auge gefaßt, nachdem er einmal versprochen hatte, eine geeignete Gattin zu finden. Sato hatte Verstand genug, nahm Yukichi an, auch wenn der Umstand, daß er auf dem linken Auge schielte, ihn nicht eben einnehmend aussehen ließ. Womöglich würde er es bei Mitsui zu etwas bringen; jedenfalls hatte er die Konventionen auf gerissene Weise zu nutzen gewußt, indem er wenige Monate nach seiner Ernennung zum persönlichen Assistenten des Direktors das Ehepaar

Nishi gebeten hatte, als Vermittler für ihn tätig zu werden. Durch Brauch und Sitte verpflichtet, hatte der Direktor sich nicht weigern können, und jetzt, da ihm der Einfall gekommen war, den jungen Mann mit Yukichis Tochter Yoko zu verheiraten, würden er und seine Frau das Gesicht verlieren, wenn dieser Plan scheiterte. Dies genügte, um ihn alle Skrupel vergessen zu lassen.

»Ich habe mit meiner Tochter gesprochen, Direktor. Ich werde das Thema noch einmal zur Sprache bringen, wenn sie ein wenig mehr Zeit gehabt hat, darüber nachzudenken.« Jetzt war klar, was für ein Handel hier vorgeschlagen wurde. Ihm wurde ein Kaufpreis für Yoko angeboten: Eine Pauschale von ungefähr drei Jahresgehältern, berechnet auf der Grundlage von einem Monatseinkommen aus jedem seiner dreiunddreißig Dienstjahre. Er hatte sogar schon gehört, daß besonders begünstigte Mitsui-Mitarbeiter in vergleichbaren Positionen die doppelte Summe erhalten hatten. Sollte er indessen Yoko nicht liefern, würde der Direktor sein unbestrittenes Ermessen dazu nutzen, einen minimalen Abschiedsbonus zu empfehlen. Zahlen mußten sie etwas, aber sie konnten ihn mit lächerlichen drei Monatsgehältern abspeisen.

»Ich würde mich freuen, sehr bald von Ihnen zu hören, Herr Shimada. Wir werden eine oder zwei Wochen benötigen, um die notwendigen Vorbereitungen für das Zusammentreffen zu besorgen; ich bin sicher, es wird einen ausgezeichneten Verlauf nehmen. Sato war ganz entzückt von der Fotografie des Fräulein Yoko, und ich denke mir, sie ist sich der Vorteile einer Heirat mit einem aufsteigenden jungen Manager in einem Unternehmen wie dem unseren wohl bewußt. Im Frieden wie auch im, äh, Konfliktfalle ist Mitsui ein blühender Konzern. Nehmen Sie sich doch eine Zigarre mit, Herr Shimada. Vielleicht genießen Sie sie nach dem Mittagessen.« Lächelnd deutete er auf eine offene Kiste »Alhambra«-Manilas auf seinem Schreibtisch.

»Danke, Direktor. Ein andermal vielleicht.« Yukichi verneigte sich, ging rückwärts zur Tür und verneigte sich noch einmal, bevor er das Zimmer verließ.

»Jemand will Sie sprechen, Rogers-san.« Dwight Rogers war nicht erfreut, als Osamu Miwa, der Bürobursche, den Kopf um die halboffene Tür seines Bürokämmerchens schob und die Neuigkeit verkündete. »Himmel, Sam, es ist Mittagspause. Ich erwarte niemanden.« Ein breites Grinsen erschien auf »Sam« Miwas pickligem Gesicht, und er zwinkerte theatralisch. Sam war ein eifriger Kinogänger, und besonders großen Spaß machte ihm die Hollywood-Version des Lebens in einer Zeitungsredaktion. Obwohl das gesamte Personal des *New York Times*-Büros Tokyo aus Rogers, dem alten Herrn Eguchi, der als Buchhalter arbeitete, und Sam selbst bestand, gab er sich doch große Mühe, die richtige Atmosphäre zu schaffen. »Ist aber 'n flotter Käfer, Sir. Könnte *mich* jederzeit in der Mittagspause stören.«

Rogers stöhnte leise, schloß die Augen und legte sich eine Hand auf die Stirn – eine Geste, die Sam jedesmal mit Entzücken beobachtete. Dann öffnete er die Augen wieder. »Was will sie?« Er hatte hart gearbeitet, um einen sorgfältig formulierten Hintergrundbericht über einen schwerwiegenden Zusammenstoß zwischen Polizeieinheiten und über tausend Bauern, der am dreizehnten Dezember in Nishi-Temma-gun am Rande von Tokyo stattgefunden hatte, zu Ende zu bringen. Die Gerüchte über diesen Zwischenfall hatten schon vor den Neujahrsfeiertagen gewuchert, und zwei Wochen vorher hatte er bereits ein kurzes Telegramm nach New York geschickt, aber erst am Tag zuvor hatte er ein längeres, vertrauliches Gespräch mit dem Wirtschaftsattaché der amerikanischen Botschaft führen können, das ihm ermöglicht hatte, einen ausführlichen Artikel über die anhaltende Not der Landwirtschaft zu verfassen. Bareinnahmen und -ausgaben bildeten immer noch nur einen Teil der Wirtschaft eines Bauernhaushaltes, aber erschreckende siebzig Prozent der Barausgaben wurden von Elektrizitätsrechnungen verschlungen, und die Steuern auf Textilien und *sake* waren atemberaubend hoch. »Will zu Ihnen, Boss. Sagt, sie hat was für sie.« Ein neuerliches Zwinkern, und Rogers kapitulierte. »Okay. Sie soll 'reinkommen.«

Er war noch in Weste und Hemdsärmeln und griff eben nach dem Jackett, das an einem Haken hinter der Tür hing, als Teruko Shimada sich zögernd hereinschob und verbeugte. Sie schluckte, verbeugte sich noch einmal und sagte in formellem Japanisch und dünner Stimme: »Ich störe Sie.«

Rogers wand sich hastig in sein Jackett und erwiderte ihre Verbeugung. »Überhaupt nicht.« Dann schloß er die Tür ruhig, aber fest vor Sams interessiertem Gesicht.

»Danke für Ihre Freundlichkeit neulich«, murmelte Teruko, und ihr Gesicht glühte vor Verlegenheit. Es war eine ganz konventionelle Begrüßungsfloskel zwischen Leuten, die einander kannten, denn alle Japaner halten es für klug, von vornherein davon auszugehen, daß sie jedem einzelnen ihrer Bekannten auf die eine oder andere Art verpflichtet sind; Rogers indessen konnte sich nicht entsinnen, die junge Frau in dem adrett geschneiderten marineblauen Kostüm mit der weißen Bluse, der kleinen blauen Scheife und der kecken Baskenmütze, die schief auf ihrem Kopf saß, je gesehen zu haben. »Im Gegenteil, ich stehe in Ihrer Schuld«, erwiderte er und vollendete damit die Höflichkeitsformel. Verzweifelt versuchte er sie unterzubringen. »Wollen Sie nicht Platz nehmen?«

Selbst in seinem winzigen Büro war es notwendig gewesen, für Besucher einen flachen Tisch und zwei Sessel hineinzuquetschen. Normalerweise war Rogers von der körperlichen Nähe, die der Platzmangel unvermeidlich machte, peinlich berührt, aber diesmal schaute er mit unverhohlener Bewunderung zu, wie Teruko sich sorgfältig in dem einen der beiden Sessel zurecht setzte, und für einen winzigen Augenblick blitzte ein Petticoat auf, als sie ihren Faltenrock über den nylonumhüllten Knien arrangierte.

»Ich habe die Fotografien mitgebracht«, erklärte sie unsicher. »Die Fotografien vom Meiji-Schrein, vom Neujahrstag.« Rogers strahlte, als sie ihre Handtasche aufklappte und ihm ein Licht aufging.

»Wie überaus freundlich von Ihnen. In westlicher Kleidung sehen Sie ganz verändert aus!« Obgleich seine Begegnung mit der Familie Shimada erst eine Woche zurücklag, war seine Erinnerung daran schon fast verschwunden; allerdings entsann er sich noch an den rasierten Schädel des Jungen in der Schüleruniform und an das feindselige Stirnrunzeln des jungen Armeeoffiziers. Die Eltern, beide im mittleren Alter, hätte er auf der Straße gewiß nicht wiedererkannt, und die beiden jungen Frauen in ihren Kimonos hatten kaum einen Eindruck hinterlassen.

»Sie waren so überaus freundlich, mir Ihre Visitenkarte zu geben, und da ich ganz in der Nähe Ihres Büros arbeite, dachte ich mir, ich könnte Ihnen die Bilder bringen. Sie sind nicht sehr gut, aber...« Teruko reichte ihm drei kleine Fotografien. Die oberste zeigte ihn zusammen mit allen Shimadas außer Jiro, der sich als kompetenter Fotograf betätigt hatte. »Erkennen Sie mich jetzt? Ich stehe neben Ihnen.« Die informelle Freundlichkeit des Amerikaners half ihr, die bange Nervosität zu überwinden, und sie beugte sich vor. Ihr Parfüm machte sich ein wenig deutlicher bemerkbar, und Rogers sah auch den Lack auf ihrem Fingernagel, als sie mit einem schlanken Finger auf ihr fotografisches Abbild deutete. »Das andere ist das Bild, das Sie von uns allen aufgenommen haben. Ich dachte, Sie hätten vielleicht gern einen Abzug.«

»Das ist sehr freundlich von Ihnen. Vielen Dank.« Rogers betrachtete das Bild und nahm dann das dritte, auf dem sie spitzbübisch in die Kamera lächelte, obwohl sie die Augen halb hatte schließen müssen, weil Jiro sie in der grellen Sonne hatte Aufstellung nehmen lassen. »Du meine Güte, das ist ein Irrtum – es muß an dem anderen geklebt haben.« Halbherzig streckte Teruko die Hand aus, um ihm das Bild abzunehmen, aber Rogers fuhr fort, es zu studieren. Dann wechselte sein Blick vom Bild zu ihr. »Sie sehen sehr hübsch aus auf diesem Bild«, stellte er fest. »Aber Sie *sind* auch sehr hübsch.« Sam hatte ganz recht gehabt: Diese unerwartete Besucherin war eine willkommene Überraschung, sogar während der Mittagspause.

Teruko fühlte, wie die Röte über Hals und Wangen kroch, aber sie zwang sich, den großen jungen Ausländer mit dem welligen Haar mutig anzulächeln. Sie wußte recht gut, daß sie so hinreißend aussah, wie sie nur konnte, und genüßlich hatte sie die neugierigen Fragen der anderen Mädchen abgewehrt, als sie zu Beginn der Mittagspause in ihrem besten Staat hinausgeschlüpft war. Nur gut, daß die helle Mittagssonne warm genug schien, so daß sie ohne Mantel hatte gehen können, denn der, den sie besaß, war ihrer übrigen Aufmachung ganz und gar unwürdig. Ihre Pause dauerte nur eine halbe Stunde, aber wahrscheinlich würde sie es sich leisten können, sie auf fünfundvierzig Minuten auszudehnen, ohne Schwierigkeiten zu bekommen, denn sie hatte die Zeit ihrer Abwesenheit so eingerichtet, daß sie sich mit der Mittagspause der Chefin überlappte, und die Mädchen verschworen sich häufig miteinander, um sich gegenseitig zu decken. »Danke, Mr. Rogers«, sagte sie schüchtern auf englisch.

Rogers hatte sich das Hirn zermartert, um sich auf den Namen zu besinnen, und plötzlich ging ihm ein Licht auf: Shimada. Er war sicher, so hieß sie. »Warum haben Sie nicht gesagt, daß Sie englisch sprechen, Miss Shimada?« Ein Ausdruck von Entsetzen und Unverständnis trat sogleich in ihre Augen, und er begriff, daß er einen Fehler begangen hatte.

»Nur ein bißchen. *Sukoshi.*« Ihre Stimme versagte, und Rogers rettete sie, indem er zum Japanischen zurückkehrte.

»Sie haben einen bezaubernden Akzent«, sagte er. Es stimmte; es klang sehr niedlich, wie sie sprach, und ihm gefiel auch ihr ein bißchen freches Gesicht und die Tatsache, daß die natürlichen Konturen ihrer Lippen ziemlich voll waren, wenngleich der Amorbogen, den sie mit dem Lippenstift darübergemalt hatte, dies teilweise verbarg. »Sie arbeiten hier in der Nähe, sagen Sie?«

»Ja, ganz in der Nähe. In der Ginza.« Der Tokyoter Außenposten der *New York Times* war im Asahi-Zeitungshaus untergebracht, und so waren die modischen Geschäfte und feinen Restaurants nur einen Fußweg von zwei Minuten entfernt.

»Darf ich fragen, was Sie tun?«

»Ich bin... Schönheitsberaterin«, antwortete Teruko. »Im Arden Beauty Salon. Ich nehme an, Ihre... Frau kennt ihn.« Sie hatte sich gründlich vergewissert, daß sich unter den regelmäßigen Kundinnen des Salons keine Frau Rogers befand, aber man konnte nie wissen. Sie war unbedingt entschlossen gewesen, zumindest diesen einen Punkt bei ihrem Besuch bei Rogers zu klären, und ihr wurde ein wenig schwindlig vor Erleichterung und Aufregung, als er sie angrinste.

»Ich habe keine Frau, Fräulein Shimada. Aber wenn ich eine hätte, würde ich sicher dafür sorgen, daß sie sich von Ihnen beraten läßt.« Tatsächlich hatte er vom Arden Salon schon gehört; es wäre auch schwierig gewesen, auf Parties zu gehen und die Gattinnen von Diplomaten und ausländischen Geschäftsleuten zu treffen, ohne mitanzuhören, wie sie gegenseitig ihre Dauerwellen bewunderten und das Arden als eines der zwei oder drei zuverlässigen Friseurgeschäfte in der Stadt erwähnten; als unverheirateter Mann sah Rogers sich reger gesellschaftlicher Nachfrage ausgesetzt.

»Dann haben Sie sicher viele Freundinnen. Japanische Freundinnen vielleicht?«

Fasziniert und zugleich verblüfft sah Rogers, daß das Benehmen des Mädchens sich verändert hatte: Statt der anfänglichen, anscheinend qualvollen Schüchternheit zeigte sie jetzt etwas, das an Koketterie grenzte. Dies war keineswegs eine neue Erfahrung, aber – was japanische Frauen anging – eine, die sich auf Kellnerinnen in traditionellen Restaurants in Tokyo und in den altmodischen Gasthäusern beschränkte, in denen abzusteigen er oft genötigt war, wenn er bei seinen gelegentlichen Reisen in die Provinz kein westlich geführtes Hotel ausfindig machen konnte. In den Landstädten stellten sich die Zimmermädchen in den Gasthöfen zumeist mit Vergnügen gegen ein Handgeld als Schlafgenossinnen zur Verfügung, während es in den Großstädten und in Tokyo selbst erforderlich war, sich in die dafür vorbehaltenen Stadtviertel zu verfügen, um Frauen zu finden, die von Beruf wegen willfährig waren. Aber die Familie dieses Mädchens besaß offensichtlich ein gewisses Maß an Achtbarkeit, und sie selbst war modisch gekleidet und nicht ungebildet, auch wenn ihr Parfüm ein wenig zu dick aufgetragen war.

»Du meine Güte, nein. Ich bin nur ein einsamer Reporter«, sagte er. »Ich bin zu beschäftigt, um Freundinnen zu haben.« Wieder lächelte er. »Aber wenn Sie gleich um die Ecke arbeiten, könnten wir uns vielleicht einmal treffen und eine Tasse Kaffee zusammen trinken? Oder hätten Sie zufällig jetzt Zeit, mit mir essen zu gehen?«

Teruko fürchtete, er könne ihr Herzklopfen hören, und die Worte kamen ihr nur mühsam über die Zunge. »Leider muß ich jetzt wieder zurück zur Arbeit.«

»Nun, wann sind Sie denn heute abend fertig?«

Sie senkte den Blick und nestelte an ihrer Handtasche. »Das kommt darauf an. Meistens gegen acht, aber donnerstags habe ich einen kurzen Tag; da mache ich um fünf Uhr Feierabend.«

Es kam offenbar darauf an, das Eisen zu schmieden, solange es heiß war, und Rogers zog rasch seinen Terminkalender hervor. »Na, wie wär's dann morgen? Um fünf? Wenn Sie Zeit haben, können wir ins Kino gehen. Im Imperial gibt es einen neuen Shirley-Temple-Film, *Curly Top*. Oder wir essen und plaudern einfach ein bißchen. Kommen Sie – sagen Sie ja!«

Um nichts in der Welt hätte Teruko darauf nein sagen können. Sie nickte, sprachlos vor Entzücken.

»Abgemacht? Wundervoll. Dann komme ich zum Arden Beauty Salon und hole Sie ab. Morgen, kurz nach fünf. Okay?«

Fast wäre Teruko in Panik geraten; dann sah sie sich selbst in einer plötzlichen Vision, wie sie, unübersehbar für alle anderen Mädchen, aus dem Salon hinaustrippelte, um von dem großen, lächelnden, unverheirateten und mehr als hinreichend gutaussehenden Amerikaner mit erhobenem Hut begrüßt zu werden. Vielleicht würde sie es sogar wagen, ihn eine oder zwei Minuten warten zu lassen.

»Okay«, wisperte sie und stand auf. Das Foto von ihr selbst lag, von Rogers unbeachtet, bei den anderen auf dem Tisch, und inständig hoffte sie, er werde nicht versuchen, es ihr zurückzugeben. Beim nächstenmal würde sie ihn auch um ein Bild bitten, beschloß sie, als Rogers sie durch das vordere Büro und zum Ausgang führte, vorbei an dem bewundernd glotzenden Osamu Miwa, der absichtlich eine Schachtel Büroklammern fallenließ, die er in der Hand hielt, ohne daß es ihm jedoch gelang, die Aufmerksamkeit eines der beiden auf sich zu lenken.

8. *Donnerstag, 9. Januar 1936*

Zwei oder drei Meilen weit vom Hause der Shimadas entfernt, überpuderte feiner Schnee die gedrungenen, rechteckigen Grabsteine auf dem weitläufigen Nakano-Friedhof in Nippori, als Chie sich endlich verschwommen ihrer Umgebung bewußt wurde, und sie fragte sich, wie lange sie dort gewesen sein mochte. Der Friedhof war ein guter Ort, um die Handbewegungen des Heilstanzgottesdienstes zu vollziehen und zur Mutter zu beten, die nicht gestorben war, sondern sich nur in einen geistigen Zustand zurückgezogen hatte, so daß man noch immer täglich die Mahlzeiten für sie vor ihren Altar im Haupttempel von Tenri stellte, wo sie hundert Jahre zuvor als Miki Nakayama geboren worden war und wo Gott ihr befohlen hatte, sich selbst zu seinem Schrein zu machen und die Tenrikyo-Sekte zu gründen.

Chie glaubte mit ganzem Herzen, daß Gott, genau wie die Mutter es gelehrt hatte, die Menschen erschaffen hatte, damit sie ein angenehmes Leben in Freude und Harmonie führten. Aber zuhause herrschten nur Verdruß und geistige Unruhe; man mißverstand ihre Verpflichtung gegenüber der Mutter und zeigte Abneigung gegen die simplen Riten und Gebete, die sie mit solcher Freude gelernt hatte, als sie vor ein paar Jahren oder einer ganzen Ewigkeit Aufnahme bei Tenrikyo gefunden hatte.

Darum kam sie nach Nakano. Der Gott Buddha mißgönnte ihr den Platz und die Ruhe nicht, um sich darin ihrer Pflichten vor seinem Bilde zu entledigen, oder vor dem des mitfühlenden *bodhisatva* Kanon in einem der mehreren Tempel, deren Anlagen eine Grenze des riesigen Friedhofs bildeten. So groß war dieser Friedhof, daß sie selbst bei Tage nur selten gestört wurde, und zum Abend niemals.

Noch einmal versuchte sie zu ergründen, wie lange sie schon hier war. Die Ekstase von Gebet und Kommunion ließ sie Kälte, Hunger und Durst vergessen, solange die Mutter ihr Zugang zu ihrem Geiste gewährte; und zu ihrem geheimen, unaussprechlichen Entzücken wußte Chie, daß ihr dieser Zugang in den vergangenen Monaten immer häufiger und länger gewährt worden war. Heute abend hatte die Mutter ihr anscheinend von ihrer Kindheit erzählen wollen, und lange war sie in ihrer Phantasie in jenem Dorf in Kyushu umhergestreift, in dem sie geboren war. Blaß, wie sie es immer gewesen war, aber zu ihrer Freude befreit aus dem formlosen Gefängnis ihres schwerfälligen, fünfzig Jahre alten Körpers, spazierte die junge Chie wieder in der Werkstatt des alten Mannes ein und aus, des Töpfermeisters, der ihr von seinen Träumen erzählte. Manchmal umfaßte er dann ihre Hände mit seinen schmalen, fleckigen Fingern und zeigte ihr, wie man den Ton formte, wie man die Glasur mischte und auftrug; und wenn es ihm nicht gut ging, befahl er seinem jungen Schüler, dem kleinen Fräulein Traum-Macher, wie er sie immer nannte, zu helfen.

Sie erinnerte sich, und flüsternd erzählte sie in der Dunkelheit von dem Staunen, daß sie ergriff, wenn sie sah, wie die Farben nach dem Mysterium des Brennens verwandelt waren, und von der Herzenspein, die sie litt, wenn der Meister befand, daß dieser oder jener Topf es nicht wert war, behalten zu werden. Flüsternd erzählte sie, wie der jungen Chie das Herz klopfte, wenn sie im Dunkeln zum Schutthaufen des Töpfers schlich und ein paar verworfene Stücke zurückholte, um sie in den Nischen der Höhle hinter dem kleinen Wasserfall zu verbergen, der neben dem Schrein am Straßenrand vor dem Dorf rauschte.

Das war vierzig Jahre her, unter der Regierung des Meiji-Kaisers, nicht einmal zwanzig Jahre nach der großen Schlacht um die einige Meilen weiter sich erhebende Burg Kumamoto, in der Yukichis Vater dem Tod um Haaresbreite entgangen und ihr eigener bei den wütenden Kämpfen zwischen dem Dienstpflichtigenheer der Regierung und den Samurai-Streitkräften aus der Provinz Satsuma unter der Führung des großen Generals Saigo, die im Namen des Kaisers gegen die Soldaten des Kaisers kämpften, schwer verwundet worden war.

Chie konnte sich erinnern, daß sie mit scheuen Fingern staunend über die langen Linien der Narben an den dünnen Unterarmen ihres Vaters gefahren war, während er ihr von dem Gemetzel erzählt hatte; von Grauen erfüllt, hatte sie den Kopf zwischen die Schultern gezogen, wenn sie an den Lärm gedacht hatte, an das Blut und an das mörderische Blitzen blauweißer Krummschwertklingen im Nebel des Schießpulverdampfs am Fuße der massigen Festungsmauern. Mit ihren zehn Jahren verstand sie nicht, weshalb das Lächeln ihres Vaters sich verzerrte, als er mehrmals die Worte *kateba kangun* murmelte – die Armee, die siegt, ist des Kaisers Armee. Sie wußte nur, daß die Festung Kumamoto in jenen Tagen halb zerstört war; Bauern hatten sich in den Höfen eingenistet und sie in Reisfelder verwandelt.

Chie wimmerte leise, als sie sich in der bitteren Kälte des ersten Morgengrauens die Hände rieb. Irgendwann während der Stunden ihres Gebets war es unerklärlich finster geworden, als wäre sie jäh in die Schwärze des Raumes hinter dem Mond und den Sternen versetzt worden; aber jetzt zeichneten sich die Umrisse des Tempeldaches schwarz vor dem blaugrauen Himmel ab, und die Stille ringsumher begann sich zu regen.

Chie war vierzehn Jahre alt, als sie Yukichi Shimada zum erstenmal begegnete; er war nicht einer von den »Haupthaus«-Shimadas, die schon seit Generationen zu den führenden Familien von Kumamoto zählten, sondern der Sproß eines unbedeutenderen Zweiges. Er war neunzehn und umgeben von einer romantischen Aura, denn er war im Begriff, sich auf die weite Reise nach Tokyo zu begeben, um zur Waseda-Universität zu gehen, und zwar auf die Empfehlung des seltsamen Engländers Lafcadio Hearn hin, der Kumamoto inzwischen längst verlassen hatte und an der Kaiserlichen Universität zu Tokyo lehrte.

Chie begegnete dem berühmten Mr. Hearn im Jahre 1893 selbst einmal, als er eines Tages die Werkstatt ihres Freundes, des Töpfermeisters, besuchte. Zuerst wollte sie davonhuschen, voller Angst vor dem Walroßschnurrbart des Ausländers und noch mehr vor der schrecklichen Leblosigkeit seines blinden linken Auges. Aber der Töpfer rief sie zurück, und sie mußte sich in respektvoller Begrüßung vor dem englischen Professor verbeugen, der mit seiner japanischen Frau und seinem kleinen Sohn hergekommen war, um an der Höheren Schule Nummer fünf, der angesehensten akademischen Institution in ganz Kumamoto, zu unterrichten. Er sprach ein wunderliches Japanisch und verströmte einen starken Tabaksgeruch, aber er verabschiedete sich bald wieder, und dann lauschte Chie in Ehrfurcht, als der Töpfer erklärte, daß der *sensei* ein in der ganzen Welt berühmter Schriftsteller sei, der Japan so sehr liebe, daß er ein japanischer Bürger mit einem japanischen Namen geworden sei: Yakumo Koizumi. Seinen Vornamen fand sie sehr hübsch, denn er bedeutete »Acht Wolken«, aber sie konnte überhaupt nicht begreifen, wie ein Ausländer, der erste, den sie je gesehen hatte, ein Japaner werden konnte.

Die Begegnung mit Yukichi Shimada war sehr viel beängstigender, denn es handelte sich um ein *o-miai*, eine formelle Zusammenführung mit Blick auf die Heirat. Chies Vater war inzwischen Bahnhofsvorstand in Uto, im Süden der Stadt – ein verantwortungsvoller Posten, denn Uto war ein Abzweig: Hier trennte sich die Misumi-Linie von der Hauptstrecke, der südwärts führenden Kagoshima-Linie, und bog nach Südwesten, wo sie entlang der Küste der Ariake-See verlief. Als Regierungsbeamter – auch als kleinerer – war ihr Vater im Dorf ein bedeutender Mann, und naturgemäß richteten sich seine Gedanken nach Kumamoto, als ihre Mutter ihm berichtete, Chie habe zu menstruieren begonnen und sollte daher binnen kurzem vermählt werden. Sein ehemaliger Zugführer bei der Armee war jetzt stellvertretender Chef des Polizeireviers von Kumamoto, und er war herzlich gern bereit, mit seiner Frau als Mittler zu fungieren.

Nicht lange, und er schlug einen gewissen Yukichi Shimada vor, den Sohn eines alten Kameraden, der zehn Jahre zuvor nach der großen Schlacht von 1877 gestorben war und eine junge Witwe und sein fünf Jahre altes Söhnchen hinterlassen hatte; der Junge hatte in der Schule ausgezeichnete Leistungen erbracht und schon mit zehn oder elf Jahren die Aufmerksamkeit des englischen Schriftstellers erregt. Yukichi war von solidem Samurai-Holze, er hatte gute, wenn auch entfernte verwandtschaftliche Beziehungen, und vor allem war er ein junger Mann mit hervorragenden Aussichten, dank seinem Förderer, Professor Hearn, der sein Interesse an ihm, nachdem er Kumamoto verlassen hatte, nicht aufgab, sondern mit Yukichis Lehrerin korrespondierte und ihm einen Platz an der hochangesehenen Universität Waseda sicherte.

In einen kratzenden neuen Kimono gehüllt, kniete Chie in stummer Angst auf den *tatami*-Matten des besten Zimmers im Hause des stellvertretenden Polizeichefs von Kumamoto in der Gesellschaft ihrer eigenen Eltern und der Frau des Polizisten und lauschte auf den Klang von Männerstimmen, als der Herr des Hauses mit Yukichi und dessen Mutter eintraf und die beiden leutselig drängte einzutreten. Dann waren sie im Zimmer, und unversehens war es eng geworden, und ein Hausmädchen, noch jünger als Chie selbst, brachte grünen Tee und kleine, harte Zuckerplätzchen.

Chie verbeugte sich wiederholt, aber sie brachte kein Wort heraus, nicht einmal dann, wenn sie unmittelbar angesprochen wurde. Nur unter halbgesenkten Augenlidern warf sie gelegentliche Seitenblicke auf den dürren jungen Mann in seiner neuen schwarzen, hochgeknöpften Studentenuniform; aber sie genügten, um ihr zu der Erkenntnis zu verhelfen, daß er unglaublich flott und für ein Mädchen wie sie viel zu gut aussah. Außerdem ging er jetzt nach Tokyo, und ihre Freundinnen hatten ihr erzählt, daß die Mädchen dort westliche Kleider anzogen, in denen sie ihre Beine zeigten, und daß sie sich zudem die Wangen mit Rouge färbten. Was sie betraf, so verging die Zusammenkunft in einem Nebel sprachloser Verlegenheit, und auch auf der kurzen Zugfahrt zurück nach Uto blieb sie stumm; verblüfft entnahm sie den knappen Bemerkungen, die ihre Eltern wechselten, daß das *o-miai* in ihren Augen einen ausgezeichneten Verlauf genommen hatte.

Sowohl der stellvertretende Polizeichef als auch der Bahnhofsvorstand von Uto hatten Zugang zu Telefonapparaten, und eines Abends, etwa eine Woche später, meldete Chies Vater beiläufig, er habe heute mit seinem Bekannten gesprochen, und der habe ihm bestätigt, daß Yukichi sich befriedigt über Chies Aussehen und Benehmen geäußert habe. Chie könne sich als verlobt betrachten. Sie bekam Yukichi noch einmal zu sehen, ehe er nach Tokyo abreiste; er kam zu ihrem Elternhaus, und sie wurde ermutigt, unbegleitet mit ihm die Dorfstraße entlangzuspazieren. Danach trafen sie sich in Abständen von etwa einem Jahr noch dreimal bis zu ihrer Hochzeit, die im Jahre 1903, dem Jahr nach seinem Examen, stattfand, gefolgt von der anstrengenden Reise nach Tokyo – in jenen Tagen dreißig beengte, unbequeme Stunden im Zug und auf der Fähre, während die Strecke im Jahre 1936 nur noch ungefähr zweiundzwanzig Stunden erforderte. Nachdem sie eine Shimada geworden war, hatte sie ihr Heimatdorf nicht wiedergesehen, und als sie sich nun endlich vom Bild des Buddha abwandte und schwach und zittrig dem Tor zustrebte, wehte das Bild des Schreines am Wegesrand noch einmal flüchtig durch ihren Kopf, und sie sah sich selbst als junges Mädchen, wie sie eines ihrer kostbaren gestohlenen Tongefäße liebkoste.

Sie kam nicht weit. Die Stufen, die zum Tor hinaufführten, waren zuviel für sie, und sie klammerte sich an einen der Pfeiler, die das mit Reisstroh gedeckte Dach trugen. In ihrem Kopf drehte sich alles. Dann wußte sie nichts mehr, bis der Klang seiner Stimme den Nebel durchdrang und sie ins Bewußtsein zurückholte. »... große Sorgen um dich gemacht. Komm jetzt, ich helfe dir. Ich habe ein bißchen *sake* mitgebracht. Trink erst davon.« Die kleine Flasche stieß klappernd gegen ihre Zähne, und ein wenig von der Flüssigkeit rann ihr übers Kinn, als sie zu trinken begann, aber dann schlängelte die Wärme ihre Fühler im Magen umher, und Chie merkte, daß es Tag geworden war. Ihre Stimme war zuerst nur ein brüchiges Wispern.

»Danke, Jiro«, sagte sie. »Aber du hättest nicht den weiten Weg hierher kommen sollen, um mich zu suchen. Ich war so glücklich hier.«

»He, Sie sehen ja bombig aus!«

Teruko verstand nicht, was der Amerikaner damit sagen wollte, aber es fiel ihr nicht schwer, den Ausdruck in Dwight Rogers' Gesicht zu deuten, als sie schüchtern aus der Vordertür des Arden Beauty Salon trat und zu ihm auflächelte. Trotz der Krise, die sich am Abend zuvor daheim zugetragen hatte, als Mutter von ihrem gewohnten Besuch im öffentlichen Badehaus nicht zurückgekehrt war, und trotz dem Chaos, das ausgebrochen war, als sie kurz nach Morgengrauen von Jiro zurückgebracht worden war, sah Teruko, das wußte sie, blendend aus. Eines der anderen Mädchen hatte ihr Haar in der Mittagssonne eigens frisiert, und fingerlange Löckchen kräuselten sich zu beiden Seiten der Stirn; sie mußte sorgfältig darauf achten, nichts zu verderben, wenn sie ihren frechen Filzhut aufsetzte. Sie trug ihre besten Schuhe mit den allerschmalsten, an der Innenseite geknöpften Riemchen und ein neues Paar Nylonstrümpfe, die sie sich eigentlich nicht leisten konnte. Ansonsten war sie leider genauso ausstaffiert wie bei ihrem Besuch in Rogers' Büro, aber ihre beste Freundin im Salon hatte ihr einen prachtvollen Mantel mit einem imitierten Astrachankragen geliehen.

Zu ihrer Erleichterung wechselte er ins Japanische über. »Na, was fangen wir an? Kino oder Essen?« Teruko zuckte hilflos die Achseln; es war ihr unmöglich, zwischen solchen Sinnesfreuden zu wählen. »So oder so, wir haben auf jeden Fall Zeit für einen Cocktail im Imperial Hotel, oder?« Rogers führte sie zur Bordsteinkante und winkte mit meisterlichem Geschick eines der Taxis heran, die vor dem Mazda-Gebäude gegenüber parkten. Es war eines von denen mit dem Einheitstarif, die für einen Yen innerhalb des Stadtbezirks überall hinfuhren; der Gedanke, daß Rogers eine solche Summe für die Fahrt zum nicht einmal eine halbe Meile weit entfernten Imperial Hotel ausgab, war für Teruko schier überwältigend.

Sie war bisher vielleicht sieben- oder achtmal im Leben mit einem Taxi gefahren, und als sie unbeholfen hineinkletterte und es sich in den angenehm duftenden Lederpolstern bequem machte, kam ihr zum erstenmal der Gedanke, daß der Amerikaner, der, wie sie inzwischen zweifelsfrei entschieden hatte, wirklich ungewöhnlich gut aussah, sie womöglich zum Ende des Abends in einem solchen Fahrzeug nach Hause bringen würde, und einen Augenblick lang verspürte sie eine keineswegs unangenehme Panik bei der Vorstellung, er könnte sie küssen.

Szenen, in denen Filmstars einander küßten, kamen in japanischen Filmen niemals vor, und aus denen, die aus Hollywood importiert wurden, schnitt man sie heraus, aber die Zensur arbeitete so unbeholfen, daß es für Teruko und ihre Freundinnen ganz offenkundig war, was in diesen Augenblicken geschehen würde oder eben geschehen war. Sie und die anderen Mädchen plauderten auch nicht selten darüber, wenn sie hinten im Salon in dem kleinen Kämmerchen, in dem sie ihre weißen Kittel überzogen, beieinandersaßen, und Teruko und ihre beste Freundin Haru lieferten auf allgemeinen Wunsch gelegentlich Demonstrationen, bei denen Haru die Clark-Gable-Rolle übernahm, während Teruko selbst verführerisch mit den Augendeckeln klapperte und sie flattrig schloß, wenn Haru sie in die Arme nahm und leidenschaftlich auf die Lippen küßte. Wenn Haru sie küßte, wurden Terukos Brustwarzen immer steif, und hinterher fühlte sie sich noch komisch und ziemlich atemlos, wenn sie dann beide in das entzückte Kichern der anderen Mädchen einstimmten. Bei ihren köstlichen Masturbationsübungen in der Nacht stellte Teruko sich manchmal vor, daß Haru sie küßte, ohne daß sie etwas anhatte, aber häufiger konzentrierte sie sich dabei auf Filmstars wie Don Ameche, Preston Foster oder Jushiro Kobayashi.

Sie war zu aufgeregt zum Reden, als das Taxi losfuhr und Kurs auf die Gegend von Hibiya nahm. Rogers saß einfach da und lächelte, bis sie fast da waren. »Fräulein Shimada, entschuldigen Sie, wenn ich frage, aber müssen Sie zu einer bestimmten Zeit zuhause sein? Wohnen Sie weit von hier?«

Teruko hatte von Amerika geträumt, und sie brauchte einen oder zwei Augenblicke, um wieder zur Erde zurückzufinden. »Oh. O nein. Eigentlich nicht weit. Wir wohnen in Hongo, in der Nähe der Kaiserlichen Universität. Es fahren sowohl Straßenbahnen als auch Busse hin. Und ich bin fast zwanzig, wissen Sie. An normalen Werktagen komme ich meistens gegen neun nach Hause, aber oft bleibe ich auch *viel* länger weg.«

»Aha. Gut. Nun, warum nehmen wir dann nicht einen Cocktail, gehen essen und nachher vielleicht ein bißchen tanzen? Würde Ihnen das Spaß machen?«

Teruko traute sich nicht zu sprechen, und so nickte sie bloß heftig. Sie war noch nie in einem Tanzpalast gewesen, und sie hatte auch noch nie mit einem Mann getanzt, obgleich sie stundenlang über den schwarzen und weißen Fußabdrücken, den gestrichelten Linien und Pfeilen auf den Seiten des Tanzlehrbuchs geschwitzt hatte, das sie sich vor zwei Jahren in der großen Maruzen-Buchhandlung gekauft hatte; manchmal überredete sie auch ihre zögernde Schwester Yoko, zuhause mit ihr über die *tatami*-Matten zu schlurfen, wenn das Radio eine der seltenen Tanzmusiksendungen brachte. Keine von dem halben Dutzend Schallplatten, das Jiro besaß, war zu gebrauchen. Meistens tanzte Teruko allein und summte dabei vor sich hin. Ihr Lieblingstanz war der Foxtrott, aber Quickstep machte ihr auch Spaß – und natürlich Walzer.

Teruko genoß es, zu sehen, wie der uniformierte Türsteher vor dem Imperial Hotel die Taxitür aufriß, sie genoß es, zu sehen, wie Dwight Rogers den Fahrer mit einem Schein aus seiner wohlgefüllten Brieftasche bezahlte, sie genoß es, als er sie *vor sich her* durch die breite Tür gehen ließ, und sie genoß es vor allem, als er sie zu dem Garderobenboy mit dem runden Käppi führte, der hinter einer Theke an der Seite der riesigen Lobby mit ihrem exotischen braunen und ockergelben Mauerwerk stand, hinter ihr stehenblieb und ihr den Mantel abnahm, um ihn aufhängen zu lassen. Verharrten seine großen Hände für einen oder zwei Augenblicke auf ihren Schultern? War da so etwas wie zartester Druck?

Rogers indessen fühlte sich in einer Zwickmühle, als er seinen eigenen Mantel auszog und dem Boy hinüberreichte. Einerseits war Teruko die leichteste Eroberung, die ihm in Tokyo je gelungen war – es war ihm wohlbewußt, daß sie sich ihm an den Hals warf. Andererseits war es so klar wie Kristall, daß sie naiv und unerfahren war, trotz allem fachkundigen Make-up und ihrer eleganten Kleidung. Seit ihrem Besuch in seinem Büro hatte er nicht weiter über sie nachgedacht, aber hin und wieder hatte er die Fotos angeschaut, und immer noch fiel es ihm schwer, zu glauben, daß dieses hübsche Mädchen mit den Korkenzieherlocken dieselbe Person sein sollte wie das kimonobekleidete Kind von voriger Woche, das allerdings zugegebenermaßen anscheinend das Kommando geführt hatte, während die übrige Familie ihr gefolgt war. Mit Ausnahme des finster blickenden jungen Armeeoffiziers natürlich. Ihm war offensichtlich jede Minute dieser Begegnung zuwider gewesen.

Nun, im Moment war er frei wie der Wind, und auch wenn dieses verwirrende Shimada-Mädchen jetzt anscheinend nicht mehr so viel zu erzählen hatte wie in seinem Büro, konnte man wirklich nicht sagen, daß sie sich etwa widerwillig bereitgefunden hätte, ihn in die Bar zu begleiten. »Oh, das überlasse ich wirklich Ihnen«, sagte sie mit einer plötzlichen Weltläufigkeit, die zu ihrem Äußeren paßte, nachdem er sie zu einem Ecktisch geführt und gefragt hatte, was sie trinken wolle, da der Kellner herankam. Rogers warf ihr einen kurzen zweifelnden Blick zu, bevor er ein *crême de menthe frappé* für sie und einen Gin-and-French für sich selbst bestellte. Der Gedanke, sie mit Alkohol abzufüllen und dann zu sehen, was passieren würde, war verlockend, aber etwas hielt ihn zurück, und er war erleichtert, daß er dieser Verlockung nicht nachgegeben hatte, als sie schon nach einem kurzen Nippen selbst an diesem verdünnten, scheußlich süßen Drink, den er ihr bestellt hatte, hustete und ihr die Augen tränten. Ihrem zweiten Versuch war mehr Erfolg beschieden, und tapfer lächelte sie ihn an, während sie das Glas absetzte.

Etwas Ähnliches geschah, als er sein Zigarettenetui herausholte und ihr höflich entgegenhielt. Ohne zu zögern nahm sie eine Zigarette und beugte sich vor, damit er ihr Feuer geben könne, daß man denken konnte, sie sei mit dieser Gewohnheit auf die Welt gekommen. Aber beim ersten Zug wäre sie fast erstickt.

»Wahrscheinlich haben Sie Ihre Zigarettenspitze nicht bei sich«, schlug er galant vor, nahm ihr behutsam die Zigarette aus den Fingern und drückte sie aus. »Wenn Sie daran gewöhnt sind, würde ich Ihnen nicht raten, ohne sie zu rauchen. Der Qualm steigt Ihnen dann in die Augen.« Mit aschgrauem Gesicht nickte Teruko ihm dankbar zu.

»Erzählen Sie mir von sich, Fräulein Shimada. Vor allem – wie heißen Sie mit Vornamen? Wie ich heiße, wissen Sie: Dwight. Wir Amerikaner nennen einander gern beim Vornamen. Es wäre nett, wenn Sie Dwight zu mir sagen wollten.«

»*Dowaito*. Das ist ein sehr hübscher Name«, wisperte Teruko. Rogers lächelte.

»Da bin ich nicht so sicher, aber so, wie Sie ihn aussprechen, klingt er jedenfalls sehr viel hübscher. Und Sie?«

»Ich heiße Teruko.«

»Das ist aber wirklich ein schöner Name. ›Die kleine Glänzende‹. Darf ich Sie Teruko nennen?« Teruko errötete; sie nickte mit weit aufgerissenen Augen, bevor sie sich hinter ihren Drink flüchtete.

»Nun, das wäre das. Gut. Sind Sie hier in Tokyo geboren, Teruko?«

»Ja. Sie sprechen sehr gut japanisch.«

Rogers unterdrückte einen Seufzer. Eine mühselige Prozedur – aber mannhaft machte er sich darauf gefaßt, binnen kurzem zu bestätigen, daß er gern japanisch esse – sogar rohen Fisch – und daß er mit Stäbchen umgehen könne. Dieses wunderliche Mädchen sah vielleicht aus wie ein Mannequin oder gar eine Schauspielerin, aber ihre Konversationsklischees waren nicht anders als die eines jeden anderen Japaners, der sich mit diesem furchterregenden Phänomen, dem Mann aus dem Abendland, konfrontiert sah.

Kurz danach führte er sie in den »Prunier Room« und stellte sorgfältig das Menü für sie beide zusammen, wobei er ganz gegen seine eigene Neigung eine Flasche Sauternes zur Forelle bestellte.

Dem Weinkellner winkte er wegzubleiben, nachdem Teruko ihr erstes Glas ziemlich zügig geleert hatte. Im Zusammenwirken mit der Crême de Menthe gab der Wein ihr Selbstvertrauen, und sie plauderte allmählich unbefangener. »Dieser Wein schmeckt gut«, sagte sie unvermittelt, nachdem sie eine Zeitlang unbeholfen mit Messer und Gabel gekämpft hatte. »Er ist schön süß. Kommt er aus Amerika?«

»Nein, aus Frankreich. Aber es freut mich, daß Sie ihn mögen. In Amerika machen wir natürlich auch Wein. In New York, und auch in Kalifornien.«

»In *New York*? Aber New York ist doch eine Stadt.«

»Natürlich, aber ich meine den Staat New York. Dort gibt es viele Städte, abgesehen von New York selbst, und er reicht bis hinauf zum Eriesee und zur kanadischen Grenze.«

Wieder versuchte Teruko ohne nennenswerten Erfolg, ihre Forelle zu zerlegen. Der Weinkellner trat noch einmal an den Tisch, und diesmal erlaubte Rogers ihm, beide Gläser aufzufüllen. »Sie kommen aus New York, nicht wahr?« fragte sie dann. »Ist das weit von Hollywood?«

»Ich bin nicht in New York geboren, aber ich hatte ein Apartment dort, als ich bei der *New York Times* arbeitete. Geboren bin ich in einem anderen Staat namens New Hampshire. Hollywood liegt auf der anderen Seite von Amerika, an der Westküste, Tausende von Meilen weit entfernt. Ja, wenn ich es mir recht überlege, dann ist es von New York bis Hollywood halb so weit wie bis Japan.«

Auch wenn die Wörter, die er benutzte, völlig verständlich waren, konnte Teruko sich nicht einmal annähernd vorstellen, wovon er da redete, und so trank sie noch ein wenig von dem Sauternes. Das zweite Glas schmeckte noch besser als das erste – weicher, und es brannte auch nicht in der Kehle. Das geräumige, elegante Restaurant wirkte, wenn das möglich war, noch breiter und prachtvoller, und sie hatte keine Angst mehr vor den lauten Stimmen der vielen Ausländer an den anderen Tischen oder vor den theatralisch schwungvollen Bewegungen der Kellner. Es war tatsächlich wie im Kino, und als sie sich lächelnd umblickte, stellte sie mit Genugtuung fest, daß unter der Handvoll Japanerinnen, die außer ihr hier speisten, keine so jung oder so hübsch war wie sie. Wenn jetzt Fred Astaire persönlich erschienen und mit fliegenden Frackschößen über die Tische getanzt wäre, hätte sie das überhaupt nicht verwundert.

Teruko verspeiste den Rest ihrer Apfeltorte mit Eiscreme. Sie erinnerte sich nicht, damit angefangen zu haben, ja, sie entsann sich nicht einmal mehr, daß man sie ihr serviert hatte, aber es schmeckte wundervoll, und Löffel und Gabel waren einigermaßen leicht zu beherrschen. »Viertel nach sieben«, stellte Rogers eben mit einem Blick auf seine Armbanduhr fest. »Zu spät fürs Kino, fürchte ich. Hätten Sie Lust, tanzen zu gehen?«

Seine Langeweile war beträchtlich, aber es war nicht zu bestreiten, daß Teruko ein traumhaftes Mädchen war, und nachdem er bereits eine Menge Geld auf sie verwandt hatte, fand er es nur gerechtfertigt, sie jetzt auch für ein Weilchen in die Arme zu nehmen.

Teruko nickte beglückt und wollte sofort aufstehen. Sie schwankte ein wenig, als sie den Tisch verließen, aber sie fing sich rasch wieder, als Rogers ihren Arm umfaßte und sie zum Ausgang des »Prunier Room« führte. »Ich kümmere mich rasch um die Rechnung«, erklärte er. »Die Damentoilette ist gleich auf der anderen Seite der Lobby. Wir treffen uns dann in ein paar Minuten an der Garderobe.«

Eine halbe Stunde später saß Teruko wieder selig Seite an Seite mit Rogers an einem kleinen Tisch unweit der Tanzfläche im Ginza Premier Ballroom. Die Einrichtung hier war um eine Idee weniger elegant als im Imperial Hotel, aber dafür um so spektakulärer, und sie fand den Anblick des Orchesters, dessen Musiker in Dinnerjacketts hinter den monogrammverzierten Notenständern standen, von unbeschreiblicher Pracht. »Lassen Sie uns tanzen«, sagte er auf englisch und geleitete sie auf die glänzende Fläche, wo er sie dicht an sich zog.

Es war ein Foxtrott, und Terukos anfängliche Nervosität verflog nach wenigen Sekunden, als Rogers sie sicher und geschickt über den Tanzboden führte. Sie vergaß ihre Füße: Schwebend vollführten sie die Bewegungen, die sie so ernsthaft geübt hatte. Bewußt war ihr nur die Musik, die Wärme der Hand, die ihre umfaßt hielt, der Druck der anderen auf ihrem Rücken, der Duft seines Eau de Cologne und die leuchtend grünen und lilaroten Streifen auf dem silbrig grauen Hintergrund der Krawatte eine Handbreit vor ihrer Nase.

Es schien, als wären nur wenige Sekunden vergangen, als alles vorüber war und sie wieder an ihrem Tisch saßen. Teruko hätte gern noch ein wenig von dem sanften Wein getrunken, der so entspannend und zugleich so erregend wirkte, aber Dwight Rogers erklärte, daß man ihn hier nicht bekommen könne. Also tanzten sie noch ein wenig, und Teruko fragte, wer die Mädchen seien, die nebeneinander an einer Seite des Tanzsaales saßen; sie hatten Nummern an ihre hübschen Kleider gesteckt, und manchmal gingen Männer zu ihnen, die ihnen ein kleines Stück Papier überreichten, worauf hin sie aufstanden und mit diesen Männern tanzten. Rogers erklärte, daß sie Tanzpartnerinnen seien, die man mieten könne; »Taxi Dancers« nenne man sie auf englisch, und sie verdienten an einem Abend manchmal an die zwanzig Yen bei einem Preis von einem Yen pro Tanz. Er gestand, daß er dies alles wisse, weil er selber auch schon gelegentlich mit ihnen getanzt habe; Teruko hörte es nicht sonderlich gern.

Später sprach Teruko mit einem der Taximädchen in der Damentoilette, die mit rosaroten Spiegeln ausgestattet, aber ansonsten längst nicht so luxuriös war wie die im Imperial Hotel. Das Mädchen war vielleicht ein oder zwei Jahre älter als sie und nicht besonders hübsch, aber ihre Strümpfe waren aus reiner Seide, und ihr Kleid ebenso. Sie schwatzten ein wenig, während Teruko ihr mit geschickten Fingern half, eine Locke, die sich selbständig gemacht hatte, wieder zu befestigen, und nach anfänglichem Zögern räumte das Mädchen ein, daß der Verdienst ordentlich sei, wenn er auch selten zwanzig Yen am Abend betrug. Sie erzählte, daß dauernd Mädchen aus dem einen oder anderen Grund kündigten und daß ständig neue eingestellt würden, und sie verriet Teruko sogar den Namen des Managers.

Als Teruko schließlich zu Dwight Rogers zurückkehrte, war ihr, als sehe er ziemlich ungeduldig aus, und so lächelte sie ihn besonders verführerisch an und wagte es, seinen Arm mit ihren Brüsten zu streifen, als sie sich noch einmal zu einem letzten Tanz zwischen den Stühlen hindurchschlängelten. Tatsächlich brachte er sie mit einem Taxi nach Hause, und tatsächlich küßte er sie auch unterwegs. Teruko kam ihm allzu eifrig entgegen, und er verfehlte ihren Mund und landete statt dessen auf der Seite ihrer Nase, so daß er sie mit seinem Schnurrbart kitzelte. Er versuchte es ein zweitesmal, und sie öffnete den Mund, wie sie es manchmal tat, wenn Haru sie küßte, aber dabei stießen sie mit den Vorderzähnen schmerzhaft gegeneinander.

Allzu rasch waren sie am Rande von Hongo angelangt, und hastig fuhren sie auseinander, als der Taxifahrer sich umdrehte und fragte, welche Richtung er nun einschlagen solle. Teruko bat ihn, ungefähr hundert Meter weit vor dem Haus an der Ecke anzuhalten. Während er um den Wagen herumkam, um die Tür zu öffnen, versetzte sie Rogers noch einen raschen Schmatz, und er reagierte, indem er ihre Hand drückte. Als Teruko sich überschwenglich bei ihm bedankte, blitzten seine Zähne weiß im Halbdunkel des Taxis, als er grinste. »Ich lasse von mir hören«, versprach er auf englisch und wiederholte es dann noch einmal auf japanisch. »Gute Nacht. Schlafen Sie gut.«

Rogers winkte, als das Taxi anfuhr und ihn zum Tokyo Station Hotel brachte, wo er zum Dauertarif ein Zimmer gemietet hatte, das ihn, einschließlich Frühstück, fünfundsiebzig Yen im Monat kostete. Alles in allem reute ihn die Summe nicht, die er an diesem Abend verpraßt hatte, denn ihr eifriges Entgegenkommen im Taxi ließ keinen Zweifel daran, daß Teruko Shimada eine potentiell heiße Partie war. Vielleicht würde er die Bekanntschaft mit ihr tatsächlich vertiefen und beim nächsten Mal für etwas privatere Atmosphäre sorgen. Und noch etwas: Er hatte sich im »Prunier Room« eine Rechnung ausstellen lassen, so daß er das Essen als geschäftliche Aufwendung auf die Spesenabrechnung würde setzen können – in Verbindung mit einem Interview zu einem Artikel über die Hoffnungen und Träume junger Japanerinnen zu Beginn des Jahres 1936.

Teruko sah dem Taxi nach, bis es verschwunden war. Sie war verliebt, und sie wußte, wer in ihrer Phantasie im Bett gleich zu ihr kommen würde.

»Mir ist daran gelegen, daß Sie mich nicht mißverstehen, Miss Hoshino. Meine Kindheit ist kein Geheimnis. Mein Vater war das, was wir heutzutage wohl einen ›Angestellten‹ nennen: Abteilungsleiter in der Mitsui-Hauptverwaltung, in jenen Tagen, da das Unternehmen ein echter *zaibatsu* war. Ich bin sicher, dieses Wort ist Ihnen vertraut.«

Lesli nickte. »Natürlich. War es nicht ursprünglich eine Art politisches Schlagwort, etwa wie die Bezeichnung ›reiche Clique‹ im Englischen?«

Sie sprachen englisch, und so interessant sie Shimadas Anfall von Offenheit hinsichtlich seiner Herkunft auch fand, hatte sie doch, während sie antwortete, darüber nachgedacht, daß er bei all seiner Gewandtheit im Englischen zumindest die japanische Eigenart der Förmlichkeit bewahrte. Jeder Amerikaner, gleich welcher ethnischen Herkunft, würde sie inzwischen Lesli nennen und hätte es wahrscheinlich schon bei ihrer ersten Zusammenkunft getan.

»Im Laufe der Jahre«, fuhr sie fort, »nahm es dann die Bedeutung ›Finanz- und Industrie-Konglomerat‹ an. MacArthur versuchte nach dem Krieg, sie zu zerschlagen, aber viele finden, daß er dabei nicht allzu erfolgreich war.«

»Richtig. Mehr oder weniger. Es war nicht MacArthurs eigene Idee, sie zu zerschlagen; dieser Plan wurde lange vor Kriegsende in Washington zusammengebraut, hauptsächlich auf Initiative der Wirtschaftsberater im Außenministerium. Die politischen Experten, die Japan kannten, waren der Auffassung, daß die im Familienbesitz befindlichen *zaibatsu* – die Großen Vier, wie man sie nannte – stets für die parlamentarische Demokratie in Japan eingetreten waren und ihr bestes getan hatten, um dem Militarismus der dreißiger Jahre entgegenzutreten. Ich meine die Konzerne Mitsui, Mitsubishi, Sumitomo und Yasuda. MacArthurs Stab gab nach dem Krieg noch weiteren sechs Konglomeraten die Bezeichnung *zaibatsu*. Übrigens, falls Sie die Shimada Trading Corporation als modernen *zaibatsu* betrachten – vergessen Sie's. Mein Geschäft ist ein Kramladen, verglichen mit den Mitsubishis, Mitsuis oder Sumitomos, selbst mit denen von heute. Die Yasuda-Gruppe hat sich schon immer hauptsächlich im Finanz- und Versicherungsgeschäft betätigt, und das, was von ihr übrig ist, tut es heute noch.«

»Die Fuji-Bank, meinen Sie?«

Shimada nickte beifällig. »Sie haben Ihre Hausaufgaben gemacht.«

»Ihr Vater muß sehr fähig gewesen sein, wenn er bei Mitsui einen Managementposten bekommen konnte – oder gab es familiäre Beziehungen?« Shimadas Gesichtsausdruck blieb ruhig und freundlich, aber Lesli spürte die beherrschte Gereiztheit in seiner Reaktion, als er für einen kurzen Augenblick die Hände, die auf den Armlehnen seines Sessels ruhten, zu Fäusten ballte.

»Nein. Keine familiären Beziehungen.« Er hob eine Hand und rieb sich die Nase. Dann schien er einen Entschluß zu fassen und schenkte ihr ein warmherziges Lächeln. »Lassen Sie uns das alles ein für allemal klären, ja? Mein Vater kam aus Kumamoto in Kyushu. *Sein* Vater – mein Großvater – war ein Samurai, bis dieses System abgeschafft wurde. Kein sehr bedeutender, wie ich hinzufügen möchte. Mein Vater kam nach Tokyo, als er das Glück hatte, einen Studienplatz an der Universität Waseda zu erhalten, und gute Jobs – zumindest das, was man als gute Jobs betrachtete – waren für Waseda-Absolventen in jenen Tagen nicht schwer zu finden. Sein Examen machte er 1902 oder 1903, glaube ich. Mitsui war damals schon groß; das Unternehmen hatte in den neunziger Jahren in der Schwerindustrie Fuß gefaßt, und bis zum Zweiten Weltkrieg expandierte es rasant. In diesen Anfangstagen waren intelligente junge Männer gefragt, und mein Vater machte sich ziemlich gut. Aber Sie wissen genauso gut wie ich, daß es keine glanzvolle Karriere ist, wenn einer auf der Abteilungsleiterebene hängenbleibt.«

Lesli spreizte in einer ziemlich hilflosen Geste die Hände. Was er sagte, stimmte natürlich, wenn man davon ausging, daß die Abteilungsleiter vor dem Kriege ungefähr die gleiche Bedeutung gehabt hatten wie ihre Nachfolger in den achtziger Jahren. Mittleres Management. Kein Grund, sich zu schämen, aber auch nichts Aufregendes.

»Also. Wir waren eine konventionelle Mittelklassefamilie. Nicht schlechter dran als viele andere Leute in Tokyo zu jener Zeit und verdammt um einiges besser als die große Mehrheit in der Provinz und auf dem Lande. Mein Vater starb 1940. Meine Mutter starb vor ihm, 1936. Auch sie kam ursprünglich aus Kyushu. Ich hatte eine Schwester; sie ist auch tot. Nach der Oberschule bestand ich die Aufnahmeprüfung an der Universität Tokyo, machte dort mein Examen und ging unverzüglich zur Marine. Eine Jugend, die nicht der Rede wert ist. Ende der Geschichte.«

Shimada sprach sehr schnell, und bei den letzten paar Sätzen schnatterte er fast. Er lehnte sich zurück, atmete zwei- oder dreimal tief und langsam durch und schaute Lesli starr an. Sie fand, daß er plötzlich sehr viel älter aussah: Wie ein Mann von Ende Sechzig, was er auch war, nicht wie der energische Manager in den Fünfzigern, als der er im Fernsehen wirkte, auf Fotos, ja, und bei ihrem ersten Zusammentreffen auch leibhaftig.

»Ich danke Ihnen, Mr. Shimada. Ich wollte nicht über Gebühr aufdringlich erscheinen, aber ich bin Ihnen sehr dankbar für diese Informationen. Für einen Teenager in den dreißiger Jahren muß das Leben hart gewesen sein.«

Die prächtigen Augenbrauen hoben sich. »Oh? Warum? So schlecht war die Zeit nicht. Ich erinnere mich, daß ich eine Kamera hatte. Und ein Aufziehgrammophon. Kein Victrola, aber eine Kopie. Können Sie sich vorstellen, daß ich ein Jazzfan war? Bix Beiderbecke vor allem, obwohl der damals schon tot war. Und Louis Armstrong natürlich. Ihre Platten waren schwer erhältlich, aber es gelang mir, eine kleine Sammlung zusammenzutragen. Und es gab auch eine japanische Combo – Ray King and His Band nannten sie sich. Sie waren gut. Ich weiß nicht, was aus ihnen geworden ist.«

Nachdem er hinsichtlich seiner Jugendjahre erst so verschlossen gewesen war, schien Shimada jetzt in Nostalgie zu schwelgen, und Lesli fühlte Sympathie für ihn. »Es ist nett von Ihnen, mich das alles aufnehmen zu lassen«, sagte sie, und er winkte leichthin ab. »Das Gewäsch eines alten Mannes«, meinte er. »Nehmen Sie's nur auf, aber ersparen Sie mir die Peinlichkeit, irgend etwas davon gedruckt zu sehen. Was ich vorhin sagte, war ernst gemeint. Ich hatte als Kind keine traumatischen oder prägenden Erlebnisse. Ich habe mich ja nicht einmal verliebt, bis ich zur Marine kam.«

»Hätten Sie Lust, mir davon zu erzählen? Ich hatte an ein Kapitel über ›Liebe und Ehe‹ oder so ähnlich gedacht.«

Shimadas Lächeln zeigte echte Erheiterung, und seine Brust bebte in stillem Gelächter. »Gehören die beiden wirklich zusammen wie ›Pferd und Wagen‹, wie Doris Day mal gesungen hat? Wenn ich daran denke, wieviel Spaß mir ihre Filme in den vierziger und fünfziger Jahren gemacht haben, als ich zu viel arbeitete und das Unternehmen aufbaute! Sie sind eine echte Amerikanerin, Miss Hoshino. Das vergesse ich immer wieder. Wir Japaner betrachten Liebe und Ehe als zwei separate, ganz verschiedene Dinge. Ich habe mich oft verliebt, während des Krieges und danach. Geheiratet habe ich 1950, als ich neunundzwanzig war. Wir hatten keine Kinder, und meine Frau ist vor drei Jahren an Krebs gestorben. Ich empfand verzweifeltes Mitleid für sie, als sie Schmerzen litt, und ich war sehr traurig, als sie starb. Es war eine erfolgreiche Ehe, und meine Frau fehlt mir sehr. Aber Liebe – was Sie Liebe nennen würden – hatte nichts damit zu tun. Und es ist kaum von Bedeutung für ein ernsthaftes biographisches Buch, möchte ich meinen.«

»Es tut mir leid, Mr. Shimada. Ich – ich –«

»Kein Grund, sich zu entschuldigen. Ich bin eine öffentliche Persönlichkeit, Miss Hoshino. Jedermann kann sich über meine Laufbahn informieren. Über mein Privatleben nicht. Vielleicht sind Sie und Ihr Verleger der Auffassung, eine Biographie müsse mit persönlichen Enthüllungen – wie soll ich sagen? – aufgepeppt werden. Vielleicht finden Sie, daß mein öffentliches Leben von geringem Interesse ist –«

»Nein, nein, so ist es nicht –«

Shimada hob die Hand, und sie verstummte, als hätte sie eine Ohrfeige bekommen. »– oder daß meine Ideen, meine Unternehmungsphilosophie, meine Gedanken über die Zukunft der Weltwirtschaft oder über Japans gegenwärtige und zukünftige Rolle als Großmacht banal sind. Ich bin durchaus bereit, diese Möglichkeit zu akzeptieren. Aber ich muß Ihnen sagen, daß dies die Themen sind, deren Behandlung ich von Ihnen erwartet hatte.«

»Darf ich jetzt etwas sagen?« Leslis Ton war scharf, und Shimada sah sie ein wenig überrascht an.

»Natürlich. Reden Sie.«

»Mr. Shimada. Vielleicht sollte ich ebenfalls versuchen, Ihnen meine Position klarzumachen, zumal ich in den letzten paar Tagen Ihre überaus großzügige Gastfreundschaft in Anspruch genommen habe. Ich bin eine ernsthafte Publizistin, keine Klatschkolumnistin. Sie sind eine herausragende Person, eine Gestalt von Weltrang. *Selbstverständlich* sind es Ihre außergewöhnlichen Geschäftserfolge und Ihre weitreichenden Aktivitäten auf öffentlichem und politischem Gebiet, die ich in meinem Buch zu schildern und zu analysieren beabsichtige. Aber eine Biographie ist vor allem die Geschichte eines Menschen – in Ihrem Falle eines besonders faszinierenden Menschen –, und die Leute, die sie lesen, werden nicht nur wissen wollen, was Sie getan haben und wie Sie es getan haben, sie werden nicht nur Ihre Lebensphilosophie kennenlernen wollen, sondern sie werden auch erfahren wollen, was dahinter steckt, was Ihnen Freude macht, was Sie verabscheuen... und jawohl, auch, was Sie zum Frühstück essen, aber nur, um versichert zu sein, daß Sie *ein Mensch* sind, mit Hoffnungen und Ängsten wie sie auch. Vielleicht sogar jemand, der manchmal einsam ist, ratlos oder verängstigt.«

»*Hammu eggu.*«

»Wie bitte?«

»Ich sagte, ich frühstücke sehr konventionell. Ham and eggs – oder, japanisch ausgesprochen: *Hammu eggu*. Toast, Marmelade, Kaffee. Und ich habe Ihnen schon gesagt, daß meine verstorbene Frau mir sehr fehlt. Ratlos? Ja, oft – aber es geht nicht an, daß man es zeigt, nicht wahr? Und im Laufe meines Lebens habe ich viele Male Angst gehabt, Miss Hoshino. So – habe ich nicht alle Ihre Fragen beantwortet?«

»Herein!« Das Klopfen an der Tür hatte zurückhaltend geklungen, und Lesli war nicht überrascht, als sie sah, daß es Yamada war, der den Kopf hereinschob.

»Störe ich Sie, Miss Hoshino?«

»Oh, hallo, Mr. Yamada. Kommen Sie nur herein. Ich hatte

heute ein großartiges Gespräch mit Mr. Shimada – ich habe mir gerade mit viel Vergnügen noch einmal das Band angehört.« Yamada blieb unschlüssig neben der Tür stehen und strich sich mit der einen Hand das dünne Haar zurück, während die andere in der Hosentasche mit einem Schlüsselbund klingelte. Lesli hatte schon bemerkt, daß er dies immer tat, wenn er nicht recht wußte, was er sagen sollte, und so wartete sie geduldig auf seine Reaktion. Vorläufig deutete sie nur auf den Sessel neben ihrem Schreibtisch, und nach kurzem Zögern setzte Yamada sich.

»Der Präsident hatte nichts dagegen, daß Sie Tonbandaufnahmen gemacht haben?«

»Nein, überhaupt nicht. Er war großartig in Form. Wissen Sie, Mr. Yamada, ich fange an, den Mann zu mögen, auch wenn ihm die Maske des abgebrühten Charmeurs hin und wieder mal ein bißchen herunterrutscht. Schockiere ich Sie?«

Yamada schüttelte mit flüchtigem Lächeln den Kopf. »Nein, Miss Hoshino. Einige Mitarbeiter hier wären vielleicht überrascht, solche Äußerungen von Ihnen zu hören, aber ich habe bereits gelernt, Ihre Freimütigkeit zu schätzen. Darf ich fragen, worüber Sie gesprochen haben, das... Mr. Shimada aus dem Gleichgewicht geworfen hat? Ist das ein korrekter Ausdruck?« Leises Bangen lag in der letzten Frage. Obgleich Leslis Japanisch wohl besser war als sein Englisch, waren sie stillschweigend übereingekommen, miteinander englisch zu sprechen. Lesli war zu dem Schluß gekommen, daß sie Yamada mochte. Er war hilfsbereit, ohne betulich zu sein, und jetzt, da er in ihrer Gegenwart gelöster war, offenbarte er hin und wieder einen verschmitzten Sinn für Humor, der, wie sie vermutete, bei seiner normalen Arbeit als Leiter der Abteilung für Internationale Verbindungen gründlich unterdrückt wurde.

»Sicher, ›aus dem Gleichgewicht geworfen‹ kann man sagen, obwohl man es fast nicht bemerkt hätte. Wir sprachen über seine Kindheit, wissen Sie. Über seine Hobbys und so weiter. Ich hatte schon geglaubt, ich würde nicht einmal so weit kommen, aber dann zeigte er sich überraschend offen. Er erzählte mir von seinem familiären Hintergrund, von seinen Eltern und deren Tod, er sprach von seiner verstorbenen Frau und erwähnte eine Schwester, die im Krieg umgekommen ist.«

»Wirklich? Sie müssen eine große Überredungskünstlerin sein, Miss Hoshino. In all den Jahren, die ich mit dem Präsidenten gearbeitet habe, habe ich nie gehört, daß er eine Schwester erwähnt hätte.«

»Nun, ich darf keinen falschen Eindruck bei Ihnen erwecken. Man kann nicht sagen, daß er sich mir geöffnet hätte. Es ging ihm wohl mehr darum, mir gerade so viel zu geben, daß ich ihn in Zukunft in Ruhe lasse, glaube ich. Am Ende war es fast eine Herausforderung, als er mich mehr oder weniger zwang, zuzugeben, daß er alle meine Fragen beantwortet habe. Nun, in gewisser Weise hatte er das getan, aber dann auch wieder nicht. Er weicht ziemlich gerissen aus, aber auf jeden Fall weiß ich jetzt sehr viel mehr über ihn als früher. Und ich will eigentlich nicht schnüffeln um des Schnüffelns willen, Mr. Yamada. Ich schreibe eine Biographie, keinen Sicherheitsreport.« Unversehens verspürte Lesli leise Scham, und gleichzeitig beschloß sie, ihre Zunge von jetzt an besser im Zaum zu halten. Sie konnte schließlich nicht wissen, ob Yamada seinem Chef nicht vielleicht näher stand, als sie ahnte, und dann würde er Shimada berichten, was sie ihm erzählte.

»Natürlich. Ich verstehe.« Yamada schien ihre Verlegenheit zu spüren und reichte ihr den Plastikordner, den er mitgebracht hatte. »Ich habe Ihnen neben die alten chinesischen Schriftzeichen, die in den Dokumenten der Kaiserlichen Marine verwendet werden, die phonetischen Umschreibungen notiert und für einige amtliche Bezeichnungen, die Ihnen vielleicht nicht ganz vertraut sind, englische Übersetzungsvorschläge dazugeschrieben.«

Lesli lächelte ihn dankbar an. »Mr. Yamada, Sie sind wunderbar. Vielen, vielen Dank. Ich glaube, es war mein Glück, daß meine Eltern diese neumodischen Unterrichtsbücher nicht erhalten konnten, als sie anfingen, mir Japanisch beizubringen. Zweitausend Schriftzeichen zu meistern, das war mehr als genug – von weiteren zweitausend gar nicht zu reden. Sie müssen zu den letzten gehört haben, die noch die alten Zeichen lernen mußten.« Sie blätterte durch die Papiere und fragte sich, ob sie das Richtige gesagt hatte; Yamada konnte ebenso gut fünfzig wie sechzig Jahre alt sein, aber bei japanischen Männern konnte man so etwas nie mit Sicherheit sagen.

»Wissen Sie, einiges von diesen Papieren gehörte in ein Museum. Ein komplettes Dossier, von der Musterungsbestätigung einschließlich Ort und Termin bis zu seiner Dienstakte. Grundausbildung, Indienststellung als Kadett, Spezialausbildung bei der Nachrichtentruppe, schließlich Leutnant auf Truppentransportern, aha... ach, übrigens, Mr. Yamada, ich werde morgen aus dem Okura Hotel ausziehen. Ich habe mir ein Ein-Zimmer-Apartment im International House of Japan reservieren lassen. Mr. Shimada habe ich bereits erklärt, daß ich es nicht gerechtfertigt finde, wenn ich mich in dieser Form aushalten lasse, und er hatte großes Verständnis dafür.«

»Natürlich, Miss Hoshino. Ganz wie Sie wünschen.« Yamada blieb noch ein Weilchen und schwatzte mit ihr, aber Lesli hatte den Eindruck, daß ihm unbehaglich zumute war, und als er gegangen war, dachte sie noch einmal sorgenvoll daran, wie sie mit ihm über Shimada gesprochen hatte. Auf dem Weg zurück ins Okura fiel ihr ein, daß sie von Charlie Goldfarb seit ihrem gemeinsamen Lunch nichts mehr gehört hatte, und sie fragte sich, ob er sich tatsächlich wie ein Gentleman zu benehmen gedachte. An der Rezeption war keine Nachricht für sie, und Lesli lächelte, als sie merkte, daß es sie einen Augenblick lang ärgerte, so vernachlässigt zu werden. Sie beschloß, an ihrem letzten Abend als Shimadas Gast im Hotel ein teures Abendessen einzunehmen. Wahrscheinlich würde er die Rechnung sowieso nie zu Gesicht bekommen, denn zweifellos würde man sie unter Geschäftskosten verbuchen. Was Charlie betraf, war es vermutlich eher so, daß einer anderen Glücklichen die Ehre zuteil wurde und daß er einfach zu beschäftigt war, sich um sie zu kümmern, dachte sie.

10. *Sonntag, 12. Januar 1936*

General Jinzaburo Mazaki trug einen Kimono, als er die sechs jungen Offiziere in dem sonnendurchfluteten, mit *tatami*-Matten ausgelegten Raum empfing, und Hideo fand, daß er ruhig und entspannt aussah. Sein Haus – ganz in der Nähe von Yoyogi – war ziemlich groß, aber nicht im geringsten protzig, und Hideo schämte sich des kunterbunten Haushalts der Familie Shimada, als er sich umsah und die karge Strenge der Einrichtung betrachtete. Die anderen waren nicht zum erstenmal hier, und sie zeigten sich dem General gegenüber eifrig lärmend, etwa wie die Lieblingsschüler eines allseits beliebten Lehrers in dessen Gesellschaft, und tatsächlich hatten einer oder zwei der Älteren Mitte der zwanziger Jahre an der Militärakademie studiert, als Mazaki sie geleitet hatte; folglich war ihre Beziehung zu ihm tatsächlich von dieser Art. Hideo war zum erstenmal hier, und er hielt sich im Hintergrund, bis die anderen ihn nach vorn schoben.

»Leutnant Shimada, eh? Und woher stammen Sie, junger Mann?«

»Er ist in Ordnung, General!« Es war der lebhafte und redegewandte Leutnant Takahashi, der für Hideo antwortete. »Sein Vater ist in Kumamoto geboren – und seine Mutter auch. Also ist er ein guter Kyushu-Mann, wie Sie. Samuraiblut. Einer von uns.«

Mazaki klopfte Hideo auf die Schulter. »Na, es gibt solche und solche in Kyushu; ich selbst bin aus Saga, also praktisch Ihr Nachbar. Seien Sie herzlich willkommen. Welches Regiment?«

»Das Dritte, General.«

»Prächtig. Na, dann lassen Sie sich von diesem Halunken Ando nicht auf die schiefe Bahn führen!« Hideo war gleichermaßen entzückt und verwundert über die informelle Herzlichkeit des Generals: Seine Ausbildung drängte ihn, strammzustehen, aber seine Kameraden räkelten sich, lachten und scherzten miteinander, als wären sie in einem Teehaus, und wie Mazaki in die Runde strahlte, glich er noch am ehesten einem nachsichtigen Onkel.

»Es bleibt weiterhin kalt in der Nacht, meine Herren«, erklärte der General liebenswürdig, nachdem ein Dienstmädchen ihnen allen den Tee gebracht hatte. »Wie ich höre, gab es in der Nacht der Mondfinsternis Frost – minus vier Grad. An den Springbrunnen im Hibiya-Park im Zentrum von Tokyo bildeten sich Eiszapfen. Aber der Sonnenschein ist recht angenehm.« Seine Gäste waren verstummt und lauschten seinen Worten. Er nippte an seinem Tee und fuhr fort.

»Die Leute haben die Neujahrsdekorationen aus Kiefern- und Pflaumenzweigen und Bambus von ihren Haustüren abgenommen. Ich weiß nicht, ob Ihnen bekannt ist, daß es in der Familie des neuen Ehrwürdigen Bewahrers des Geheimsiegels Tradition ist, nur eines dieser Gebinde am Tor anzubringen, nicht zwei, wie es Brauch ist? Wenn ich recht unterrichtet bin, geht diese eigentümliche Praxis auf einen Vorfall zurück, der sich vor etwa dreihundert Jahren begab, als ein Ahne des Admiral Saito am Neujahrstag in die Schlacht gerufen wurde; er fand nur Zeit, eines an der Tür zu befestigen, und machte sich dann unverzüglich auf den Weg, ohne sich noch um das zweite zu bekümmern. Eine aufschlußreiche Geschichte. Ich frage mich, ob der General derzeit auch in anderer Hinsicht unzureichend ausgestattet sein mag.« Brüllendes, anbiederndes Gelächter erhob sich auf diesen eleganten Scherz des Generals, dann entspannte sich die Delegation wieder.

Mazaki wußte alles über die Verschwörung. Er hatte zugesehen, wie Mitsugi Nishida an der Militärakademie die Bewegung Junger Offiziere ins Leben rief, als er selbst dort das Kommando führte, und er hatte den Kontakt mit Nishida behalten, als dieser seinen Abschied genommen hatte, um die Ideen des Intellektuellen Ikki Kita zu verbreiten, eines Mannes, den Mazaki ebenfalls kannte. Als führender Angehöriger der Schule des strategischen und politischen Denkens nach dem »Kaiserlichen Weg« in der Armee hatte er darauf bestanden, daß im Lehrplan der Militärakademie großes Gewicht auf patriotischen »Japanismus« und auf das, was er spirituelles Training nannte, gelegt wurde. Mazaki sympathisierte vorbehaltlos mit den Zielen der Verschwörer; überdies war er erbost, weil er einige Monate zuvor aus der einflußreichen Position des Generalinspekteurs der Militärakademie hinausmanövriert worden war; aber es war notwendig, daß er seine Karten verdeckt spielte. Wenn diese jungen Offiziere, die ihn als Helden verehrten, mit ihrem Plan Erfolg hatten, konnten sie dazu beitragen, daß er Premierminister wurde. Aber er mußte sich die Möglichkeit offenhalten, sich von ihnen zu distanzieren, falls sie scheitern sollten. Daher hatte er nicht die Absicht, die jungen Radikalen in aller Öffentlichkeit zu ermutigen, aber ebenso wenig lag ihm daran, ihre Loyalität einzubüßen oder einen Anlaß dafür zu geben, daß ihr Glaube an ihn zerbröckelte.

»Es ist mir eine große Ermutigung, daß eine Gruppe so prächtiger junger Offiziere – und dazu eine *repräsentative* Gruppe, dessen bin ich sicher – sich der Mühe unterzieht, einen alten Mann zu besuchen, der mit beinahe sechzig Jahren an der Schwelle zur zweiten Kindheit steht, einen Mann zudem, der auf ein Nebengleis des Militärrates abgeschoben worden ist – daß sie ihn besucht, um ihm ihre guten Wünsche auszusprechen«, erklärte er schwülstig. Sogleich erhob sich eifriges Protestgebrüll. Hauptmann Kono war der ranghöchste Offizier der Delegation, und in hitziger Empörung ergriff er das Wort.

»Der General ist noch längst kein alter Mann! Der General ist das Opfer einer verbrecherischen Intrige, aber der Tag ist nicht fern, da Gerechtigkeit geübt werden wird, und dann werden wir auf ihn schauen, damit er uns vorangeht, wenn wir eine Neue Ordnung errichten! Wir bringen Ihnen nicht nur gute Wünsche, Herr. Wir sind gekommen, um Ihnen unsere Treue kundzutun, unsere Hoffnung und die Versicherung, daß die Armee nur auf ein Wort von Ihnen wartet, um sich der Verräter anzunehmen, die die Gerechtigkeit zuschanden werden lassen und die Absichten Seiner Majestät mit ihrer Korruption vereiteln!«

Hauptmann Konos Stil war immer ein wenig feuriger als der anderer führender Köpfe, und Hideo fühlte, wie ihn die vertraute Gänsehaut überlief, als er die berauschenden Worte vernahm, wenngleich ihr Idol in sanftem Tadel die Hand hob. »Ich weiß Ihre aufrechte Haltung zu schätzen, Hauptmann«, sagte er. »Und es rührt mich, zu sehen, daß Ihre Kameraden Ihre großmütige Auffassung offenbar teilen. Aber die Zeiten sind verworren, und der Weg, der vor uns liegt, ist nicht immer klar erkennbar, selbst für diejenigen, die sehen, was früher oder später getan werden muß.«

Hideo war nicht ganz sicher, ob er wußte, was der General meinte, aber seine Worte klangen ermutigend, und es war bereits eine Inspiration für ihn, sich nur in der Gegenwart eines Mannes zu wissen, den er verehrte. »Der Lauf der Ereignisse ist nicht ganz und gar unbefriedigend«, fuhr Mazaki fort. »Ich habe zuverlässige Informationen – und dies erzähle ich Ihnen im Vertrauen, denn es wird erst in einigen Tagen allgemein bekannt werden –, denen zufolge unsere Delegation sich in Kürze von der gegenwärtig in London stattfindenden Abrüstungskonferenz zurückziehen wird. Und dies trotz der verräterischen Haltung der meisten Politiker und der Schwäche selbst einiger – ich sage *einiger* – unserer hochrangigen Kollegen in der Marine.« Er lächelte seidig. »Vergessen Sie nicht, daß mein jüngerer Bruder Admiral ist, und der unseres Freundes General Araki ebenfalls. Endlich zeigt man Rückgrat. Die Amerikaner und die Briten haben sich sagen lassen müssen, daß ihre kostbaren Flottenquoten, gegen die wir seit Jahren protestieren und die zu der heutigen, unerträglichen Diskrepanz zwischen der Größe der Kaiserlichen Flotte einerseits und der Flotten der beiden anderen Mächte andererseits geführt haben – daß diese Quoten nicht länger akzeptiert werden. Sie weigern sich, unsere These von der Gleichheit anzuerkennen. Also wird Japan sie nunmehr sich selbst überlassen.« Seine Stimme war lauter geworden, und seine Hand umfaßte den zusammengeklappten Fächer ein wenig fester. Dann atmete er tief und kehrte zu seiner vorigen, beherrschten Haltung zurück.

»Wie gesagt, es gibt ermutigende Entwicklungen. Sie, meine Herren, sehen vermutlich mit Genugtuung, wie groß das allgemeine Interesse ist, welches durch das bevorstehende öffentliche Kriegsgerichtsverfahren gegen Oberst Aizawa erregt wird. Es versteht sich von selbst, daß keiner von uns die Tat des Obersten, die Ermordung eines Offiziersbruders, billigen kann. Eines hohen Offiziers. Eines Generals, eines prominenten Mitglieds jener Gruppe sogenannter Pragmatiker, die sich über die Notwendigkeit geistiger Disziplin lustig machen. Ja, so unwürdig ich auch bin, ich habe doch die Ehre, selbst ein General zu sein. Ganz gewiß wünschen wir beispielsweise meinem Nachfolger im Amt des Generalinspekteurs der Militärakademie, General Watanabe, nichts Böses. Oder? Er darf nicht dabei gestört werden, weitere Reden zur Unterstützung seines Freundes zu verfassen, des hochgelehrten Professor Minobe.« Mazakis Miene blieb unergründlich, aber Hideo stimmte in das allgemeine Grinsen und Lachen der anderen ein.

Die Stimme des Generals erhob sich gebieterisch über den Lärm, der sofort verstummte. »Gleichwohl herrscht weithin Einigkeit in der Auffassung, daß Oberst Aizawas Aufrichtigkeit außer

Frage steht und daß es ausschließlich erhabene patriotische Erwägungen waren, die ihn zu dieser Tat bewogen; einige dieser Erwägungen werden im Laufe seines Prozesses zweifellos rechtzeitige und willkommene Publizität erfahren. Der Prozeß wird noch in diesem Monat eröffnet, meine Herren. Ich bitte Sie, dessen eingedenk zu sein.«

Tatsächlich hatte Mazaki bereits die Ankündigung erhalten, daß er selbst bei einer der Kriegsgerichtssitzungen als Zeuge geladen werden würde; die Verhandlungen selbst würden nach Absprache des Generalstabes zu Terminen stattfinden, die für alle Beteiligten akzeptabel wären. Trotz der Schwere seines Vergehens und seines offenen Schuldeingeständnisses rechnete niemand ernsthaft damit, daß Aizawa nach seiner Verurteilung mehr als eine Disziplinarstrafe zu erwarten habe – die Versetzung in die Provinz vielleicht, und eine geringfügige Degradierung. Sein Prozeß würde, wie bei anderen Militärs in den Jahren zuvor, den Rahmen für eine Art Diskussionsversammlung abgeben, auf der es dem Angeklagten erlaubt sein würde, lange Reden zur Verteidigung seiner Tat zu halten. Über diese Reden würde ausführlich Bericht erstattet werden; Mitsugi Nishida, der die Verteidigung organisierte, würde dafür Sorge tragen. Aizawa war ein redegewandter Mann, und man konnte sich darauf verlassen, daß er diejenigen, die über ihn zu Gericht saßen, mit seinen Ausführungen beeindrucken und sie und ihre Vorgesetzten gar bezichtigen würde, die wahrhaft Schuldigen zu sein.

Als sie Mazakis Haus verlassen hatten, waren Hideo und einer oder zwei der anderen dafür, sich unverzüglich zum Hause des Generals Watanabe zu begeben und ihm offen entgegenzutreten; Hauptmann Kono war ein paar Minuten lang unschlüssig – der Vorschlag verlockte ihn. Nach kurzem Zögern entschied er aber, daß ein solches Unternehmen nicht ohne Wissen und Billigung von Nishida, Hauptmann Ando und den anderen Führern der Verschwörung durchzuführen sei, und verweigerte seine Einwilligung.

Hideo bedauerte es nicht sonderlich, überstimmt zu werden; als er wieder in seinem spartanischen Quartier in der Azabu-Kaserne saß, dachte er lange nach über das, was General Mazaki gesagt hatte. Hideo und seine Freunde hatten schon ein paarmal über das Schicksal diskutiert, das sie womöglich erwartete. Viele mußten damit rechnen, im Verlauf des Staatsstreiches ums Leben zu kommen. Andere erwogen ganz offen die Möglichkeit eines Fehlschlags und der dann unweigerlich folgenden Kriegsgerichtsprozesse, aber sie glaubten an die Gerechtigkeit ihrer Sache und vertrauten darauf, daß man ihnen verständnisvoll Gehör schenken würde, wenn es wirklich dazu käme. Alles in allem aber wollte Hideo, falls sie nicht erreichen sollten, was sie anstrebten, bei dem Unternehmen lieber sterben: Er wußte, ihm fehlte Hauptmann Konos Gabe, die Herzen der Menschen mit Worten zu rühren.

Auch in dieser Nacht war es wieder erbärmlich kalt, und Hideos Schlaflosigkeit plagte ihn wie eh und je.

11. *Montag, 13. Januar 1986*

»Wieso fragst du ihn nicht, auf welche High School er gegangen ist? Du weißt, wie es in Japan ist: Die Studentenverbindungen in den Staaten können dem Netz von Beziehungen, das es hier gibt, nicht das Wasser reichen. Da treffen sich diese alten Knaben einmal im Jahr und schwatzen von den Zeiten, wo sie noch Zähne hatten... und dabei halten sie sogar die alte Hierarchie noch aufrecht. Verstehst du? Ehrerbietung vor den älteren Studenten und so weiter. Das gilt sogar, wenn sie Konzernpräsidenten oder hohe Tiere in der Politik sind. Bestimmt würdest du jemanden finden, der sich von früher an ihn erinnert. Oder versuch's an der Universität Tokyo. Vielleicht können sie da ein paar alte Studentenverzeichnisse ausgraben. Oder du heuerst einen Privatdetektiv an, wie die Leute es tun, wenn sie die Heirat ihrer Tocher arrangieren. Na, da gibt's doch alle möglichen Wege, vor allem für eine autorisierte Biographin. Du könntest beispielsweise herausfinden, wer im Wirtschaftsverband zu seinen Busenfreunden zählt. Im *Keidanren*, genau. Das ist der Hilfsverein der großen Bosse. Da muß es jemanden geben, der Shimada auf den Tod nicht ausstehen kann, und der wird dir erzählen, was Sache ist, wenn du ihm ein bißchen das Knie tätschelst.«

»Genau. Und innerhalb von höchstens zehn Minuten hätte Mr. Jiro Shimada davon Wind bekommen, und rumms! ist der Rolladen unten. Der Mann hat Beziehungen, Charlie. Später – vielleicht. Aber ich kann mir nicht leisten, ihn schon so früh zu vergrätzen, indem ich allzu offensichtlich in den Vorkriegsjahren herumschnüffle.«

»Aha. Tja, du bist der Boss. Vielleicht hast du sogar recht.« Charlie Goldfarb sah sich in der weitläufigen, verschwenderisch eingerichteten Lounge des Tokyo American Club um und gluckste. »Da sitzen wir nun in kapitalistischer Pracht, Tür an Tür mit der sowjetischen Botschaft. Immer, wenn ich daran denke, könnte ich mich kaputtlachen. Ich frage mich bloß, was Iwan Iwanowitsch wohl von uns denkt, wenn er da oben aus seinem Dachfenster linst.«

Lesli lächelte. »Wahrscheinlich belauscht er in diesem Augenblick unser Gespräch, Charlie. *A propos* linsen – wenn ich bei denen 'reinschaue, lassen die mich vielleicht auch einen kurzen Blick in ihre Shimada-Akte werfen.«

»Könnte sogar sein. Daß sie eine haben, steht mal fest.« Eine ganze Weile sah er sie unverwandt an. »Was ist los mit dir, Lesli? Wieso machst du so viel Aufhebens um diese frühen Jahre?«

Kopfschüttelnd zuckte sie die Achseln. »Ich wünschte, ich wüßte es. *Irgend etwas* ist da, und es läßt mir keine Ruhe. Selbst wenn er demonstrativ offen und mitteilsam ist, hält er mit irgend etwas hinterm Berg. Ich verstehe einfach nicht, daß ein Japaner mit seinem Geld und seinem Einfluß so allein sein soll. Die Eltern tot –«

»Um Himmels willen, Kind, das ist ja wohl kaum verwunderlich – die müßten doch neunzig sein, wenn sie noch lebten!«

»Nein, du hast mich nicht ausreden lassen. Die Eltern tot – natürlich. Die Frau tot – bedauerlich, aber auch nicht überraschend. Die Schwester tot. Kinderlos. Nichts davon ist an sich sonderlich bedeutsam, aber alles zusammengenommen, ergibt es doch ein merkwürdiges Maß an Isolation. Und dann seine beharrlich wiederholte Behauptung, sein Leben habe erst begonnen, als er an die Universität Tokyo gekommen sei.«

»Aber ich bitte dich, Lesli! Willst du etwa andeuten, er hätte seine Verwandtschaft abgemurkst? Eine asiatische Lizzie Borden?

Und mit dem Familienschmuck hat er seine Ausbildung bezahlt? Und vielleicht ist ihm viele Jahre später seine Frau draufgekommen; sie hat angefangen, ihn zu erpressen, und da hat er sie auch kaltgemacht. Schreibst du eigentlich eine Biographie oder ein Drehbuch?«

»Sei nicht albern, Charlie. Natürlich, vielleicht steckt gar nichts dahinter. Und es ist Shimadas gutes Recht, so viele Details für sich zu behalten, wie er will; er kniet ja nicht im Beichtstuhl. Trotzdem – ich schreibe nicht die Geschichte der Shimada Trading Corporation, ich schreibe die Lebensgeschichte eines Mannes. Herr im Himmel – sein Großvater war Samurai, stell dir das doch mal vor! Mit einem Haarknoten auf dem Kopf und zwei Schwertern in der Schärpe!«

»Das ist noch gar nichts. Mein Granddaddy war Rabbi in Odessa, mit dem schmierigsten langen schwarzen Mantel, den du je gesehen hast.«

»Charlie, du bist unmöglich.«

»Nein. Nur realistisch. Hör zu. Entweder du willst wirklich etwas über die Jugendjahre dieses Knaben erfahren: Dann fackle nicht herum, sondern finde es heraus. Oder du traust dich nicht: In diesem Fall hat es wenig Sinn, auf deinem hinreißenden Hintern herumzusitzen und Spekulationen darüber anzustellen.«

Lesli seufzte. »Wahrscheinlich hast du recht. Ich bin seit nicht mal zwei Wochen mit dieser Sache befaßt, aber ich habe jetzt schon eine ganze Kiste voll mit Notizen und Fotokopien von Shimadas Unterlagen, und ich habe mir eine Milliarde Fotos angeguckt. Alles mit freundlichen Empfehlungen des Mannes selbst. Das Buch nimmt Gestalt an, und ich habe das Gefühl, wenn ich richtig angefangen habe, schreibt es sich von allein. Und es wird gut. Er ist wirklich ein außergewöhnlicher Mann, weißt du.«

»Darauf kannst du Gift nehmen. Und angefangen hat er während des Koreakriegs, wie viele andere auch – kein Zweifel. Der gute alte Uncle Sam und sein Nachschubbedarf. Richtig?«

»Nur teilweise. Angefangen hat er schon vorher. Hat erstklassiges Bauland aufgekauft, für'n Appel und 'n Ei.«

»Und Schwarzmarktgeschäfte? Vielleicht ist er deshalb so zugeknöpft, was seine Jugendjahre betrifft.«

»Nein, das hast du mißverstanden, Charlie. Was diese Jahre angeht, ist er ganz freimütig. Seine Kindheit ist ein weitgehend verschlossenes Buch. Ich weiß nur, daß er ein Fan von Bix Beiderbecke war.«

»Dann kann er ganz schlecht nicht sein«, erklärte Goldfarb ernsthaft und verzog sein Gummigesicht zu einem Grinsen. »Schau, Süße, ich muß jetzt los. Ich treffe mich in zehn Minuten mit Rachel im Jüdischen Gemeindezentrum in Hiroo. Ich muß mir jetzt ein Taxi besorgen.«

»Wie geht's Rachel?« erkundigte Lesli sich pflichtbewußt, als sie die hellerleuchtete Eingangshalle verließen. Goldfarb winkte sich ein Taxi heran; am Rande des geräumigen Vorhofs wartete ungefähr ein halbes Dutzend.

»Oh, prima. Im Moment steht sie auf Aerobic – ist das zu glauben? Ich flehe sie unentwegt an, damit zu warten, bis das *Jane Fonda Workout Book* für fette jiddische Mammas 'rauskommt, aber sie will einfach nicht hören. Kann ich dich irgendwo absetzen?«

»Nein, Charlie. Trotzdem vielen Dank. Von hier sind es zu Fuß nur zehn Minuten bis zum International House.«

»Wenn du meinst... Hör zu, Lesli, wenn du es wirklich ernst meinst, sag mir Bescheid. Ich kann mich hier und da für dich erkundigen. Vielleicht findet sich ja was.«

Er küßte sie rasch, duckte sich ins Taxi, und der Fahrer betätigte den Mechanismus, der die Tür zuschlagen ließ. Die roten Schlußlichter des Taxis verschwanden hinter der Kurve zur Hauptstraße, während Lesli den Vorhof verließ und an der hohen, stacheldrahtgekrönten Mauer entlangging, die das Geländer der sowjetischen Botschaft umschloß. Ein stummer, gleichgültiger japanischer Bereitschaftspolizist in voller Schutzmontur stand vor seinem mobilen Schilderhäuschen. Einem Impuls folgend, warf Lesli ihm eine Kußhand zu und sah mit Vergnügen, wie ein Ausdruck der Verblüffung sich auf das Gesicht hinter dem Plastikvisier des Helms legte. Dann lenkte sie ihren Schritt in die verkehrsreiche Hauptstraße, wo ein feldgrauer Bus mit einer Anzahl weiterer Bereitschaftspolizisten parkte, und ging in Richtung der funkelnden Lichter, Bars und Restaurants von Roppongi.

Ein Teil ihrer selbst wünschte sich, Charlie Goldfarb hätte sie nicht geküßt. Zumindest nicht auf den Mund, obwohl selbst das noch als herzliche Geste eines alten Freundes gedeutet werden konnte: Der Lippenkontakt war nicht ausgedehnt worden, und da war auch keine suchende Zungenspitze gewesen. Trotzdem wußte Lesli recht gut, daß ihre plötzliche Hochstimmung etwas mit dem Kuß zu tun hatte, den sie so kapriziös dem jungen Bereitschaftspolizisten auf Posten vor der sowjetischen Botschaft zugeworfen hatte, um den jungen Mann bei seiner einsamen Wacht aufzuheitern.

Es war, als könne sie Charlies Lippen noch schmecken, ebenso deutlich wie sie in ihrer Phantasie das Eau de Cologne noch riechen konnte, das er immer benutzt hatte und das ihr einmal vertrauter gewesen war als ihr eigenes Lieblingsparfüm. Sie zweifelte nicht daran, daß sie geheilt war. Weder der Gedanke an Charlie in seinem Taxi auf dem Weg zu seiner rundlichen Rachel im Jüdischen Zentrum noch der Gedanke an Rachel selbst mit ihrer Schwäche für Käsekuchen und all den Ringen, die das Fleisch an ihren Fingern leicht einkerbten, vermochte ihre ruhige Gelassenheit zu beeinträchtigen; es war schwer zu glauben, daß sie früher einmal von Schuldbewußtsein und Eifersucht verzehrt worden wäre. Sie lächelte, als sie versuchte, sich Rachel mit ihren rund fünfzig Jahren in einem Trikot vorzustellen, wie sie ächzend ihren Aerobic-Kurs absolvierte.

Charlie hatte sich eigentlich nicht verändert. Sein Humor war stets dicht unter der Oberfläche und blubberte deshalb oft hoch, um die Feierlichkeit selbst ernsthafter Gespräche zu durchbrechen. Und er hatte immer noch die Fähigkeit, sie erkennen zu lassen, daß so mancher Sachverhalt, der sich in ihrem Kopf wie ein Dilemma ausnahm, in Wirklichkeit auf eine recht unkomplizierte Weise gelöst werden konnte. Trotz der Hand, die im Presseclub erst auf ihrem Bein und später auf ihrer Schulter geruht hatte, und auch trotz dieses Kussses eben, schien er nicht mehr ganz so unermüdlich geil zu sein wie vor sechs Jahren, so aufgeladen mit ungezwungener Sexualität, daß selbst die letzte, tränenreiche Begegnung, die ihre Trennung hatte besiegeln sollen, in einen ausgedehnten, schmerzlich süßen Liebesakt gemündet war. Es tat ihr gut, ihn einfach gern zu haben und zu spüren, daß er froh war, sie wiederzusehen.

In solchen Gedanken versunken, war Lesli schneller vorangekommen, als ihr bewußt war, und als sie aufblickte, um sich zu orientieren, stellte sie überrascht fest, daß sie es versäumt hatte, rechtzeitig abzubiegen, und schon dicht vor der Kreuzung Roppongi angelangt war. Als sie den Weg zurückging, den sie gekommen war, kam sie an einem MacDonald-Restaurant vorbei; einen Augenblick lang fühlte sie sich versucht, dort etwas zu essen, aber dann fand sie, daß die luxuriösen Drinks, die sie mit Charlie im American Club zu sich genommen hatte, ein etwas würdigeres Nachspiel verdient hatten. Das Essen im Restaurant unten im International House war nichts Besonderes, aber die Atmosphäre dort war luftig und geruhsam, und der Blick in den japanischen Garten war selbst an einem Winterabend immer ein Genuß.

Sie bog in die schmalere, ruhige und verglichen mit der vorigen sehr viel matter beleuchtete Straße ein, die zum International House führte; zwei oder drei Minuten später betrat sie die Lobby und ging zu der kleinen Rezeption, wo man sie beim Namen begrüßte und ihr den Zimmerschlüssel aushändigte. »Eine Nachricht für Sie, Hoshino-san«, sagte der Portier auf japanisch und reichte ihr ein zusammengefaltetes Blatt, das von einem Notizblock abgerissen worden war. Lächelnd nahm sie es in Empfang und wühlte dann in ihrer Handtasche nach einer Hundert-Yen-Münze. Sie warf das Geldstück in die Plastikdose neben dem Stapel von *Asahi Evening News* auf der Theke und nahm sich ein Exemplar. Dann begab sie sich zu den nahen Aufzügen und faltete dabei den Zettel auseinander.

Eine Frau Yoko Nagai hatte angerufen. Sie bat Fräulein Hoshino um Rückruf, heute abend vor zehn oder nach acht Uhr morgen früh. Eine Nummer in Kamakura. Lesli konnte sich beim besten Willen nicht vorstellen, wer diese Frau Nagai sein mochte – es sei denn, es handelte sich um einen weiteren Zweig der Familie Hoshino, der hier aus dem japanischen Busch kam. Nun, es gab keinen Grund zur Eile. Frau Nagai konnte ebenso gut warten, bis sie etwas gegessen und ihre Zeitung gelesen hatte.

12. *Kamakura – Donnerstag, 16. Januar 1986*

»O ja. Ich werde diese Kamera nie vergessen. Jiro nahm sie mit, als wir am Neujahrstag im elften Jahr des Showa zum Meiji-Schrein gingen. Das wäre – Moment: Neunzehnhundert... sechsunddreißig, glaube ich.« Lesli saß ruhig auf ihrem Polster in dem adretten kleinen, mit *tatami*-Matten ausgelegten Raum und unterbrach Yoko Nagais Erinnerungen so selten wie möglich. Dies war bereits ihr zweites Zusammentreffen, aber es bereitete ihr immer noch Mühe, sich an den Gedanken zu gewöhnen, daß die Schwester, von der Jiro Shimada gesagt hatte, sie sei tot, nicht nur sehr lebendig war, sondern auch die gleiche Haltbarkeit zu besitzen schien wie er: Auf jeden Fall sah sie sehr viel jünger aus als dreiundsiebzig Jahre.

Frau Nagai trug auch heute westliche Kleidung, diesmal ein wollenes, marineblaues Schneiderkostüm über einer schlichten Bluse, die am Kragen einen Spitzenbesatz aufwies. Ihr volles weißes Haar war zu einer einfachen, jedoch nicht strengen Frisur zurückgebunden. Das kleine, altmodische Haus an einem Hang im nördlichen Teil von Kamakura blickte nach Süden, und obgleich die Elektroheizung, die in einer Ecke stand, nicht eingeschaltet war, erfüllte eine angenehme Wärme das Zimmer, denn die Sonne schien durch eine gläserne Schiebetür herein, durch die man in ein winziges Gärtchen hinausblicken konnte; Moos wuchs dort, ein Büschel schlanker Bambusrohre, nicht mehr als vier oder fünf Fuß hoch, und ein paar Azaleensträucher. Eine uralte Steinlaterne stand in einer Ecke des Gartens, die oberen Flächen von weichen Flechten umhüllt.

»Ich fahre immer noch einmal in der Woche mit dem Zug nach Tokyo und unterrichte an der Frauenuniversität Ochanumizu, müssen Sie wissen«, sagte Frau Nagai unvermittelt und mit einem Anflug von Stolz. »Ich war die erste Frau, die eine Professur für Bibliothekswissenschaften verliehen bekam, und als ich mich offiziell zur Ruhe setzte, lud man mich ein, als Teilzeitdozentin weiterzuarbeiten. Ich habe das Glück, mich einer guten Gesundheit zu erfreuen, wissen Sie. Möchten Sie noch etwas Tee, meine Liebe?« Lesli machte eine höflich ablehnende Gebärde und wünschte sich inbrünstig, die Frau möge wieder auf das Jahr 1936 und ihren Bruder Jiro zu sprechen kommen.

Nach ihrem ersten, kurzen Telefongespräch war Lesli verblüfft, aber fasziniert gewesen, denn Frau Nagai hatte lediglich gesagt, sie habe gehört, Lesli arbeite an einer Biographie von Jiro Shimada, und dabei könne sie ihr vielleicht ein wenig behilflich sein. Sie wohne in Kamakura, etwa eine Eisenbahnstunde weit von Tokyo entfernt, und sie würde sich freuen, wenn Lesli sich hier oder dort mit ihr treffen wolle; wenn es Lesli indes nicht allzu ungelegen käme, würde sie es vorziehen, sie in ihrem Hause in der alten Stadt willkommen zu heißen, wo es, wie Lesli vielleicht schon gehört habe, viele wunderschöne Tempel und auch den berühmten Großen Buddha gebe... Lesli war höflich, denn Stimme und Sprechweise waren offenbar die einer alten Dame, aber ihr Zögern blieb Frau Nagai anscheinend dennoch nicht verborgen. »Sie müssen wirklich kommen, Fräulein Hoshino«, sagte sie. »Ich kannte ihn vor langer Zeit, wissen Sie.«

Der Gedanke, Kamakura wieder einmal zu besuchen, war ohnehin recht verlockend. Die adrette alte Dame mit den blitzenden Augen, die ihr entgegenkam, als sie im Bahnhof Kita Kamakura aus dem Zug stieg, hatte sie allerdings nicht erwartet. Frau Nagai stellte sich munter vor und erklärte, sie habe befürchtet, die Beschreibung, die sie von der Lage ihres Hauses gegeben habe, könne sich als unzureichend erweisen, und sie habe daher beschlossen, Lesli am Bahnhof abzuholen, statt sie zuhause zu erwarten.

Die folgende Stunde verlief durchaus angenehm, aber als sie beinahe vorüber war, wußte Lesli, daß Frau Nagai sehr viel mehr über sie wußte, als sie über Frau Nagai. Die alte Dame wußte ihr auf geschickte Weise allerlei Informationen zu entlocken, sei es über die Erfahrungen, die sie ein paar Jahre zuvor als Mitarbeiterin von *Newsworld* in Tokyo gemacht hatte, sei es über ihre Verwandten oder auch über die Tatsache, daß sie nach den Jahren in Tokyo eine Ehe und eine Scheidung hinter sich gebracht hatte. Sie spazierten durch die weitläufige Anlage des Engaku-Tempels, und als sie im Haus angekommen waren, tranken sie Tee und knabberten kleine Bohnengeleekuchen dazu. Lesli hatte schon angefangen, verstohlene Blicke auf ihre Armbanduhr zu werfen, als Frau Nagai die Bombe platzen ließ.

»Sie müssen mir meine neugierige Fragerei verzeihen«, sagte sie. »Aber ich fand alles, was Sie mir erzählt haben, höchst interessant. Ich hoffe, daß Sie mich jetzt, da wir uns kennengelernt haben, oft besuchen kommen. Ich kann Ihnen viel über Herrn Shimada erzählen, wissen Sie. Wirklich. Aber bevor ich damit anfange, müssen Sie mir versprechen, daß Sie ihm nichts von mir verraten, und auch niemandem von seinem Personal. Versprechen Sie mir das?«

Die fröhliche, schwatzhafte gute Laune, die Frau Nagai bislang an den Tag gelegt hatte, war einem Ausdruck tiefen Unbehagens gewichen, und die hageren, fleckigen Hände, die den einzigen offensichtlichen Hinweis auf ihr tatsächliches Alter boten, waren zu straffen Fäusten geballt. Ziemlich erschrocken gab Lesli das gewünschte Versprechen; sie nahm an, daß die alte Dame im Begriff war, ihr zu gestehen, daß sie vor langer Zeit eine Liebesaffäre mit Herrn Shimada unterhalten habe. Lesli wäre entzückt gewesen, wenn sich dies herausgestellt hätte. Dann aber war sie sprachlos, denn Frau Nagai erklärte in fester und restlos überzeugender Manier, sie sei Jiros ältere Schwester, und fast im selben Atemzug deutete sie höflich, aber unmißverständlich an, daß es für Lesli nun an der Zeit sei, sich zu verabschieden.

Die folgenden vierundzwanzig Stunden voller Spekulationen hatten Lesli in einen Zustand der Verwirrung, des Mißtrauens und der Irritation versetzt, und als sie zu ihrem zweiten Besuch bei dem Haus in Kamakura eintraf, war sie von einer Mischung aus Erregung und Skepsis erfüllt. Die herzliche Begrüßung und der unübersehbare Ausdruck der Freude in Frau Nagais Augen entwaffneten sie indes sogleich. Und nun saß sie hier, glaubte, was sie hörte, und versuchte, es mit all seinen Verwicklungen zu erfassen.

Jiro Shimada war ein Lügner. Er hatte Lesli gegenüber in klaren Worten behauptet, daß seine Schwester, ebenso wie seine Eltern und seine Frau, tot sei. Frau Nagai ihrerseits hatte es sich eifrig angelegen sein lassen, Lesli das Versprechen abzunötigen, daß sie Shimada nichts von ihrem Zusammentreffen erzählen werde. Zumindest mußten sich Bruder und Schwester daher voneinander entfremdet haben, und womöglich würde sie gar nicht sonderlich überrascht sein zu hören, daß er behauptete, sie sei verstorben. Aber Lesli dachte nicht daran, es zu erwähnen. Dennoch sprach Frau Nagai ohne erkennbaren Groll von Shimada; tatsächlich hatte sie soeben mehrere Minuten darauf verwandt, ihn als Teenager zu beschreiben. Seine Leidenschaft für Jazzmusik brachte sie auf andere Passionen, denen er in seiner Jugend gefrönt hatte und deren Höhepunkt der Erwerb einer Kamera gewesen war; und als sie darauf zu sprechen kam, wurde ihre Miene sogar noch milder.

»Ja. Neunzehnhundertsechsunddreißig. Natürlich. Es fing so glücklich an. Es war der Tag, an dem ich Dwight das erstemal sah.« Frau Nagai blinzelte ein- oder zweimal, dann lächelte sie entschlossen. »Er war Journalist, wie Sie. Dwight Rogers, Tokyo-Korrespondent der *New York Times*.« Lesli wagte eine Zwischenfrage. »Am Neujahrstag haben Sie ihn kennengelernt? Tatsächlich am Meiji-Schrein?«

»Ja. Es geschah ganz zufällig. Er sagte nicht, was er dort wollte; ich nehme an, er benötigte Hintergrundmaterial für einen Bericht über die Neujahrsfeierlichkeiten. Jiro wollte uns fotografieren, und Dwight kam herüber und erbot sich, es für ihn zu tun, damit er sich zu uns stellen könnte.«

»Dwight Rogers. Von der *New York Times*«, wiederholte Lesli, um sich den Namen einzuprägen; noch hatte sie nicht gewagt, in Frau Nagais Gegenwart ihr Notizbuch hervorzuholen, und schon gar nicht, sie zu fragen, ob sie einen Kassettenrekorder benutzen dürfe.

»Dwight, ja. Es war albern von mir, ich weiß, aber in den fünfziger Jahren, zur Zeit des Präsidenten Eisenhower, überlief mich immer ein kleiner Schauer, wenn ich diesen Namen hörte. Und da war ich doch schon eine Frau in den mittleren Jahren.« Lesli hatte ihr eine Schachtel importierte englische Pralinen mitgebracht, und Frau Nagai hatte das Päckchen – ganz gegen den japanischen Brauch – sogleich geöffnet, nachdem sie sich bedankt hatte, und ein Schokoladenstück probiert. Jetzt langte sie, ohne hinzuschauen, nach der offenen Schachtel auf dem niedrigen Lacktisch und nahm sich noch eines.

»Sie… haben Mr. Rogers nach dieser Begegnung also wiedergesehen?« Lesli wußte, daß dies eine dumme Frage war; es war glasklar zu erkennen, daß Frau Nagai in ihn verliebt gewesen war.

»O ja. Noch oft... aber das war später.« Ihr Gesicht hatte sich verwandelt, und die junge Frau, die sie einmal gewesen war, schaute Lesli aus den Augen der alten an. »Ich bin sicher, an diesem ersten Tag nahm er mich kaum zur Kenntnis. Es war Teruko, die ihm ›schöne Augen‹ machte.« Sie benutzte die englischen Worte für diesen altmodischen Ausdruck und sprach sie auf eine eigenartig förmliche Weise aus. Dann gab sie einen Laut von sich, der halb Schluchzen und halb Kichern war. »Arme Teruko! Sie war vom ersten Tag an überzeugt, daß Dwight mit Ginger Rogers verwandt sein müsse... sie war einigermaßen empört, als er ihr sagte, daß dem nicht so sei.«

»Verzeihen Sie, wenn ich Sie unterbreche, Frau Nagai... aber wer war Teruko?«

»Teruko? Na, meine Schwester natürlich.« Lesli hatte das Gefühl, Kopfschmerzen zu bekommen.

»Sie haben eine Schwester?«

Der verträumte Ansatz eines Lächelns verblich, und die junge Frau schwand dahin; Schmerz blieb in den alten Augen zurück. »Teruko war unsere Schwester. Sie kam ums Leben. Im Krieg.«

»Das tut mir wirklich leid.«

Lesli war verwundert, als Frau Nagai sich vorbeugte und ihre Hand tätschelte. »Sie brauchen sich nicht zu entschuldigen, meine Liebe. Offenbar wußten Sie es ja nicht. Jiro kann es nicht ausstehen, wenn man auch nur ihren Namen erwähnt; deshalb hat er Ihnen natürlich auch nicht von ihr erzählt. Einmal, glaube ich, hat er eine Sekretärin entlassen, die einer seiner Manager eingestellt hatte, als er erfuhr, daß sie mit Vornamen Teruko hieß.«

»Könnten Sie...?«

»Nein. Bitte verzeihen Sie; über den Tod meiner Schwester möchte ich lieber nicht reden. Aber mit Vergnügen erzähle ich Ihnen, wie sie sich in Mr. Rogers ›verknallte‹, wenn Sie wollen. Sie war ein so unbekümmertes Kind damals; anfangs hat sie tatsächlich geglaubt, sie könnte ihn überreden, sie zu heiraten und mit ihr nach Amerika zu gehen! Sie sorgte geschickt dafür, daß sie neben ihm stand, als mein Vater Mr. Rogers bat, sich zu uns zu stellen, damit Jiro auch ihn fotografieren konnte. Ja, ich könnte mir sogar gut vorstellen, daß die ganze Idee überhaupt von ihr kam. Ich habe noch irgendwo einen Abzug von dem Bild. Ich suche ihn heraus, und wenn Sie das nächstemal kommen, zeige ich ihn Ihnen. Teruko sah an dem Tag sehr hübsch aus, aber das tat sie eigentlich meistens. Sie arbeitete in einem Frisiersalon, aber sie erzählte immer allen, sie sei ›Schönheitsberaterin‹. Und dann können Sie auch Jiro in seiner Schuluniform sehen. Das wird Sie interessieren.«

»Dann waren also nur Sie drei bei dem Schrein? Ihr Bruder, Ihre Schwester und Sie?«

»O nein. Wir waren alle da. Die ganze Familie.« Frau Nagai betupfte einen Augenwinkel mit der Fingerspitze. »Das Foto, das Dwight von uns gemacht hat, war das letzte, auf dem wir alle zusammen waren.«

»Ihre Eltern waren auch dabei?«

»Ja. Mutter fühlte sich an diesem Tag ziemlich wohl. Ich glaube, sie war glücklich, weil Hideo ein paar Tage Urlaub bekommen hatte.«

»Charlie? Oh, hallo. Nein, nichts Besonderes. Nett, daß du anrufst. Ich muß dir sagen, in meinem Kopf dreht sich alles. Ich bin eben aus Kamakura zurückgekommen. Hör mal – hast du eine Minute Zeit? Ja, aus *Kamakura*. Erinnerst du dich, daß ich dir von der alten Dame erzählt habe, die mich angerufen hat? Eine Mrs. Nagai? Eben war ich wieder bei ihr. Ja. Na ja, beim erstenmal hatte sie mir erzählt, sie sei seine Schwester. Du-weißt-schon-wessen Schwester. Was? Himmeldonnerwetter, Charlie, natürlich werde ich nicht paranoid. *Shimadas* Schwester, so. Besser?«

Lesli schleuderte die Schuhe von den Füßen und machte es sich auf dem Bett bequem. Mit Charlie zu sprechen, half ihr, Ordnung in ihre Gedanken zu bringen. »Genau. Das war ja schon wahrlich eine Bombe, aber nach dem heutigen Interview frage ich mich allmählich, wieviele Skelette wohl noch aus dem Schrank meines geschmeidigen Freundes gepurzelt kommen werden ... oh, sie ist ein echtes Schätzchen, auch wenn es eine ziemlich traumabelastete Geschichte war. Eine Zeitlang rechnete ich damit, daß sie mir erklären würde, sie könne es doch nicht länger ertragen, von ihrer Familie zu sprechen, obwohl sie diejenige war, die mich angesprochen hat. Charlie, mein Herz, wenn du nur einfach *zuhören* wolltest – ich *erkläre* es dir ja. Frau Nagai ist eine andere Schwester, nicht die, die im Krieg umgekommen ist. Das war Teruko. Frau Nagai ist Yoko. Nein, ich weiß nicht, wer von den beiden Shimadas beschloß, sich in eine Unperson zu verwandeln. Bleib mal einen Augenblick dran, Charlie. Ich habe einen Drink auf dem Schreibtisch stehen.«

Auf dem Weg zum Glas begriff Lesli, daß sie ziemlich wirr dahergeschwatzt hatte, und sie beschloß, noch einmal von vorn anzufangen. »Charlie? Bist du noch da? Sorry. Klar, mir macht es auch Kopfschmerzen. Okay – es gab also *zwei* Schwestern, ja? Und ich betrachte es jetzt als erwiesen, daß die jüngere, Teruko, nicht mehr lebt. Das heißt, solange ich nicht noch einen Anruf von einer kleinen alten Dame bekomme, die mir etwas erzählen möchte. Am Neujahrstag 1936 haben wir somit Dad, der Abteilungsleiter bei Mitsui ist. Wir haben Mom, die anscheinend irgendwie nicht ganz gesund war, sich aber an diesem Tag recht wohl fühlte. Wir haben natürlich Jiro, und dann, nach dem Alter geordnet, haben wir Teruko und Yoko, und schließlich – halte dich gut fest, Charlie – wir haben jetzt noch einen Bruder: den mysteriösen Hideo, der plötzlich in Gestalt eines Armeeleutnants aus dem Nichts erscheint und ungefähr fünfundzwanzig war, sagt Yoko. Die Mädchen standen altersmäßig zwischen den beiden Jungen, und das heißt, daß sie, sagen wir, zwischen achtzehn oder neunzehn und dreiundzwanzig Jahren alt waren.«

Santory-Whisky mit Eiswasser war nicht das, was Lesli sich unter einem perfekten Drink vorstellte, aber in ihrer augenblicklichen Stimmung wäre ihr Alkohol in jeder Form recht gewesen, und so leerte sie das Glas zur Hälfte, während Goldfarb reagierte. »Richtig«, sagte sie dann. »Genau das dachte ich mir auch. Warum um alles in der Welt sollte Shimada einen Bruder und eine Schwester völlig verschweigen und nur von der anderen sprechen, die entgegenkommenderweise tot ist? Yoko und Shimada erklären beide, daß ihre Schwester im Krieg gestorben ist. Nun, im Krieg sind schrecklich viele Leute gestorben. Dieser junge Leutnant kann auch nur um die dreißig gewesen sein, als der Krieg ausbrach; also war er sicherlich auch beteiligt. Wahrscheinlich gefallen. Wieso sagt er das nicht? O ja, unbedingt. Du würdest mir zustimmen, wenn du sie kennenlernen könntest, Charlie. Sie ist eine ziemlich beeindruckende Person. War Professorin der Bibliothekswissenschaft... ich schätze, heute wäre das eine Abteilung der Medienwissenschaftler. Sieht für ihr Alter wirklich gut aus. Hat Witz und einen scharfen Verstand.«

Lesli schloß die Augen und hörte Charlie zu. Seine Stimme klang volltönend, und die Vibrationen kitzelten sie im Ohr. »Ja, ich bin ebenfalls neugierig«, antwortete sie schließlich, »wer der verstorbene Herr Nagai gewesen sein könnte. Es dürfte nicht allzu schwer sein, das in Erfahrung zu bringen. Es ist kein Problem, in der Universität Ochanumizu herumzuschnüffeln, ohne schlafende Hunde zu wecken. Und ich bin sicher, daß es auch ein Archiv geben muß, wo ich diesen Leutnant aufspüren kann. Das Verteidigungsministerium hat bestimmt irgendwelche Akten. Ich wünschte nur, ich könnte mir zusammenreimen, weshalb Yoko so bewegt war, als sie auf ihn zu sprechen kam. Es ist sicher hart, einen Bruder zu verlieren, den man gern hat, aber es müßte doch um Himmels willen möglich sein, nach gut und gern fünfundvierzig Jahren darüber zu reden. Nein, was Teruko betrifft, stehe ich wahrscheinlich vor einer Mauer... was? Eine hübsche Idee, Charlie, aber ich zweifle doch ernsthaft daran, daß der Berufsverband der japanischen Friseusen eine Liste von Kosmetikerinnen und Friseusen besitzt, die für ihr Vaterland gestorben sind. Wie die Dinge liegen, kann ich Shimada selbstverständlich nicht fragen. Das ist es ja, was mich bei dieser ganzen Geschichte so sehr stört. *Wieso* erzählt er nicht von diesen Dingen? *Wieso nicht*? Klar. Ich kann nichts weiter tun. Mmm. Du auch, Charlie. Ich ruf bald wieder an.«

»Okay, okay. Jetzt hör schon auf, wie ein Kind zu gucken, das auf sein Geburtstagsgeschenk wartet. Er lebt noch. Wohnt als Pensionär in Vermont. Ein Lebensabend unter südlicher Sonne, das ist eben nichts für diese zähen Neu-Engländer, weißt du.« Charlie Goldfarb verzog seine beweglichen Gesichtszüge für einen Augenblick zu der zerklüfteten Maske eines Puritaners und grinste Lesli dann an. Sie war eben in sein Büro im Mainichi-Zeitungsgebäude in Takebashi angekommen, von wo aus man über den Wassergraben des Kaiserlichen Palastes hinausblicken konnte. Er stand hinter seinem chaotischen Schreibtisch auf und umarmte sie. Sie erwiderte die Umarmung und küßte ihn auf die Wange. »Charlie, du bist ein Goldstück!« Er hauchte nonchalant über seine Fingernägel und polierte sie an seiner Hemdbrust. »Wir sind stets bemüht, zu Ihrer Zufriedenheit zu arbeiten«, intonierte er. »Setz dich. Willst du Kaffee? Oder möchtest du lieber dastehen und die Schwäne angrinsen?«

Lesli war zum Fenster geschlendert und betrachtete den vertrauten Ausblick durch das große Fenster im fünften Stock des Gebäudes; hinter dem breiten Boulevard lag in zeitloser Ruhe der Wassergraben, reglos vor den gewaltigen und doch anmutigen grauen Quadern der sanft geschwungenen, von Kiefern gekrönten Festungsmauern, die in ihren wie im Fluß erstarrten Windungen nur japanisch sein konnten. Es war ein Ausblick, dessen sie in den drei Jahren, die sie in dem Großraumbüro nebenan verbracht hatte, niemals überdrüssig geworden war und den sie stets mit Freuden wiedersehen würde.

Sie schüttelte sachte den Kopf, wie um wieder zu sich zu kommen, und wandte sich vom Fenster ab. »Entschuldige, Charlie. Ja, einen Kaffee hätte ich gern. Und dann mußt du mir erzählen, wie du Dwight Rogers aufgespürt hast.«

Goldfarb durchquerte das Büro und trat an einen niedrigen, verglasten Bücherschrank, auf dem ein Tablett mit einer großen Thermoskanne und zwei oder drei Tassen stand. »Sahne hab' ich nicht. Irgendwo muß aber noch was von diesem mistigen Pulver sein. ›Kaffeeweißer‹ nennen sie es. Himmel – ob die es je lernen?«

Lesli schüttelte den Kopf. »Ich trinke ihn auch schwarz. Und ohne Zucker. Danke.« Sie war dankbar für den Kaffee, denn sie hatte mehr als nur einen Anflug von Kater – eine Folge davon, daß sie die Flasche Santory-Whisky in ihrem Zimmer im International House, ohne es zu merken, bei der Arbeit über ihre Notizen am Abend zuvor geleert hatte.

Im Laufe der vergangenen Woche war eine seltsame Empfindung in ihr erwacht – so, als habe ihr Bewußtsein sich säuberlich in zwei parallele Ströme geteilt. Als professionelle Autorin hatte sie die Fülle von Material über Shimadas außergewöhnliche Geschäftskarriere und die Vielfalt seiner internationalen Interessen, die ihr in der Verwaltung der Shimada Trading Corporation zur Verfügung stand, in effizienter Weise organisiert, und das Gerippe dessen, was, wie sie inzwischen zuversichtlich glaubte, die gut geschriebene, erhellende und erfolgreiche Biographie eines unbestreitbar bemerkenswerten Mannes werden würde, hatte zusehends Gestalt angenommen. Die Tatsache, daß sie nach wie vor vom Rätsel seiner Jugendjahre besessen und von Yoko Nagais Enthüllungen fasziniert war, schien den stetigen Fortgang dieser Arbeit merkwürdigerweise nicht zu beeinträchtigen; es war, als sehe sie sich selbst dabei zu, wie sie ruhig und systematisch an der Aufgabe arbeitete, die sie sich gestellt hatte, während die Entschlossenheit, mit der sie nach einer Lücke in Shimadas schier unüberwindlichen Festungsmauern suchte, aus ganz anderen Quellen gespeist wurde.

Lesli nahm die Kaffeetasse, die Goldfarb ihr reichte, und ließ sich in den einzigen bequemen Sessel sinken, den es in diesem Büro gab. »Na? Schieß los«, forderte sie.

Charlie war an seinen Schreibtisch zurückgekehrt und musterte sie über den Rand seiner eigenen Tasse hinweg. »Es war eigentlich nicht besonders schwierig«, sagte er. »Als ich das letztemal mit Marv in New York sprach, hab' ich ihn gefragt, ob er drüben bei der *Times* jemanden kennt, der ihm einen so großen Gefallen schuldet, daß er bereit ist, sich in der Personalabteilung nach Rogers zu erkundigen. Als ich heute morgen kam, hing dieses Telex im Ticker. Bißchen peinlich.« Er wühlte in seinen Papieren herum, fand das Blatt, faltete es säuberlich zu einem Papierflieger und warf es in Leslis Richtung. Der Flieger landete in der Gegend ihres Nabels. »Hurra! Mitten ins Schwarze!« krähte er, aber da hatte sie das Blatt schon auseinandergerissen und angefangen zu lesen.

GOLDFARB – PERSÖNLICH. DWIGHT ROGERS VERLIES DIE TIMES 1943 UND GING ZUR NAVY RÜCKKEHR ZUR TIMES 1947 KÜNDIGTE ABER IM FOLGENDEN JAHR UND WURDE FAKULTÄTSMITGLIED COLUMBIA UNIVERSITY STOP 1974 PENSIONIERT UND WOHNT JETZT ROUTE 3 ALDERTON RUTLAND VERMONT STOP WIESO SCHAUST DU NICHT MAL IM ›WHO IS WHO IN AMERICA‹ NACH DU FAULER PENNER MARV

Lesli blickte auf und sah, daß er sie würdevoll anschaute. »Entschuldige, Charlie«, sagte sie unterwürfig. »Ich habe doch nicht gedacht, daß er...«

»Ich auch nicht. Kein Problem, Schätzchen. *Who's Who in America* findest du da drüben im Bücherschrank; aber ich kann dir auch erzählen, was drinsteht. Dwight Arthur Rogers lehrte japanische Geschichte, nachdem er sein akademisches Amt angetreten hatte; er schrieb eine Arbeit über Prinz Konoe, den Premierminister vor Tojo, jenem reizenden Herrn, dem wir Pearl Harbour zu verdanken hatten. Ich nehme an, es war seine Dissertation. Der bescheidene Vorkriegsschreiberling mauserte sich zum waschechten Professor, absolvierte wie alle anderen, die wir kennen, seinen Dienst als Berater bei John F. Kennedy, ist emeritierter Präsident der American Association of Japanese Studies – ein ziemlich großer Fisch. Da können wir noch hoffen, du und ich, mein Herz. Was hältst du davon: Dr. Charlie Z. Goldfarb, Professor für Burpsologie im ›Stars & Stripes Bar and Grill‹, Peoria. Gefällt dir das?«

»Bin entzückt. Auf Lebenszeit natürlich.«

»Klar. Spiel' deine Karten richtig aus, und du wirst Dekan.«

Lesli stand auf und ging wieder zum Fenster. Auf dem Boulevard herrschte starker Verkehr, aber die Doppelverglasung der Fenster hielt den größten Teil des Lärms draußen. Aber auch durch das schallisolierte Fenster drang unüberhörbar der Lärm martialischer Musik, und als sie nach unten blickte, sah sie einen khakifarbenen Lautsprecherwagen, der in einem Stau unmittelbar vor dem Mainichi-Gebäude steckte. Dichte Drahtgitter schützten die Fenster, und japanische Flaggen zierten allenhalben die Karosserie. So schauderhaft laut und auffällig der Lastwagen auch war, die vorübergehenden Fußgänger schienen ihn völlig zu ignorieren. Lesli seufzte, unversehens ernst gestimmt, und sie drehte sich um und sah Goldfarb an.

»Ich glaube, ich muß mit ihm reden, Charlie«, stellte sie fest. »Glaubst du, er empfängt mich, wenn ich für ein paar Tage in die Staaten fliege?«

»Jeder, der dich *nicht* empfängt, hat höchstwahrscheinlich den Verstand verloren. Ist aber teuer. Könntest du ihn nicht einfach anrufen? Er dürfte inzwischen ziemlich alt sein. Nach dem, was du mir erzählt hast, schätze ich, daß er 1936 zirka achtundzwanzig war. Dann wäre er jetzt an die achtzig. Sieh es ein, Lesli: Es kann sein, daß er hinfällig ist, und vielleicht sind schon ein paar Zylinder ausgefallen. Vielleicht stirbt er sogar, bevor du ankommst.«

Lesli nickte. »Sicher. Das ist mir klar. Ich werde ihn natürlich erst einmal anrufen. Meine Entscheidung treffe ich danach.«

»Wann hast du dein nächstes Treffen mit Shimada?«

»Ich weiß nicht. Er ist zufällig gerade selbst in den Staaten. Ende letzter Woche ist er abgereist. Du glaubst es vielleicht nicht, aber mit dem Hauptteil der Arbeit komme ich prima voran. Der freie Zugang zu seiner Akte – das ist, als stünde ich unbeaufsichtigt in einem Bonbonladen. Aber mir wäre es natürlich auch recht, wenn ich nicht wieder mit ihm zu sprechen brauchte, solange dieser andere Aspekt mir im Kopf herumgeht. Schon beim letzten Mal war es ziemlich schwierig, mich natürlich zu benehmen, obwohl ich von Frau Nagai noch gar nicht viel erfahren hatte.«

»Kann ich mir vorstellen. Siehst du sie bald wieder?«

»Ich glaube, es gefällt ihr, wenn ich komme und ihr Fragen stelle und zuhöre. Sie wirkt jetzt nicht mehr so verängstigt, denn sie glaubt, daß sie mir vertrauen kann... und da brauchst du mich gar nicht so anzugucken, Charlie. Sie *kann* mir vertrauen. Es würde mir nicht einfallen, Shimada auch nur zu verraten, daß ich von ihrer Existenz weiß.«

»M-hm. Ich glaub's dir. Aber es wird schwierig werden, das Zeug über seine Familie aus dem Buch herauszuhalten, nicht wahr? Und diese alte Dame muß ja auch mal einen Grund gehabt haben, Angst zu haben. Und wenn wir schon mal dabei sind – wie um alles in der Welt hat sie eigentlich von dir erfahren? Wenn sie keinen direkten Kontakt zu ihrem Bruder hat? Begreife ich nicht.«

Lesli merkte, daß Goldfarb sie irritierte. Er hatte natürlich recht, und sie hatte bereits extrem ausgeklügelte Methoden entwickelt, die Notizen ihrer Gespräche mit Frau Nagai sauber getrennt von denen aufzubewahren, die sich bei ihren autorisierten Recherchen ansammelten. »Ich begreife es auch noch nicht. Aber ich arbeite schon lange als professionelle Autorin, Charlie«, fauchte sie. »Ich glaube, ich bin in der Lage, mit dieser Situation zurechtzukommen. Ich habe ohnehin nicht die Spur einer objektiven Bestätigung für das, was sie mir erzählt.«

Was Lesli da sagte, war beinahe die Wahrheit, aber nicht ganz. Bei ihrem dritten Zusammentreffen hatte Yoko ihr die Fotografien gezeigt, die, wie sie sagte, am Neujahrstag 1936 am Meiji-Schrein aufgenommen worden waren. Wenn sie zwischen dem faltigen, aber lebhaften Gesicht vor ihr und der ernsthaft-feierlichen Miene der jungen Frau im Kimono, die auf beiden Fotos zu sehen war, hin und herschaute, war die Ähnlichkeit mühelos auszumachen. Die Gesichtszüge des in kostbare Maßanzüge gekleideten weißhaarigen Industriemagnaten, als den sie Jiro Shimada kannte, im Antlitz des kurzgeschorenen Knaben in der schwarzen Schüleruniform, der nur auf dem einen der beiden Bilder war, wiederzufinden, war allerdings schon schwieriger, und Lesli war immer noch nicht sicher, ob es ihr Wille zu glauben, oder ein unumstößlicher Beweis gewesen war, was sie davon überzeugt hatte, daß Yokos Behauptungen der Wahrheit entsprachen.

Goldfarb hielt ihr die flache Hand in einer friedfertigen Geste entgegen. »Okay, okay. Sorry, Ma'am. Sie sind der Boss, wie ich schon gesagt hab'.« Leslis Gereiztheit verschwand so rasch, wie sie aufgebraust war, und sie lächelte ihn entschuldigend an. »Nein, Charlie, du bist hier der Boss, und ich habe schon viel zu viel von dir verlangt, um der alten Zeiten willen.«

»Jungejunge, und das waren vielleicht alten Zeiten! Falls du Lust haben solltest, die eine oder andere Szene daraus noch mal zu wiederholen – jederzeit...«

»Glaube ja nicht, daß mir dieses Angebot nicht verlockend erscheint, Charlie. Und schmeichelhaft. Aber trotzdem – nein danke.« Sie stand auf und fing an, ihre Habseligkeiten einzusammeln. »Ich darf dir deine Zeit nicht länger stehlen. Kann ich dieses Telex behalten? Dann brauche ich mir Dwight Rogers' Adresse nicht zu notieren.«

»Klar, Lesli. Du kannst ihn von hier aus anrufen, wenn du einen Haufen Yen sparen willst. Die Gebühren für Auslandsgespräche sind kriminell im Land der Aufgehenden Sonne, aber ich schätze, das gute alte *Newsworld*-Magazin kann sie noch verkraften.«

»Vielen Dank, Charlie, aber die Shimada Trading Corporation kann sie noch müheloser verkraften, und ich finde, daß Freund Jiro mir dafür, daß er mich dermaßen an der Nase herumführt, etwas schuldig ist. Danke für den Kaffee – und für deine Hilfe.« Sie wandte sich zur Tür, aber Goldfarb stand schon da. Er legte ihr die Hände auf die Schultern und sah ihr in die Augen. »Wie immer es jetzt weitergeht – verschwinde nicht Hals über Kopf mit der nächsten Maschine, ohne mir etwas zu sagen. Okay?«

»Okay«, sagte sie und schlüpfte hinaus, bevor er sie noch einmal küssen konnte.

14. *Donnerstag, 23. Januar 1936*

Vor sich hin summend und mit dem Lehrbuch in der Hand, glitt Teruko wiegend und schlitternd im Slip und auf Strümpfen durch das Zimmer, das sie sich mit Yoko teilte. Es war eine Enttäuschung gewesen, daß Dwight Rogers sich nicht wieder gemeldet hatte, um sie an ihrem nächsten frühen Feierabend wieder auszuführen: Recht bald würde sie wieder einmal in seinem Büro vorbeischauen. Von Jiro war weit und breit keine Spur, und so war es an ihr gewesen, das Feuer anzuzünden und das Badewasser zu heizen. Gleichwohl war sie froh, das Haus für sich allein zu haben; es war ein seltenes Privileg, das sie in fröhliche Stimmung versetzte.

Es gab, abgesehen von der Wärme, die aus der Küche und von dem Ofen, der das Badewasser erhitzte, heraufdrang, keine Heizung in ihrem Zimmer, aber Teruko fand nicht, daß es besonders kalt war. Wenn Yoko sich ebenfalls in dem winzigen Kämmerchen aufhielt, wurde es hier durch die Wärme, die von ihren beiden Körpern ausging, schon bald ziemlich stickig, und selbst jetzt, wo sie allein war, sorgte ihr Tanzen dafür, daß es recht behaglich war. Das *shoji*-Fenster war geschlossen, und das matte Licht der Vierzig-Watt-Birne unter dem Emailleschirm, der unter der niedrigen Holzdecke hing, kam ihr sanft romantisch vor. Teruko war deshalb ziemlich enttäuscht, als sie unten das Rattern der Schiebetür hörte, aber ihre Miene hellte sich gleich wieder auf, als sie den rituellen Ruf vernahm. »*Tadaima*! Ich bin zuhause!« Es war die Stimme ihres Bruders Hideo.

»*Okaeri nasai*!« rief sie zurück. »Ich bin oben. Komme gleich.« Sie sah sich nach ihrem *yukata* um und fand ihn auch, aber sie hatte sich noch nicht vollends eingehüllt, als die Tür zu ihrem Zimmer unvermittelt aufgeschoben wurde.

»Wo steckt ihr denn alle – Oh. Verzeihung.« Hideo wollte sich wieder zurückziehen. »Schon gut«, meinte Teruko und raffte ihren *yukata* in lässiger Weise zusammen. »Ich bin einigermaßen schicklich bekleidet. Du kannst hereinkommen.«

Hideo war in Uniform. »Ich habe ein paar Stunden Urlaub. Brauche erst um Mitternacht zurück. Bist du allein zuhause?«

»Sieht so aus. Schon an normalen Werktagen kommt Vater oft erst nach mir heim, und donnerstags habe ich früher Feierabend. Yoko ist in ihrem hochgestochenen Musikliebhaberclub, nehme ich an. Wo Jiro steckt, weiß ich nicht.«

»Und Mutter? Sie müßte hier sein.«

Teruko zuckte die Achseln und warf das Haar an ihrem Hinterkopf mit einer trägen Handbewegung locker auf. »Das weiß man bei ihr in letzter Zeit nie. Wahrscheinlich ist sie ins öffentliche Badehaus gegangen, aber sie kann überall sein. Weißt du, was sie vorige Woche getan hat? Hat die ganze Nacht hindurch in einem der Tempel auf dem Nakano-Friedhof in Nippori gebetet. Jiro hat sie schließlich gefunden, praktisch steifgefroren. Wahrscheinlich ist er jetzt auch wieder unterwegs, um sie zu suchen. Sie ist nicht mehr ganz richtig im Kopf, wenn du mich fragst.«

Hideo starrte seine Schwester wütend an. »Es geht ihr nicht gut; das ist unübersehbar. Du könntest ein bißchen Mitgefühl zeigen. War sie schon beim Arzt?«

»Weiß ich nicht. Es würde mich nicht wundern. Aber was erwartest du eigentlich von mir? Ich arbeite schwer und komme für mich selbst auf. Du hast gut reden – kommst ab und zu für ein paar Stunden nach Hause, und Yoko reißt sich ein Bein aus, um dich zu versorgen. Du brauchst dir nicht von früh bis spät Mutters verrücktes Gemurmel anzuhören. Ich sage dir, wenn Yoko und ich nicht wären, würde in diesem Hause niemand mehr etwas zu essen bekommen. Ich nehme an, du bist hungrig? Da ist noch etwas Miso-Suppe, die ich dir aufwärmen kann. Du könntest aber auch zum Nudelladen gehen und da etwas bestellen, das der Laufjunge dann später bringen kann. In ungefähr einer halben Stunde müßte das Badewasser heiß sein.«

Hideo schüttelte den Kopf. »Ich habe etwas gegessen, bevor ich die Kaserne verließ. Aber ich könnte vielleicht ein Bad nehmen, wenn es fertig ist.« Er setzte sich in einer Ecke auf die *tatami*-Matte und nahm müßig das Tanzlehrbuch zur Hand, das Teruko studiert hatte. »Was ist das?«

»Es steht drauf, was es ist, Dummkopf. Ein Lehrbuch für Gesellschaftstanz.«

Hideo schnaubte. »Gesellschaftstanz! Auch so eine dumme amerikanische Marotte. Hast du eigentlich nie etwas anderes im Kopf?« Angewidert warf er das Büchlein beiseite; als es zu Boden fiel, wurde eine der Seiten zerknickt. Erbost stürzte Teruko sich darauf.

»Wenn es dir nicht gefällt, laß die Finger davon! Wir sind hier nicht alle solche Fanatiker wie du, weißt du. Gott sei Dank gibt es noch ein paar Gentlemen, die sich nicht wie Bauern benehmen, wenn ein Mädchen in der Nähe ist.«

»Oh? Du hast also schon *gentlemen*-Freunde, wie? Wen denn zum Beispiel?«

Sein höhnischer Tonfall ließ Teruko wirklich wütend werden. »Für den Anfang zum Beispiel Mr. Rogers.«

»*Misutaa Rojazu*? Und wer zum Teufel ist das?«

»Der Amerikaner, den wir am Neujahrstag beim Meiji-Schrein kennengelernt haben – der ist das.«

Hideo warf sich auf der *tatami*-Matte nach hinten und tat, als sei er hilflos vor lauter Lachen. »Oh, das ist unbezahlbar, wirklich!«

krähte er. »Da trifft sie für zwei Minuten einen *gaijin*, und schon ist er ihr ›Gentlemen-Freund‹! Wann wirst du endlich erwachsen, Teru-chan?« Sein gespieltes Gelächter brach ab. Er sah sie an, und sein Gesichtsausdruck änderte sich, als er ihr selbstzufriedenes Lächeln sah.

»Und? Wieso grinst du so selbstgefällig?«

»Kümmere dich um deine eigenen Angelegenheiten.« Teruko wandte ihrem Bruder den Rücken zu und heuchelte eingehendes Interesse an ihren Fingernägeln; sie schob hier und da die Nagelhaut zurück und hielt sich dann die Hände mit leicht rückwärtsgestreckten Fingern vors Gesicht, um das Resultat zu begutachten. Hideo packte sie von hinten so heftig bei den Schultern, daß sie sich fast auf die Zunge gebissen hätte. Sie wirbelte herum und versuchte ihn zurückstoßen. Ihr Gesicht war wutverzerrt. »Nimm deine Hände von mir!« zischte sie wild, aber seine Finger gruben sich noch härter als zuvor in ihre Schultern.

Einen Augenblick lang funkelten sie einander stumm an. Dann schüttelte Hideo sie noch einmal, und trotz seiner Wut war ihm bewußt, wie warm das Fleisch unter seinen Händen war, und er spürte die Knochen und die Muskeln unter seinem Griff. »Du wirst es mir jetzt sagen«, preßte er hervor. »Sofort.«

»Ich werde dir gar nichts sagen, du Flegel. Zumindest nicht, solange du mich nicht losläßt.«

Er stieß sie wütend von sich, und sie fiel zu Boden. Tränen des Schmerzes und der Wut traten ihr in die Augen. Hideo stand bebend über ihr. »Also gut. Was ist so Geheimnisvolles an diesem Amerikaner?« Es fiel ihm schwer, beherrscht zu atmen, und die Worte kamen stoßweise aus seinem Mund.

»Da gibt es nichts Geheimnisvolles«, erklärte Teruko schließlich. Sie hatte sich ziemlich rasch wieder gefaßt, und plötzlich verspürte sie ein Gefühl der Macht, als sie zu ihrem Bruder aufsah, der körperlich um so viel größer und stärker war als sie und mit seinem launischen Genörgel doch so kindisch wirkte. »Mr. Rogers ist ein ganz reizender Mann. Als ich ihn in seinem Büro besuchte, um ihm die Fotos zu bringen –«

»DU HAST IHN IN SEINEM BÜRO BESUCHT?«

»Du brauchst nicht zu brüllen. Ich habe es doch gerade gesagt.

Wir haben uns sehr nett unterhalten, und vor ungefähr einer Woche hat er mich eingeladen, den Abend mit ihm zu verbringen. Wir haben im Imperial Hotel Cocktails getrunken und zu abend gegessen, und dann sind wir tanzen gegangen – HÖR AUF!«

Mit einer wütenden Grimasse hatte Hideo ihren Arm gepackt und sie auf die Knie hochgerissen und beugte sich jetzt über sie. »Und dann hast du ihn mit dir tun lassen, was er wollte. War es so? Du dreckige kleine Schlampe! Du bist nicht besser als eine Hure! Kein Wunder, daß du so erpicht darauf warst, zu erfahren, was in Yoshiwara vor sich geht... Hast wohl nach ein paar Ideen gesucht, um sie mit dem erstbesten *gaijin* auszuprobieren, den du in deine widerlichen lackierten Krallen bekommen konntest? WAR ES SO?«

Teruko kreischte schmerzerfüllt auf, als er ihr mitten ins Gesicht schlug. Dann war sie selbst beinahe blind vor Wut. Es gelang ihr, sich loszureißen, aber der nur lose angenähte Ärmel ihres *yukata* riß glatt ab und blieb in Hideos Hand zurück. Im nächsten Augenblick war sie auf den Beinen und stürzte sich auf ihn. Ihre Fingernägel zogen eine blutige Spur über seine Wange und verfehlten sein Auge nur knapp. Hideos Hand drohte ihr Gesicht zu zermalmen, als er versuchte, sie von sich zu schieben; sie packte sie und biß, so kräftig sie konnte, in den fleischigen Teil unterhalb des kleinen Fingers; sie hörte, wie er vor Schmerzen grunzte. Jetzt verkrallte sie sich in eines seiner Ohren; sie zog und zerrte daran, als versuche sie tatsächlich, es abzureißen, aber endlich gelang es Hideo, sie bei den Handgelenken zu fassen und sie mit solcher Gewalt rücklings niederzuschleudern, daß es ihr schier den Atem nahm.

Bevor sie sich aufrappeln konnte, hatte er ihre beiden Handgelenke auf den Boden gedrückt und kniete über ihr, das eine Knie zwischen ihren gespreizten Schenkeln; ihr Sträuben war fruchtlos. Es gelang Teruko nicht, freizukommen, und nach ein paar Sekunden gab sie ihre Versuche auf. Sofort änderte sich Hideos Gesichtsausdruck. »Es tut mir leid«, keuchte er. »Es tut mir leid.« Er ließ ihre Handgelenke los und richtete sich auf, aber er blieb auf den Knien, während er ein schmutziges Taschentuch aus der Hosentasche zog und ohne Sinn und Verstand seine blutende Wange damit betupfte. Teruko lag auf dem Rücken und starrte zu ihm hinauf; langsam kam sie wieder zu Atem, und genießerisch fühlte sie, wie verachtungsvoller Zorn in ihr aufwallte, als sie sah, daß ihr Bruder immer mehr wie ein geprügelter Hund dreinschaute.

»Sag es noch einmal«, befahl sie nach einer Weile. »Bitte mich noch einmal um Verzeihung.«

»Es tut mir leid. Es tut mir leid, verzeih mir.«

Ihre Blicke bohrten sich ineinander, und Hideo war es, als würden Terukos Augen größer und immer größer, bis er zu ertrinken glaubte. Ihr *yukata* klaffte offen, und ihr Unterrock war hoch über ihre Schenkel heraufgerutscht, bis weit über die Strümpfe hinaus, die er am Bein einer Frau noch niemals ganz gesehen hatte. Jäh sackte er zusammen, drückte den Kopf in die Wärme ihres Bauches und fühlte, wie das parfümierte Nylon ihres billigen Unterrocks schlüpfrig unter seiner blutenden Wange lag. Er war sich nicht bewußt, daß seine Hand sich in Terukos Schenkel krallte; sein Herzschlag donnerte ihm in den Ohren, während schwarze und rote Wogen ihn zu verschlingen drohten – bis er gewaltsam von ihr heruntergeschleudert wurde. Mühsam kam sie auf die Beine, denn lastend und mit blindlings umhergreifenden Armen hing er an ihr; er kniete vor ihr, das Gesicht zwischen ihren Schenkeln vergraben, ihren Venushügel blind zwischen seine Lippen saugend.

Teruko sah auf ihn hinunter wie von einem erhöhten Ort. Frohlockend sah sie ihn verächtlich und gedemütigt vor sich, und beglückend auch wurde ihr die eigene sexuelle Macht unversehens bewußt. Das hier war etwas ganz anderes als die kitzelnde Erotik der Umarmungen, die sie mit ihrer Freundin Haru gelegentlich zu genießen pflegte, etwas anderes sogar als die frustrierte Erregung auf dem Rücksitz des Taxis zusammen mit dem Amerikaner. Ihr Atem ging stoßweise und ihre Beine zitterten, aber ihre Lippen verzerrten sich zu einem Lächeln ohne Heiterkeit, als sie langsam den glatten apricotfarbenen Unterrock zwischen Hideos krallenden Fingern hindurch nach oben und über ihren Kopf zog. »Zieh sie herunter«, befahl sie, und ihre Stimme klang gepreßt und bebend.

Terukos feuchtwarmer animalischer Duft überflutete sein Bewußtsein, und Hideo hielt für einige lange Sekunden den Atem an, bis ein trockenes, würgendes Schluchzen die Luft in seine Lunge preßte; eine Zeitlang fummelte er ohne Erfolg an einem unnachgiebigen Strumpfband, bis er schließlich den Gummibund ihres Höschens gefunden und es über ihre Schenkel heruntergezogen hatte. Er konnte die Berührung nicht unterbrechen, er wagte es nicht; sein Mund grub sich in die warmen, elastischen Löckchen, als seine Schwester aus dem störenden Stoffstück trat und dann die Beine weit auseinanderspreizte, den bloßen Rücken gegen den rauhen Putz der Wand preßte und stöhnend Obszönitäten hervorbrachte, die in ihrem ganzen Leben noch nicht über ihre Lippen gekommen waren.

Es war, als gehörte die erstickende Stimme, die sie da hörte, einer anderen, die jetzt ihren Geist in Besitz genommen hatte und nichts weiter wollte, als diesen keuchenden Mann, der hier vor ihr auf den Knien lag, zu erniedrigen; gleichzeitig jedoch hielt Teruko den Kopf ihres Bruders umklammert und drängte sich mit mahlenden Hüften seinem Mund entgegen, und Schauer um Schauer durchwogte sie in einem so durchdringenden und überwältigenden körperlichen Lustgefühl, wie sie es noch nie im Leben verspürt hatte. Ihre Worte wurden zu sinnlosem Gestammel und mündeten in einen wimmernden Aufschrei, als ihr Orgasmus mit furchtbarer Macht aufstieg, erblühte, sie erbeben ließ. Dann sank sie zusammen, beinahe dankbar für den brennenden Schmerz auf ihrem Rücken, als sie an der Wand herunterschrammte und kraftlos auf die *tatami* sackte.

Keuchend vor Erschöpfung sah Teruko nur mit nebelhaftem Bewußtsein, daß Hideo sich aufgerichtet hatte; er riß sich das Hemd vom Leibe und nestelte an seinen Hosenknöpfen. Sie protestierte matt, doch es half nichts. All ihre Kraft war von ihr gewichen, und jetzt war es Hideo, der von einem frohlockenden Feuer erglühte, als er sie in die Mitte der Kammer schleifte, ihre nicht widerstrebenden Beine spreizte und seinen zuckenden Penis zur Hälfte in das heiße, pochende Naß stieß. Er kam beinahe augenblicklich, aber er verlor nichts von seiner Kraft, und bald begann er sich wieder zu bewegen, und mit jedem Stoß drang er ein bißchen tiefer in sie ein.

Jetzt erst begann Teruko zu weinen, und jetzt erst schloß Jiro

Shimada lautlos die Schiebetür, die Hideo nicht mehr als einen Spalt weit hatte offenstehen lassen. Er hatte sich heraufgeschlichen und war draußen stehengeblieben, als der Streit drinnen in schrillem Crescendo zugenommen hatte. Jetzt stieg er nachdenklich die Treppe hinunter und saß in seinem Zimmer ruhig über seinen Schulbüchern, als er hörte, wie die Tür oben wieder aufgeschoben wurde. Die Schritte auf der Treppe waren zu schwer, als daß es Teruko hätte sein können. Jiro wartete, bis er seinen Bruder ins Badezimmer gehen hörte; dann schlüpfte er rasch aus dem Haus. Er war gewohnheitsmäßig still und leise, und sein Kommen und Gehen blieb zumeist unbemerkt, aber angesichts der Umstände hielt er es jetzt doch für ratsam, in ungefähr einer halben Stunde noch einmal, polternd diesmal, nach Hause zu kommen, damit auch Teruko Zeit fand, sich zu baden und anzuziehen. Es hatte keinen Sinn, sie zu erschrecken. Vorläufig.

15. *Freitag, 24. Januar 1936*

»Es ist nicht mehr als ein Gekritzel«, sagte Yukichi kläglich. »Beinahe unleserlich, und das wenige, das ich entziffern kann, ergibt keinen Sinn. Entschuldige, daß ich dich störe, aber ich muß gestehen, daß ich mit meiner Weisheit am Ende bin. Mit dir spricht sie mehr als mit mir. Was meinst du dazu?«

Der Kopf tat ihr weh, und ihre Augen waren verquollen vom Schlaf; wieder spähte Yoko angestrengt auf den Zettel, den ihr Vater oben auf dem Bettzeug in seinem und Chies Zimmer gefunden hatte. Ihre Mutter hatte noch die alte, kursive Schreibschrift gelernt, die, wenn sie mit einem richtigen Pinsel ausgeführt wurde, einen tänzerischen, anmutigen Zauber ausstrahlte, der gar nicht zu Chies langsamer, verträumter Art zu passen schien. Hier aber hatte sie mit einem stumpfen Bleistift auf einem Stück Papier geschrieben, das anscheinend zerknüllt und wieder glattgestrichen worden war. »Es ist sehr... konfus, Vater. Hier steht etwas von ›heimgehen‹ und ›sehr müde‹, aber den Rest kann ich nicht lesen. Es tut mir leid.«

Yukichi wiegte sich auf seinem Polster langsam vor und zurück.

Er hatte seinen Mantel noch an, und die Tatsache, daß seine Krawatte schief saß, beunruhigte Yoko beinahe so sehr wie das neuerliche Verschwinden ihrer Mutter: er achtete sonst mit so peinlicher Sorgfalt auf seine Kleidung. »Mit meiner Weisheit am Ende«, murmelte er noch einmal, und als er aufblickte, sah er, daß seine älteste Tochter Tränen in den Augen hatte. Es war schon nach ein Uhr früh, und die Kälte in dem ebenerdigen Zimmer hatte etwas Mürrisches, Bösartiges an sich. Yoko hatte sich in einen *yukata* gehüllt und trug darüber eine gesteppte *tanzen*-Jacke, und dennoch erbebte sie von Zeit zu Zeit unwillkürlich. »Du solltest lieber wieder zu Bett gehen, Yoko«, meinte er dumpf. »Ich werde noch einmal losgehen und in ein paar anderen Tempeln nach ihr suchen. Auf dem Friedhof in Nippori, wo Jiro sie das letztemal gefunden hat, habe ich überall nachgeschaut. Ich habe mit ihm gesprochen, bevor ich ihn zu Bett geschickt habe. Jetzt schläft er, und ich bringe es einfach nicht über mich, ihn wieder zu wecken, um ihn zu fragen, ob ihm noch eine Möglichkeit einfällt. Der Junge braucht seinen Schlaf; er muß für seine Prüfungen so viel lernen. Hoffentlich habe ich Teruko nicht gestört, als ich dich weckte.«

Durch die tiefe Stille draußen vor dem Haus hallte das hohle, aber auf unbestimmte Weise beruhigende Klappern von Holzschuhen: Der Brandwächter war auf seiner Runde. Vater und Tochter warteten, bis das regelmäßige Klacken in der Ferne verklungen war. »Ich glaube nicht«, sagte Yoko dann. »Sie muß wohl sehr müde gewesen sein. Sie ist früh schlafen gegangen.« Ihr Vater brauchte nicht zu wissen, daß Teruko schon um viertel nach neun, als Yoko von ihrem Grammophonabend nach Hause gekommen war, das Bettzeug auf die Matten geworfen und sich darin eingerollt hatte, während Hideo eben aus dem Badezimmer gekommen war.

Er war in so schwatzhafter, überschwenglicher Stimmung gewesen, daß sie zunächst geglaubt hatte, er sei betrunken. Sie war erleichtert gewesen, als Jiro nach Hause gekommen war und sich in gesetzter Manier an der Unterhaltung beteiligt hatte, und noch erleichterter, als Hideo, nachdem er den Rest *sake* aus einer angebrochenen Flasche getrunken hatte, seinen Uniformrock zugeknöpft und sich auf den Rückweg nach Azabu zur Kaserne gemacht hatte. Yoko hatte inzwischen schon angefangen, sich Sorgen zu machen, weil ihre Mutter noch nicht wieder heimgekommen war, aber Jiro hatte sie überredet, ein Bad zu nehmen, solange das Wasser noch heiß war, und dann zu Bett zu gehen; er werde aufbleiben und auf Vater warten, hatte er gesagt.

Yukichi schien nicht gehört zu haben, was sie gesagt hatte. »Ich habe versucht, sie dazu zu überreden, zu einem Arzt zu gehen. Sie ist... du weißt schon – na ja, es liegt eben am Alter, nicht wahr«, endete er unbeholfen.

»Die Wechseljahre. Ich weiß. Ich habe vor ein paar Wochen mit Mutter darüber gesprochen.« Yokos Ton war ganz sachlich. »Einige Frauen haben damit offenbar sehr viel größere Schwierigkeiten als die meisten. Sie hat mir erzählt, daß sie in der chinesischen Apotheke bei Ueno ein paar Pulver bekommen hat. Ich habe ihr ebenfalls vorgeschlagen, zu einem Gynäkologen zu gehen, aber sie blieb dabei, daß es nicht nötig sei. Mutter kann sehr starrsinnig sein.«

Yukichi nickte sanft; seine Augen waren fast geschlossen. »Du bist ein gutes Mädchen, Yoko.« Fast war es, als schlafe er ein; dann aber lehnte er sich zurück und zwang sich, die Augen zu öffnen. »Nun, aber ich kann nicht einfach herumsitzen. Ich muß sehen, daß ich sie finde. Sie wird sich einen ernsthaften Schaden zuziehen, wenn sie wieder irgendwo in der Kälte steht.« Yoko gähnte mitleiderregend und raffte ihre *tanzen* fester zusammen. »Ich ziehe mich an und komme mit dir, Vater.«

»Nein, nein, das darfst du nicht. Es ist bitter kalt, und ich weiß ja nicht einmal, wo ich anfangen soll. Im Badehaus haben sie mir gesagt, sie könnten sich nicht erinnern, sie heute dort gesehen zu haben... Yoko!« Er griff noch einmal nach dem Zettel und studierte ihn angestrengt. »Was sie hier von ›heimgehen‹ schreibt – könnte sie Kyushu meinen? Seit wir verheiratet sind, war sie nie wieder dort, weißt du. Was meinst du, Yoko? Hat sie dir gegenüber diese Möglichkeit je erwähnt? Ja?«

Es griff ihr ans Herz, als sie ihren Vater so sitzen sah; ein zaghafter Ausdruck der Hoffnung mühte sich redlich, von seinen sorgenvollen Zügen Besitz zu ergreifen. »Natürlich, möglich ist es, denke ich«, antwortete sie zögernd. »Mutter hat in letzter Zeit auch mit mir nicht mehr viel gesprochen. Aber es stimmt, sie scheint häufig an ihre Mädchenzeit zu denken, und gelegentlich habe ich sie mit sich selbst über ihre Mutter reden hören. Aber eine so weite Reise... hätte sie denn genug Geld für die Fahrkarte?«

Yukichi wollte es glauben. »Vermutlich, ja. Ich bin sicher, daß sie immer ein wenig auf der hohen Kante hat; ich frage sie nie nach solchen Dingen. Ich werde zum Hauptbahnhof gehen – jawohl, das mache ich.«

Yoko langte über den Lacktisch hinweg und legte ihre Hand auf die ihres Vaters. »Man wird sich dort niemals an sie erinnern, Vater«, sagte sie leise. »An eine einzelne Frau unter so vielen Menschen? Und zu dieser Nachtzeit wird der Fahrkartenschalter ohnehin geschlossen sein. Wäre es nicht besser, gleich morgen früh ein Telegramm an Onkel und Tante in Kumamoto zu schicken, falls Mutter bis dahin noch nicht wieder hier ist? Vielleicht haben sie etwas von Mutter gehört?«

Ihr Vater schien nicht zuzuhören. »Wenn sie da ist, werde ich hinfahren und sie zurückholen müssen, weißt du. Und das bedeutet, daß ich ein paar Tage lang nicht ins Büro kann. Der Direktor –«

»Um Himmels willen, bei einem Krankheitsfall *müssen* sie dir Urlaub geben, Vater.« Besorgnis, Müdigkeit und Verärgerung gaben ihrer Stimme einen schrillen Ton. »Ohnedies ist der Direktor vielleicht gar nicht mehr so erpicht darauf, mich mit diesem Herrn Sato zu verheiraten, wenn er erst weiß, daß meine Mutter nicht ganz richtig im Kopf ist. Geisteskrankheit in der Familie ist nicht eben eine Empfehlung.«

Yukichi wurde starr vor Schreck und Zorn, und dunkel überlief es sein Gesicht. »Es ist furchtbar und unverzeihlich, so etwas zu sagen, Yoko! Vor allem in solch einem Augenblick«, sagte er mit erstickter Stimme.

Sie blieb ungerührt. »Es stimmt aber, oder etwa nicht?«

Vater und Tochter funkelten einander ein paar Sekunden lang über den Tisch hinweg an. Dann sackten Yokos Schultern herab. Wenn der Augenblick der Kapitulation kam, war er banal und nicht bemerkenswert. »Es tut mir leid. Also gut, du kannst ihm sagen, ich sei zu einem Treffen mit Herrn Sato bereit – was immer dabei herauskommen mag«, murmelte sie.

Nur wenige Stunden zuvor, als sie, hochgestimmt durch die Großartigkeit von Brahms' Erster Symphonie und durch Herrn Nagais Nähe, den tristen Raum in der Universität verlassen hatte, war ihr ziemlich klar gewesen, daß sie, komme, was da wolle, dem Druck ihres Vaters auf ein formelles Zusammentreffen mit dem Assistenten des Direktors niemals nachgeben würde. Sie hatte keine Ahnung, ob Herr Nagai etwas für sie übrig hatte oder nicht: Er beherrschte ihr Denken nicht als potentieller Liebhaber, sondern als Repräsentant einer feineren, klarsichtigeren, großzügigeren Sorte Mensch als die anderen, die sie umgaben. Ihr war, als bewege er sich im heiteren, weiten Hochland von Freiheit und Erhabenheit; seine Anliegen waren vornehm, seine Vergnügungen subtil und raffiniert. Die Stunden, die Yoko hinter ihrem Tisch in der Bibliothek verbrachte, waren kaum je eine Mühsal, denn Bücher umgaben sie ringsumher, und der Tisch war wie ein Zauberteppich, der sie mühelos in Nagais Welt des Geistes und des Intellekts erhob, in ein Land, wo Musik und Kunst zur Speise und zum Trank gereichten und wo die Phantasie auf Mondstrahlen der Spekulation dahinreiten konnte.

Als ihr Kopf noch voll von Brahms' hoch sich aufschwingender und doch majestätischer Architektur gewesen war, hatte sie den Gedanken an die Ehe mit einem besseren Angestellten im Mitsui-Konzern, an Kinder, an das Pfennigfuchsen und Sparen, das nötig war, um eine respektable Fassade aufrechtzuerhalten, und an die zermürbenden Plackereien des Hausfrauenalltags als undenkbar empfunden: Jetzt, da sie den Blick wieder hob und dumpf ihren Vater anschaute, begriff sie, daß das Undenkbare in Wahrheit das Unausweichliche war. Im Geiste weinte sie, als sie den welken Fetzen dessen betrachtete, was sie als hochfliegenden Traum zu genießen gewagt hatte und was, wie sie rückblickend erkannte, nichts als eine lächerliche Schulmädchenschwärmerei gewesen war.

»Das ist mein Ernst, Vater. Selbst wenn du nicht um Urlaub bitten willst. Aber ich denke, was Mutter angeht, hast du vielleicht recht. Ein Telegramm solltest du jedenfalls schicken, finde ich.«

Yukichi tätschelte ihre Hand. »Danke, liebes Kind. Danke. Ich gehe zum Telegraphen-Hauptamt in Marunouchi, denn das ist die ganze Nacht hindurch geöffnet. Ich muß vorsichtig sein mit dem, was ich deiner Tante und deinem Onkel telegraphiere. Sie haben genug Sorgen damit, sich um deine Großmutter zu kümmern, und ein Telegramm kann Leuten wie ihnen einen großen Schrecken einjagen. Sowieso ist es ziemlich unwahrscheinlich, daß Mutter so weit gekommen sein sollte. Kann gut sein, daß ich viel Lärm um nichts mache.« Langsam stemmte er sich hoch und stützte sich dabei schwer auf die Tischplatte. Auf sie herabblickend, knöpfte er seinen Mantel wieder zu, und dann, fast als sei es ihm erst nachträglich eingefallen, bückte er sich noch einmal, um den Zettel von seiner Frau aufzuheben und in die Tasche zu stecken.

»Weißt du, ich denke, sie ist wohlauf«, sagte er. »Bestimmt kommt sie bald nach Hause, und diesmal werde ich selbst einen Arzt rufen. Vielleicht kann ich sie ja nach Kyushu fahren lassen, wenn sie das möchte. Dann kann sie sich dort ein bißchen erholen.« Er tat einen Schritt auf die Tür zu, blieb dann stehen, drehte sich um und sagte: »Das Telegramm werde ich trotzdem abschikken. Und du geh nur wieder zu Bett, Yo-chan. Du mußt ein bißchen schlafen. Weißt du, es kommt absolut nicht in Frage, daß du Sato heiratest, wenn er dir nicht gefällt. Zahllose *o-miai* führen niemals zur Ehe.«

Yoko weinte still, als er in die Nacht hinausgestolpert war. Es war das erste Mal seit vielen Jahren, daß ihr Vater sie bei ihrem Kleinmädchennamen genannt hatte.

»Unsere vorläufige Kommandozentrale wird im Sanno Hotel untergebracht sein; bis wir das Kriegsministerium unangefochten unter Kontrolle haben«, sagte Hauptmann Ando. »Wir können es besetzen und mit einer kleinen Truppe – etwa fünfzig Mann stark – halten; der Lebensmittelvorrat dort wird mehr als hinreichend sein, um uns über die unvermeidliche Periode der anfänglichen Verwirrung zu bringen. Wir zweifeln nicht daran, daß wir innerhalb von ein oder höchstens zwei Tagen volle Rückendeckung vom Distrikthauptquartier Tokyo bekommen werden; dann steht die ganze Armee hinter uns. Unsere Aufgabe wird dann weitgehend erfüllt sein, und es wird Männern wie Araki und Mazaki obliegen, uns voranzuführen.«

Er nahm die Brille ab und rieb sich die Augen. »Was den Zeitplan betrifft, so besteht noch große Uneinigkeit. Wir alle wollen, daß General Mazaki bei Oberst Aizawas Prozeß als Zeuge auftritt, um maximale Publizität für unsere Ideen zu erreichen, doch das wird höchstwahrscheinlich erst gegen Ende Februar geschehen können. Nishida-*sensei* vor allem hat einiges auf diesen Prozeß gesetzt, und er und Kita-*sensei* sowie die anderen Zivilkameraden bitten uns, bis dahin nichts zu unternehmen. Kono, Kurihara und einige der anderen beim Ersten und Dritten sind dafür, früher loszuschlagen, und alles in allem betrachtet, neige ich dazu, ihnen beizupflichten. Wie auch immer, wir werden uns innerhalb sehr weniger Wochen entscheiden und dann sehr schnell handeln müssen.« Es war früh am Nachmittag, gerade Viertel vor zwei; Hideo saß kerzengerade auf dem einfachen Holzstuhl, dem einzigen beweglichen Möbelstück in Hauptmann Andos schlichtem Zimmer in der Kaserne des Dritten Regiments in Azabu, etwa eine Meile weit westlich des Nationalratsgebäudes und der offiziellen Residenz des Premierministers. Ando selbst saß in Hemdsärmeln auf seinem Bett, einen Wust von Papieren neben sich.

»Ein weiterer Faktor bei all dem ist, wie Sie wahrscheinlich wissen, der Umstand, daß die Nationalratswahlen für den zwanzigsten Februar angesetzt sind. Wir hegen in bezug auf das Ergebnis keine optimistischen Erwartungen, aber es könnte sich als vorteilhaft erweisen, kurz nach dem Bekanntwerden der Resultate loszuschlagen, solange die politische Situation also noch im Fluß ist. Wie immer wir entscheiden, die genauen Termine werden Ihnen allerhöchstens zwei oder drei Tage vorher mitgeteilt werden. Zunächst aber möchte ich auf der Grundlage dieser Liste mit Leutnant Yasuda unseren Transportbedarf besprechen.« Er reichte Hideo ein einzelnes, eng beschriebenes Blatt Papier. »Ein sehr einfacher Code ist hier verwendet worden; ich werde ihn gleich erklären, und Sie müssen ihn sich einprägen. Ich kann nicht nachdrücklich genug betonen, daß Sie persönlich für die Sicherheit dieses Dokuments verantwortlich sind und es unter keinen Umständen aus der Hand geben dürfen. Und jetzt hören Sie mir aufmerksam zu. Die Bewegungen der Truppen, die nötig sein werden, um die Kontrolle über den Kaiserlichen Palast selbst, über das Hauptquartier der Polizei, der Hauptstadt, über den Amtssitz des Premierministers und des Kriegsministers und über diverse andere öffentliche Gebäude sicherzustellen, werden von den Offizieren jeder Abteilung durch die verantwortlichen Unteroffiziere organisiert werden. Sie und Yasuda haben lediglich dafür zu sorgen, daß genügend Stabsfahrzeuge und Fahrer für die Verbindungsarbeit zwischen den einzelnen Kommandos zur Verfügung stehen, und zwar vollgetankt. Die Bewältigung dieser Aufgabe ist im Grunde eine Frage des gesunden Menschenverstandes, und Sie müssen die Details unter sich klären.«

Hauptmann Ando riß den Mund zu einem gewaltigen Gähnen auf. Hideo Shimada war der sechste Verschwörer, den er heute einzuweisen hatte, und er war hundemüde. Hideo hingegen war immer noch trunken von der Erregung des vorigen Abends. Hin und wieder streifte ein Hauch von Scham die Grenzen seines Bewußtseins, nur um im lebhaften Fieber der Erinnerung an Terukos Duft und Terukos Geschmack zu verglühen, an die dunkle Lust der Selbsterniedrigung, als er vor ihr auf den Knien gelegen und ihre rauhen, obszönen Befehle befolgt hatte, und an die nachgiebige, samtene Hitze ihres Körpers und ihr erschauerndes Weinen, als er sich seinen Weg in sie bahnte, durch Schicht um Schicht der qualvollsten Wollust, bis in ein neues, wildes Bewußtsein der eigenen Macht. Von kleinlichen Zweifeln und Hemmungen war er geläutert; grenzenloses Selbstvertrauen erfüllte ihn, und er war sich des unverschämten Ansatzes eines Lächelns, der auf seinem Gesicht erschienen war, überhaupt nicht bewußt, als er jetzt mit einem Teil seines Bewußtseins auf Hauptmann Andos unromantisches Gerede von Stabsfahrzeugen und Benzin achtete.

»Die Erfordernisse für die speziellen Einsatztruppen sind komplizierter; im einzelnen sind sie auf diesem Blatt aufgeführt. Ich komme nunmehr zu Ihrem eigenen Spezialauftrag. Hören Sie mir aufmerksam zu, Shimada? Ich werde nichts von all dem wiederholen, wissen Sie?«

»Jawohl.« Mit Gewalt verbannte Hideo die Vision von Teruko, wie sie ausgestreckt unter ihm lag, aus seinen Gedanken und konzentrierte seine Aufmerksamkeit auf Ando.

»Wir sind wenige an Zahl, Kamerad, und unsere Hauptaufgabe

ist klar umrissen: Wir haben die Verräter zu vernichten. Mit anderen Worten: Wir haben uns mit bestimmten schuldigen Individuen zu befassen. Sie wissen, wen ich meine, denn wir haben ihre Namen oft erwähnt, aber diesmal werde ich Ihnen nur einen einzigen nennen. Den nämlich, den Sie töten sollen.«

»Ich soll –?«

»Sie, Leutnant Shimada, sind dazu auserwählt worden, die Sondergruppe Sechs zu befehligen, welche die Ehre haben wird, Saito zu töten.«

»Admiral Saito? Den Ehrwürdigen Bewahrer des Geheimen Siegels?« Hideos Hochstimmung fand in einem Augenblick eisigen Entsetzens ihr Ende, als ihm die Bedeutung von Andos Worten dämmerte.

»Wen sonst? Es ist eine hohe Ehre, Kamerad. Und eine schwere Verantwortung. Wahrscheinlich werden Sie die Unterstützung von zwei oder drei anderen Offizieren und bis zu zweihundert Männern haben, aber das Kommando führen Sie.«

Hideo nickte dumpf. Er war nicht nur mit der Möglichkeit versöhnt, im Verlaufe des Putsches ums Leben zu kommen, sondern allmählich war ihm sogar der Gedanke, sein Leben für den Kaiser zu opfern, willkommen. Auch die Vorstellung, im Kampfe zu töten, bereitete ihm keine sonderliche Pein. Wie alle seine Offiziersbrüder hatte auch Hideo ein brutal rohes, alles Empfinden abtötendes Training absolviert, bei dem er unter besinnungslosem Geschrei mit dem Schwert auf Strohpuppen eingedroschen und gehackt hatte: Es hatte nicht lange gedauert, und er hatte angefangen, sich mit Genuß in den Wogen roter, mörderischer Raserei zu verlieren, die das Adrenalin stoßweise durch seinen drahtigen Körper preßten, und er hatte begonnen zuzuhören und anbiederisch zu lachen, wenn Offiziere, die von einer Stationierung in Überseegarnisonen zurückgekehrt waren, sich damit gebrüstet hatten, ihre Klingen an Chinesen, Taiwanesen oder Koreanern erprobt zu haben – das waren bloß Tiere, Kreaturen, auf die es nicht ankam.

Admiral Graf Makoto Saito hingegen war ein herausragender japanischer Aristokrat, der schon seit langem im Dienste des Reiches stand. Er war Marineminister, Generalgouverneur von Korea, Außenminister und sogar Premierminister gewesen, und jetzt, mit achtundsiebzig Jahren, war er als Ehrwürdiger Bewahrer des Geheimen Siegels die höchste Persönlichkeit am kaiserlichen Hofe. General Mazaki hatte in seinen anspielungsreichen, sorgsam formulierten Bemerkungen zum neuen Jahr, die er vor den Offizieren, welche ihn besucht hatten, geäußert hatte, ausgerechnet ihn mit einer besonderen Erwähnung bedacht und zur wichtigsten Zielscheibe seiner geschliffenen Schmähungen gemacht.

Dann verspürte Hideo wie so oft das unbehagliche Bewußtsein, daß er, obgleich sein Samuraiblut und die Tatsache, daß er aus Kyushu stammte, ihm Zutritt zu dem elitären Kreis der Bewegung Junger Offiziere verschafft hatten, immer noch eine Art Sonderling war. Viele, vielleicht die meisten seiner Mitverschwörer, entstammten sehr viel höheren gesellschaftlichen Schichten als er. Einige waren die Söhne hoher Offiziere und bewegten sich zwangslos in privilegierten Kreisen: Sie wußten General Mazakis informelle Leutseligkeit dankbar zu schätzen, aber sie erstarben nicht in Ehrfurcht. Hideo hatte schon oft gehört, wie sie verächtlich, beinahe frivol über die hervorragendsten Männer des Landes gesprochen hatten, und ein- oder zweimal hatte er sogar beinahe lästerliche Bemerkungen über den Kaiser selbst mitangehört.

Solchen Spott von Männern zu vernehmen, die dem Ideal vom Kaiserlichen Weg fraglos ebenso ergeben waren wie er selbst, verwunderte und verstörte ihn. Er war bereit zu glauben, daß einige unter denen, die dem Thron am nächsten standen, der Selbstsucht, der Korruption, ja, des Verrates schuldig waren, aber nichtsdestoweniger betrachtete er sie als vornehme Leute. Den formellen Befehl zu erhalten, den Ehrwürdigen Bewahrer des Geheimen Siegels im Namen des Kaisers, dem sie beide dienten, zu töten, war eine furchtbare Erfahrung.

»Eine schwere Verantwortung«, wiederholte Hauptmann Ando und fixierte Hideo mit müden Augen. »Haben Sie irgendwelche Bedenken, sie zu akzeptieren?«

Jetzt durfte es kein Zögern geben – nachdenken konnte er später. »Nein. Keine.«

Ando nickte. »Gut. Wie ich Ihnen schon erläutert habe, werden Sie nicht allein sein. Ihre Unteroffiziere werden Sie sich natürlich selbst auswählen können, innerhalb vernünftiger Grenzen auch die Mannschaft, die unmittelbar mit Ihnen zusammenarbeiten wird. Ich will Sie an dieser Stelle noch einmal daran erinnern, daß wir nur wenige sind, Leutnant. Gegenwärtig halten sich nicht mehr als sechzig oder siebzig unserer Kameraden aus der Bewegung im Raum Tokyo auf, und davon werden nicht alle sofort zur Verfügung stehen können. Die normalen administrativen und anderen Hilfsmittel der Armee sind uns versperrt, und die einzelnen Offiziere können bei der Detailplanung der spezifischen Operationen, für die sie verantwortlich sind, keine Hilfe erwarten. Bis wir tatsächlich losschlagen, müssen Sie Ihr eigener Nachrichtenoffizier sein, Ihr eigener Nachschuboffizier, Ihr eigener Adjutant. Das bedeutet, es ist Ihre Aufgabe, das Gelände zu erkunden. Aber eines kann ich Ihnen noch verraten: Wenn wir schließlich losschlagen, wird es höchstwahrscheinlich bei Nacht geschehen. Daher werden Sie Saito vermutlich zuhause aufsuchen müssen. Sein Amtssitz befindet sich auf dem Gelände des Kaiserlichen Palastes, und daher ist es besonders schwierig, dort einzudringen. Nichtsdestoweniger müssen Sie einen Notplan für diesen Fall entwerfen.« Hauptmann Ando seufzte schwer. »Fragen?«

Hideo konnte sich nicht entsinnen, sich je so einsam, so entblößt und so erschrocken gefühlt zu haben. Er hatte sich mit gutem Erfolg bemüht, das Offizierspatent der Kaiserlichen Armee zu erwerben, er war gewissenhaft und einigermaßen tüchtig, und sein Status als Offizier erfüllte ihn mit wildem Stolz. Während seiner gesamten Ausbildung und auch danach war immer wieder von Initiative und Verantwortung die Rede gewesen. In der Praxis hatte er stets innerhalb eines Rahmens aus genau definierten Militärkonventionen, Routinevorschriften und spezifischen Befehlen von oben funktioniert, und von unten hatten vorbehaltloser Gehorsam und kundige technische Unterstützung ihn getragen. In Gesellschaft der anderen Aktivisten aus der Bewegung der Jungen Offiziere war er stets erfüllt von aufgeregtem Selbstvertrauen. Jetzt aber, allein mit Hauptmann Ando in dessen kahlem, unbeheiztem Zimmer, der Herausforderung seines müden, anscheinend geringschätzigen Blickes ausgesetzt, fühlte er sich nackt, unzulänglich und ratlos.

»Keine Fragen«, antwortete er.

»Sehr schön. Das ist vorläufig alles. Das Datum werden Sie rechtzeitig erfahren, damit Sie ihre detaillierten Vorbereitungen treffen können.« Mit einem Kopfnicken gab Ando ihm zu verstehen, daß er entlassen sei. Hideo sprang auf, verbeugte sich und griff nach dem Türknopf. »Ach, Leutnant – eines noch, bevor Sie gehen: Wir – Sie, ich und alle unsere Freunde in diesem Unternehmen – sind ohne Belang. Rechnen Sie nicht damit zu überleben. Sie werden überrascht sein, wieviel Kraft Sie finden werden, wenn Sie zu einer entsprechenden Haltung gelangen.«

»Au! Das hat wehgetan! Passen Sie doch auf, junge Frau!« schrillte Mrs. Wheeler erbost auf englisch, als Teruko an einer schütteren grauen Haarsträhne ziepte, während sie unbeholfen einen der säuberlich aufgereihten Lockenwickler herauszog. Teruko brauchte gar nicht jedes Wort zu verstehen, um zu begreifen, daß sie einen Fehler begangen hatte. Sie bat demütig um Entschuldigung und versuchte sich zu konzentrieren, stets im peinlichen Bewußtsein der scharfen Blicke, mit denen die Chefin sie bedachte, die in bequemer Hörweite neben der Anmeldung stand.

Es war Nachmittag; Teruko hatte Schmerzen und war müde, obwohl sie sich erst mit einiger Verspätung aus den Tiefen des Schlafes emporgekämpft hatte, in den sie am Abend zuvor versunken war, nachdem sie sich ins Bad geschleppt und sich ihr Blut und den Geruch ihres Bruders von den Schenkeln gewaschen und die Spuren ihrer Tränen abgespült hatte. Am Morgen hatte Chaos im Hause geherrscht, weil ihre Mutter immer noch verschwunden war; Yoko war ernst und schier krank vor Kummer gewesen, hatte sich aber gleichwohl besorgt gezeigt, als sie Terukos verschwollenes Gesicht und ihr offenkundiges Unwohlsein bemerkt hatte, und sie gefragt, ob irgend etwas mit ihr nicht in Ordnung sei.

Etwas zumindest war doch in Ordnung, und in ihrer Niedergeschlagenheit und dem körperlichen Elend, das sie empfand, kehrte Teruko alle paar Minuten zu dem Funken Trost zurück, den das Wissen ihr bereitete, daß in der Nacht ihre Periode eingetreten war. Die Krampfschmerzen waren allerdings sehr viel schlimmer als sonst, und sie verbanden sich mit einem dumpfen, pochenden Schmerz tief in ihrer Vagina, der schon das Gehen zur Qual werden ließ. Die übrigen Mädchen im Arden Beauty Salon zeigten Mitgefühl wie stets, wenn eine von ihnen ihre Tage hatte, und Yukiko – die empfindsame, der es jedesmal schrecklich schlecht ging und deren eigene Periode gerade zu Ende ging – gab ihr zwei von den »Agomensin«-Tabletten, die sie selber nahm und auf die sie schwor. Es war schwer zu sagen, ob die Tabletten halfen oder nicht, aber irgendwie gelang es Teruko, über den Vormittag zu kommen. Zum Glück erschien die Gattin des französischen Botschafters unter großem Gepluster und beanspruchte die volle Aufmerksamkeit der Chefin für mehr als eine Stunde; dann war es Zeit für die Mittagspause, und erleichtert konnte Teruko eine halbe Stunde lang sitzen.

Die restlichen von Mrs. Wheelers Lockenwicklern ließen sich ohne weitere Mißgeschicke herausdrehen, und Teruko achtete mit außergewöhnlicher Sorgfalt darauf, daß der Kamm sich nicht im Haar der fetten alten Frau verhakte. Mrs. Wheeler war in ein sechs Monate altes *Vogue*-Heft versunken: Obwohl dergleichen sehr kostspielig war, hatte die Geschäftsführung des Arden Beauty Salon dieses Magazin bei Kelly & Walsh, der Spezialhandlung für ausländische Bücher in Yokohama, abonniert. Das Geschäft schickte einen Botenjungen mit den Heften zu allen Abonnenten in Tokyo, sobald die Ausgabe angeliefert und vom Zoll freigegeben war. Eine der Kundinnen im Arden Beauty Salon jedoch, die Gattin eines deutschen Professors der Medizin, unternahm es regelmäßig, das neueste Heft zu stibitzen, bis die Chefin jedesmal, wenn sie kam, gegen Ende ihres Besuches eines der Mädchen am Ausgang Posten beziehen ließ, und zwar mit der Anweisung, die Frau Professor, wenn sie ginge, lachend zu »erinnern«, daß sie die Illustrierte »versehentlich« in ihre Einkaufstasche geschoben habe.

Als Teruko fertig war, studierte Mrs. Wheeler grimmig ihr Spiegelbild und nickte kurz, ehe sie sich daran machte, das langwierige und komplizierte Ritual des Hinausgehens zu vollziehen. Seit fast zwei Jahren kam sie regelmäßig in den Salon, und in den vergangenen sechs Monaten hatte sie stets darauf bestanden, von Teruko bedient zu werden. Ihr Gatte war leitender Angestellter der Hongkong and Shanghai Bank, und sie wohnten in einem hübschen Haus in Meguro: Das wußte Terukos Freundin Haru von dem Chauffeur, der unweigerlich die Tür des Salons aufhielt, wenn Mrs. Wheeler hereingesegelt kam, und sich dann diskret beim nächsten Mädchen erkundigte, wann es ihm angeraten sei, sie abholen zu kommen; anscheinend fiel es Mrs. Wheeler niemals ein, ihm dergleichen zu sagen.

Normalerweise stellte Teruko bei der Arbeit ihre Spekulationen über die Wheelers an und erkühnte sich gelegentlich sogar, auf englisch eine schüchterne Bemerkung zum Wetter zu machen, während Mrs. Wheeler ihrem gebieterischen Wesen zum Trotz stets liebenswürdig war. Terukos dumpfes Schweigen an diesem Tage jedoch schien auf ihre Kundin abgefärbt zu haben: Wie eine Statue stand sie da, während Teruko ihr in den Mantel half, und dann rauschte sie in einer Wolke von majestätischem Mißvergnügen hinaus.

Als die Tür sich hinter der englischen Dame geschlossen hatte, winkte die Geschäftsführerin Teruko in das winzige Kämmerchen, wo die Mädchen ihre Garderobe aufbewahrten.

»Was ist passiert?« wollte sie wissen. »Warum war Mrs. Wheeler ärgerlich über Sie?«

»Es war nur ein Lockenwickler«, antwortete Teruko kläglich. »Mehr nicht. Er hatte sich in ihrem Haar verfangen, als ich ihn herausnehmen wollte. Es tut mir sehr leid.«

»Tolpatschigkeit ist sonst nicht Ihre Art. Sie sind heute nicht ganz Sie selbst, Shimada-san.«

»Es tut mir leid«, wiederholte Teruko murmelnd und mit hängendem Kopf.

»Es liegt an Ihrer Periode, nehme ich an. Nun, damit müssen wir alle leben.« Die Chefin war rundlich und gutaussehend; sie war Ende Dreißig, und die Mädchen munkelten, sie sei die Geliebte eines Nationalratsabgeordneten gewesen, schon bevor ihr Mann an Tuberkulose gestorben war, und seither sei sie in beträchtlichem Maße aufgeblüht. Es war schwer vorstellbar, daß die Menstruation für sie mehr als eine geringfügige, lästige Unpäßlichkeit sein sollte.

»Es ist sonst nicht so schlimm wie diesmal.«

Die ältere Frau betrachtete Terukos weißes, bekümmertes Gesicht aufmerksam und nickte dann nicht unfreundlich. »Sie können eine halbe Stunde hier sitzenbleiben«, befand sie dann. »Im Kessel ist ein wenig grüner Tee; wahrscheinlich ist er noch warm. Trinken Sie eine Tasse; vielleicht lindert das Ihre Krämpfe.«

Als sie allein war, ließ Teruko sich behutsam auf den einzigen Stuhl sinken, der im Kämmerchen stand. Er hatte hölzerne Armlehnen und eine gepolsterte Sitzfläche, und man hatte ihn aus dem Salon hereingestellt, weil der hellbraune Kunststoffbezug von einem langen Riß verunziert wurde. Er bot ihrer Wundheit anfänglich Kühle, und eine ganze Weile saß sie regungslos da, bevor sie sich nach dem Tablett auf dem kleinen Tisch neben ihr beugte und sich eine Tasse lauwarmen Tee einschenkte. Er schmeckte abgestanden, aber er kam ihr trotzdem gerade recht, und tatsächlich schien er die schrecklichen Schmerzen in ihrem Leib zu lindern. Das Februarheft von *Women's Club* lag auf dem Tisch, und Teruko blätterte es durch, um sich von ihrem Elend abzulenken. Die Seite mit dem Inhaltsverzeichnis war mit einer zweifarbigen Zeichnung illustriert; sie zeigte ein flottes Mädchen in Hosen und einer buntkarierten, engsitzenden Jacke. Es hatte Ponyfransen und stand auf Skiern, und mit einem der Stöcke deutete es auf eine ferne Bergkette.

Lustlos blätterte Teruko den Artikel über Wintersport durch. Vor dem vergangenen Abend mit seiner wilden, verruchten Wollust und der darauf folgenden Erniedrigung und Pein hatte sie sich in ihren Tagträumen vorgestellt, wie Dwight Rogers sie einlud, mit ihm ihrgendwohin in die japanischen Alpen zu fahren und Skilaufen zu lernen – in einen Ferienort wie Kamikochi vielleicht, den sie auf einem Plakat im Bahnhof Ueno angepriesen gesehen hatte. Sie hatte sogar schon verzwickte Pläne geschmiedet, wie ihr Arbeitgeber und ihre Familie hinters Licht zu führen wären. Jetzt aber, da sie kraftlos zusammengesunken auf ihrem Stuhl saß, geschändet und voller Schmerzen, sah sie, daß dieser Traum verblichen war und daß sie an nichts anderes mehr denken konnte als an dieses niederschmetternde Erlebnis mit Hideo dort oben in ihrem Zimmer, an ihre eigene schändliche Freude, ihn zu beherrschen, und an ihr Entsetzen, als der Spieß umgedreht worden war und sie die blinde, triumphierende Lust in seinen Augen gesehen und seinen beißenden Schweiß gerochen hatte, als er sie niedergerissen hatte und in sie eingedrungen war.

Es war undenkbar, daß irgend etwas dergleichen jemals wieder geschehen sollte... aber ihr Bruder hatte sie danach *geküßt* und beinahe zärtlich auf sie herabgelächelt, ehe er aus dem Zimmer gestolpert war. Die Gedanken wirbelten chaotisch in ihrem Kopf herum, und sie stöhnte, als wieder ein jäher Schmerz sie durchzuckte.

Sie ließ das Magazin fallen und preßte die Hände auf ihren Leib. Bis zum Ladenschluß würden noch Stunden vergehen, und sie hatte keine Ahnung, wie sie den Tag überstehen sollte, ganz zu schweigen davon, nach Hause zu kommen und eine Familienkonferenz wegen Mutter über sich ergehen zu lassen. Schon bevor sie so merkwürdig geworden war, hatte Teruko sich mit ihr nicht gut verstanden, und jetzt hatte sie selbst genug Sorgen, ohne sich noch den Kopf darüber zu zerbrechen, was der verrückten Alten jetzt wieder in den Sinn gekommen sein mochte.

16. *Vermont – Samstag, 25. Januar 1986*

»Sie hätten vor zwei, drei Monaten hier sein sollen«, sagte Dwight Rogers. »Sie glauben nicht, wie schön das Herbstlaub ist.« Der alte Mann saß behaglich in einem Rohrsessel auf der verglasten Veranda und blickte auf einen Garten hinaus, der Lesli eigentlich eher wie eine weitläufige Waldlichtung und daher nur um so schöner vorkam. »Hab' hier vor sieben Jahren überall Rasen anlegen lassen, als Anna dahingegangen war. Ich bin zu alt, um mich mit Blumenbeeten herumzuplagen, und Personal bekommt man heutzutage nicht mehr. Ich schaue gern den Eichhörnchen zu. Raffiniert, aber irgendwie niedlich.«

»Es ist schön so«, sagte Lesli. Sie war seit vielen Jahren nicht mehr in Neu-England gewesen und hatte das schlichte Vergnügen einer Fahrt über kleine Nebenstraßen durch säuberliche, von weißgestrichenen Kirchtürmen beherrschte Städtchen ganz vergessen.

»Mrs. Parsons hat uns ein paar Sandwiches gemacht, als sie heute morgen zum Saubermachen hier war. Sie ist eine gute Seele. Obwohl inzwischen vermutlich die ganze Nachbarschaft weiß, daß ich hier eine junge Dame empfange. Haben Sie schon Hunger?«

»Nein. Nein, danke. Der Kaffee hier genügt mir. Ich komme schließlich nur aus Rutland. Aber es ist nett von Ihnen, mich zu empfangen, Professor Rogers.«

»Ist mir ein Vergnügen. Wenn eine Dame aus Japan anruft, um ein Rendezvous mit mir zu vereinbaren, dann werde ich sie bestimmt nicht abweisen. Nehmen Sie sich einen Keks.« Rogers deutete auf den Teller, der zwischen ihnen stand, und nahm sich selber einen. Ein bißchen sah er aus wie der frühere Außenminister Dean Acheson, fand Lesli – mit seinem militärisch getrimmten Schnurrbart und den buschigen weißen Augenbrauen; oder wie die Hollywood-Version eines borkigen, aber liberalen Richters vom Obersten Gerichtshof. Mit gewaltiger Erleichterung hatte sie festgestellt, daß er, obwohl er sich schwer auf einen Stock stützte und es ihm offensichtlich Mühe machte umherzuhumpeln, geistig hellwach und auf eine altmodische Weise ritterlich galant war.

»*Nisei* sind Sie, junge Dame? Oder *sansei*?«

»*Nisei*. Mein Vater kam Anfang der dreißiger Jahre als Student nach Amerika, und meine Mutter kam ein paar Jahre später nach – eine arrangierte Ehe natürlich. Sie brauchten ziemlich lange, bis sie mich zustande brachten. In Wirklichkeit heiße ich Harumi mit Vornamen; Lesli nannte ich mich selber, als ich zur Schule kam, und irgendwie ist der Name hängengeblieben, obwohl ich ihn damals falsch buchstabierte, was ich übrigens auch heute noch tue.«

»Ein hübscher Name, Harumi. Die vielen japanischen Mädchennamen, die auf ›-ko‹ enden, konnte ich nie ausstehen. Obwohl – wenn ich es mir recht überlege, sollte ich so etwas eigentlich nicht sagen ... na ja, achten Sie einfach nicht auf mich, Miss Hoshino.« Er wirkte plötzlich betreten. »Ist ›Miss‹ okay? Oder sollte ich ›Missi‹ sagen, wie eine alte Farbige? Ach du lieber Gott, jetzt fällt mir ein, ›Farbige‹ sollten wir eigentlich auch nicht sagen ...« In seiner Verzweiflung sah er so komisch aus, daß Lesli ein Lächeln nicht unterdrücken konnte.

»Ich würde mich freuen, wenn Sie mich Lesli nennen wollten,

Professor. Aber ›Miss‹ ist mir auch recht, falls Ihnen das lieber ist.«

Er nickte nachdrücklich. »Ist es. Ich habe stets darauf beharrt, meine jungen Studentinnen so anzureden.«

Er nahm einen Schluck Kaffee und stellte die Tasse auf der Untertasse ab; seine große Hand zitterte und war von Leberflecken übersät. »Dem Himmel sei Dank – das wäre geregelt. Sie sind also New Yorkerin, aber Sie leben jetzt in Japan. Richtig?«

»Nein, Sir, falsch. Ich habe in den Siebzigern ein paar Jahre lang dort gelebt, als ich beim *Newsworld*-Büro Tokyo arbeitete. Jetzt bin ich nur für zwei Monate dort, um für das Buch zu recherchieren, von dem ich Ihnen am Telefon erzählt habe.«

»Buch? Um was für ein Buch handelt es sich, junge Dame?«

Lesli blinzelte zwei- oder dreimal bestürzt. Der alte Mann lächelte ihr aufmunternd zu, aber er wirkte nicht mehr so wach. Selbst in der billigen Touristenklasse hatte sie das Ticket zurück nach Amerika über tausend Dollar gekostet. Nicht schlecht, wenn man bedachte, daß der Wochenpreis für den Mietwagen darin enthalten war, aber gleichwohl eine Ausgabe, die sie sich nicht so einfach leisten konnte; zudem blieb noch abzuwarten, ob das Finanzamt ihrer Auffassung zustimmte, daß dergleichen von der Steuer abgesetzt werden könne. Es wäre jedenfalls eine Katastrophe, wenn sich jetzt herausstellen sollte, daß bei Dwight Rogers doch der eine oder andere Zylinder unter Fehlzündungen litt, wie Charlie Goldfarb vermutet hatte. Sie zwang sich, ruhig zu bleiben, und versuchte, so etwas wie sanfte Hartnäckigkeit in ihren Tonfall zu legen, als sie antwortete.

»Sie erinnern sich, Sir. Als ich Sie aus Tokyo anrief, erzählte ich Ihnen, daß ich an einem Buch über das Leben Jiro Shimadas arbeite. Ich meine *den* Jiro Shimada. Sie haben mir gesagt, Sie seien ihm vor über zwanzig Jahren in Washington begegnet.« Der Ausdruck unbestimmten Wohlwollens wich unversehens einem von reizbarer Ungeduld.

»Shimada. Ich weiß das eine oder andere über Shimada, das kann ich Ihnen sagen. Ja, einmal wurde ich sogar zu JFK gerufen, um ihn vorzubereiten, als Shimada zu Besuch kommen sollte. Saß dann auf Anweisung des Präsidenten im Nebenzimmer, um zuzuhören, als er im Oval Office war. Ein gerissener Bursche, dieser Shimada.« Er entspannte sich wieder und gluckste leise. »Die zwei haben sich gegenseitig Honig um den Bart geschmiert, daß es eine Art hatte. Ich mochte ihn aber nicht.« Das lebhafte Leuchten in seinen Augen erlosch, und Lesli wünschte sich inständig, er möge fortfahren. Nach einigen Augenblicken schienen ihre Wünsche in Erfüllung zu gehen. »Ein gerissener Bursche. Pierre Salinger lud ihn und mich zu einem erstklassigen Essen ein, nachdem JFK mit ihm fertig war. Und noch etwas. Er kam dann nach New York – das muß so zwei Tage später gewesen sein – und sprach mit einigen Absolventen meines Seminars. Hat einen starken Eindruck bei ihnen hinterlassen, das kann ich Ihnen sagen. Legt es darauf an, möchte ich meinen – wie dieser neue Knabe, den sie da als Premierminister haben. Und Sie schreiben jetzt also ein Buch über ihn, richtig? Ich höre heutzutage am Telefon nicht mehr so gut; ich schätze, ich hab's überhört. Oder vergessen. Ich habe irgendwie gedacht, Sie wollten mit mir über Tokyo sprechen, wie es in den dreißiger Jahren war. Damals war ich als Zeitungsreporter dort, wissen Sie.«

»Das weiß ich. Es muß eine faszinierende Zeit gewesen sein.« Lesli schwieg einen Moment lang und überlegte, wie sie taktisch am besten vorginge. Yoko Nagai hatte ausdrücklich erklärt, daß sie Rogers im Jahre 1936 gut gekannt habe; er sei auch mindestens einmal mit den übrigen Mitgliedern der Familie Shimada zusammengetroffen, und ihre Schwester Teruko habe ihm – wie hatte sie gesagt? – »schöne Augen gemacht«. Er aber sprach von seiner Washingtoner Begegnung mit Jiro, als habe er ihn dort das erste und einzige Mal gesehen.

Andererseits brauchte das nichts zu bedeuten. Der japanische VIP im Washington der Kennedy-Ära war für jemanden, der ihn 1936 als Schuljungen beim Meiji-Schrein zufällig getroffen hatte, bestimmt nicht wiederzuerkennen gewesen. Zudem war Shimada nicht eben ein ungewöhnlicher Name in Japan, und der zweite Sohn wurde häufig Jiro genannt. Es konnte sein, daß Rogers nicht einmal gewußt hatte, wie Yokos kleiner Bruder hieß, denn Japaner nannten einander im Gespräch kaum je beim Namen. Wenn er nicht nach dem Krieg noch einmal Kontakt mit Yoko gehabt oder auf andere Weise daran interessiert gewesen war, zu erfahren, was in den Jahren nach ihrer Trennung aus ihrer Familie geworden war, dann gab es keinen besonderen Grund, weshalb es ihm je hätte in den Sinn kommen sollen, daß er in merkwürdiger Weise mit jenem Industriemagnaten verbunden war, dessen Besuch beim Präsidenten der Vereinigten Staaten seinerzeit als bedeutsam genug erachtet worden war, daß man einen Experten von der Columbia University hinzugezogen hatte, damit er den Präsidenten zuvor unterrichtete und zudem als heimlicher Zeuge an der Unterredung zwischen den beiden Männern teilnahm.

Andererseits war es möglich, daß Rogers ihr etwas vormachte, wenngleich Lesli sich nicht vorstellen konnte, weshalb er so etwas tun sollte. Es würde sich jedenfalls lohnen, noch ein wenig weiterzustochern. »Ich nehme an, Sie wurden häufig als Sonderberater ins Weiße Haus gerufen, Professor Rogers?«

»Wie bitte?« Der alte Mann schüttelte schuldbewußt den Kopf und nahm mühsam eine etwas aufrechtere Position ein. »Sie waren so still, daß ich, glaube ich, ein bißchen eingedämmert bin.«

»Tut mir leid. Ich dachte an Ihr Zusammentreffen mit Mr. Shimada im Weißen Haus. Präsident Kennedy hat Sie recht oft in japanischen Angelegenheiten konsultiert, nehme ich an?«

Professor Rogers lächelte milde und schüttelte den Kopf. »Das würde ich so nicht sagen. Ich war in mehreren Beratergremien und Kommissionen. Ziemlich schick waren sie alle. Aber wie viel von all dem Papier, das wir absonderten, tatsächlich bis zum Präsidenten gelangte, werde ich wohl nie erfahren. Viel war es höchstwahrscheinlich nicht. Man setzte mich ein paarmal mit ihm zusammen an einen Tisch, aber das ist auch alles.«

»Aber er wollte mit Ihnen persönlich über Shimadas Besuch sprechen. Weshalb war das so wichtig, Professor?«

»Es erschien damals wichtig, Miss Hoshino.« Rogers war wieder hellwach. »Sie sind zu jung, um sich zu erinnern, wieviel Wirbel und Mühe das amerikanisch-japanische Sicherheitsabkommen damals verursachte. Rief in Japan eine Menge Widerspruch hervor, gleich zu Anfang, als Premierminister Kishi Ende '58 die Idee ins Gespräch brachte; aber auf unserer Seite waren im großen und ganzen eigentlich alle zufrieden, und im Januar 1960 wurde das

Abkommen in Washington unterzeichnet. Eisenhower war darauf eingerichtet, Japan im Sommer 1960 zu besuchen und dort eine große Schulterklopforgie zu absolvieren, aber für Kishi ging die Sache nach hinten los, als er versuchte, das Abkommen vom Nationalrat in Tokyo ratifizieren zu lassen. Eine Menge Japaner empfand mehr als Zweifel dabei, etwas einzugehen, was einem formellen Bündnis mit Uncle Sam gleichkam, ganz zu schweigen von unserer uneingeschränkten militärischen Präsenz in ihrem Lande. Langweile ich Sie, junge Dame?«

»Ganz und gar nicht. Bitte erzählen sie weiter.«

»Okay. Sie wollen's nicht anders. Nun, Kishi war verzweifelt daran interessiert, alles säuberlich unter Dach und Fach zu bringen, ehe Ike zu Besuch käme, und so boxte er es in einer sogenannten Plenarsitzung des Nationalrates irgendwann um Mitternacht gegen Ende Mai durch, ohne daß die Oppositionsparteien überhaupt wußten, was los war. Na, danach war die Hölle los; zum Bürgerkrieg hätte nicht mehr viel gefehlt, sage ich Ihnen. Ich weiß es, denn ich war da. Organisiert wurde der Aufruhr vom Studentenbund, aber ein verflixt großer Teil der Normalbevölkerung war stinksauer. Nicht nur wegen des Abkommens an sich, sondern auch, weil Kishi sich so hinterlistig benommen hatte. Hunderttausende von Menschen gingen protestierend auf die Straße. Noch niemals in all den Jahren habe ich in Japan etwas Ähnliches gesehen.«

»Ich war damals noch ein kleines Mädchen, aber ich erinnere mich, daß mein Vater und meine Mutter darüber redeten. Und ich glaube, im Fernsehen haben wir auch etwas gesehen. Eisenhower mußte seinen Besuch absagen, nicht wahr?«

Rogers nickte. »In diesem Augenblick verlor Kishi erst wirklich sein Gesicht – als er unserem Botschafter erklären mußte, daß er nicht für die Sicherheit des Präsidenten garantieren könne. Er entging selbst mit knapper Not einem Attentat, ehe er hastig nach Washington flog und die Ratifizierungsdokumente austauschte. Nach seiner Heimkehr trat er zurück.« Er seufzte. »All das geschah Mitte 1960. Rund sechs Monate später saß JFK im Weißen Haus. Der Aufruhr in Japan hatte sich überraschend schnell gelegt, aber die Linken und die Studenten hielten die Diskussion bis

Ende der sechziger Jahre lebendig. In Washington galt die Sache immer noch als glühend heißes Eisen. Ich erinnere mich nicht mehr, wer die Idee mit Shimada ausgekocht hatte, aber ich weiß, daß unser Botschafter in Tokyo sich massiv für dieses Zusammentreffen eingesetzt hat.«

»Warum?«

»Sie meinen, warum war JFK bereit, ihn zu empfangen? Nun, Sie müssen sich klar machen, was für ein Phänomen Shimada damals war. Er war – wie alt? – vierzig oder so. Ein Halbstarker, nach japanischen Maßstäben, aber bereits unvorstellbar reich, stattlich und voller Ideen. Man lag vor ihm auf den Knien, um ihn in die Politik zu locken; allenthalben umwarb man ihn: Einen Führer wie ihn brauche Japan anstelle von Kishi und seinen Kameraden, damit er das Land in die zweite Hälfte des zwanzigsten Jahrhunderts geleite.«

Lesli sah, daß der alte Herr wieder zusammenzusinken begann. »Ich strenge Sie an. Verzeihen Sie«, sagte sie mit einem Anflug echten Bedauerns.

»Nein, nein. Mir geht's gut. Ich werd' nur ein bißchen hungrig. Wollen Sie nicht die Platte holen, die Mrs. Parsons uns in den Kühlschrank gestellt hat, hm? Und zwei Dosen Bier?«

Als sie mit dem von einer Plastikfolie überzogenen Sandwichteller und dem Bier auf die Veranda zurückkehrte, schlief Rogers tief. Lautlos stellte sie das Tablett ab, nahm sich ein Sandwich und setzte sich, um Yokos Freund aus alten Zeiten zu betrachten und über das, was er gesagt hatte, nachzudenken.

17. *Kumamoto – Sonntag, 26. Januar 1936*

Fast vierundzwanzig Stunden, nachdem er im Bahnhof Tokyo den Spezialexpreß »Fuji« bestiegen hatte, sah Yukichi, wie der Zugwärter sein Abteil betrat, am Ende stehenblieb und vor den Fahrgästen salutierte, ehe er mit lauter Stimme verkündete, der Zug werde in Kürze in den Bahnhof von Kumamoto einfahren. Nur ein paar von seinen Mitpassagieren waren so weit mitgekommen; im Hafen von Shimonoseki am äußersten westlichen Punkt der

Hauptinsel Honshu waren sie auf die Fähre umgestiegen, die sie von hier aus über die Meerenge hinweg nach Moji brachte, wo es an der Spitze von Kyushu einen eigens angelegten Eisenbahnanschluß gab. Im Jahr zuvor hatte die Arbeit an dem grandiosen Projekt eines Tunnels begonnen, der die beiden Inseln miteinander verbinden sollte, und wie die anderen Fährbootspassagiere hatte sich auch Yukichi durch ein Megaphon nötigen lassen, die luftigen Holztürme über den Fangdämmen, die die Tunnelstraße markierten, zu betrachten und zu bestaunen und die heldenhaften Anstrengungen der Männer zu lobpreisen, die sich dort unter dem Meeresgrund ihren Weg wühlten. Einige von ihnen waren bereits tödlich verunglückt: Einunddreißig Opfer sollte der Tunnel fordern, ehe er vollendet war.

Als der Zug zischend und keuchend in den Bahnhof einlief, stemmte Yukichi sich mühsam auf die Beine und griff nach seinem in ein viereckiges Seiden-*furoshiki* geknotetes Bündel, das sein gesamtes Gepäck bildete. Er hatte einen säuerlichen, metallischen Geschmack im Mund, seine Beine waren wie aus Blei, und er hatte entsetzliche Kopfschmerzen, aber mit aufglimmender Hoffnung spähte er umher, als er müde aus dem Zug kletterte. Der Bahnhof von Kumamoto war ein langgestrecktes, einstöckiges Gebäude ohne besondere Merkmale – nicht zu vergleichen mit der Ziegelpracht des Bahnhofs Tokyo oder der erhabenen Würde des Bahnhofs Moji mit den zwei oder drei Autobussen auf dem Vorplatz. Dennoch empfand Yukichi bei seinem Anblick so etwas wie ferne Freude: das Gefühl, er werde irgendwann in weiter Zukunft zurückschauen und froh sein, die alte Stadt nach so vielen Jahren noch einmal wiedergesehen zu haben.

Ein paar Dutzend Leute drängten sich an der Sperre und warteten darauf, ankommende Fahrgäste zu begrüßen; bang musterte Yukichi die Reihe der Gesichter. Seine Frau war nicht dabei. Er hatte es eigentlich auch nicht erwartet, aber er hatte doch wie selbstverständlich damit gerechnet, daß einer ihrer Verwandten ihn abholen würde. Er sah jedoch niemanden, den er kannte, und es kam auch niemand auf ihn zu, als er sich durch die Menge zwängte und in die dumpfe Kälte des Spätnachmittags hinaustrat. Unschlüssig blieb er stehen, während die anderen Fahrgäste an ihm vorüberstrebten, geschäftig mit denen schwatzend, die sie abgeholt hatten.

Seit er vor so vielen Jahren nach Tokyo gezogen war, hatte Yukichi sich stets bemüht, den ausgeprägten Akzent seiner Kindheit, der seine Heimat Kyushu verriet, zu unterdrücken, und es freute ihn, wenn seine Kinder gutes Standardjapanisch sprachen; Chie hingegen hatte nie versucht, ihre Herkunft zu verschleiern, und jetzt bot ihm der Widerhall ihrer vertrauten Redewendungen in den Stimmen der Einheimischen rechts und links einen kleinen Trost. Nach einer so anstrengenden Reise war dies indes wenig genug, und so stand er in seiner Einsamkeit ein bißchen verloren da, und die Last der Verantwortung für seine Frau drohte ihn zu zermalmen. Er wußte nur ungefähr, wo Chies Bruder sein Haus hatte, in dem jetzt ihre verwitwete Mutter lebte; er hatte nichts als die im Hinterkopf schlummernde, halb vergessene Vorstellung von einem Laden mit angrenzender Wohnung. Die drei altersschwachen Taxis, die er vor dem Bahnhof aufgereiht gesehen hatte, waren inzwischen verschwunden. Früher oder später mußte wieder ein Zug kommen, aber es konnte lange dauern, bis die Taxifahrer zurückkehrten, um nach neuen Fuhren Ausschau zu halten.

Den Jungen, der sich zögernd näherte und ein paar Schritte weit vor ihm stehenblieb, bemerkte er zuerst gar nicht; doch dann fiel ihm auf, daß der Kleine ihn unverwandt anstarrte, und er erwiderte den Blick, woraufhin der Junge sich mehrmals verbeugte. Er sah aus, als sei er etwa zwölf Jahre alt; er trug einen Kimono, dazu einen Männerhut und ziemlich hohe hölzerne *geta*-Sandalen. Als er sprach, war seine Stimme so leise und schüchtern, daß Yukichi kaum verstand, was er sagte. »Verzeihen Sie. Ich bitte um Vergebung dafür, daß ich Sie störe. Ich suche den Ehrenwerten Herrn Shimada. Den Ehrenwerten Herrn Yukichi Shimada. Es gibt keine Entschuldigung für meine Ungezogenheit...«

Endlich erkannte Yukichi seinen Namen und lächelte in müder Erleichterung. »Ich bin Shimada«, sagte er. »Danke, daß du gekommen bist, um mich abzuholen.« Dann fiel ihm etwas ein. »Du mußt mein angeheirateter Neffe sein.« Verzweifelt versuchte er sich zu erinnern, wie der Junge hieß.

»Ich bin Masao«, murmelte der Junge unter neuerlichen Verbeugungen. »Bitte gewähren Sie mir Ihre Huld. Mein Vater ist beschäftigt, und meine Mutter kann den Laden nicht verlassen, denn Großmutter ist sehr krank. Ich bringe sie zu unserem Haus.« Offensichtlich verging er vor lauter Verlegenheit; unvermittelt packte er Yukichis Bündel und setzte sich flotten Schritts in Bewegung, so daß Yukichi sich sputen mußte, um ihn wieder einzuholen.

Es war schauderhaft kalt und wurde schon recht dunkel, als Masao ihn über den Bahnhofsvorplatz und durch eine Ladenstraße führte. Ein oder zwei Geschäfte waren mit den neumodischen Schaufenstern aus Glas ausgestattet, und ihre Auslagen waren beleuchtet; aber die meisten waren an der Vorderseite offen und, wenn überhaupt, nur matt durch einzelne, von der Decke baumelnde trübe Glühbirnen, Gas- oder Öllampen erhellt. Die Ladenbesitzer waren in wattierte Straßenkimonos gehüllt und kauerten neben ihren tönernen *hibashi*, die mit Asche und ein paar glühenden Holzkohlebrocken gefüllt waren, über denen sie ihre in Fäustlingen steckenden Finger krümmten und streckten.

Trotz aller Erschöpfung entging Yukichi nicht, wie ärmlich und schlecht sortiert die meisten dieser Läden und wie schäbig die wenigen Leute gekleidet waren, die hier einkauften. Die meisten davon waren Frauen, und überwiegend waren sie in triste Kimonos gehüllt, aber nicht wenige trugen auch die *mompei*-Kittel und Hosen der Landfrauen – Kleidung, die zu tragen selbst die Frauen in den Großstädten von den Behörden ermuntert wurden, und zwar zum Zeichen ihrer Bedürfnislosigkeit und Hingabe an das nationale Interesse. Dies alles hier war himmelweit entfernt von den strahlenden Lichtern und den parfümierten, mit Rouge und Lippenstift bemalten Frauen auf der Ginza in Tokyo mit ihren kurzen Röcken und hochhackigen Schuhen, mit ihren Pelzen, Ringen und Armbändern.

Als sie ungefähr hundert Schritte weit gekommen waren, vermochte Yukichi sein Verlangen nach Neuigkeiten nicht länger im Zaum halten. »Und deine Tante Chie – meine Frau – wie geht es ihr jetzt?«

Die Antwort auf Yukichis Telegramm hatte schlicht gelautet:

»Chie krank. Sofort kommen.« Direktor Nishi war alles andere als erfreut gewesen, als Yukichi am Samstag nach Chies Verschwinden zu ihm gekommen war und um ein paar Tage Urlaub gebeten hatte, aber die Nachricht von Yokos Einverständnis zu dem geplanten *o-miai* mit seinem persönlichen Assistenten hatte ihn halbwegs besänftigt, und eine ernste Erkrankung in der Familie rechtfertigte ohnedies einen massiven Anspruch auf gewisse Sonderrechte, selbst im neuen Japan der dreißiger Jahre. Daher hatte Yukichi sich noch am selben Nachmittag auf die Reise machen können.

Masao ließ den Kopf hängen, ohne stehenzubleiben, und Yukichi verstand nicht, was er murmelte. Er packte den Jungen beim Arm und hielt ihn fest. »Deine Tante Chie. Wie geht es ihr?«

Masaos Blick zuckte unstet in alle möglichen Richtungen; nur Yukichis Gesicht wich er aus. »Rede schon, Junge. Was heißt das, du weißt es nicht? Sie wohnt doch in eurem Haus, oder nicht?« Er fing an, den Jungen grob zu schütteln, als eine beklemmende Ahnung in ihm erwachte. Masao begann wieder Entschuldigungen zu stammeln. »Ich weiß es nicht, Herr, es tut mir leid, Herr, die Tante ist weggegangen, Herr, sie war krank und ist weggegangen, Herr, es gibt keine Entschuldigung, Ehrenwerter Herr...«

Yukichi ließ langsam den Arm des Jungen los; er merkte nicht, daß er jetzt selbst am ganzen Leibe zitterte, als er Masao gegenüberstand. »Sie ist weggegangen? Wann ist sie weggegangen?«

»In der Nacht, Herr. Wir wissen es nicht.« Das verhärmte Gesicht des Jungen starrte ihm hilflos entgegen. »Bitte kommen Sie mit zu unserem Haus, Herr. Mein Vater und meine Mutter erklären Ihnen alles.«

18. *Rutland, Vermont – 26. Januar 1986*

Lesli drehte den üppigen heißen Strahl der Dusche ab, frottierte sich nachdenklich und zog den baumwollenen *yukata* an, der sie überallhin begleitete. Für ein Motel war es hier nicht übel, und ihr Zimmer war geräumig und behaglich eingerichtet; dennoch wäre sie in diesem Augenblick lieber in der vergleichsweise strengen

Umgebung ihres Schlaf- und Arbeitszimmers im International House of Japan in Tokyo gewesen. Sie schaltete den Fernsehapparat aus, setzte sich vor den Frisierspiegel und machte sich daran, ihr frischgewaschenes Haar in Form zu bringen.

Lesli hatte sich über ihr Aussehen nie weiter den Kopf zerbrochen, wenngleich ihr auf der High School und auf dem College zahlreiche junge Männer nachgestellt hatten, die von der Kombination ihrer exotischen Züge, ihrer makellosen Haut und ihres kindhaften Charmes behext gewesen waren. Jetzt aber schnitt sie sich im Spiegel eine Grimasse, als sie erkannte, wie ganz und gar japanisch sie in ihrem *yukata* vor dem ganz und gar amerikanischen Hintergrund ihres Hotelzimmers aussah. Es war ein Gedanke, der ihr selten bewußt wurde, aber als sie ihr dichtes schwarzes Haar kämmte und dabei noch mehr silberne Fäden entdeckte als beim letzten Mal, fragte sie sich zudem, ob der alte Professor Rogers von der Diskrepanz zwischen ihrem Aussehen und ihrem Benehmen wohl ebenso frappiert gewesen sein mochte, wie Jiro Shimada es bei jeder Begegnung zu sein vorgab.

Sie war inzwischen ganz sicher, daß Rogers den Shimada, den er '61 oder '62 in Washington getroffen hatte, nicht mit der Familie in Verbindung brachte, die er 1936 in Tokyo gekannt hatte. Sie hatte festgestellt, daß der alte Mann hin und wieder vom Thema abschweifte, wenn er müde wurde, aber auch, daß er ansonsten völlig klar im Kopf war.

Sie war froh, daß sie gewartet hatte, während er sein Nickerchen hielt; alte Menschen waren seltsam, überlegte sie. Nachdem sie im Garten umherspaziert war, mußte sie ihn eine geschlagene halbe Stunde lang angestarrt haben, aber anscheinend hatte es ihn nicht gestört. Was Lesli selbst betraf, so merkte sie es immer, wenn jemand sie anstarrte, während sie schlief; sie wachte dann sofort auf. Seufzend machte sie sich daran, ihr einfaches Alltags-Make-up aufzulegen. Es war unfair: Männer hatten es so gut. Rogers war ein gutaussehender alter Herr und heute zweifellos beeindruckender als in jungen Jahren, aber Lesli konnte sich mühelos vorstellen, wie er die beiden Schwestern Shimada aus dem Gleichgewicht gebracht hatte. Sie selbst war ja hingerissen gewesen, als er frisch wie der junge Morgen erwacht war und angefangen hatte, sich in

Erinnerungen an das Leben im Tokyo der dreißiger Jahre zu ergehen. Noch einmal nahm sie sich vor, sich das Buch zu beschaffen, das er erwähnt hatte, Botschafter Grews Memoiren, und sie mußte auch noch mehr über den Meisterspion Richard Sorge in Erfahrung bringen.

Es erschien ungeheuerlich, daß ein kommunistischer deutscher Journalist es fertiggebracht hatte, in den Dienst seiner Botschaft gestellt zu werden und sich nicht nur zu einem Busenfreund, sondern effektiv zu einem Kollegen der Top-Diplomaten der Nazis zu machen, und plötzlich fiel Lesli ein, daß sie keine Ahnung hatte, wie nah Rogers in den dreißiger Jahren der amerikanischen Botschaft gestanden hatte, als er in Tokyo gearbeitet hatte. In jenen Tagen hatte es keine CIA gegeben, die aktiven Zeitungsleuten Druck gemacht hatte, wie es heute der Fall war, wie sie sehr wohl wußte; aber es war durchaus denkbar, daß Rogers hin und wieder gebeten worden war, kleine Aufträge für das Außenministerium zu erledigen – Aufträge, die in der politischen Atmosphäre im Japan der dreißiger Jahre unter Umständen außerhalb der Möglichkeiten eines akkreditierten Diplomaten gelegen hatten. Tatsächlich war ja sein Entgegenkommen in solchen Angelegenheiten vielleicht ein Grund dafür, daß man ihn später zu einem Berater des Weißen Hauses unter Kennedy gemacht hatte. Andererseits war es natürlich ebenso gut möglich, daß er sich in Columbia inzwischen einen so guten akademischen Ruf erworben hatte, daß man ihn einfach zusammen mit all den anderen Schlaumeiern herangekarrt hatte.

Als sie ihr Gesicht in einen halbwegs zufriedenstellenden Zustand gebracht hatte und ihr kurzgeschnittenes Haar in der Zentralheizungsluft des Zimmers einigermaßen getrocknet war, stand Lesli auf, streifte ihren *yukata* ab und kleidete sich für ihren zweiten Besuch bei Dwight Rogers an; dabei dachte sie daran, wie verzwickt es werden würde, ihn dazu zu bringen, über Yoko und Teruko zu sprechen, ohne daß er die Verbindung zu Jiro bemerkte. Dann, als sie sich die Strumpfhose anzog – dankbar wie stets, daß ihre ansonsten wenig bemerkenswerte japanische Figur mit höchst untypisch geraden, schlanken Beinen ausgestattet war –, hielt sie inne. Weshalb zerbrach sie sich eigentlich den Kopf. Was würde es denn ausmachen, wenn der Professor den Zusammenhang herstellte? Vielleicht würde es ihn überraschen, aber einen Herzanfall würde er deshalb wohl kaum bekommen. Immerhin war es ja die Aussicht, mehr über Jiro Shimada zu erfahren, die Lesli veranlaßt hatte, um die halbe Welt und zu Rogers zu reisen. Vielleicht würde eine Überraschung seinem Gedächtnis auf die Sprünge helfen.

Als sie einen Blick auf die Nachrichtenseiten der umfangreichen Sonntagszeitung warf, die sie auf dem Weg durch die Lobby gekauft hatte, lächelte Lesli bei sich: Wieder einmal fiel ihr auf, daß man das, was einen gerade am meisten beschäftigte, stets in den Medien widergespiegelt fand. Jahre zuvor, als sie geglaubt hatte, in den verrückten Laszlo Marik verliebt zu sein, derweil er ihrer Freundin Judy den Vorzug gegeben hatte, war es ihr so vorgekommen, als seien die Zeitungen Tag für Tag voll von Ungarn, Ungarn und nochmals Ungarn. Artikel über ungarische Restaurants in New York, Kochrezepte für Paprikahuhn, hingerissene Kritiken zu Kunstfilmen *Made in Budapest*... das verwünschte Land hatte sie geradezu verfolgt. Und jetzt war es Shimada. Shimadas Rede vor der Japan Society in New York. Die New Yorker Börse gibt einen Empfang für Shimada. Shimada stiftet Mittel für die Erweiterung des Harvard-Yenching-Instituts und den umfangreichen Erwerb japanischen Sprachmaterials für die Bibliothek, und man verleiht ihm einen weiteren Ehrendoktortitel. Es war, als habe sich der Mann an ihre Fersen gehängt. Lesli rechnete halb mit der Meldung, daß der Präsident ihn bei seiner nächsten Hoffnungsverkündung um Bestätigung gebeten habe. Zumindest legte Shimada nicht die Hände in den Schoß. Lesli fühlte sich zu einem kurzen Pflichtbesuch bei ihren Eltern genötigt, wenn ihre Arbeit in Vermont getan wäre; zwei Tage würde sie darauf verwenden müssen. Einen Tag würde sie mit dem Rückflug nach Tokyo verlieren, aber sie würde immer noch rechtzeitig wieder im Shimada-Archiv sitzen, bevor der große Mann Zeit hätte, sie wiederzusehen. Sie war sich selbst gegenüber ehrlich genug, um zuzugeben, daß sie ihrem nächsten Zusammentreffen recht erwartungsvoll entgegensah.

»Nein«, sagte Dwight Rogers fest. »Vor diesem Nachmittag im Weißen Haus hatte ich den Mann in meinem ganzen Leben noch nie gesehen. Zum Teufel, Miss, das sollte ich doch wohl wissen. Er war damals fast so berühmt wie heute, und ich hatte kurz nach dem Start seiner Karriere angefangen, ihn zu beobachten. Ich war eins von diesen schlauen Bürschchen gewesen, die ihn Anfang der fünfziger Jahre zur Kenntnis genommen und ihn in ihren Artikeln erwähnt hatten – ›Japan, wohin?‹, wissen Sie. Solches Zeug. Und da kannte ich ihn ganz bestimmt nicht. Es mag sein, daß es bei mir in den Gelenken ein bißchen knirscht, aber restlos vergreist bin ich noch nicht. Soweit ich weiß, hat der Mann keine Familie. Irgendwo habe ich gelesen, daß er Witwer ist wie ich, und von Kindern habe ich nie etwas gehört. Sie müssen da irgendeine andere Familie Shimada erwischt haben. So ungewöhnlich ist der Name ja nicht. Oder Sie verwechseln ihn mit Shimazu oder Shimizu oder etwas ähnlichem.«

Lesli schaute ihn eindringlich an und unterdrückte einen Impuls, den alten Mann zu schütteln, wie er so sichtlich selbstzufrieden dasaß. Im Gegensatz zum vorigen Tag, an dem er sich gelegentlich verschwommen oder auch schläfrig gezeigt hatte, wirkte Rogers heute entschieden munter, und ihre Behauptung, Jiro Shimadas Schwester kennengelernt zu haben, hatte ihn überhaupt nicht beeindruckt. Er hatte mit leicht gereizter Ungläubigkeit reagiert und darauf beharrt, er habe Shimada bei Kennedy im Weißen Haus zum erstenmal gesehen. Lesli empfand dies nicht nur als frustrierend, sondern als nachgerade unfreundlich, als sie sich daran erinnerte, wie sorgsam sie seine möglichen Gefühle erwogen hatte, ehe sie das Thema zur Sprache gebracht hatte.

»Ich will es anders formulieren, Professor Rogers. Darf ich?« Die weißen Borsten seiner Augenbrauen wucherten wie reifbedeckte Zweige an einem Felsvorsprung hoch oben am Berghang seines Gesichtes, als er die Stirn runzelte und ihr streng zunickte.

»Sie müssen einen großen Kreis von japanischen Bekannten gehabt haben, als Sie vor dem Krieg in Tokyo waren.«

Wieder nickte er. »Einen ziemlich großen, würde ich sagen. Sie werden ja wissen, wie das in der Zeitungsbranche ist.«

Lesli hielt ein paar Sekunden lang den Atem an, und dann sprach sie es aus. »Sind Sie ganz sicher, daß niemand namens Shimada darunter war? Ich halte es für möglich, daß Sie zwei Schwestern dieses Namens kannten. Die eine hieß Teruko, und die andere –«

Sein Unterarm fuhr wie zur Abwehr hoch und bebte, als er den Kopf auf die Hand sinken ließ und die Augen schloß. Seine Gesichtsfarbe veränderte sich erschreckend, und Lesli wollte besorgt aufspringen, aber da ließ Rogers den Arm sinken, und nach mehreren tiefen Atemzügen öffnete er auch die Augen wieder.

»Yoko. Yoko und Teruko Shimada. Ich kann es einfach nicht glauben«, murmelte er endlich wie zu sich selbst.

»Geht es Ihnen nicht gut, Sir?«

»Doch, doch.« Geistesabwesend schwenkte er die Hand. »Gespenster. Sie haben mich Gespenster sehen lassen.«

»Also *kannten* Sie in den dreißiger Jahren zwei Mädchen namens Yoko und Teruko Shimada?«

»Ja. Ich kannte sie. Und Sie wollen behaupten, daß sie etwas mit Jiro Shimada zu tun haben? Das ist unmöglich.«

Er sah immer noch blaß und erschüttert aus, und Lesli konnte sich selbst nicht ausstehen, weil sie ihn dennoch weiter unter Druck setzte. Sie wartete ein Weilchen, bis sie fühlte, daß er sich wieder gefaßt hatte. »Ich bin ziemlich sicher, daß ich recht habe, Sir. Die Dame, die ich kennengelernt habe, heißt Yoko, und ihr Mädchenname ist Shimada. Verzeihen Sie, wenn es so aussieht, als schnüffelte ich in Ihren Privatangelegenheiten herum, aber... ich glaube, sie ist die Yoko, die Sie kannten.«

Der alte Mann starrte Lesli an, aber es war, als sehe er sie nicht, und als er sprach, lag große Zärtlichkeit in seiner Stimme. »Yoko. Nach all den Jahren.« Er schwieg lange, ehe er weiterredete. »*American President Lines*. Die *President Cleveland*. Ich brachte es kaum über mich, die Gangway hinaufzusteigen, damals in Yokohama. Wir hatten da einen Abschiedslunch gehabt, wissen Sie. Am Abend vorher hatte ich mich sternhagelvoll laufen lassen, mit ein paar von den Jungs im Presseclub. Mein letzter Abend.« Rogers schien nicht zu merken, daß ihm eine Träne in die Augenwinkel quoll und dann über die Lederhaut seiner Wange hinabrann. »Aber der kleine Sam – habe ich Ihnen von Sam erzählt? Er war unser Laufjunge. Verrückter Bengel. Und Eguchi-san. Meine Mitarbeiter. Das Büropersonal, nannten die New Yorker sie immer. Da standen sie, als ich zum Pier kam. Und da war auch Yoko.«

Jetzt weinte er ganz unverhohlen. Wortlos wühlte Lesli in ihrer Handtasche nach einem Kleenex. Sie drückte es ihm in die Hand, und er betupfte sich ohne großen Erfolg die Augen damit, kümmerte sich aber nicht weiter darum, als er fortfuhr. »Schrecklich. Ich hatte mich verabschiedet, bevor ich mich mit den Boys im Presseclub traf, und ich hatte ihr das Versprechen abgenommen, mich nicht zum Schiff zu bringen. Das gleiche galt für die beiden anderen. Aber die Japaner sind ja nicht zu bremsen, nicht wahr?«

Der alte Mann hatte das Kleenex fallengelassen, zog ein riesiges, altmodisches Taschentuch aus seiner geräumigen Hosentasche und putzte sich geräuschvoll die Nase. »Chinesisch. Es war noch zu viel Zeit, verstehen Sie? Es war ja ausgeschlossen, daß ich die verdammten Idioten stundenlang da herumstehen ließ, bis wir endlich ablegten. Und ich wußte, sie würden erst verschwinden, wenn das Schiff weg wäre. Die *President Cleveland* war das. Na, da gingen wir eben chinesisch essen, im erstbesten Lokal, das wir zu Fuß erreichen konnten. Hab' selber gar nicht gemerkt, was ich da aß. Sam hat das meiste verputzt. Und die ganze Zeit über schaute Yoko mich an. So still. Und zuhause machte das arme Ding die Hölle durch, ganz abgesehen von dem, was sie vielleicht für mich empfand.« Zwei Eichhörnchen hatten sich keck der Glasveranda genähert, und mit angedeutetem Lächeln wandte er sich ihnen zu. Es war, als habe er Lesli ganz vergessen und redete nur noch mit sich selbst.

»Ging dann durch den Zoll und durch die Paßkontrolle und schleppte mich irgendwie diese Gangway hinauf, in die Kabine und dann wieder zurück an Deck. Da standen sie. Yoko war immer noch bei den anderen, nur ein bißchen abseits. Der Steward verteilte diese bunten Papierschlangen; bestand darauf, daß ich auch zwei nahm. Rot und blau waren sie. Sam fing die Enden ein, und das blaue reichte er Yoko. Als das Schiff ablegte, strafften sie sich. Sam hielt seins fest, bis es riß, aber Yoko verneigte sich nur und ließ ihr Ende los.«

Rogers' Stimme klang jetzt erstickt und stockend, und Lesli wagte kaum zu atmen, weil sie befürchtete, er könne dann verstummen. So aber tat er nun einen tiefen, erschauernden Seufzer und schwieg sehr lange, bevor er sie wieder direkt und bewußt anschaute, die verblichenen alten Augen voll vom Schmerz der Erinnerung. »Ich wußte, sie würde dem Schiff nachschauen, bis es nicht mehr zu sehen wäre. Konnte es nicht ertragen. Wissen Sie, was ich tat? Wahrscheinlich werden Sie es verrückt finden, aber ich ging hinunter und nahm ein Bad. Mein Bad hatte kein Bullauge; ich knipste das Licht aus und lag in pechschwarzer Finsternis in dem heißen Wasser, Gott weiß, wie lange, und ich weinte mir die Augen aus dem Kopf. Benimmt sich so ein erwachsener Mann?«

Lesli beugte sich vor und nahm seine Hand. »Sie müssen sie sehr geliebt haben«, sagte sie leise.

»Vermutlich. Ja. Noch Monate danach ging sie mir, wenn ich wach war, nie ganz aus dem Sinn. Es war schwer vorstellbar, was sie wegen ihres Bruders durchmachen mußte. In meinem Fall war es, schätze ich, größtenteils Selbstmitleid und die schlichte Tatsache, daß sie mir fehlte. Ein- oder zweimal stand ich verdammt dicht davor, alles hinzuwerfen, meinen Job zu kündigen und nach Japan zurückzugehen, um sie zu finden und zu heiraten. Aber was ich jetzt eigentlich sagen wollte: Schließlich konnte ich doch an sie denken, ohne gleich Zustände zu bekommen. Einmal schrieb ich ihr. Einen dummen Brief. Sie antwortete gar nicht – es sei denn, Sie zählen die Weihnachtskarte, die sie mir im ersten Jahr noch schickte. Der Himmel weiß, wo sie die aufgetrieben hatte. Danach kam nichts mehr, und da tat's dann auch nicht mehr so weh. Und bevor einer von uns wußte, wie ihm geschah, hatten wir Krieg. Ab und zu dachte ich noch an sie und Teruko, aber ich glaube, bis Sie jetzt ihren Namen erwähnten, habe ich schon seit Jahren nicht mehr an Yoko gedacht – der Herr möge mir verzeihen. Wie kann eine solche Besessenheit einfach so verfliegen?«

»Man wächst. Man verändert sich. Die Welt dreht sich weiter. Ihre Wege haben sich getrennt.« Lesli begriff, daß sie nichts Vernünftiges sagen konnte. Ihre Worte waren nichts als tröstende Geräusche, aber zu helfen schienen sie trotzdem; er hob die andere Hand und tätschelte die ihre. Sie fand den Mut zu einer weiteren Frage. »Professor Rogers, was meinten Sie, als Sie von ihrem Bruder sprachen? Ihr Bruder Hideo? Er war Armeeoffizier, nicht wahr?«

Rogers ignorierte die Frage. »Und Sie haben Yoko wirklich getroffen? Bestimmt? Erzählen Sie mir von ihr, Miss Hoshino. Es geht ihr gut? Na, sie müßte doch über siebzig sein – es ist schwer zu glauben. Sie war so schön, als sie jung war, obwohl sie nie viel aus sich machte. Anders als ihre Schwester Teruko. Yoko war ein bißchen größer als die meisten japanischen Mädchen ihrer Generation, und sie hatte eine Haltung wie eine Königin. Ernst war sie, aber wenn sie mal lächelte, dann wurde es hell im ganzen Zimmer. Sie hatte solch sanfte Augen und ein schreckliches Verantwortungsgefühl, als habe sie für die ganze Welt zu sorgen.« Wieder traten dem alten Mann die Tränen in die Augen, und Lesli wußte, daß die Fragen, die in ihrem Kopf um Vorrang stritten, sich würden gedulden müssen. Sie war es Dwight Rogers schuldig, ihm zunächst von Yoko zu erzählen.

»Nun, sie wohnt in einem hübschen kleinen Haus in Kamakura. Sie ist Witwe, und ihr Familienname lautet Nagai. Sie ist emeritierte Professorin an der Frauenuniversität Ochanumizu und unterrichtet immer noch ein paar Stunden in der Woche. Für ihr Alter ist sie sehr lebhaft, und...«

19. *Montag, 27. Januar 1936*

»Sie war hier, jawohl«, sagte der Töpfermeister, und geistesabwesend grub er feine Tonfasern unter seinen Fingernägeln hervor. Die Flecken in seinem Gesicht schienen ebenso tief eingewachsen zu sein wie die an seinen Händen: Spuren seines Handwerks, die keine Seife der Welt würde abwaschen können. Das schüttere, verfilzte Haar seines strähnigen Bartes und der verblichene blaue Kimono, den er trug, verliehen ihm das Aussehen eines chinesischen Weisen auf einer Zeichnung in einer alten Schriftrolle, und in seinem Mund standen nur noch vereinzelt ein paar verfärbte Zähne. Aber Yukichis Schwager und seine Frau hatten ihm erzählt, der Mann sei so alt wie Yukichi und er habe Chie in ihrer Jugend gekannt, als sie sich zu Lebzeiten des alten Meisters immer in der Töpferei herumgetrieben habe. »Vorgestern. Wir haben lange miteinander gesprochen. Aber ich weiß nicht, wo sie jetzt sein könnte. Es tut mir leid.«

»Ich bitte um Nachsicht dafür, daß ich Sie mit solchen Angelegenheiten belästige, Meister«, sagte Yukichi ehrerbietig. »Aber wenn ich dennoch fragen dürfte... welchen Eindruck machte sie, als Sie mit ihr sprachen?« Es war ihm unendlich peinlich, den Zustand seiner Frau mit einem Fremden erörtern zu müssen; derlei Angelegenheiten hielt man besser innerhalb der Familie. Nach einem in Anspannung und Unbehagen verbrachten Abend und nach einer Nacht in dem engen Wohnzimmerchen hinter dem Kurzwarenladen, die ihm kaum etwas Schlaf gebracht hatte, wußte er indes, daß er von seinen angeheirateten Verwandten wenig Hilfe zu erwarten hatte. Er war genötigt gewesen, das Zimmer mit Chies Bruder, dessen Frau und dem kleinen Masao zu teilen; es gab zwar noch ein kleines Zimmer, doch das war der kranken alten Frau vorbehalten, seiner Schwiegermutter. Seit seiner Hochzeit hatte er sie nicht mehr gesehen, er hatte nie mit ihr gesprochen, und jetzt würde es dazu auch nicht mehr kommen, denn sie war fast blind und murmelte Tag und Nacht vor sich hin. Yukichis eigene Mutter war tot, und er hatte in Kumamoto keine nahen Verwandten mehr, aber er beabsichtigte dennoch nicht, noch eine Nacht unter dem Dach von Chies Bruder zu verbringen; er würde in ein Gasthaus ziehen, falls es ihm nicht überhaupt ratsam erschien, sich wieder auf den weiten Rückweg nach Tokyo zu machen.

»Sie müssen wissen, Meister, ihr Bruder und seine Frau konnten mir nur sehr wenig sagen. Wie es scheint, kam meine Frau in einem Zustand der... Verwirrung bei ihnen an, und sie wollte ihnen so gut wie nichts erzählen. Es war eigentlich eher eine Vermutung von ihnen, daß meine Frau hierher gekommen sein könnte. Gibt es denn noch einen Ort in der Nähe, zu dem sie gegangen sein könnte?«

Der Töpfer sah Yukichi an. »Es tut mir sehr leid«, wiederholte er. »Ich wünschte, ich könnte Ihnen helfen. Ich kann nur sagen, daß Chie-san krank und unglücklich wirkte, als sie herkam, aber als wir eine Zeitlang miteinander gesprochen hatten, wurde sie ruhiger. Zuerst erkannte ich sie gar nicht, und ich bin sicher, sie hielt mich für meinen Vater, aber dann erinnerte ich mich an das kleine Mädchen, das so oft herkam, als ich noch sein Schüler war und bevor er mich als seinen Sohn und Nachfolger adoptierte. Und sie erinnerte sich ebenfalls an mich, und sie fing an zu lachen und über die alten Zeiten zu plaudern. Es hat mich sehr bewegt, wenn ich das sagen darf: Es war fast so, als erlebte sie alles noch einmal.«

Yukichi nickte. »Sie war hier immer so glücklich. Hiervon hat sie öfter gesprochen als von irgendeinem anderen Ort, bevor... bevor sie krank wurde. Ich glaube, selbst wenn ihre Verwandten diesen Vorschlag nicht gemacht hätten, wäre ich hergekommen, um sie hier zu suchen.« Er seufzte. »Aber anscheinend komme ich zu spät. Gleichwohl muß ich Ihnen aus ganzem Herzen dafür danken, daß Sie mit ihr gesprochen haben.«

Er begann die gebräuchlichen Anstalten zu unternehmen, die einen Abschied einzuleiten haben, aber der Töpfer streckte die Hand aus und berührte seine Ärmel. »Gehen Sie noch nicht«, sagte er. »Chie-san sprach unablässig von jemandem, den sie die Mutter nannte. Zunächst nahm ich an, sie meine ihre eigene Mutter, doch –«

»Nein. Es hat mit ihrer Religion zu tun. Meine Frau gehört seit einer Weile zu Tenrikyo.«

»Ah, dann wird es das sein. Von Tenrikyo habe ich natürlich schon gehört. Aber von einer Gemeinde hier in unserer Gegend weiß ich nichts. Sie könnten sich beim Priester im Shinto-Tempel erkundigen, denke ich mir. Tenrikyo ist doch eine Art Shinto, nicht wahr?«

»Ich glaube«, antwortete Yukichi betreten. Die Sekte, zu der Chie gehörte, war von den Behörden so gekennzeichnet worden, aber von ihren Anfangstagen an hatte sie anscheinend immer wieder Schwierigkeiten auf sich gezogen, und Yukichi wußte sehr wohl, daß sie immer noch verdächtig war und nur unter dem Vorbehalt der strengen Beaufsichtigung durch die staatliche Tempelbehörde geduldet wurde.

»Nun, dann halte ich es durchaus für möglich, daß Chie-san den nächstgelegenen Tenrikyo-Schrein besucht. Was meinen Sie?«

Yukichi rieb sich die Augen und ließ die Schultern hängen. An dem, was der Töpfer da sagte, mochte wohl etwas sein, aber die

Aussicht darauf, in der Gegend von Kumamoto umherzustreifen und nach Versammlungen der Tenrikyo-Gläubigen Ausschau zu halten, denen seine Frau sich womöglich angeschlossen hatte, erfüllte ihn mit einem Gefühl von Hoffnungslosigkeit und Erschöpfung.

»Ich habe eine andere Idee«, sagte der Töpfer plötzlich und wollte aufstehen. Dann sah er Yukichi zweifelnd an. »Würden Sie mitkommen? Es ist nicht weit. Ich... nun, wir sollten einmal nachschauen, denke ich.« Unversehens war seine freundliche Gelassenheit verschwunden, und an ihre Stelle war ein Hauch von Unbehagen getreten. Rasch erhob er sich und ging voraus zum Eingang des alten Holzhauses; in der Diele schlüpfte er in seine hölzernen *geta*-Sandalen und wartete, bis Yukichi die Senkel seiner westlichen Schuhe geschnürt hatte. Dann wandte er sich einem steingepflasterten Weg zu, der durch einen Bambushain führte. Die Bambuspflanzen waren ausgewachsen, ihre Rohre dick wie Männerarme, und ihr matt silbriges, graugrünes Blattwerk war von geheimnisvoller Schönheit vor dem hellen Blau des Winterhimmels. In der Nacht hatte es strengen Frost gegeben, und Reif glitzerte noch immer auf dem Moos zwischen den Pflanzen, wo die Sonnenstrahlen, die den Weg herein fanden, den Boden betupften.

Nach einigen hundert Schritten verdrängten Zypressen den Bambus, und der gepflasterte Weg degenerierte zu einem rauhen, steinigen, steilen Pfad. An einer sonnenbeschienenen Stelle blieb der Töpfer stehen und sah sich nach Yukichi um. »Sie wissen von der Höhle?« fragte er. Yukichi schüttelte den Kopf. »Ich bringe Sie hin. Chie-san sprach immer wieder von ihr, als sie bei mir war, und mir kam eben der Gedanke, daß...« Er brauchte nicht weiterzusprechen; hastig stapfte er weiter, und Yukichi preßte die Lippen zusammen und stolperte mit einem neuerwachten Gefühl der Dringlichkeit hinter ihm her.

Die hölzernen *geta* des Töpfers klapperten auf den Steinen des Pfades, und Yukichis Schuhe knirschten und rutschten auf dem unebenen Boden, aber davon abgesehen war es still hier am Hügel, und nach einer kleinen Weile hörte Yukichi das Rauschen von Wasser, das aus der Höhe herabstürzte. Die beiden Männer bewegten sich jetzt durch hellen Sonnenschein, und die Eiseskälte, die Yukichi seit seiner Ankunft in Kumamoto bis ins Mark gedrungen war, hatte sich verflüchtigt. Statt ihrer spürte er jetzt, daß eine schleimige Schweißschicht seinen ganzen Körper bedeckte, und so war es beinahe eine Erleichterung, als sie nach einer scharfen Biegung wieder in den Schatten gelangten.

Der bescheidene Wasserfall lag geradewegs vor ihnen in einer Falte im Bergeshang. Der Pfad verbreiterte sich hier zu einer mit großen Steinen roh gepflasterten Fläche, die für zwei oder drei Menschen Platz zum Stehen bot. Das Wasser stürzte nicht mehr als zwanzig Fuß tief herab; es kam aus einer Felsspalte, und an Menge entsprach es etwa dem, was einem unaufhörlich ausgegossenen Eimer entströmen würde. Es gischtete in einen wenige Fuß breiten Tümpel, an dessen Rand eine roh behauene Statue des *bodhisatva* Jizo stand; wie die meisten solcher Statuen trug auch diese mehrere kleine Schürzen aus rotem Stoff, Säuglingsplätzchen gleich, um den Hals. Unversehens überlegte Yukichi, ob sie wohl von Müttern dort angebracht worden waren, die sich dafür bedankten, daß ihre Kinder von irgendwelchen Krankheiten genesen waren, ober ob sie eher ihren Bitten an Jizo Gewicht verleihen sollten, er möge nach ihrem Tode ihre Seelen unter seinen Schutz stellen – plötzlich erschien es Yukichi wichtig, dies zu wissen.

Ein schmaler Weg führte an der Jizo-Statue vorbei, und der Töpfer balancierte darauf entlang. Einen Augenblick lang übersprühte ihn der Wasserdunst, dann war er verschwunden. Yukichi hatte kaum Zeit, diese Tatsache zu registrieren, als der Töpfer auch schon wieder da war; er klopfte sich Gischttröpfchen von seinem Kimono und schüttelte den Kopf in einer Mischung aus Enttäuschung und Erleichterung. »Sie ist nicht da«, rief er. »Kommen Sie, sehen Sie selbst.«

Die gleichen zwei Regungen wetteiferten auch in Yukichis Bewußtsein, als er sich, dem Töpfer folgend, hinter den Wasservorhang schob und sich plötzlich im Eingang zu einer recht geräumigen Höhle fand. Nach den letzten Worten seines Begleiters war er davon überzeugt gewesen, daß sie Chie in der Höhle finden würden und daß sie tot sein würde. Yukichi war nahezu – wenn auch noch nicht vollends – bereit, sich selbst einzugestehen, daß es so wohl am besten wäre. Und dann wurden seine Gedanken an sie in ganz unerwarteter Weise verdrängt, als sich zum erstenmal seit vielen Jahren eine ungebetene Vision vor seinem geistigen Auge erhob: Er sah Fujiko vor sich, und stocksteif stand er da, wie gelähmt von der Wucht dieses Bildes.

Yukichi hatte sich selbst nie als jemanden gesehen, der einmal in eine Frau verliebt gewesen war, und ganz gewiß nicht in seine eigene Frau. Aber in seinen Studententagen hatte es dieses Mädchen gegeben, das er daheim bei seinem Förderer, Lafcadio Hearn, kennengelernt hatte. Der alte Professor hatte seine Illusionen über das Japan, das er liebte und dem er sich unwiderruflich verpflichtet hatte, längst verloren, aber trotz seiner Bitterkeit hörte er niemals auf, dem jungen Mann aus Kumamoto, der ihm schon als Knabe aufgefallen war, sein freundliches Augenmerk zu schenken.

Yukichis Examen war in Sicht, als Hearn die Einladung zu einer Vortragsreihe an der Cornell University erhielt – was ihn noch einmal für kurze Zeit glücklich machte – und mit der Arbeit an *Japan: Eine Interpretation* begann, einem Buch, das er auch zu Ende brachte, das aber nicht mehr nach Amerika gelangte, weil Hearn darüber verstarb. Yukichis letzte Erinnerungen an den alten Mann waren von angenehmer Art: Wochenendbesuche, indischer Tee mit Milch und Zucker, sein eigenes stockendes Englisch und der Duft des Tabaks, den der Professor rauchte. Naiv, wie Yukichi in jenen Tagen war, spürte er nichtsdestoweniger, daß seine erste Begegnung mit der brillanten Medizinstudentin Fujiko im Hause Hearns in der Nähe der Kaiserlichen Universität in Tokyo kein Zufall war, und viele Wochen lang war er geblendet von ihrer Kultiviertheit und ihrer Schönheit. Obgleich er schon seit mehreren Jahren in Tokyo lebte, war der Anblick junger Frauen in westlicher Kleidung immer noch angenehm verwirrend für ihn, und als Fujiko ihn das erstemal abrupt küßte und zielstrebig seine Hand an ihre Brust zog, wäre er vor schockiertem Entzücken beinahe ohnmächtig geworden. Sie konnte auch liebevoll und freundlich sein, und eine Zeitlang führte sie ihn bereitwillig in das Tokyoter Leben ein; sie half ihm, sein Erscheinungsbild und seine Sprechweise zu verbessern, und stattete ihn mit einem gewissen *savoir faire* aus, das dem jungen Provinzler im Laufe der folgenden Jahre gute Dienste leistete. Aber ihr exotischer Glamour war ebenso einschüchternd wie anziehend für ihn, und ohnedies bildete seine Verlobung mit Chie ein unüberwindliches Hindernis für jede ernsthafte Erwägung der Möglichkeit einer Heirat mit Fujiko. Nach einer Weile begann Fujiko sich ob seiner Schüchternheit zu langweilen; sie wandte sich smarteren jungen Männern zu und entfernte sich immer weiter von Yukichi. Zwar trottete er noch ein Weilchen recht verloren hinter ihr drein, doch nach ein paar Monaten trennten sich ihre Wege vollends, und sie sahen einander niemals wieder.

Tränen brannten in Yukichis Augen, und er schüttelte sich, um in die Gegenwart zurückzufinden; verlegen merkte er, daß der Töpfer ihn eindringlich musterte. Trotz der Düsternis sah man, daß die Rückwand der Höhle etwa zweieinhalb Meter weit vom Eingang entfernt und der Innenraum ungefähr ebenso hoch war; die breiteste Stelle maß indessen nicht viel mehr als anderthalb Meter. Obwohl der Wasservorhang, der die Höhle verbarg, so nah war, roch die Luft hier drinnen trocken und sauber, und die Asche eines kleinen Feuers, das jemand in der Nähe des Eingangs entfacht hatte, war weich und pulvrig. Bis auf einen wackligen Holzstuhl war die Höhle leer; der Stuhl knarrte, als der Töpfer ihm einen sanften Stoß versetzte.

»Hin und wieder kommen Leute her und stellen sich unter den Wasserfall. Eine spirituelle Disziplin – sie rezitieren dabei buddhistische *sutras*«, erklärte er. »Wahrscheinlich lassen sie dann ihre Kleidung hier, damit sie trocken bleibt.« Er sah sich um, als wolle er wieder hinausgehen, doch dann trat er an die rückwärtige Wand der Höhle und studierte das dort eingebrochene Felsgestein aufmerksam.

»Es muß hier irgendwo einen Spalt geben.« Er tastete umher. »Chie-san hat mir etwas gebeichtet, wissen Sie. Wie es scheint, hat sie als kleines Mädchen ein paar Töpfe geborgen, die meinem Vater mißfallen hatten und die er deshalb fortgeworfen hatte, und dann hat sie sie hier versteckt. Ich habe nicht daran gedacht, sie zu fragen, was sie später damit angefangen hat. Falls sie sie noch hat, dürften sie inzwischen eine Menge Geld wert sein... Ah! Ich hoffe, es schläft keine Schlange dort drinnen.« Er hatte eine kleine Öffnung in der Höhlenwand gefunden und schob den Arm hinein. Yukichi beobachtete ihn. »Es fühlt sich recht geräumig an. Eine Art natürlicher Schrank. Aber leer... halt!« Yukichi hörte ein stumpfes Klirren, als der Töpfer etwas aus dem Hohlraum hob und es zum heller erleuchteten Eingang trug.

Es war eine kleine flache Schale mit einem zarten graugrünen Bambusmuster auf sattblauer Glasur. Zärtlich betrachtete der Töpfer das Stück, während er es hierhin und dorthin wendete. »Ich glaube, ich kann sehen, weshalb er es fortwarf«, murmelte er. »Aber der Fehler ist wirklich so unerheblich... Chie-san hat gut daran getan, es zu verwahren.« Er hielt Yukichi das wunderschöne kleine Objekt entgegen. »Nehmen Sie es, Shimada-san«, gebot er. »Geben Sie es ihr zurück, wenn Sie sie finden. Und sagen Sie ihr meinen Dank.«

20. *Freitag, 31. Januar 1936*

Es war ein rauher Abend; ein Wind wie Eiswasser ließ die Haut im Gesicht gefrieren, und Hideo hüllte sich fester in seinen Mantel, als er zum drittenmal um die Ecke bog und sich vergewisserte, daß in der ruhigen Wohnstraße keine Menschenseele zu sehen war. Noch einmal ging er an der kachelgedeckten, glattverputzten Mauer entlang, die das Privathaus des Ehrwürdigen Bewahrers des Geheimen Siegels schützend umgab. Er verlangsamte seinen Schritt, als er das hohe Holztor des Haupteingangs mit der eingelassenen Pforte erreichte; er mußte an die Anekdote denken, die General Mazaki über die Familientradition der Saitos erzählt hatte, zum Neujahrstag immer nur ein und nicht zwei Gebinde aus Bambus, Kiefern- und Pflaumenzweigen außen an der Tür zu befestigen. Hideo sah auf einen Blick, daß weder die Mauer noch das Tor ihm und seinem Kommando irgendwelche Schwierigkeiten bereiten würden, und obwohl die Polizeistreifen das Anwesen zweifellos regelmäßig im Auge behielten, gab es keine feste Bewachung. Zumindest in dieser Hinsicht konnte Hideo, wie er wohl wußte, von Glück sagen: Der imposante, im westlichen Stil errichtete Amtssitz des Premierministers wurde rund um die Uhr von bewaffneten Polizisten bewacht.

Vom Hause selbst konnte Hideo kaum etwas sehen, denn wie die Residenzen der meisten Wohlhabenden war es dem Blick zufällig Vorübergehender wirkungsvoll verborgen; von der Straße aus waren nur das Dach und ein Teil des oberen Stockwerks sichtbar. Hideo war zu dem Schluß gekommen, daß er im Schutze der Dunkelheit nichts weiter unternehmen könne, und wollte sein Erkundungsunternehmen eben beenden, als er auf dem Kies hinter dem Tor das Knirschen von hölzernen *geta* hörte, und gleich darauf das stumpfe Klappern von Metall gegen Holz, als jemand die Riegel beiseiteschob. Hideo schaltete rasch; er rannte ein paar Schritte weit, machte dann kehrt und ging am Tor vorbei, als es geöffnet wurde. Er hielt inne, als er dem großäugigen, unerschrockenen Blick eines Dienstmädchens begegnete. Das Mädchen trug eine Papierlaterne, deren bei jeder ihrer Bewegungen flackernde Kerzenflamme kaum mehr als das Gesicht beleuchtete. Es konnte nicht viel älter als vierzehn oder fünfzehn Jahre sein und hatte die roten Apfelwangen eines Landmädchens. Bekleidet war es mit einem einfachen Kimono; lange, um den Körper geschlungene Bänder hielten die Ärmel zurück, um die Arme zu entblößen.

Das Mädchen starrte Hideo ohne Verwunderung entgegen; es hielt die Laterne hoch, um ihn besser sehen zu können. »Oh. Verzeihung, Herr. Ich dachte, Sie sind der Polizist. Es liegt an der Mütze, wissen Sie. Scheußlich kalt heute nacht – ich bin froh, wenn ich wieder ins Haus komme, das kann ich Ihnen sagen.« Zwar konnte Hideo kaum verstehen, was sie sprach, aber ihre Mundart erkannte er sogleich. Das Kind kam aus dem nördlichen Teil der Hauptinsel; ihr Arbeitgeber stammte dorther, und es gehörte zweifellos zu einer der Familien, die auf den angestammten Ländereien der Saitos arbeiteten.

»Ich komme zufällig hier vorbei«, sagte er, bemüht, einen Tonfall anzuschlagen, wie er einem Armeeoffizier zukam, der eine immerhin recht niedliche Mamsell anredete. »Aber wieso erwartest du einen Polizisten, wenn es so ist, wie du sagst?«

Das Mädchen zuckte die Achseln, setzte die Laterne ab und machte sich daran, das Tor weit zu öffnen. »Weil der Herr auf dem Heimweg ist, deshalb. Sie telefonieren uns immer an, wenn sie sein Auto sehen. Wir haben hier nämlich ein Telefon.« Der Stolz in ihrer Stimme war nicht zu überhören. »Und meistens saust einer von ihnen mit dem Fahrrad hinten 'rum; dann ist er früher hier und sorgt dafür, daß der Herr wohlbehalten 'reinkommt. Hab' ich's nicht gesagt? Da kommt er.«

Hideo warf einen Blick in die Richtung, in die sie schaute, und sah den matten Strahl eines Fahrradscheinwerfers in der Ferne, der sich wackelnd auf sie zubewegte. Es schien sich zu lohnen, einmal abzuwarten und zu sehen, was als nächstes passieren würde. »Warum so viel Aufhebens?« fragte er beiläufig, was sich auf die Dauer als schwierig erwies. »Wer ist denn dein Herr?«

»Na, der Graf ist er«, erklärte sie wichtigtuerisch. »Der Ehrwürdige Bewahrer des, äh, Ge-geheimen Siegels.« Der volltönende neue Titel bereitete ihr einige Mühe.

»Ach ja? Na, ich sollte dann wohl zusehen, daß ich weiterkomme«, sagte Hideo, als der Polizist auch schon da war; mit finsterem Argwohn musterte er Hideo, als er vorsichtig von seinem Fahrrad abstieg und es an die Mauer lehnte. Dann salutierte er mit sichtbarem Zögern. Hideo erwiderte den Gruß mit wohlbedachter Höflichkeit. Der Streifenpolizist war ungefähr so alt wie er, aber kleiner und stämmiger; wie bei dem Dienstmädchen lag in seinen groben Zügen etwas Bäuerliches.

»Na, bist du's wieder?« begrüßte das Mädchen den Neuankömmling frech. »Ich sagte eben zu dem Herrn hier, daß er nur noch 'ne Minute stehenzubleiben braucht, und dann kann er den Herrn Grafen sehen.«

»Mach du lieber das andere Tor auf, Mädchen, und schwatze nicht so viel«, versetzte der Polizist streng. »Ich kann das Auto schon hören.«

»Ich kam zufällig vorbei«, erklärte Hideo auch ihm, während das Mädchen die Laterne in den Kies stellte und den anderen Torflügel aufschob. »Hatte ja keine Ahnung, daß der Herr Präsident hier wohnt. Es wird interessant sein, mal zu sehen, wie er aussieht.«

Der Polizist machte immer noch eine sichtlich verdrossene Miene. »Sie sollten weit genug zurücktreten«, meinte er mürrisch. »Kann nicht zulassen, daß hier lauter Leute im Weg stehen.« Das Brummen des herannahenden Wagens war jetzt deutlich zu hören, und als Hideo gehorsam zurücktrat, erhellten Scheinwerfer die Straße, und das Fahrzeug bog um die Ecke.

Jetzt, da das Tor weit offenstand, war das Haus ganz zu sehen. Die vordere Schiebetür stand offen, und Licht flutete über einen kiesbedeckten Vorplatz, gerade groß genug für ein Auto. Hideo sah, wie eine alte Dame aus dem Haus trat und auf dem erhöhten Teil der Veranda niederkniete: Es mußte die Gräfin Saito sein, die sich darauf vorbereitete, ihren Gatten daheim willkommen zu heißen. Dann war das Auto da; schwungvoll rollte es durch das Tor. Hideo schlug die Hacken zusammen und salutierte. Er blieb stramm stehen, bis er hörte, wie der Motor abgestellt und die Wagentür geöffnet wurde.

Der Fahrgast auf dem Rücksitz war nicht zu erkennen gewesen, als der Wagen vorübergefahren war. Hideo ließ den Arm sinken und sah jetzt, daß der Polizist den Wagenschlag geöffnet hatte; jetzt salutierte er wie zuvor Hideo, als ein glänzender Schuh, eine weiße Gamasche und ein gestreiftes Hosenbein aus dem Wagen auftauchten: Ein alter Herr arbeitete sich mühsam ins Freie und nickte dem Polizisten und dem Chauffeur zu, der hinten um den Wagen herumgesprintet war und ihm einen Spazierstock überreichte. Admiral Saito war fest in einen langen schwarzen Mantel gehüllt; er trug einen weißen Seidenschal um den Hals und einen Filzhut, der gerade auf seinem Kopf saß. Sein Gesicht konnte Hideo kaum erkennen. Ohnedies aber hatte er durch einen glücklichen Zufall an diesem Abend mehr in Erfahrung gebracht, als er sich hätte träumen lassen, und jetzt wurde es Zeit zu verschwinden. Die Götter, so fand er, waren heute mit ihm, und wenn er sich beeilte, würde er nicht zu spät kommen.

Am Ende der Straße warf er noch einmal einen kurzen Blick zurück. Das Haupttor war wieder geschlossen, aber die kleine Pforte war noch offen, und die Papierlaterne, die offenbar noch drinnen stand, warf genug Licht, so daß Hideo die Gestalten des Polizisten und des Dienstmädchens erkennen konnte. Trotz der Entfernung war es nicht zu übersehen, daß sie einander verstohlen befummelten. Hideo lächelte bei sich und machte sich aus dem Staub. Erleichtert begriff er, daß der Polizist seinetwegen überhaupt nicht mißtrauisch gewesen war – zumindest nicht, soweit es Admiral Saitos Sicherheit betraf. Er war einfach verärgert gewesen, weil er befürchtet hatte, seine kleine Freundin habe womöglich eine neue Männerbekanntschaft geschlossen. Die vorlaute Frechheit der kleinen Kröte war damit ebenfalls erklärt.

Aufgekratzt beschleunigte Hideo seinen Schritt und strebte der Hauptstraße zu; er würde seine Zeit nicht mit einem hohlköpfigen Dienstmädchen verschwenden, aber er hegte doch nicht den geringsten Zweifel daran, daß er als Offizier der Kaiserlichen Armee eine sehr viel glanzvollere Partie war als ein Streifenpolizist – trotz aller Furcht und Ehrerbietung, die ein Bürger, der wußte, was gut für ihn war, der Polizei entgegenbrachte. Genüßlich überlegte er sich, daß er das Mädchen innerhalb von Minuten hätte flachlegen können, wenn er sich die Mühe hätte machen mögen.

Als er in die Hauptstraße einbog, sah er ein Ein-Yen-Taxi herankommen. Er hatte zwar eine Armbanduhr, aber es war ein billiges, unzuverlässiges Ding; wahrscheinlich würde er auch mit der Straßenbahn noch rechtzeitig zum Ziel kommen können, aber verspäten wollte er sich auf keinen Fall. In der warmen Glut seiner Selbstzufriedenheit und Zuversicht beschloß er zu prassen und winkte das Taxi heran; auch wenn er das Fahrgeld bezahlt hätte, bliebe ihm noch genug Geld für das, was er vorhatte. Er gab dem Fahrer die nötigen Anweisungen; der Mann war entzückt, zu dieser späten Stunde noch eine Fuhre zur Ginza zu ergattern. Hideo ließ sich auf den bequemen Rücksitz sinken, erfüllt von einem hochherrschaftlichen Gefühl der Befriedigung, gemischt mit wachsender Erregung.

Der Anblick des Ehrwürdigen Bewahrers hatte ihn kein bißchen eingeschüchtert, und obgleich der alte Herr harmlos genug ausgesehen hatte, spürte Hideo schon jetzt eine zufriedenstellende Empörung darüber in sich aufsteigen, daß dieser morsche Aristokrat in einer Position sein sollte, die es ihm ermöglichte, Seiner Majestät vergiftete Ratschläge ins Ohr zu wispern und Leuten wie General Mazaki und General Araki den Zugang zum Thron zu versperren, obgleich doch nur deren fachkundige und uneigennützige Führung die Sicherheit und den Wohlstand des Reiches sowie das Wohlergehen seiner Bürger gewährleisten konnte. Das üble Gefühl der Furcht, das ihn jedesmal, wenn er an seinen Auftrag dachte, ergriffen hatte, war verflogen, stellte er fest. Es war an der Zeit, gezielt und ruhig über Mittel und Wege nachzudenken, und heute abend hatte er damit einen ausgezeichneten Anfang gemacht.

Als das Taxi in die Ginza einbog, verglich Hideo seine Armbanduhr mit der großen Uhr am Mazda-Gebäude. Es war eine oder zwei Minuten vor acht, und er faßte einen raschen Entschluß. »Wenn wir beim Arden Beauty Salon sind, möchte ich, daß Sie ein paar Minuten warten. Wir holen dort eine Dame ab, und dann fahren Sie uns – äh, in die Gegend hinter Ueno.« Es war ihm peinlich, das Wort »Yoshiwara« auszusprechen; er würde dem Fahrer klare Anweisungen erteilen können, wenn sie erst in der Gegend waren.

»Das kostet aber nochmal einen Yen«, erklärte der Fahrer.

»Dies ist ein Ein-Yen-Taxi«, widersprach Hideo hitzig. »Sie wissen genau, daß Sie für diesen Preis zu jedem Ort innerhalb des Stadtgebietes zu fahren haben. Ich kann Sie bei der Polizei anzeigen, wenn Sie sich weigern.«

Der Fahrer, ein runzliger alter Mann, antwortete nicht, bis er vor dem Salon anhielt. Dann stieg er aus, ging um das Auto herum und öffnete die Tür. »Sie haben mich beauftragt, Sie in die Ginza zu fahren. So steht es auf meinem Fahrtzettel. Wir sind da. Einen Yen bitte.«

Wutentbrannt sprang Hideo aus dem Taxi und hätte den Mann wegen seiner Unverschämtheit fast geschlagen, doch dann bemerkte er, daß ein oder zwei Passanten stehengeblieben waren und neugierig herüberschauten, und mit knapper Not gelang es ihm, seinen Zorn im Zaum zu halten. Seine Hand zitterte, als er dem Taxifahrer die Ein-Yen-Note hinstreckte; dann wandte er sich ab, ohne ihn eines weiteren Blickes zu würdigen, und starrte in das Schaufenster des benachbarten Juweliergeschäfts, bis er hörte, wie das Taxi davonfuhr.

Hideo war immer noch wütend, als seine Schwester einige Minuten später aus dem Schönheitssalon trat, aber seine Wut war inzwischen abgekühlt und unter Kontrolle, und er hatte nicht die Absicht, sich erneut reizen zu lassen. Es war das erstemal, daß sie sich sahen, seit er sie etwas über eine Woche zuvor geküßt hatte und aus ihrem Zimmer gestolpert war. Teruko wich zurück, als sie ihn erblickte. »Was willst du hier?« fragte sie mit brüchiger Stimme.

Hideo streckte die Hand aus und packte sie beim Arm. »Ich muß um Mitternacht zurück sein«, sagte er. »Wieviel Geld hast du bei dir? Ich brauche zwei oder drei Yen. Ich geb's dir später zurück.« Ohne ihre Antwort abzuwarten, winkte er dem vordersten Taxi am Halteplatz auf der anderen Straßenseite und deutete in die Richtung, in die sie fahren mußten. Er zwängte Teruko hinein, als das Taxi neben ihnen bremste.

Diesmal empfand er keine Verlegenheit. »Yoshiwara«, bellte er. »Zum Gasthaus Suisen-ro, in der Gegend von Kikusui-ya.« Teruko öffnete den Mund, um entsetzt zu protestieren, aber als sie das kalte Glitzern in den Augen ihres Bruders sah, ließ sie sich bebend zurücksinken. »Sei still.« Er formte die Worte lautlos mit den Lippen, und Teruko war zu erschreckt und verängstigt, als daß sie etwas hätte sagen können; starr und unbeweglich saß sie da, und der Taxifahrer sah Hideo im Rückspiegel an und zwinkerte ihm gemächlich und unverhohlen zu. Von einem Gasthaus »Zur Narzisse« hatte sie noch nie gehört, aber es war nicht schwer zu erraten, daß es sich um eines der Häuser in Yoshiwara handelte, die stundenweise Zimmer vermieteten, ohne daß irgendwelche Fragen gestellt wurden: Ihre Freundin Haru hatte sich gebrüstet, gelegentlich mit einem Studenten von der Keio-Universität dort hinzugehen.

Die Szene, die sich in Yokos und ihrem Zimmer abgespielt hatte, kam ihr jäh wieder in den Sinn; sie schloß die Augen und ließ den Kopf beschämt und entsetzt sinken, während das Taxi beschleunigte. Was hier mit ihr geschah, war furchtbar und unglaublich. Der Mann neben ihr war ein bedrohlicher Fremder, nicht der große Bruder, den sie ihr Leben lang gekannt hatte.

Das Schlimmste aber war eine andere Erkenntnis, die sich übelkeiterregend in ihr rührte: Sie würde sich Hideo nicht widersetzen, wenn sie bei der Absteige angekommen wären. Der Wurm der

Wollust entrollte sich in ihrem Bauch, und ihr Atem ging rascher, als sie begriff: Sie wollte, daß alles noch einmal geschah.

21. *Mittwoch, 29. Januar 1986*

Lesli griff dankbar nach ihrer Reisetasche, als ihr Flug endlich aufgerufen wurde, froh darüber, das unpersönliche Gewimmel des Internationalen Flughafens von Los Angeles hinter sich lassen und die letzte Etappe der Rückreise nach Japan antreten zu können. Allein zu sein, störte sie niemals; am verletzlichsten fühlte sie sich da, wo das Gedränge am dichtesten war. Die öde Warterei zwischen den Flügen war ihr nicht so schwergefallen, nachdem es ihr gelungen war, sich den Aufmerksamkeiten zweier unablässig grinsender Mun-Anhänger, gefolgt von einem bärtigen Baghwan-Jünger, zu entziehen und ein menschenleeres Abflug-Gate ausfindig zu machen, wo sie einigermaßen ungestört sitzen und ihre Notizen durchsehen konnte.

Sie brannte jetzt geradezu darauf, nach Japan zurückzukommen. Nach ihrem zweiten Gespräch mit Dwight Rogers hatte es ihr vor lauter Frustration in den Fingern gejuckt, und sie war entschlossen, herauszufinden, was der gerissene alte Herr ihr vorenthalten hatte. Sie konnte versuchen, es aus Yoko herauszukitzeln, sie konnte aber auch Charlie Goldfarb um Hilfe bitten, wenngleich ihr das immer noch widerstrebte. Wieder und wieder hatte sie ihre Notizen von den Gesprächen mit Rogers durchgelesen, aber in allem, was er gesagt hatte, war kein weiterer Hinweis auf Hideo zu finden, mochte er noch so versteckt sein. *Was* der alte Mann ihr da erzählt hatte, war ohnedies schon faszinierend genug, und Lesli fiel es schwer, zu entscheiden, für wen sie größeres Mitgefühl empfand, für die arme, törichte Teruko mit dem Kopf voller Hollywood-Romantik oder für die große Schwester Yoko, die die Last der Welt auf ihren Schultern trug: Die Mutter verrückt, und der ältere Bruder bis zum Hals in Schwierigkeiten unbekannter Art. Es hatte sie rasend gemacht, als Professor Rogers geseufzt und dann, nach langem Geräusper und Gebrumm, zuletzt erklärt hatte, wenn Yoko es für richtig gehalten habe, ihr nichts von dieser Angelegenheit zu erzählen, dann dürfe er jetzt keinen Vertrauensbruch begehen.

Zumindest war Lesli jetzt davon überzeugt, daß er tatsächlich nicht die leiseste Ahnung gehabt hatte, daß Jiro Yokos jüngerer Bruder war. Sich mit dieser Enthüllung abzufinden, hatte ihn offensichtlich erschüttert, und Lesli hoffte nur, er werde ihr wirklich einen Brief schreiben, wie er es ihr versprochen hatte, wenn er seine Gedanken in Reih' und Glied gebracht habe, wie er sich ausgedrückt hatte. Vorläufig sollte sie dem alten Herrn eigentlich schon dankbar für das sein, was sie von ihm bekommen hatte. Seine Augenzeugenberichte aus dem Tokyo der dreißiger Jahre waren purer Goldstaub... Lesli hätte einiges dafür gegeben, nur einen einzigen Tag lang Zeitreisende sein und durch die Stadt spazieren zu dürfen, wie sie fünfzig Jahre zuvor ausgesehen hatte – als Shinjuku noch kaum mehr als ein Vorort gewesen war und gerade erst angefangen hatte zu wachsen. Es wäre faszinierend zu sehen, was zum Beispiel da gestanden hatte, wo sich jetzt der Wolkenkratzer der Shimada Trading Corporation erhob.

Es fiel Lesli schwer, zu verstehen, woher der tiefwurzelnde Widerwille ihrer Eltern rührte, über das Vorkriegs-Japan zu reden, und es betrübte sie, daß es ein alter amerikanischer Professor und ehemaliger Zeitungsreporter gewesen war, nicht ihre Eltern, von denen sie die lebhafte Schilderung von Dingen erhalten hatte, an die sie sich noch sehr genau erinnern mußten. Sie hatten ihr ziemlich unmißverständlich zu verstehen gegeben, daß sie Leslis Beschäftigung mit Shimadas Biographie für Zeitverschwendung hielten, und es hatte sie offensichtlich nicht im geringsten interessiert, was aus seinem Bruder, dem Armeeoffizier, geworden sein mochte.

Mit einem optimistischen Gefühl machte Lesli es sich auf ihrem Sitz bequem; es sah so aus, als würde es in der Economy Class höchstens halbvoll werden, so daß sie sich über zwei Sitze würde ausbreiten können – vielleicht sogar über drei. Diese Reise hatte sie also eine Woche ihres Lebens und zwölf- bis dreizehnhundert Dollar gekostet. Charlies erste Frage würde lauten, ob sich der Aufwand für dieses Unternehmen gelohnt habe. Lesli zweifelte nicht daran, daß er sich gelohnt hatte. Zwar kam sie nicht mit allzu vielen Antworten nach Tokyo zurück, aber sie hatte eine beeindruckende Liste mit interessanten Fragen und neuen Erkundungsrichtungen zusammenstellen können. Das einzige Problem war, daß sie diese Liste früher oder später nahezu vollständig auch Jiro Shimada würde vorlegen müssen, und Lesli wußte, daß die Aussicht darauf mindestens ebenso beängstigend wie aufregend war. Sie ließ den Sicherheitsgurt einrasten und schaute in den smogdurchtränkten Himmel, als das Flugzeug sich in Bewegung setzte und langsam rückwärts geschleppt wurde.

22. *Samstag, 1. Februar 1936*

»Herein!« Der Ton seiner Antwort auf ihr schüchternes Klopfen an der Tür ließ vermuten, daß Herr Nagai seinen Sorgen nicht gestattete, seine gewohnt gute Laune zu beeinträchtigen, und als Yoko dem Ruf Folge leistete und sein Zimmer in der Historischen Abteilung betrat, ließ das breite Lächeln, das in seinem Gesicht aufstrahlte, als er sah, wer sein Besucher war, sie beinahe ihren eigenen Kummer und den ernsten Grund für ihren beispiellosen Besuch vergessen. »Fräulein Shimada! Was für eine reizende Überraschung! Kommen Sie herein, kommen Sie herein und setzen Sie sich.«

Sein Zimmer wäre eine triste, trüb beleuchtete Zelle gewesen, hätten nicht zahllose Bücher eine Wand fast vollständig und stapelweise auch den größten Teil des Fußbodens bedeckt; nur ein schmaler Spalt ermöglichte den Zugang zu Nagais überquellendem Schreibtisch und dem einzigen für Besucher vorgesehenen gradlehnigen Stuhl; selbst auf diesem lag indes ein Stapel Papier. Nagai hob ihn auf und sah sich mit komischer Verzweiflung um, bevor er den ganzen wackligen Stoß auf den sich neben ihm vom Boden erhebenden Bücherstapel legte.

»Ich bin beim Aufräumen«, erklärte er, als er Yokos verblüffte Miene sah. »Ich erwarte in Kürze einen sehr viel weniger willkommenen Besuch, müssen Sie wissen – wenngleich sie immer noch ein bißchen zögern, ehe sie einen Universitätscampus betreten.« Eine kalte Hand krallte sich um ihren Magen, als sie registrierte, was er da sagte. Nagai grinste schmal, und diesmal erreichte die Heiterkeit seine Augen nicht.

»Wie ich sehe, haben Sie erraten, wen ich damit meine. Jawohl, unsere Freunde von der polizeilichen Abteilung für gefährliches Gedankengut. Es scheint, daß sie sich für meine Lektüre interessieren. Aber setzen Sie sich doch, Fräulein Shimada. Du liebe Güte, ich fürchte, es sind ziemlich ignorante Kerle. Sie waren schon in meiner Wohnung, als ich nicht zuhause war, und sie haben nach kommunistischer Literatur gesucht. Meiner armen Wirtin blieb nichts anderes übrig, als sie hereinzulassen. Und wissen Sie was? Sie haben Engels ignoriert, aber sie haben mir meinen Dostojewski geklaut! Na, ich bin natürlich gleich zum Polizeirevier marschiert und habe ihn zurückverlangt. Der Inspektor war eigentlich gar nicht so übel; er gab mir die Bücher ohne weiteres heraus und lachte nur darüber. Er meinte, seine Leute nähmen automatisch an, daß ein Autor, dessen Name auf ›-ski‹ endet, Kommunist sei, aber im Erkennen anderer russischer oder gar anderer ausländischer Namen seien sie nicht allzu tüchtig.«

Jetzt wirkte sein Grinsen wieder entspannt und aufrichtig, und trotz ihrer Angst um ihn mußte Yoko unwillkürlich ebenfalls lächeln. »Jedenfalls habe ich das Gefühl, mein neuer Freund, der Inspektor, könnte auf die Idee kommen, mich hier zu besuchen, um sich ein wenig umzuschauen, und deshalb... Die meisten dieser Bücher gehören sowieso der Bibliothek, wie Sie sich sicher schon gedacht haben. Ich nehme an, Sie sind froh, wenn Sie sie endlich zurückbekommen.«

»Aber man würde hier doch... nichts... dergleichen finden, oder?« fragte Yoko nervös. Von Engels hatte sie im Zusammenhang mit Karl Marx schon gehört, aber sie hatte keine Ahnung, was für brisante Literatur er herausgebracht haben mochte. Zumindest erschien es ihr unwahrscheinlich, daß es hier in der Universitätsbibliothek von Waseda Exemplare seiner Werke geben sollte.

»Dostojewski jedenfalls nicht, dessen bin ich sicher«, antwortete er leichthin; er wandte sich zu dem Regal hinter ihm um und zog einen staubigen Band heraus. »Engels auf jeden Fall. Bitte sehr: *Der Ursprung der Familie, des Privateigentums und des*

Staats. Aufwieglerisches Zeug. Nehmen Sie es lieber zurück; dann können sie Ihren Direktor statt mich verhaften.«

Mit spitzen Fingern und zögernd, als erwarte sie, sich daran zu verbrennen, nahm Yoko das Buch entgegen. Es war in der Tat eindeutig als Bibliothekseigentum gekennzeichnet, und entsetzt starrte sie es an, bis Nagai sich herüberbeugte und es ihr behutsam aus der Hand nahm. »Keine Sorge«, sagte er ruhig. »Ich bringe es nachher selber zurück.« Zu ihrer großen Verlegenheit stiegen ihr plötzlich die Tränen in die Augen, und eine rann langsam ihre Wange hinunter, während sie nach einem Taschentuch suchte.

Nagai wandte sich taktvoll ab und schaute aus dem kleinen, schmutzigen Fenster. Er hüstelte einmal und sprach dann, ohne sie anzusehen. »Bitte machen Sie sich keine Sorgen um mich, Fräulein Shimada. Ich weiß, es ist albern von mir, daß ich versuche, es als einen Witz abzutun; aber ich habe wirklich nichts zu verbergen, und ich habe auch nicht die Spur eines schlechten Gewissens. Japan hat immer noch eine parlamentarische Regierung, und viele von uns rechnen damit, daß die Demokraten bei den Wahlen diesen Monat recht gut abschneiden werden. Ich bin sicher, wir werden an unseren Clubabenden weiter Tschaikowski hören können. Professor Minobe wird nicht mehr allzu lange in Ungnade stehen, und für so unbedeutende unter seinen Anhängern wie mich werden sich die Behörden überhaupt nicht mehr interessieren.«

»Aber ich mache mir trotzdem Sorgen um Sie«, wisperte Yoko. »Ich... ich habe Sie gern, Nagai-*sensei*.« Die Worte entschlüpften ganz unbeabsichtigt ihrem Mund, und vor lauter Entsetzen lief sie dunkelrot an, als der Dozent sie unverwandt anschaute. Schließlich rieb sie sich mit ihrem Taschentuch die Augen, um seinem Blick auszuweichen.

»Warum sind Sie zu mir gekommen, Fräulein Shimada?« fragte er endlich. »Was Sie eben gesagt haben, ehrt mich tief, aber ich glaube, Sie wollten etwas anderes. Habe ich recht?«

Yoko nickte ein paarmal mit geschlossenen Augen; sie war ihm dankbar dafür, daß er ihr Gelegenheit gab, noch einmal von vorn anzufangen, obwohl er jetzt wußte, daß sie ihn liebte, und viel zu aufmerksam war, als daß er sich durch das, was sie eigentlich zu sagen hatte, würde verwirren lassen.

Nagai wartete geduldig, bis Yoko ihre Fassung wiedergewonnen hatte. Ruhig lehnte er sich zurück, als sie schließlich zu sprechen begann. »Ich bedaure zutiefst, Sie in dieser Weise zu stören.« Sanft abwinkend wischte er ihre Entschuldigung beiseite. »Ich bin gekommen, um Ihnen zu sagen, daß ich zum nächsten Clubabend nicht kommen werde und daß ich wahrscheinlich überhaupt nicht mehr dabei sein kann. Ich muß für eine Weile Sonderurlaub beantragen. Meine Mutter ist krank, und ich muß sie pflegen. Es kann sein, daß ich meine Stellung in der Bibliothek aufgeben muß.«

Yokos Stimme klang jetzt einigermaßen ruhig, und Nagai sah sie schweigend an; in seine Verlegenheit über ihren Ausbruch vorhin mischte sich Bewunderung für sie. Er hatte sie gern, und die Aura von beinahe kindlichem Ernst, die sie selbst dann umgab, wenn sie offensichtlich zutiefst glücklich war, verzückt von Musik, die ihm stets Vergnügen bereitete, aber ihn selten emotional anrührte – diese Ernsthaftigkeit hatte etwas, das ihn anzog. Auch war sie schön mit ihren ungewöhnlich großen Augen unter den schlichten Ponyfransen, die ihre Stirn wie ein Vorhang bedeckten; diese Augen trugen dazu bei, daß sie wie ein ernsthaftes und verantwortungsbewußtes Kind wirkte, anscheinend ohne zu wissen, daß sie den üppigen Körper einer reifen Frau bewohnte.

An diesem Tag trug Yoko ein schlichtes, blaues, gestricktes Twinset zu einem einfachen Wollrock: Nagai verstand etwas von Frauen, und ihm war klar, daß die schüchterne Bibliothekarin sich nicht für Kleider interessierte und keinen Sinn für Mode besaß; gerührt stellte er deshalb fest, daß sie sich heute einen Hauch von Rouge auf die Wangen gelegt und auch ein wenig Lippenstift aufgetragen hatte – offensichtlich seinetwegen. Ihm war sehr wohl bewußt, daß er ein paar Monate lang mit großem Vergnügen einen zarten Flirt mit ihr getrieben hatte, und bestürzt erkannte er, wie sehr ihn die Aussicht auf ihre Abwesenheit und ihren möglicherweise endgültigen Abschied von der Universität erschreckte. »Das tut mir sehr leid«, sagte er. »Ich werde Sie sehr vermissen.«

Sie schwiegen beide, und Yoko wußte, daß sie jetzt die Wahl hatte: Sie konnte sich entweder verabschieden und Herrn Nagais Zimmer verlassen, sie konnte aber die schmerzliche Freude seiner Gegenwart auch noch ein wenig hinausziehen, indem sie ihm mehr über ihre Mutter erzählte. Was Krankheiten in der Familie betraf, so herrschte eine heikle Etikette: Der Außenstehende konnte und sollte sein Mitgefühl zum Ausdruck bringen, wie Herr Nagai dies in angemessener Form getan hatte, aber es stand ihm nicht zu, sich nach der Art der Krankheit zu erkundigen, und daher konnte er jetzt nichts weiter sagen, ohne daß Yoko ihn ermuntert hätte.

»Meine Mutter hat einen Nervenzusammenbruch erlitten«, sprudelte sie schließlich hervor. »Sie leidet seit einigen Monaten unter einer gewissen Anspannung, und jetzt hat sie uns allen große Sorgen bereitet, indem sie für ein paar Tage verschwunden ist.«

»Wie furchtbar für Sie.« Nagais Stimme klang so liebevoll besorgt, daß Yoko am liebsten wieder geweint hätte, aber diesmal beherrschte sie sich mit großer Mühe.

»Wir fanden heraus, daß sie zuerst zu ihrer Mutter und ihrem Bruder nach Kyushu gefahren war. Mein Vater fuhr hin, um sie heimzuholen, aber ehe er ankam, war sie schon wieder fort. Am Donnerstag war er wieder in Tokyo, und wir wußten nicht mehr, was wir nun tun sollten, doch dann kam ein paar Stunden später ein Telegramm, aus Tenri.« Yoko stockte. Sie wußte wenig genug über die religiöse Sekte, der ihre Mutter sich angeschlossen hatte, aber sie war sicher, daß Herr Naigai nicht einmal intellektuelle Verachtung dafür aufbringen würde.

Sie hob den Kopf, den sie während des Sprechens gesenkt gehalten hatte; sie schniefte hörbar und schaute ihm trotzig ins Gesicht. »Meine Mutter gehört seit geraumer Zeit zu Tenrikyo. Ich glaube, die Leute dort im Haupttempel sind freundlich und großzügig. Das Telegramm wurde im Namen des Patriarchen selbst abgeschickt. Darin stand, meine Mutter sei in ihrer Obhut. In ihrer *liebevollen* Obhut, hieß es, und wir brauchten uns keine Sorge um ihr Wohlergehen machen, bis wir sie nach Tokyo heimholten.«

»Ich bin sicher, das brauchen Sie auch nicht«, meinte Nagai. »Ich habe große Achtung vor den Tenrikyo-Leuten. Es sind mutige und unabhängige Köpfe, seit diese Religion vor ungefähr fünfzig Jahren gegründet wurde. Ihre Mutter ist in guten Händen.« Seine Ruhe gab Yoko Trost, und dankbar beeilte sie sich, den Schluß ihrer Erzählung anzufügen.

»Danke. Wir fühlen uns tatsächlich ein wenig beruhigt; aber

jetzt müssen wir sie holen und uns selbst um sie kümmern. Mein Vater war jetzt schon mehrere Tage nicht im Büro, und er kann nicht noch mehr Urlaub verlangen. Und mein älterer Bruder ist in der Armee. Also ist es an mir. Ich nehme heute abend den Zug nach Kyoto. Tenri liegt in der Nähe von Nara; morgen gegen Mittag kann ich dort sein. Aber es tut mir so leid, daß ich Sie mit meinen selbstsüchtigen Sorgen zu einer Zeit belästigt habe, da Sie doch so beschäftigt sind und selber so viel Kummer haben.«

Nagai schaute wehmütig in seinem chaotischen Zimmer umher und lächelte sie dann an. »Meine Probleme sind trivial. Lachhaft eigentlich. Fräulein Shimada, es ehrt mich sehr, daß Sie sich mir anvertraut haben, und ich versichere Sie meines aufrichtigen Mitgefühls für ihre Not. Ich nehme doch an, daß der Chefbibliothekar Ihnen keine Steine in den Weg gelegt hat? Kann ich etwas tun, um Ihnen zu helfen? Oder gibt es jemanden, bei dem ich mich für Sie verwenden kann?«

Yoko schüttelte heftig den Kopf. »Nein. Nein, vielen Dank. Der Chefbibliothekar war sehr freundlich.« Unbeholfen sprang sie von ihrem Stuhl auf und stieß dabei den nächstbesten Bücherstapel um. Mit einem leisen Aufschrei der Entschuldigung kniete sie nieder und legte die Bücher wieder übereinander.

Nagai stand auf und hockte sich ihr gegenüber auf den Boden. »Lassen Sie nur«, sagte er. »Es kommt nicht darauf an. Fräulein Shimada, bitte sprechen Sie nicht von Kündigung. Ich bin sicher, Ihre Mutter wird bald wieder völlig genesen, und es wird nicht lange dauern, bis Sie wieder bei uns sind. Ja, ich bestehe darauf... Sie sind bei weitem die netteste Person in diesem Hause, wissen Sie.« Verblüfft blickte Yoko zu ihm auf, und jähes Entzücken loderte in ihr auf. Nagai spürte die Wärme, die aus ihrem tränenfeuchten Gesicht strahlte. Er umfaßte ihre Hand, und Yoko fühlte, wie ihr Herz pochte. »Ich habe Sie auch gern«, sagte Nagai schlicht, und zum ersten Mal in ihrem Leben wurde Yoko geküßt.

Ein simpler Schwindelanfall ließ sie nach hinten kippen; dabei brachte sie auch Nagai aus dem Gleichgewicht, so daß sie beide der Länge nach zwischen Büchern und Papieren landeten, aber beinahe augenblicklich suchte Yokos Mund blind wieder den wilden Druck seiner Lippen, und sie preßte sich mit ganzer Kraft an ihn, endlose Sekunden lang zitternd im Brausen ihrer Gefühle. Dann aber stieß sie Nagai von sich, mühsam atmend, entsetzt und beschämt über ihr Verhalten, und ungeschickt rappelte sie sich auf. Er setzte ihr nach und bekam ihr Handgelenk zu fassen, ehe sie die Tür öffnen konnte. »Ich habe Sie wirklich gern«, sagte er leise. »Bitte versprechen Sie mir, daß Sie zurückkommen.«

Yoko war am ganzen Leibe schweißnaß, aber ihr war, als sickere Eiswasser an ihrem Rückgrat herab, als sie sich mühsam zu fassen und ihre Sprache wiederzugewinnen suchte. »Es gibt keine Entschuldigung«, murmelte sie schließlich. »Ich schäme mich zutiefst. Was immer auch geschieht, Sie dürfen nichts mehr mit mir zu tun haben.« Und unvermittelt erhob sich ihre Stimme bebend, bis sie beinahe schrie. »Was fällt Ihnen denn ein? MEINE MUTTER IST VERRÜCKT GEWORDEN! Ich muß damit rechnen, zu enden wie sie. Sind Sie denn ebenfalls von Sinnen?«

Yoko schluchzte unkontrolliert, aber jetzt hielt Nagai sie bei beiden Handgelenken, und wieder zog er sie dicht zu sich heran. Diesmal war sein Kuß nur eine hauchzarte Berührung auf ihren schwellenden Lippen. »Die Welt ist von Sinnen«, sagte er, als er ihre Handgelenke losließ und die Arme um ihre zitternden Schultern legte. »Aber dank Ihnen habe ich das Gefühl, daß mein Verstand so gesund ist wie seit langem nicht mehr.«

23. *Kamakura – Sonntag, 2. Februar 1986*

»Es war reiner Zufall, daß Dwight ausgerechnet an diesem Abend nach Kyoto fuhr.« Yoko Nagais Hand zitterte, als sie Lesli noch eine Tasse von dem köstlich aromatischen grünen Tee einschenkte. »Und wenn er weniger auffällig gewesen wäre, dann hätte ich ihn auf dem Bahnsteig vielleicht gar nicht bemerkt. Immerhin war er ja nicht der einzige Ausländer auf dieser Reise: Schon damals war Kyoto eine bekannte Touristenattraktion, und die europäischen und amerikanischen Diplomaten und Geschäftsleute in Tokyo fuhren oft dorthin, nicht nur in der Urlaubszeit. Ich war gewiß nicht in der Verfassung, viel von dem wahrzunehmen, was um mich herum vorging. Der Tag war bereits ziemlich aufregend für mich gewesen, wissen Sie...« Sie verstummte, und Lesli wartete geduldig, daß sie weiterredete; dabei überlegte sie, wann und wie sie der alten Dame beibringen sollte, daß sie Dwight Rogers erst kürzlich gesehen hatte.

»Bis heute kann ich mir nicht erklären, was damals in mich fuhr: Ich sprach ihn an. Ich war so schüchtern damals, aber nach dem, was mir vorher passiert war, fühlte ich mich so merkwürdig durcheinander... und zusätzlich zu allem anderen machte ich mir natürlich auch Sorgen um Teruko. Seit den Neujahrsfeiertagen hatte sie mit mir geredet, als sei sie Hals über Kopf in ihn verliebt, aber dann hatte sie angefangen, unruhig zu schlafen und ziemlich schlecht auszusehen; sie hatte ein beinahe fieberhaftes Glitzern in den Augen und dunkle Ringe darunter. Ich wußte, daß sie mit Dwight ausgegangen war, und befürchtete, es sei vielleicht etwas passiert.«

Lesli war froh, daß Frau Nagai ihr erlaubt hatte, den Kassettenrekorder einzuschalten, und danach das Gerät anscheinend vergessen hatte. Was sie da über Teruko andeutete, war interessant, aber Lesli hoffte auch, daß noch ein wenig mehr über den »aufregenden Tag« zum Vorschein kommen würde, der sie so »merkwürdig durcheinander« gebracht hatte. Lesli hatte das Gespräch dieses Tages damit begonnen, daß sie sich nach den Eltern der Shimadas erkundigt hatte, und überrascht und fasziniert hatte sie zugehört, wie Yoko mit großer Offenheit berichtet hatte, daß ihre Mutter nach und nach in mystischer Loslösung von der Welt versunken war; sie war dann nach Kyushu verschwunden, und Yukichi hatte sie erfolglos gesucht.

Lesli hatte schon so viele unerwartete und erhellende Informationen über Jiro Shimadas familiären Hintergrund der Vorkriegszeit erhalten, daß es ihr am besten zu sein schien, Yoko einfach erzählen zu lassen und sie dabei nur sehr behutsam zu animieren; eine Erinnerung würde dann hoffentlich zur nächsten führen, und schließlich würden sich vielleicht auch Hinweise auf das Schicksal ihres Bruders Hideo und der Schwester Teruko ergeben, die beide gestorben waren. »Dann hatten Sie selbst Mr. Rogers seit der Begegnung beim Meiji-Schrein nicht wiedergesehen?«

»Nein. Nein, ich nicht.« Ein wehmütiges kleines Lächeln

huschte über Frau Nagais Gesicht, und auf einmal war es wieder so, als wäre ein halbes Jahrhundert von ihr abgefallen. Der Effekt verblüffte Lesli; zum erstenmal sah sie, wie attraktiv die Frau gewesen sein mußte, und sie erinnerte sich an das, was Rogers über sie gesagt hatte. Dabei wiederum mußte sie daran denken, daß der alte Mann auf seiner sonnenbeschienenen Veranda in Vermont mit seinen gelegentlichen Anwandlungen von ganz beunruhigendem Charme einen ähnlichen Eindruck auf sie gemacht hatte.

»Selbstverständlich erkannte er mich nicht wieder, und als ich ihm erklärte, wer ich war, war er sicherlich nicht allzu entzückt. Wenn ich es mir heute überlege, ist mir klar, daß er bereits beschlossen haben mußte, sich nicht auf eine ernsthafte Affäre mit Teruko einzulassen, und so war es für ihn nicht gerade eine angenehme Überraschung, plötzlich ihrer Schwester gegenüberzustehen.« Der koboldhafte Ausdruck verschwand aus ihrem Gesicht; sie schloß für einen Moment die Augen und nahm dann den Faden wieder auf.

»Dennoch fragte er mich sehr höflich, weshalb ich unterwegs sei, und er zeigte sich überaus gutherzig, als ich ihm erzählte, meine Mutter sei krank und ich müsse sie in Tenri abholen. Ins Detail ging er nicht, aber er muß gemerkt haben, wie aufgeregt ich war, und als man uns in den Zug steigen ließ, nahm er mir die Fahrkarte aus der Hand, ging schnurstracks zum Schaffner und bezahlte den Zuschlag, so daß ich mit ihm in der Ersten Klasse fahren konnte. Er *ignorierte* meine Proteste schlankweg.«

»Und so fing alles an?«

Frau Nagai öffnete die Augen weit, als wolle sie die Implikationen dieser Frage zurückweisen, doch dann nickte sie. »Vor fünfzig Jahren. Aber ich habe nie darüber geredet. Nicht einmal mit meinem Mann, als er noch lebte. Es ist komisch, daß ich es ausgerechnet Ihnen jetzt erzählen möchte – einer Fremden. Ich nehme an, es liegt daran, daß Sie eine Frau sind. Und auf eine seltsame Art sind Sie eine Japanerin und doch *keine* Japanerin – wenn es nicht unhöflich ist, so etwas zu sagen.«

Lesli schüttelte lächelnd den Kopf. »Natürlich nicht. Es bedeutet, daß die Hoffnung besteht, ich könnte Sie verstehen, aber eben von außen. Bitte erzählen Sie es mir.«

Es war still in dem ordentlichen kleinen Haus gewesen, aber unverhofft wurden Leslis Worte von dumpfem Getöse übertönt: Der Lastwagen eines Altpapierhändlers rumpelte langsam durch die enge Straße vor dem Haus, und aus seinem Lautsprecher hallte krachend und in endloser Wiederholung eine Tonbandansage, die für alte Zeitungen und Illustrierte neue Papiertaschentücher und Toilettenpapier bot. Die Häßlichkeit dieser Störung ließ Lesli die Schultern hochziehen; Frau Nagai indessen schien sich, obgleich sie instinktiv darauf wartete, daß der Lärm sich verzog, nicht weiter daran zu stören: Sie war dabei, etwas, das vor einem halben Jahrhundert geschehen war, noch einmal zu erleben.

»Es waren nicht viele Fahrgäste in der Ersten Klasse, und in unserem Abteil saß nur ein einzelner Mann, ein Ausländer mittleren Alters: Er hatte einen Pelzkragen an seinem Mantel, das weiß ich noch. Dwight kannte ihn nicht, und als der Schaffner kam, wurde offenkundig, daß er kein Japanisch verstand. Er fuhr nach Nagoya; das waren etwa zwei Drittel der Strecke bis Kyoto, wo ich umsteigen mußte. Es versetzte mich in Angst und Verlegenheit, die einzige Frau im Abteil zu sein, aber der andere Mann schlief ein, als der Zug sich in Bewegung gesetzt hatte, und Dwight sprach japanisch mit mir – oh, so ruhig und sanft, und bald entspannte ich mich. Es war ganz seltsam: Obwohl ich ja Teruko hatte über ihn schwatzen hören, waren wir einander doch völlig fremd; aber als wir so eine Stunde in dem matt beleuchteten Zug miteinander geplaudert hatten, war es, als wären wir alte Freunde. Jedesmal, wenn wir Station machten, stieg er aus und brachte Tee für uns, oder er kaufte Nudeln bei einem Händler auf dem Bahnsteig, und ich stellte fest, daß ich es mir ab und zu sogar gestatten konnte, für ein paar Minuten einzudösen.«

»Das Gefühl kenne ich«, meinte Lesli. »Man reist ein paar Stunden lang mit einem Fremden, vor allem nachts... und plötzlich rückt man mit den privatesten Dingen heraus.«

Frau Nagai nickte. »Ja... Er war so mitfühlend und freundlich, daß ich nach kurzer Zeit meine ganze Schüchternheit verlor und auf alle seine Fragen antwortete. Und ich erfuhr auch viel über Dwight. Ich weiß noch, daß ich irgendwann dachte, wie glücklich Teruko sein müsse, wenn er sie wirklich eines Tages bäte, seine

Frau zu werden ... und daß ich mich selbst ermahnte, nicht allzu viel über Mutter zu erzählen, um ihn nicht vor ihr zurückschrecken zu lassen; dann allerdings fragte ich mich, ob es ihm gegenüber fair sei. Vielleicht ist es für jemanden, der so jung ist wie Sie, schwer zu verstehen, wie ... unsagbar schrecklich es damals war, einen Fall von Wahnsinn in der Familie zu haben. Es war beinahe so schlimm wie Lepra, oder wie diese neue AIDS-Krankheit, von der man soviel liest. Man versuchte da kaum, zwischen verschiedenen Formen psychischer Erkrankungen zu unterscheiden. Heute sind die Leute ein bißchen vernünftiger, aber wenn man hier in Japan etwas von psychischen Störungen in einer Familie tuschelt, ist das immer noch ein ernsthafter Hinderungsgrund für eine Heirat, wissen Sie.«

Lesli sah sie an und verspürte Achtung und wachsende Zuneigung. Es konnte nicht den geringsten Zweifel an der robusten geistigen Gesundheit und der intellektuellen Rüstigkeit dieser Frau geben, auch als sie ihre professorale Haltung beinahe ebenso rasch wieder ablegte, wie sie sie angenommen hatte, und wiederum dieses scheue, koboldhafte Lächeln zeigte, das sie so jung aussehen ließ.

»Ich erinnere mich jetzt so lebhaft an alles. Es war, als wäre fast keine Zeit vergangen, als wir in Nagoya ankamen, obwohl die Fahrt von Tokyo mindestens sechs oder sieben Stunden gedauert haben muß. Der Nachtzug war ziemlich langsam; selbst der schnelle Expreß, der tagsüber verkehrte, brauchte ungefähr fünf Stunden. Jedenfalls war es früh am Morgen, und wir hatten noch zwei oder drei Stunden vor uns, bis wir in Kyoto wären. Für ein Weilchen war ich wieder schrecklich nervös, weil der andere Mann ausstieg, obwohl er seit Tokyo beinahe die ganze Zeit über nur geschnarcht hatte. Aber als wir dann allein waren, brachte Dwight mich zum Lachen, indem er ihn imitierte. Ich schüttelte mich vor Lachen. Ich konnte überhaupt nicht mehr aufhören.« Frau Nagai machte eine lange Pause; in ihren Gesichtsmuskeln arbeitete es, doch es war keine Heiterkeit, fand Lesli, sondern die Erinnerung an durchlittene Pein. Schließlich sprach sie sehr leise weiter.

»Ich war natürlich einfach hysterisch. Das alles war zuviel für mich gewesen. Dwight merkte schnell, daß etwas nicht stimmte.

Er schlug mir nicht ins Gesicht, wie man es angeblich mit hysterischen Frauen tun soll. Er faßte mich bei den Schultern und schüttelte mich, bis ich aufhörte zu lachen und zu weinen anfing. Dann legte er seine Arme um mich und hielt mich einfach fest, während ich ihm alles erzählte. Ich erzählte ihm, was meiner Mutter wirklich fehlte; ich erzählte, daß mein Vater mich mit einem Mann namens Sato aus seinem Büro verheiraten wollte und daß ich in jemanden an der Universität verliebt war und... einfach alles. Es war, als könne ich nicht mehr aufhören, so sehr ich es auch versuchte. Und er hielt mich einfach im Arm und hörte zu, und nichts von dem, was ich sagte, schien ihn zu stören. Seine bloße Anwesenheit war ein so großer Trost für mich, und schließlich trocknete er meine Tränen mit einem, oh, so großen weißen Taschentuch ab.« Sie blickte auf und versuchte ohne großen Erfolg, Lesli anzulächeln.

»Es gehört sich nicht für eine alte Frau wie mich, sich an solche Dinge zu erinnern, aber... nach einer sehr langen Weile küßte Dwight mich auf die Stirn. Und trotz dem, was mir kurz zuvor widerfahren war, wollte ich, daß er mich... Sie wissen schon – richtig küßte. Aber das tat er nicht. Nicht in dieser Nacht.«

24. *Montag, 3. Februar 1986*

»Glück *und* Urteilsvermögen – in dieser Reihenfolge, Miss Hoshino. Meiner Meinung nach braucht jeder erfolgreiche Kaufmann beides. Und die Urteilskraft besteht im Grunde lediglich aus einer Kombination von gesundem Menschenverstand und einer Spur von Phantasie, gerade so viel, daß man um eine Idee früher als die potentielle Konkurrenz erkennt, was die Leute im allgemeinen so sehr haben wollen, daß sie bereit sind, gutes Geld dafür zu zahlen. Wohlgemerkt, ich sage *haben wollen*, nicht *brauchen*. Was der Mensch braucht, ist im Grunde immer das gleiche, aber was er haben will...«

Jiro Shimada lächelte. Den Fuji würde man von seinem Büro aus heute nicht sehen können; ein Regenvorhang wehte draußen vor den großen Fenstern, und Leslis Stiefel waren schon auf den beiden kurzen Fußwegen vom International House zur U-Bahn-Station Roppongi und von der Station Shinjuku zum STC-Gebäude naß und schmutzig geworden. Selbst nachdem sie sie mit Papiertüchern einigermaßen abgeputzt hatte, sahen sie verschmiert aus, und sie merkte, daß sie verlegen auf Shimadas blitzendes Schuhwerk schaute. Er hatte überraschend zierliche Füße, und hin und wieder pflegte er einen Zeh vorzustrecken, als wolle er die Temperatur des Wassers in einem Teich prüfen, um ihn dann wieder zurückzuziehen und den einen Fuß sittsam hinter den anderen zu schieben.

»Da haben Sie sicherlich recht«, meinte Lesli. »Aber es kann nicht immer leicht gewesen sein, zwischen beidem zu unterscheiden, als Sie gegen Ende des Krieges von der Marine zurückkamen.«

Sie sprachen englisch, was Lesli in Shimadas Gegenwart sehr viel lieber war. Nicht, daß es ihr einen nennenswerten sprachlichen Vorteil verschafft hätte; wenn sie es sich recht überlegte, kam sie zu dem Schluß, daß Shimada vielleicht hier und da in Amerika Schwierigkeiten haben würde, sich verständlich zu machen oder sein Gegenüber zu verstehen, aber seine Beherrschung der gebildeten Umgangssprache war bemerkenswert. Der wahre Grund für ihre Vorliebe wurzelte, das wußte Lesli, in den kulturellen Eigenheiten der beiden Sprachen.

Wenn sie japanisch sprachen, wurde der krasse Standesunterschied zwischen ihnen so offenkundig, daß sie Hemmungen bekam, und Shimada wurde automatisch sehr viel unnahbarer. Mit peinlicher Sorgfalt beachtete er alle Regeln der Höflichkeit, aber in den einer Frau zukommenden Phrasen höflicher Rede lag sehr viel mehr Selbsterniedrigung und Unterwürfigkeit als in der männlichen Redeweise. Doch es lag in Leslis zweiter Natur, sie zu benutzen, und es war ihr unvorstellbar, sie zu ignorieren, wie es einige japanisch sprechende Ausländerinnen in ihrem Bekanntenkreis zu tun pflegten, was sie immer wieder peinlich berührte. Es führte indes dazu, daß sie unbewußt in japanische Attitüden verfiel, wenn sie die Sprache ihrer Eltern benutzte, und vor allem Shimada wurde augenblicklich eine furchterregende Autoritätsperson für sie.

Ganz anders war es, wenn sie englisch miteinander sprachen. Lesli war selbstbewußt und manchmal sogar aggressiv in ihren Fragen, sicher in ihren Fähigkeiten als Interviewerin, und Shimadas internationale Reputation, sein Reichtum und seine Macht waren ihr bewußt, ohne sie einzuschüchtern. Shimada indessen war spürbar liebenswürdiger, freundlicher und offener, wenn er englisch sprach; er schien Leslis Fragen freimütig zu erwägen und nahm sich Zeit bei seinen Antworten, die sich oft zu recht interessanten Reflektionen über alle möglichen Themen entwickelten. Der Unterschied war so kraß, daß es sich um zwei verschiedene Männer hätte handeln können.

Die sexuellen Signale, die Lesli von ihm empfing, unterschieden sich ebenfalls je nach der Sprache, die sie benutzten. Sie zweifelte nicht mehr daran, daß solche Signale von ihm ausgingen, und auch nicht daran, daß Shimada trotz seines Alters ein viriler und sexuell attraktiver Mann war. Ein paarmal hatte sie bei sich ganz unverblümte Überlegungen darüber angestellt, wie er wohl im Bett sein mochte, und war dabei zu zwei ganz entgegengesetzten Schlußfolgerungen gekommen. Der »amerikanische Shimada« bevorzugte, wie sie es in einem Gespräch mit Charlie einmal ausgedrückt hatte, die »sanfte Verkaufstour« mit behutsamem Charme, wohingegen seinem intensiv japanischen alter ego etwas latent, aber dabei nicht minder bedrohlich Animalisches innewohnte, das sie häufig verstörte. »Der gute alte Jiro würde mich ins beste Restaurant von New York einladen und stundenlang Süßholz raspeln, ehe er mich ins Schlafzimmer führt; Präsident Shimada von der STC hingegen würde, wenn er nur den Hauch einer Gelegenheit hätte, seine Anweisungen grunzen und mich auf den Rücken werfen, wenn ich mich nicht beeile.« »Und seine Schuhe und Socken würde er anbehalten, wie diese Typen in den japanischen Pornofilmen«, hatte Charlie säuerlich erwidert und erbost hinzugefügt: »Wenn dieser degenerierte Greis dich anrührt, sag mir Bescheid.«

Shimada sah sie spöttisch an. »In gewisser Hinsicht haben Sie natürlich recht«, sagte er. »Nahrung, Kleidung, Wohnung – das waren die Bedürfnisse der meisten Menschen, aber es gab immer noch viele, die diesbezüglich versorgt waren und über Wünsche statt über Bedürfnisse nachdenken konnten, über ihre eigenen wie auch über die ihrer potentiellen Kunden. Und auch das, was wir als Bedürfnisse betrachten, ist nicht für alle Menschen das gleiche. Ich zum Beispiel habe im Laufe meiner Dienstzeit in der Kaiserlichen Marine viel Geld verdient und die unterschiedlichsten Privilegien genossen, einfach weil ich nicht geraucht habe. Es war ungeheuerlich, was andere Männer mir an Bargeld oder Dienstleistungen anboten, nur um an meine Zigarettenration zu kommen.« Er spreizte die Hände und lächelte Lesli an, als lade er sie ein, mit ihm zusammen über die Torheit anderer Leute zu staunen.

»Ich nehme an, es war nicht zu vermeiden, daß Ihr Archiv ziemlich kärglich ausgestattet ist, was die ersten ein, zwei Jahre nach dem Krieg betrifft«, sagte Lesli vorsichtig. »Aber es geht klar daraus hervor, daß Sie Anfang 1947, als Sie gerade – na, wie alt – siebenundzwanzig Jahre alt waren, hier in Tokyo bereits über beträchtlichen Immobilienbesitz verfügten. Sie müssen auf einen ganzen Haufen Zigaretten verzichtet haben, um ihn sich leisten zu können.«

Shimadas Gesicht verfinsterte sich für einen Augenblick, und Lesli fragte sich, ob sie nicht zu weit gegangen war, doch dann lachte er leise. »Manchmal sind Sie von bemerkenswerter Offenheit, Miss Hoshino. Solche Bemerkungen sind verblüffend, wenn sie von einer Dame kommen, die in fast jeder Hinsicht so durch und durch japanisch aussieht... Obgleich – wenn ich es mir recht überlege, ist es vermutlich just die Art von niedlicher Frechheit, auf die erfahrene Geishas spezialisiert sind. Gefällt mir.«

Lesli errötete, nicht vor Verlegenheit, sondern vor Ärger über das herablassende Benehmen dieses Mannes. »Sie haben mir untersagt, Ihnen Fragen über Ihre Jugend zu stellen, Mr. Shimada, aber mir war nicht bewußt, daß ich auch Ihre Tätigkeit während des Krieges und danach als tabu zu betrachten habe.« Sie merkte, daß ihre Stimme rauh vor Ärger war, und sie griff nach der Kaffeetasse auf dem Tisch vor ihr, um sich Zeit zu verschaffen, sich zu beruhigen.

Shimada hob in einer versöhnlichen Gebärde die Hand und wich in gespieltem Schrecken vor ihr zurück. »Seien Sie nicht so heftig mit mir, Miss Hoshino. Verzeihen Sie, daß ich Sie geärgert habe.

Der Kaffee muß inzwischen kalt sein. Ich lasse Ihnen von der Sekretärin eine Tasse frischen bringen. Nicht? Gut – wie Sie wünschen.«

Der glänzende Schuh kam wieder hinter dem Hosenbein hervor, und er stocherte zierlich mit der Spitze im Teppich herum. »Zunächst einmal: Ich habe Ihnen nicht ›untersagt‹, wie Sie es nennen, sich nach meiner Jugend zu erkundigen. Ich habe Ihnen gesagt, daß sie auf eine völlig normale Weise verlaufen ist... daß sie für die Zwecke einer biographischen Arbeit nicht die mindeste Bedeutung hat. Es hat also wirklich keinen Sinn, daß Sie mit Erkundigungen nach privaten Dingen Zeit und Energie verschwenden. Das heißt, falls Sie daran denken, solche Erkundigungen einzuziehen. Zweitens: Ich habe nicht das mindeste dagegen, Ihnen zu erzählen, wie ich die Mittel aufbrachte, um in Tokyo Land zu kaufen. Sehen Sie, ich hatte lange vor dem Krieg schon mit Grundstücksspekulationen begonnen, und ich hörte in den vierziger Jahren nicht damit auf.« Er ließ den Blick durch den wunderschönen Raum wandern, in dem sie saßen.

»Das Gelände, auf dem dieses Gebäude steht, war meine erste Erwerbung. Shinjuku war in meiner Jugend kaum mehr als ein Vorort – und natürlich ein offizell genehmigtes Bordellviertel, dort nämlich, wo früher die Post stand. Sie erinnern sich, daß ich eben sagte, ein erfolgreicher Kaufmann brauche Glück *und* Urteilsvermögen. Als junger Mann – als Knabe eigentlich – kam ich zu der haarscharf zutreffenden Einschätzung, daß diese Gegend innerhalb der nächsten ein oder zwei Jahrzehnte zu einem wichtigen Geschäfts- und Vergnügungszentrum werden würde und daß die Grundstückspreise in den Himmel steigen würden. Und... nun, ich hatte das Glück, daß ich zu Beginn meines Studiums an der Universität Tokyo genügend Geld gespart hatte, um ein paar von den Reisfeldern zu kaufen, die es hier in der Gegend damals noch gab, und sogar ein kleines Einkommen zu beziehen, indem ich sie verpachtete. Es war unübersehbar, daß ein Krieg bevorstand, wenngleich es für die meisten Japaner damals unvorstellbar war, daß dieses Land jemals einem direkten Angriff ausgesetzt sein würde. Ich hielt es für möglich, aber ich überlegte mir, daß Gebäude womöglich Bomben auf sich ziehen würden, daß aber mein bißchen Ackerland mehr oder weniger unversehrt bleiben würde; mit der Erschließung würde ich also beginnen können, wenn wieder Frieden wäre. Dieser Wolkenkratzer ist das dritte Bürogebäude, das ich seit den vierziger Jahren auf diesem Grundstück errichtet habe. Das erste hatte nur zwei Stockwerke. Können Sie sich das vorstellen? Das heutige STC-Gebäude wird mich wahrscheinlich überleben, aber wer weiß, was man eines Tages an seine Stelle setzen wird?«

»Aber ich begreife immer noch nicht –«

»– woher ich das Geld hatte. Das wollte ich Ihnen eben erklären. Es ist traurig, darüber reden zu müssen, aber ich muß ehrlich sein. Meine ersten Ersparnisse waren eine Art Erbschaft von meiner Mutter. Als junges Mädchen in Kyushu hatte sie einen berühmten Töpfer gekannt, der schließlich gestorben war. Um es genauer zu formulieren: Er war hoch geachtet gewesen, solange er lebte, aber nach seinem Tode wurde er wirklich berühmt. Jedenfalls muß er sie gern gehabt haben, denn er schenkte ihr ein paar Stücke, die er gemacht hatte, und sie hütete sie ihr Leben lang wie einen Schatz, ohne zu ahnen, was sie wert waren. Die Töpfe ... bekam ich, als meine Mutter 1936 verstarb. Ich ließ sie von Fachleuten begutachten und erfuhr, daß sie ein kleines Vermögen wert waren. Nun, Miss Hoshino – ich war jung und ehrgeizig, die Versuchung war groß, und so veräußerte ich sie. So fing alles an.«

Shimada verstummte und starrte ins Leere; sein Gesicht war finster und verschlossen, und die Stille zwischen ihnen vertiefte sich, bis Lesli sich in ihrem Sessel bewegte und leise fragte: »Haben Sie es je bereut, daß Sie sich davon getrennt haben?«

Shimada rieb sich die Augen, und Lesli ertappte sich bei der irrelevanten Überlegung, daß er dies nicht getan hätte, wenn er Kontaktlinsen trüge. »Wie könnte ich das?« fragte er. »Ich glaube, meine Mutter wäre entzückt, wenn sie wüßte, was ihre paar schlichten Habseligkeiten ermöglicht haben.« Er stand auf und ging zu einem niedrigen Tisch an der hinteren Wand. Als er zurückkam, hatte er etwas in der Hand, das er Lesli reichte. »Viele Jahre später ist mir gelungen, eines der Stücke aufzuspüren und zurückzukaufen. Diese kleine Schale. Ich werde mich nie wieder davon trennen.«

Lesli betrachtete die Schale mit ungespielter Begeisterung. Das Bambusmuster schien vor ihren Augen mit zurückhaltender Grazie zu tanzen, als streiche eine sanfte Brise hindurch; nach einer Weile stellte sie das Stück zögernd und ehrfürchtig auf den Tisch, fast als traute sie sich nicht, weiter damit zu hantieren. »Sie ist schön«, sagte sie demütig, und Shimada nickte zustimmend.

»Ja«, sagte er. »Tatsächlich hat sie einen Fehler, wie auch die anderen Stücke, die meine Mutter hatte. Möglicherweise fand der Töpfer deshalb nichts dabei, sie einem kleinen einheimischen Mädchen zu schenken. Aber paradoxerweise ist dies auch der Grund dafür, daß sie besonders wertvoll waren.«

»Nein, zwei faszinierende Gespräche, und es wird Zeit, daß ich Ordnung in meine Gedanken bringe. Ich glaube, ich nehme die einfache Grillrippe.«

Goldfarb studierte die Speisekarte noch einen Augenblick länger und wandte sich dann der geduldig wartenden Kellnerin zu. »Für mich auch, ja? Und eine Karaffe kalifornischen Rotwein.« Als das Mädchen sich entfernte, legte er Lesli einen Finger auf den Mund. »Kein Wort darüber zum Rabbi, hörst du? So, und jetzt hoch mit dir, Weib. Wir müssen uns den Salat an der Bar selbst zurechtmachen.« Sie waren im Restaurant Victoria Station im Keller des Haiyu-za-Kinos in Roppongi, einem Lokal im amerikanischen Stil, trotz der antiken Emailleschilder mit englischen Bahnhofsnamen, die an den Wänden hingen.

»Danke, daß du mit mir ins Kino gegangen bist, Charlie«, sagte Lesli, als er eine gekühlte Schüssel von dem Stapel an der Salatbar nahm und ihr reichte. »Woody Allen wirkt sogar dann, wenn er am verrücktesten ist, immer noch so *vernünftig*, verglichen mit dem, was das wirkliche Leben mir in letzter Zeit an Dramatischem zu bieten hatte. Es ist tröstlich, daß er hier populär ist. Dann können sie doch nicht ganz und gar schlecht sein, um deinen eigenen Lieblingsausdruck zu zitieren.«

Goldfarb legte letzte Hand an das Salatgebäude, das er für sich errichtet hatte, und machte dann ein schockiertes Gesicht. »Hoshino, ich weiß nicht, was über Sie gekommen ist, daß Sie solche Dinge sagen müssen. Was würde Ihre Familie daheim denken, wenn sie hören könnte, daß Sie hier ›sie‹ sagen, wenn Sie die Japaner meinen! Zurück zum Tisch, und schämen Sie sich!« Zur großen Verblüffung eines vorübergehenden Kellners streckte Lesli ihm die Zunge heraus; dann kehrten sie zu ihrem Platz zurück.

»Schieß los«, sagte Goldfarb. »Zwei Gespräche.«

»Ja. Nun, Tatsache ist: Ich hätte mir ein paar Notizen machen sollen, als ich gestern aus Kamakura zurückkam, aber in meinem Kopf drehte sich alles. Es hat mir ein bißchen geholfen, dir von Yokos neuesten Enthüllungen zu erzählen, als du später anriefst. Konntest du etwas damit anfangen? Vermutlich werde ich nie mit Gewißheit erfahren, was zum Teufel Yoko an dem Tag, an dem sie sich aufmachte, um ihre Mutter abzuholen, tatsächlich erlebt *hat*, aber es steht fest, daß es sie in einen Zustand versetzt hat, der sie für Dwight Rogers höchst empfänglich machte. Der Umstand, daß sie sich von einem Ausländer umgarnen ließ, ist an sich nicht weiter überraschend, zumal dann nicht, wenn er sie sanft und freundlich behandelte. Japanische Männer können Schufte sein.«

»Wenn Sie das sagen, Ma'am.« Die Kellnerin hatte den Wein gebracht und ihre Gläser gefüllt. Goldfarb hob das seine und trank ihr zu. »Vielleicht hatte irgendein anderer Mann sie grob angefaßt, vielleicht sogar versucht, sie zu vergewaltigen. Eigentlich ziemlich unwahrscheinlich bei einem braven Mittelklassemädchen wie ihr, aber es würde erklären, weshalb sie in einem hysterischen Zustand ist und sich fragt, ob sie nicht auch ein paar verrückte Gene geerbt hat – ganz abgesehen davon, daß sie sich ja fürchterliche Sorgen um ihre Mutter macht.«

Lesli nickte nachdenklich. »Könnte sein. Andererseits sagt sie, sie habe Rogers erzählt, daß sie in jemanden an der Universität verliebt sei ... wahrscheinlicher ist, daß irgendeine emotionsgeladene Szene stattgefunden hatte, schätze ich. Wir sollten nicht allzu viel Phantasie entwickeln. Was immer sie aufgeregt haben mochte – jetzt, da ich Rogers selbst kennengelernt habe, kann ich mir leicht vorstellen, wie gut er ihr getan haben muß. Und jetzt, da ich Yoko um soviel besser kenne, begreife ich auch, weshalb Rogers mit ihr im Bummelzug nach Tenri zockeln wollte. Aber sie ließ es nicht zu, und das kann ich ihr nicht verdenken. Außerdem habe ich, glaube ich, noch nicht erwähnt, daß er ihr erzählt hatte, der

Grund seiner Reise nach Kyoto sei ein Zusammentreffen mit einer Reisegruppe der Hitlerjugend, die sich auf dem Rückweg von Kyushu befand: Er wollte eine Story über ihre Eindrücke von der japanischen Provinz schreiben – und es würde mich nicht wundern, wenn es ihm auch um den Eindruck ging, den *sie* auf die Bewohner der japanischen Provinz gemacht hatten.«

»Du machst wohl Witze!«

»Nein, es stimmt. Ich finde es selber ein bißchen gespenstisch. Ich wäre nie auf den Gedanken gekommen, die deutsche Regierung könnte es im Jahre 1936 für tunlich gehalten haben, eine Horde blankgeschrubbter blonder Nazibengels auf eine so weite Propagandareise zu schicken, und ich hätte auch nicht gedacht, daß die Japaner ihnen zu Ehren allerlei rote Teppiche auslegten. Haben sie aber getan. Sogar eine Fahrt zur Festung Kumamoto bekamen sie spendiert, erzählt sie. Ich frage mich, ob ihr Vater Yukichi wohl etwas von ihnen gesehen hat, als er in der Gegend nach seiner Frau suchte.« Ihre Grillrippen wurden serviert, jede mit einer Ofenkartoffel garniert, und eine Zeitlang schwiegen sie. Goldfarb war anscheinend zufrieden, daß Lesli das Gespräch bestritt; er wartete darauf, daß sie fortfuhr, laut zu denken.

»Es muß Yoko hart angekommen sein, mit den Tenrikyo-Leuten zu verhandeln und ihre Mutter so weit zu sich zu bringen, daß sie nach Tokyo heimkehren konnte, selbst wenn diese, wie Yoko behauptet, glücklich war, ihre Tochter wiederzusehen, und ganz bereitwillig mitkam. Die arme Frau Shimada. Sie erzählte Yoko, sie fühle sich dort im Tempelkomplex friedlich und geborgen, und anscheinend machte sie sich auch nützlich und wanderte zwischen den Gebeten und heiligen Tänzen mit einem Putzlappen und einem Staubwisch umher. Sie hätten ihr erlauben sollen, dort zu bleiben, statt sie zurückzuschleppen und sie wieder – ja, was war es, dem sie sich ausgesetzt fühlte?«

»Wahrscheinlich hast du recht. Sah damals aber vielleicht alles ein bißchen anders aus. Okay, das war das eine Gespräch. Erzähl mir mehr über dein heutiges Interview mit dem Wunderknaben.«

Lesli hob den Blick gen Himmel. »Glaube mir, Charlie, das war wieder etwas anderes. Eine echte Bombe. Wußtest du, daß der Mann schon auf der High School ein erfolgreicher Kapitalist war?«

Goldfarb zuckte die Achseln. »Na und? Hast du noch nie gehört, daß Kids gelegentlich mit Kaufen und Verkaufen einen Haufen Geld verdienen? Und all die halbwüchsigen Computer-Software-Millionäre, die heutzutage herumlaufen?«

»Nein, hör doch, Charlie – es waren Immobiliengeschäfte. Er fing lange vor dem Krieg an, in Shinjuku Grundstücke zu kaufen.«

Goldfarb zeigte sich widerstrebend beeindruckt. »Grundstücke, he? Okay, du hast gewonnen. Dazu braucht man in diesem Alter allerdings Mumm.«

Unversehens schauderte es Lesli, und Goldfarb sah sie besorgt an. »Stimmt was nicht?«

»Doch, doch. Alles in Ordnung. Mir fiel nur gerade eine Bemerkung Shimadas ein, die mich ein bißchen nervös gemacht hat. Er warnte mich in gewisser Weise davor, mich nach, wie er sich ausdrückte, ›privaten Dingen‹ aus der Zeit vor dem Krieg zu erkundigen. Ich weiß nicht, was ihn veranlaßte, so etwas zu sagen. Ich habe mit peinlicher Sorgfalt auf das geachtet, was ich ihm sage, und ich bin *sicher*, daß mir auch versehentlich nichts entschlüpft ist, was ihn argwöhnisch hätte machen können. Es kann doch wohl nicht sein, daß er mich *beschatten* läßt – oder, Charlie?«

Goldfarb schüttelte beruhigend den Kopf. »Das ist eine ziemlich haarsträubende Vorstellung, Lesli. Ich bezweifle es stark. Du hast doch weder ihm noch Yamada noch sonst jemandem bei der STC erzählt, daß du nach Amerika geflogen bist, oder?«

»Nein, kein Wort habe ich davon gesagt. Ich habe Yamada nur mitgeteilt, ich würde Tokyo für eine Woche verlassen, und Yoko habe ich das gleiche erzählt. Außerdem ist sie sehr darum besorgt, daß Jiro von all dem nichts erfährt; da ist es ohnehin unvorstellbar, daß sie Kontakt mit ihm haben könnte. Obwohl er natürlich genau über sie Bescheid wissen muß; vielleicht zahlt er sogar etwas zu ihrem Unterhalt. O Gott. Ich wünschte, er würde mir nicht solche Angst machen, Charlie.«

Sie lächelte Goldfarb an, um die Wirkung dieser Worte zu mildern, und leerte mit ernster Miene ihr Glas. Prompt schenkte er ihr nach.

»Er ist ein harter, erfolgreicher Mann mit großem Einfluß. Aber du hast keinen Grund, dich vor ihm zu fürchten, Lesli. Es sei denn, du hättest etwas wirklich Schlimmes herausgefunden, von dem du mir noch nichts erzählt hast.«

»Nein. Es war nur dieser ziemlich unsanfte Hinweis darauf, daß ich gut beraten wäre, eventuelle Pläne, in diesem Gelände auf eigene Faust herumzuschnüffeln, zu vergessen. Das ist alles. In gewisser Hinsicht war er ganz offen zu mir. Beispielsweise erzählte er mir, seine Mutter sei im selben Jahr, 1936, gestorben, und er habe, wie er es nennt, ein kleines Vermögen gemacht, indem er eine Sammlung von Töpferarbeiten verkauft habe, die er von ihr geerbt hatte. Anscheinend hatte sie keine Ahnung, wie wertvoll die Stücke waren. Aber ich kann es mir vorstellen: Er hat mir eine Schale gezeigt, die er später zurückgekauft hat, und sie ist eines der schönsten Stücke, die ich je gesehen habe. Aber ich weiß immer noch nicht, woran seine Mutter gestorben ist, und den genauen Zeitpunkt kenne ich auch nicht. Das Dumme ist: Ich weiß, daß er ein Lügner ist, und es ist leicht möglich, daß er auch in dieser Sache lügt.«

»Noch einen Schluck Wein?« Die Karaffe war leer, und Goldfarb hob die Brauen, als er sie zur Seite kippte, aber als Lesli den Kopf schüttelte, bedrängte er sie nicht. »Dann aber Kaffee.«

»Mhm. Bitte.« Als der Kaffee kam, rührte Goldfarb versonnen in seiner Tasse herum; er war immer noch ungewöhnlich zurückhaltend. »Eine seltsame Geschichte ist es ganz sicher, Lesli«, stellte er schließlich fest. »Mir gehen da ein paar Fragen durch den Kopf. Zunächst einmal frage ich mich, ob sonst jemand in der Familie wußte, was diese Töpfe wert waren ... oder ob wenigstens jemand wußte, daß er sie verkauft hatte. Und wenn wir schon dabei sind – wieso hat ausgerechnet Jiro sie geerbt? Kommt mir ziemlich merkwürdig vor, eher unjapanisch. Ich hätte erwartet, daß solche Dinge einfach in der Familie bleiben, nicht wahr? Ein bißchen mysteriös.« Achselzuckend nahm er einen Schluck Kaffee, während Lesli nickte. Dann fuhr er fort. »Nach deiner Beschreibung muß es ein tolles Theater gewesen sein, als alle wieder in Tokyo waren: Mom ist gaga vor lauter Beruhigungsmitteln, und Yoko ist zuhause und pflegt sie. Und der coole kleine Jiro macht still und leise seine Schularbeiten, hört sich seine Bix-Beiderbecke-Platte an und schmiedet Pläne, wie er Shinjuku kaufen und ein Vermögen machen wird. Ich sag dir was, Schätzchen: Niemals würde ich freiwillig Monopoly mit diesem Kerl spielen.«

Lesli lächelte dankbar; ohne einen besonderen Grund war ihr plötzlich ein wenig leichter ums Herz. »Wie recht du hast. Es muß ein merkwürdiger Haushalt gewesen sein. Und da ist noch etwas: Vermutlich fing Dwight Rogers nach wenigen Tagen an, Yoko zu besuchen, wenn alle anderen außer Haus waren. Sie konnten ja mühelos ein bißchen Zeit miteinander verbringen, während ihre Mutter, die arme Seele, benebelt irgendwo saß. Für die Nachbarn muß es ein gefundenes Fressen gewesen sein, Spekulationen über ihn anzustellen. Nach dem zu urteilen, was Yoko sagte, bevor sie mich hinausscheuchte und mir das Versprechen abnahm, bald wieder zurückzukommen, steht eines jedenfalls fest: Lange kann es nicht gedauert haben, bis er sie – wie sie sich ausdrückte – ›richtig‹ küßte und sie wirklich zur Sache kamen.«

Goldfarb stieß einen theatralischen Schrei aus. »Ich kann dich wohl nicht dazu überreden, auf dem Rückweg in dein hochachtbares Schlafquartier mit mir in einem Liebeshotel abzusteigen, wie? Es gibt eins hier in der Nähe, das ist mit den niedlichsten Apparätchen ausgestattet, die du dir vorstellen kannst.« Lesli fragte sich, was geschehen würde, wenn sie jetzt ja sagte, wozu sie sich einen Augenblick lang versucht fühlte. Sie hegte den Verdacht, daß Charlie dann eher verlegen als entzückt sein würde; Rachel mußte sich ohnedies schon fragen, wo er so lange blieb. Sie schenkte ihm ein besonders warmes Lächeln und schüttelte langsam den Kopf. »Nicht? Dachte ich mir. Finde dich damit ab, Goldfarb – du kannst diesem Glückspilz von Dwight nicht das Wasser reichen, auf den gleich zwei gutaussehende Schwestern scharf waren.«

Auf dem Weg zur Kasse küßte Lesli ihn schnell auf die Wange. »Du bist der Größte, Charlie. Das weißt du. Ich hoffe, du hörst nie auf zu fragen.«

Er grinste und schlang den Arm um ihre Taille. »Das könnte dir so passen. Jawoll – für Rogers muß es toll gewesen sein. Für Teruko allerdings weniger.«

25. *Donnerstag, 6. Februar 1936*

Herr Matsumoto war ein dünner Mann mit scharf geschnittenen Zügen, dessen Haar in der Mitte des Schädels mit mathematischer Präzision gescheitelt und dann rechts und links festgepappt und zu solchem Hochglanz gestriegelt worden war, daß es unter den Lichtern des Ginza Premier Ballroom funkelte. Die flinken, vogelartigen Blicke, die er während des Sprechens in alle möglichen Richtungen warf, beunruhigten Teruko; sie fürchtete seine Ungeduld: Als das Garderobenmädchen sie in den großen Saal geführt hatte, wo die Musiker des Orchesters in Hemdsärmeln ihre Instrumente aus den Kästen nahmen und wo sie ihm hatte auflauern können, hatte der Geschäftsführer gesagt: »Zwei Minuten, junge Dame. Wir öffnen um sechs, und ich bin ein vielbeschäftigter Mann.«

Jetzt blickte sie starr auf einen der Perlmuttknöpfe an der gestärkten Hemdbrust, die selbst für ihre unaufmerksamen Augen verblüffende Ähnlichkeit mit Zelluloid hatte, und sie wiederholte die kurze Rede, die sie auf dem Weg vom Arden Beauty Salon hierher eingeübt hatte. »Ja, ja«, hörte sie ihn in seinem ausgeprägten Osaka-Dialekt ungeduldig sagen. »Ich habe Sie beim erstenmal schon verstanden. Gut, dann lassen Sie sich einmal anschauen. Mantel aus. Rasch, rasch, wir öffnen um sechs.« Teruko verlor allen Mut, als sie an den Knöpfen ihres alten Tuchmantels nestelte und ihn schließlich aufschlug. Sie besaß kein Kleid, das auch nur annähernd so teuer und modisch gewesen wäre wie die, welche sie an jenem Abend mit Dwight Rogers an den Taxigirls gesehen hatte; das Kleid, das sie sich für diesen Anlaß von Haru im Salon geborgt hatte, war nicht nur in einem Rot, das ihr nicht stand, sondern spannte sich auch ziemlich eng um ihren Busen.

Sie fühlte, wie die Röte an ihrem Hals heraufkroch, als Herr Matsumoto sie abschätzend von Kopf bis Fuß musterte, und als er schnalzend mit den Fingern schnipste, fuhr sie zusammen. »Wie alt bist du?« wollte er wissen.

»Zwanzig.«

»Ach ja? Seit wann?«

»Seit letztem Monat«, wisperte Teruko.

»Aha. Kannst du tanzen?«

»O ja, das kann ich. Ich übe es schon seit einer Ewigkeit.«

Der dürre kleine Mann im Abendanzug fuhr irritiert herum, als der Schlagzeuger auf seiner Snare-Drum einen kurzen Wirbel vollführte und ihn mit einem scheppernden Beckenschlag krönte; dann sah er Teruko wieder an, und zu ihrer Überraschung wandte er den Blick lange Zeit nicht von ihr. »Komm hier herüber«, sagte er schließlich in nachdenklicherem Ton und führte sie zu einem der Tische. »Dein Kleid gefällt mir nicht besonders«, erklärte er, als sie sich setzten. »Aber dein Make-up. Und auf den Mund gefallen bist du auch nicht. Bist du Studentin?«

»Nein, ich... ich arbeite in einem Frisiersalon.«

»Aha. Das erklärt natürlich alles. Überrascht mich aber, daß du nicht zum College gehst. Ein Mädchen wie du. Verheiratet bist du doch nicht, oder?«

Seine plötzliche Freundlichkeit löste ein wenig von Terukos Anspannung, und sie merkte, daß sie etwas freier sprechen konnte. »O nein, natürlich nicht. Ich war nicht besonders gut in der Schule«, gab sie zu. »Deshalb schickten meine Eltern mich in eine Lehre, als ich vierzehn war. Ich bin eine gute Kosmetikerin«, fügte sie entschlossen hinzu. »In einem sehr erlesenen Salon. Und wenn Sie mich hier arbeiten lassen, werde ich mir sofort ein richtiges Tanzkleid kaufen.«

Herr Matsumoto nickte und warf einen Blick auf seine elegante Armbanduhr. »Brauchst wohl Geld, wie? Na gut. Ich werde einen Versuch mit dir wagen. Du kannst heute abend anfangen, wenn du willst. Von sechs bis elf – heute, morgen und Samstag abend. Mal sehen, wie du zurechtkommst; ob's nächste Woche weitergeht, sage ich dir danach. Was ist denn?«

Teruko drängte mühsam die Tränen zurück. »Ich kann nur donnerstags um sechs Uhr kommen. An den anderen Abenden arbeite ich bis acht. Da könnte ich nicht vor Viertel nach hier sein. Es tut mir leid, daß ich Sie belästigt habe.«

Kläglich begann sie ihren Mantel wieder zuzuknöpfen, doch sie hielt inne, als sie merkte, daß der Geschäftsführer sie immer noch unverwandt ansah. »Na, dann wirst du eben an den anderen Abenden nicht so viel verdienen, nicht wahr?« meinte er munter. »Na schön. Komm jetzt hier herüber, und ich mache dich mit Miho bekannt. Sie arbeitet schon lange hier; sie wird dir das System erklären und dir auch eine Nummer geben.«

Er ging ihr voraus über die Tanzfläche, wo jetzt drei oder vier Mädchen zusammenstanden und schwatzten. Jäh blieb er stehen und legte Teruko eine Hand auf den Arm. »Wie heißt du?«

Teruko blieb wie vom Donner gerührt stehen. »Ich... Ich...«

»Schon gut«, sagte Herr Matsumoto mit unerwarteter Milde. »Willst nicht, daß deine Familie etwas erfährt, nehme ich an. Na, da bist du nicht die einzige. Dein Vorname wird genügen. Wie war er doch gleich wieder? Teruko? Gut. Dann hör zu, Teruko. Du siehst aus wie ein braves Mädchen. Gut erzogen. Es gibt zwei Möglichkeiten, als Tanzhosteß zu arbeiten. Ich rate dir, bei der ersten zu bleiben, auch wenn du mal wirklich knapp bei Kasse bist. Ein hübsches Mädchen wie du sollte eigentlich ganz gut zurechtkommen. Du wirst die anderen über die zweite Möglichkeit reden hören. Sei nicht allzu erpicht darauf, ihnen zuzuhören. Nicht alle Mädchen tun es, und niemand wird dich drängen.«

Zwei Stunden später zerbrach Teruko sich immer noch den Kopf, um herauszufinden, was Herr Matsumoto mit seiner letzten Bemerkung gemeint haben mochte. Sie war unterdessen siebenmal zum Tanzen aufgefordert worden, und allmählich erglühte sie nicht mehr vor Verlegenheit, wenn sie angestarrt wurde. In der ersten halben Stunde war sie deshalb dicht davor gewesen, sich auf dem Absatz umzudrehen und hinauszulaufen; die ersten Kunden waren eingetrudelt, und einzelne Männer waren zwischen den Reihen der Mädchen auf und abgeschlendert und hatten ihnen unverhohlen auf die Beine geschaut. Sie hatte ihre Knie züchtig zusammengedrückt und mehrmals am Rocksaum von Harus allzu kurzem Kleid gezerrt, um sie zu bedecken, aber bald hatte sie gesehen, wie lässig die anderen die Beine übereinanderschlugen, um den herankommenden Männern einen besseren Einblick zu eröffnen, und wie sie ihnen gelegentlich sogar zuzwinkerten.

Das Gestarre der anderen Mädchen war auf seine Art schlimm genug, obwohl die, die Herr Matsumoto Miho genannt hatte, wirklich nett war: Sie hatte ihr gezeigt, wo sie ihren Mantel lassen konnte, und ihr geholfen, die große Blechmarke mit der Nummer 18 an ihrem Kleid zu befestigen, ohne deutlich sichtbare Einstichlöcher zu hinterlassen. Gegen die Rauheiten gegenseitigen weiblichen Taxierens war Teruko allerdings ziemlich abgehärtet, und schon bald fand sie hier und da sogar einen kleinen Anlaß zur Zufriedenheit. Bei aller Unzulänglichkeit ihrer Kleidung sah sie, daß sie mit Abstand am besten von allen geschminkt war – Herr Matsumoto hatte einen guten Blick dafür. Auch ihr Haar war eleganter und besser frisiert als das der anderen, von einer oder zweien vielleicht abgesehen, und ihre Beine waren von überdurchschnittlicher Qualität. Ein paar der Mädchen waren dermaßen o-beinig, daß Teruko sich fragte, wie sie es über sich brachten, ihre Beine überhaupt sehen zu lassen. Aus häufigen Diskussionen im Salon wußte sie, daß japanische Frauen in dieser Hinsicht allzu oft vom Schicksal benachteiligt waren, verglichen mit Europäerinnen oder auch mit Chinesinnen. Allmählich jedenfalls fing sie an, den Männern, die sie inspizierten, in die Augen zu blicken, statt den Kopf bescheiden gesenkt zu halten.

Der erste Tanz war der schlimmste. Der Mann, der sie heranwinkte, war korpulent und roch nach Bier. Von Zeit zu Zeit rülpste er lautstark, während er über den Tanzboden tappte, und sein Gesicht glänzte vor Schweiß. Erst zwei Männer hatten Teruko bisher in den Armen gehalten, Dwight Rogers und ihr Bruder Hideo nämlich, und sie tanzte in starrer Haltung und mit abgewendetem Gesicht, während sie immer wieder von dem dicken Bauch abprallte, und sie gab sich Mühe, nicht das Gesicht zu verziehen, wenn ihr Partner ihr auf die Zehen trat.

Bald war es im Saal ziemlich voll, und die Musik der Kapelle klang gedämpfter. Sie roch den Tabakqualm, der sich in ihrem Haar festsetzte, und überlegte besorgt, ob man es wohl bemerken würde, wenn sie nach Hause kam. Ihr zweiter und ihr dritter Partner waren weniger unangenehm, und der vierte war ein hochgewachsener Ausländer, kein Amerikaner, sondern Deutscher, wie er sagte. Er roch nicht so gut wie Dwight Rogers, aber Teruko sah sich doch in der Lage, ihn trotz ihrer Beklommenheit anzulächeln. Umwirbelt von der Musik, mit dem Druck seiner warmen Hand auf ihrem Rücken, gelang es ihr, ein paar Minuten lang nicht an Hideo und die zwei Stunden in der billigen Absteige in Yoshiwara zu denken, an den Kontrast zwischen der ignoranten, brutalen

Art, wie er sie benutzte, und seiner hündischen Befolgung ihrer eigenen Forderungen wie auch seiner Verwundbarkeit gegenüber ihrer Verachtung. Für eine gesegnete Weile war sie frei von dem hoffnungslosen Wirrwarr ihrer Gefühle für Hideo und von der finster drückenden Last dessen, was sie jetzt um ihrer beider willen auf sich nehmen mußte.

Kurz nach neun Uhr – ihre Füße schmerzten, und sie war schwach vor Hunger, weil sie seit der Mittagspause nichts mehr gegessen hatte – saß Teruko wieder auf ihrem Stuhl, als das Mädchen, das neben ihr gesessen hatte, herüberkam, um seine Handtasche zu holen. Sie zwinkerte Teruko zu. »Bis morgen dann«, sagte sie. »Ich bin weg. Für den Rest des Abends losgekauft. Sieht nicht mal übel aus, der Kerl.« Teruko lächelte verständnislos und nickte, und dann sah sie dem Mädchen nach, wie es auf einen Mann mittleren Alters zuging. Der legte ihr in besitzergreifender Manier den Arm um die Schultern, und beide strebten dem Ausgang zu.

Um elf, als der Ballroom geschlossen wurde, hatte Teruko mit insgesamt vierzehn Männern getanzt. Ihre Füße fühlten sich an, als wären sie auf ihre dreifache Dicke angeschwollen. Für die Tikkets, die sie von den Männern bekommen hatte, gab der Kassierer ihr zwölf Yen und sechzig Sen, und vom Geschäftsführer, der in der Nähe stand, erhielt sie ein beifälliges Kopfnicken. Von den dreiundzwanzig Taxigirls, die an diesem Abend – einschließlich ihrer selbst – Dienst gehabt hatten, waren um zehn Uhr elf losgekauft worden, und als Teruko sich in der Straßenbahn, die sie nach Hause brachte, erschöpft auf den Sitz fallen ließ, war ihr längst nicht mehr unklar, was Herr Matsumoto gemeint hatte, als er gesagt hatte, es gebe »zwei Möglichkeiten«, als Tanzhosteß zu arbeiten.

26. *Tokyo – Montag, 10. Februar 1936*

»In der Märzprognose gibt es einige Punkte, die mir nicht restlos klar sind, Herr Shimada.« Direktor Nishi schob die Tabelle zur Seite. Dann zog er seine Uhr heraus und betrachtete sie eine ganze

Weile, ehe er sie wieder in die Westentasche gleiten ließ. Er blickte auf und lächelte, kurz und ohne Wärme. »Doch das ist nicht der Grund, weshalb ich Sie gebeten habe, zu mir zu kommen. Ich hatte eben eine Konferenz mit Präsident Ikeda, und heute nachmittag soll ich noch einmal mit ihm zusammenkommen.« Er zögerte, und zu seiner Überraschung sah Yukichi, daß so etwas wie Verlegenheit über seine sonst ausdruckslosen Züge huschte.

»Es ist, wie Sie sich denken können, ungewöhnlich, daß der Leiter des Konzerns sich unmittelbar und persönlich mit den Angelegenheiten dieser Abteilung beschäftigt. Um ganz offen zu Ihnen zu sprechen: Wir haben es mit einer Angelegenheit von einiger Delikatesse zu tun. Man erwähnte sie mir gegenüber zum erstenmal, als Sie nicht da waren, und dann noch einmal kurz nach Ihrer Rückkehr. Präsident Ikeda wünschte nicht, daß ich Sie damit belästige, während Sie mit persönlichen Schwierigkeiten zu kämpfen hatten, aber jetzt sah er sich genötigt, mich zu bitten, sie ohne weiteren Verzug zur Sprache zu bringen ... Er steht, wenn ich es richtig deute, unter einigem Druck von Baron Mitsui selbst.«

Wieder ließ er eine Pause eintreten; er scheute vor seiner Aufgabe zurück wie ein Pferd vor der Hürde und flüchtete sich noch einmal in kleinliche Verärgerung über den Grund von Yukichis Abwesenheit. »Es war wirklich höchst unglückselig, daß Ihre Frau an einem so fernen Ort wie Kumamoto krank werden mußte. Es ist uns nicht leicht gefallen, Sie so lange zu entbehren, zumal ... Ich muß Ihnen offen sagen, Herr Shimada, daß ich mich einem gewissen Maß an Kritik ausgesetzt sah, weil ich Ihnen mehrere Tage Urlaub zugestanden hatte, damit Sie zu ihr fahren konnten. Es versteht sich von selbst, daß ich gezwungen war zu erklären, Ihre Darstellung habe mir Anlaß zu der Vermutung gegeben, ihr Zustand sei Grund zu ernster Besorgnis. Ich gestehe, daß ich annahm, Ihre Frau ... Aber jetzt sagen Sie mir, sie sei wieder in Tokyo, und ihre Genesung mache rasche Fortschritte ...«

Seine Worte blieben in der Luft hängen, und Yukichi versuchte sich vorzustellen, wie um alles in der Welt das Oberhaupt der Familie Mitsui auch nur von der Existenz eines Angestellten von seiner Bedeutungslosigkeit hatte erfahren können. Der Baron hatte mit den Alltagsgeschäften in dem gewaltigen Netz von Industrie-

und Handelsunternehmen, das seinen Namen trug, persönlich nichts zu schaffen. Es war ungewöhnlich, daß er und der gewandte, in Harvard ausgebildete Seihin Ikeda, der als Präsident der Mitsui Holding Company der oberste Angestellte des Gesamtkonzerns war, sich für irgend etwas interessieren sollten, was Yukichi betreffen könnte, und es war vollends undenkbar, daß es sich dabei um eine lächerliche Verwaltungsentscheidung wie die Genehmigung einiger Tage Urlaubs wegen Krankheit handeln sollte.

Was das anging – gut, es stimmte, daß es, wenngleich er bei seiner Bitte um Urlaub für die Reise nach Kyoto seine Worte sorgsam gewählt hatte, Nishi nicht abwegig erschienen sein dürfte, zu folgern, daß Chie auf dem Totenbett liege. Yukichi empfand keine Reue; trotz seiner Niedergeschlagenheit fühlte er sich merkwürdig unberührt von allem, und er verspürte nicht die geringste Neigung, sich zu rechtfertigen. Auch Nishis geheimnisvolle Andeutungen über Präsident Ikeda und Baron Mitsui erregten allenfalls leise Verwunderung bei ihm. Die Probleme und Sorgen, die sich mit Chies Zustand verbanden, beherrschten sein Bewußtsein; auch als er jetzt dastand und darauf wartete, daß sein Vorgesetzter ihn aufklärte, entsann er sich plötzlich des geistigen Zustandes, in dem er sich zusammen mit dem Töpfermeister dem Wasserfall bei Kumamoto genähert hatte, und die Erinnerung ließ seine Knie zittern – der Direktor hatte ihm nämlich keinen Stuhl angeboten.

Unauffällig streckte er die Hand aus und umfaßte die Lehne des Stuhls, der neben ihm stand; bestürzt erkannte er, daß er jetzt, da die unmittelbare Krise überstanden war, immer häufiger unwillkürlich dachte, es wäre vielleicht besser gewesen, wenn sie Chies Leichnam in der Höhle *gefunden* hätten. Chie starb sowieso, das war ihm klar; sie trieb langsam und schwerelos davon wie ein Blatt in einem träge fließenden Bach. Weder er selbst noch der alte Arzt, der sie von Zeit zu Zeit besuchte, konnten auch nur eine Spur von Lebenswillen in ihr finden, und Yoko war nicht bereit, diese Frage zu erörtern. Er zwang sich zu einem munteren Tonfall, als er jetzt antwortete.

»Ja. Ihre Genesung schreitet langsam voran, aber zu meiner Freude kann ich sagen, daß es ihr jetzt ein bißchen besser geht.

Meine älteste Tochter hat ihre Arbeit an der Universität Waseda vorläufig aufgegeben, um daheim zu bleiben und sie zu pflegen. Vorausgesetzt, Sie werden die Abwesenheit meiner Frau entschuldigen, besteht jedoch kein Grund, das geplante *o-miai* nicht jederzeit zu einem Ihnen und Herrn Sato genehmen Termin stattfinden zu lassen.«

»Ja. Nun, dies ist eine Angelegenheit, die wir in aller Gelassenheit erörtern können. Es könnte ratsam sein, das Zusammentreffen der beiden jungen Leute zu verschieben, bis diese andere Geschichte erledigt ist.«

Nishis unübersehbares Unbehagen übertrug sich endlich doch auf Yukichi. Es kümmerte ihn nicht mehr sonderlich, was der Direktor dachte oder tat, aber jetzt hatte er zum erstenmal erkennen lassen, daß er seine hartnäckige Absicht, Yoko und seinen Assistenten Sato so bald wie möglich zusammenzuführen, damit ernsthafte Heiratsverhandlungen eingeleitet werden könnten, zu modifizieren gedachte. Für Yukichi war es fast eine Erleichterung, aber zugleich überkam ihn ein dunkles Ahnen, und jetzt wollte er wissen, was hier vor sich ging, seiner Tochter wegen ebenso, wie um seiner selbst willen.

Denn seit Yoko mit Chie aus Tenri zurückgekommen war, schien sie verändert zu sein. Sie versorgte ihre Mutter klaglos und mit liebevoller Geduld, und sie führte den Haushalt mit kundiger Hand. Aber mit Yukichi ging sie knapp und geschäftsmäßig um, besprach nur praktische Dinge mit ihm und war restlos einverstanden damit, die Hochzeitsgespräche zu beginnen. Als Yukichi selbst einmal zaghaft versucht hatte, von Chies Zusammenbruch und seiner möglichen Auswirkung auf ihre eigene Zukunft zu sprechen, reagierte sie mit einer Kühle, die an Grobheit grenzte. »Nur zu, Vater. Mich stört es nicht. Sag ihm, deine Frau hat den Verstand verloren und es ist sehr leicht möglich, daß es mit deiner Tochter eines Tages das gleiche Ende nimmt. Wenn ich bereit bin, das Risiko entsetzlich schielender Kinder auf mich zu nehmen, dann sehe ich nicht ein, wieso dein kostbarer Herr Sato etwas dagegenhaben sollte, daß sie auch noch schwachsinnig sein können.« Sie durchwühlte einen kleinen Stapel loser Papiere unter dem Radio, das in einer Ecke des Zimmers auf einem flachen Tisch stand, fand das Foto von Sato, das sie bekommen hatten, und hielt es ihm barsch entgegen.

»Schau ihn dir an! Er kann sich glücklich schätzen, wenn du mich fragst.« Doch dann hatte Yukichi nachgegeben. »Aber Mutter ist nicht wahnsinnig, weißt du. Sie ist müde und ein bißchen verwirrt, das ist alles. Ich hoffe, du weißt, daß ich es dir zu Gefallen tue, Vater. Um dir das Leben im Büro zu erleichtern. Schließlich handelt es sich nur um ein Treffen, wie du selbst gesagt hast. Vielleicht kommt nichts dabei heraus. Wenn er mich leibhaftig zu sehen bekommt, ist er vielleicht gar nicht mehr so erpicht auf mich.« Yukichi bezweifelte das sehr. Yoko war weit davon entfernt, unter der Bürde des Waschens und Bügelns, Putzens und Kochens zu welken, im Gegenteil: Sie war die einzige in der Familie, die aufzublühen schien.

Seine Frau lebte friedlich entrückt in einer Drogenwelt der Träume, aber sie hatte stark abgenommen und war totenblaß. Yoko legte ihm abends ein eigenes Bett aus, ein Stück weit von Chies Schlafplatz entfernt, aber sein Schlaf war unruhig und voller Angst, als teile er das Zimmer mit einem Leichnam. Jiro war zumeist verschlossen und wenig mitteilsam, aber die Auswirkungen seines Studierens bis tief in die Nacht hinein machten sich in einem bläulich verwischten Schimmer der Haut unter seinen Augen bemerkbar, und der Junge litt offensichtlich unter einer Reihe von quälenden Geschwüren, die nacheinander an seinem Hals und auf seinen Schenkeln erblühten. Teruko sah ganz und gar nicht gesund aus; lustlos streifte sie durch das Haus, wenn sie überhaupt einmal da war.

Der Kontrast zwischen Yoko und den anderen war verblüffend. Ihre Haut leuchtete vor Gesundheit, und eine neue, selbstsichere Weiblichkeit schien sie zu umgeben, die Yukichi trotz seiner Depressionen und Sorgen bemerkte und bewunderte, wohl wissend, daß es ihre und nicht seine Kraft und Entschlossenheit waren, die den Haushalt vor dem Kentern bewahrten. Er wußte nicht zu sagen, ob sie erfreut oder verärgert sein würde, wenn sie jetzt hörte, daß das vielerörterte *o-miai* zwischen ihr und Sato anscheinend doch nicht innerhalb der nächsten Woche stattfinden sollte.

»Direktor, vielleicht könnten Sie so freundlich sein, mir zu sagen, was Präsident Ikeda beunruhigt. Er hat selbstverständlich kaum jemals Gelegenheit genommen, mit mir zu sprechen; und was Baron Mitsui angeht –«

»Es geht nicht um Sie. Es geht um Ihren Sohn.«

»Um meinen *Sohn*?«

Nachdem er endlich zur Sache gekommen war, schien Nishis Zunge sich zu lösen, und eindringlich beugte er sich vor. »Sie sollten sich setzen. Warum setzen Sie sich nicht?« Yukichi ließ sich schwerfällig auf den Stuhl fallen; seine Beine waren plötzlich wie aus Gummi, und sein Mund war trocken. »Was ist mit meinem Sohn?« krächzte er.

»Herr Shimada, eigentlich weiß ich nicht, wie ich es sagen soll, und normalerweile wäre es auch gewiß keine Angelegenheit, die anderswo als auf höchster Ebene und in strengster Vertraulichkeit zu besprechen wäre, aber unter diesen Umständen... Sie müssen bedenken, daß ein so großes und komplexes Unternehmen wie das unsere ständig enge und herzliche Verbindungen zu den Behörden unterhalten muß – zur Zeit vielleicht mehr denn je, angesichts der bevorstehenden Wahlen und eines gewissen Maßes an... politischer Verwirrung, ja, sogar einiger unverhohlenen öffentlichen Feindseligkeit gegen Mitsui und andere *zaibatsu*. Und selbstverständlich haben unsere Unternehmungen auf dem Gebiet der Schwerindustrie eine vitale Bedeutung für die nationale Sicherheit – das liegt auf der Hand. Einige Mitglieder der Familie Mitsui haben es in den letzten Jahren für ratsam gehalten, sich vom Geschäft zu distanzieren, indem sie ihren Sitz im Vorstand aufgaben oder sich von leitenden Positionen zurückzogen.«

»Ich weiß.« Yukichi hatte seine Stimme wieder in der Gewalt, und seine bange Unruhe ließ ihn mit ganz uncharakteristisch beißender Bitterkeit sprechen. »Die daraufhin erfolgte Reorganisation ist ja der Grund dafür, daß ich einige Jahre früher, als es mir recht wäre, in den Ruhestand treten soll. Seien Sie versichert, Direktor, daß das, was Sie mir hier erzählen, Gegenstand des alltäglichen Klatsches auf allen Ebenen ist. Was hat es mit meinem Sohn zu tun? Ich nehme übrigens an, daß Sie meinen ältesten Sohn meinen. Der kleinere geht ja noch zur Schule.«

»Ich meine den Offizier, ja.« Schweißperlen blinkten auf Nishis

Stirn und auf seinen pockennarbigen Wangen; Yukichis energische Reaktion schien ihn gleichzeitig zu verblüffen und seinerseits zu größerer Aggressivität anzustacheln.

»Ich wollte es Ihnen gerade erklären. Und vielleicht ist dies ein Aspekt der Unternehmenspolitik bei Mitsui, der *nicht* Gegenstand des ›alltäglichen Klatsches‹ bei den unteren Chargen ist. Jedenfalls erwarte ich von Ihnen, daß Sie diese Information streng für sich behalten. Es ist unbedingt in Ihrem eigenen Interesse, daß Sie es tun.« Jetzt funkelten sie einander über den Schreibtisch hinweg an. »Es ist klar, daß unsere Direktoren im Interesse normaler guter Beziehungen ganz offen ein kultiviertes Verhältnis zu hochgestellten Persönlichkeiten aus der Welt der Politik pflegen. Gleichzeitig und auf einer vertraulichen Basis haben wir Verbindungen zu uns freundlich geneigten Staatsbeamten – nicht unbedingt auf höchster Ebene, aber dafür in Positionen, die es häufig möglich machen, extrem wertvolle Informationen zu erlangen.«

Yukichis Lippen zuckten. Es schien wenig Sinn zu haben, jetzt zu erwähnen, daß auch ihm die Existenz bezahlter Informanten bei den Behörden bekannt war; die Mitsui-Spione ließen sich wahrscheinlich auch von den *zaibatsu* Sumitomo, Mitsubishi und Yasuda bestechen und verkauften allen die gleichen Informationen. »Aus Gründen schlichter Vernunft haben wir ähnliche Vereinbarungen mit gut informierten Personen in Armee und Marine.« Nishi hatte seine Haltung wiedergewonnen, und sein unechtes Lächeln legte sich erneut über den unteren Teil seines Gesichtes.

»Nun hat uns die Information erreicht, daß eine Anzahl junger Offiziere in einen Plan verwickelt ist, der das Ziel hat, die Regierung zu stürzen und ein Militärregime zu errichten. Eine Namensliste liegt uns vor; sie ist mit großer Wahrscheinlichkeit unvollständig, aber der Name Ihres Sohnes steht darauf.«

Yukichi hörte, was Nishi sagte, aber zunächst weigerte sein Gehirn sich, die Worte zu verarbeiten, und sie kreisten als sinnloses Geplapper durch sein Bewußtsein. Körperlich fühlte er sich ruhig und unberührt, und er schaute den Direktor an, als sehe er ihn zum erstenmal. Eine Zeitlang verstand er nicht, weshalb Nishi den Mund unaufhörlich auf- und zuklappte, doch dann schwand das seltsame Summe in seinen Ohren, und er konnte die Worte wieder hören.

»... vielleicht ein Schock für Sie. Zuerst nahm man es auch nicht sonderlich ernst. Natürlich hat vor ungefähr einer Woche der Prozeß gegen Oberst Aizawa begonnen, und wie wir alle erwartet haben, wirbelt er einigen Staub auf. Wie vorherzusehen war, haben zahlreiche seiner hitzköpfigen Anhänger verschiedene indiskrete und vage bedrohliche Äußerungen getan. Aber kürzlich gelangten wir in den Besitz zusätzlicher Informationen. Es gibt Hinweise darauf, daß diese jungen Männer, zu denen Ihr Sohn gehört, auf einer sehr viel höheren Ebene stillschweigende Unterstützung genießen... Namen werde ich nicht nennen. Wenn sie ihre Pläne durchführen, vielleicht gar erfolgreich... Nun, wir alle wissen, daß die Anhänger des Kaiserlichen Weges die Philosophie dieses Wahnsinnigen Ikki Kita verschlungen haben und daß sie keine Freunde der *zaibatsu* sind.«

Wieder kam die Uhr zum Vorschein. »Ich muß gehen. Der Präsident darf nicht warten.« Yukichi starrte den Direktor dumpf an, als dieser die Uhr wieder in die Westentasche schob und sich anschickte aufzustehen; jetzt, da er getan hatte, was zu tun gewesen war, wirkte er wieder geradezu beschwingt.

»Aber... ich kann nicht glauben, daß es so ist. Und überhaupt, was...«

»Was will Herr Ikeda von Ihnen? Nun, Sie sollen natürlich zuerst einmal herausfinden, ob es wirklich so ist. Und wenn ja, dann warnen Sie Ihren Sohn. Vielleicht schadet es nicht, wenn er erfährt, daß Baron Mitsui über gewisse Möglichkeiten verfügt, sich mit Seiner Majestät persönlich ins Benehmen zu setzen. Ich weiß, Sie sind nur noch ein paar Monate bei Mitsui, aber...«

Dann war er fort, und Yukichi blieb noch eine Weile kraftlos auf seinem Stuhl sitzen, dankbar für die Einsamkeit.

27. *Montag, 10. Februar 1986*

»Na, wie hat sie reagiert?«

»Interessiert es dich wirklich, Charlie, oder versuchst du nur nett zu sein?«

Goldfarb lehnte sich in seinem Drehsessel zurück und hob die verschränkten Hände hinter den Kopf. Stirnrunzelnd sah er Lesli an. »Brillant, gutaussehend, sexy – gebe ich alles zu. Aber nett? Nein. Sag's mir.«

Lesli seufzte. »Es ist nur, weil ich befürchte, die Sache könnte sich zu einer Besessenheit auswachsen, und ich will dich nicht langweilen.« Goldfarb hob den Blick zum Himmel und produzierte ein verqueres Lächeln, in dem sich Verdrossenheit und Verzweiflung mischten.

»Hör mal, Kleine, ich kann mich nicht daran erinnern, daß du mir fünfzig Eier die Stunde für eine Analyse gezahlt hättest. Beantworte einfach meine Frage, ja? Wie hat die alte Lady reagiert, als du es ihr erzählt hast?«

»Na, ich glaube, sie war drauf und dran, stinkwütend auf mich zu sein, weil ich ihr nicht schon früher erzählte, daß ich ihn gesehen habe. Gleich nach meiner Rückkehr aus Amerika, meine ich. Mir war selber nicht wohl in meiner Haut; ich bin ziemlich sicher, sie wäre mit der Geschichte von ihrer Begegnung im Bahnhof niemals herausgerückt, wenn ich ihr gleich reinen Wein eingeschenkt hätte. Aber dann schien es irgendwie, als schluckte sie ihren Zorn herunter, und sie schwieg eine Ewigkeit lang. Ich hockte da und schämte mich, und ganz plötzlich schenkte sie mir dieses phantastische Lächeln, von dem ich dir schon erzählt habe; danach sprudelten die Fragen nur so aus ihr heraus. Wie sah er aus, was hat er gesagt, was hat er angehabt, wie sah sein Haus aus, was gab es zum Lunch... sie benahm sich wie ein Teenager mit Sternchen in den Augen. Es war –«

»– scheußlich, wie du es erzählst. Kleine alte japanische Ladys in Kamakura haben gefälligst nicht für hinfällige Professoren in Vermont zu schwärmen. Zahnlose alte Geiß. He, da kommt mir eine großartige Idee für eine Fernsehserie – ein Remake von Madame Butterfly –«

»Vorsicht, Charlie. Eines Tages bin ich selbst eine kleine alte japanische Lady, mehr oder weniger. Könnte sogar sein, daß ich dann nach Kamakura ziehe. Würde es dir dann nicht gefallen, wenn ich weiche Knie kriege, weil jemand kommt und mir erzählt, daß du gesund und munter in Aberglaub, Arizona, lebst?«

»Lesli, ich glaube, ich liebe dich«, erwiderte Goldfarb ernsthaft. »Ich sag' dir was: Ich konvertiere zum Islam und heirate dich. Das Bett ist groß genug, und Rachel kann ein Stückchen rücken.« Er hob beschwichtigend eine behaarte Hand, als Lesli den Mund öffnete. »Nein, nein, du brauchst mir nicht sofort zu danken. Erzähl mir erst noch von Shimadas großer Schwester.«

Lesli unterdrückte einen plötzlichen Impuls, zu ihm zu gehen und ihn zu umarmen; sie begnügte sich mit einem Neigen des Kopfes und einem blumigen, gespielt-demütigen Kompliment. Dann grinste sie ihn breit an. »Okay. Laß du mich nur warten, verdammt. Na, um es kurz zu machen, ich glaube, sie beschloß, die Karten offen auf den Tisch zu legen. Sie bestätigte das, was wir schon wußten: Daß der junge Mr. Rogers von der *New York Times* in unsere Yoko genauso verschossen war wie sie in ihn. Ich hatte auch recht mit meiner Annahme, daß er sie gleich besuchte, als sie mit ihrer Mutter wieder nach Tokyo zurückgekehrt war, und im Handumdrehen trieben sie es miteinander, als stünde das Ende der Welt bevor. Der einzige Haken – na, es gab im Grunde alle möglichen Haken, aber... Charlie, ist dir nicht gut?«

»Doch sicher. Ich war nur gerade in Gedanken.«

»Oh. Ja, ich verstehe. Tut mir leid, Charlie.«

»Mir auch. Erzähl' weiter.« Lesli versuchte, ihren Bericht fortzusetzen, aber ihre Stimme versagte, als sie die Tränen in ihren eigenen Augen spürte. Sie fing noch einmal von vorn an und mied Goldfarbs unverwandten Blick. »Yoko fing also diese Wahnsinnsaffäre mit Rogers an, aber es gab Probleme. Eines, zum Beispiel, war natürlich die kleine Schwester Teruko. Yoko nahm an, daß sie noch in Rogers verliebt sei und sich in den Kopf gesetzt habe, ihn zu heiraten. Sie wußte, daß die beiden mindestens einmal miteinander ausgegangen waren, aber sie hatte keine klare Vorstellung von dem Verhältnis der beiden zu diesem Zeitpunkt. Daß Teruko Kosmetikerin war, habe ich dir erzählt?«

»Ja. Irgendwo an der Ginza.«

»Richtig. Na, um diese Zeit herum – ich bin da ein bißchen durcheinandergekommen – fing Teruko an, auch abends zu arbeiten, um mehr Geld zu verdienen. Als Barhosteß oder als Tanzpartnerin oder so was, und anscheinend verplätscherte die Geschichte mit Rogers allmählich.«

»Auch gut. Die Familie war also knapp bei Kasse?«

»Aus dem, was Shimada und Yoko erzählen, kann man diesen Eindruck eigentlich nicht gewinnen. Shimada sagt, es ging ihnen nicht schlecht – sein Vater war schließlich Abteilungsleiter bei Mitsui, dazu der eine Bruder Offizier bei der Armee und die beiden Schwestern berufstätig, bis die Mutter ausflippte – auf die Fürsorge waren sie da wohl kaum angewiesen. Und natürlich wissen wir jetzt, daß Shimada noch im selben Jahr, nachdem er die Keramiksammlung seiner Mutter verscherbelt hatte, damit anfing, sein Vermögen zusammenzutragen. Nein, Yoko ließ durch die Art, wie sie davon sprach, keinen Zweifel daran, daß sie den Nebenerwerb ihrer Schwester gründlich mißbilligte, zumal es, was immer es war... auf jeden Fall etwas war, das Teruko ihren Eltern verheimlichen wollte. Yoko hatte viel Spaß mit Rogers, aber trotzdem muß es ziemlich hart für sie gewesen sein. Sie mußte zum Beispiel einen langen unbezahlten Urlaub nehmen, um ihre Mutter zu pflegen. Das wäre an sich vielleicht gar nicht so schlimm gewesen, denn sie hatte irgendeine traumatische Beziehung zu einem Mann an der Universität, wo sie arbeitete – ich hab' dir ja erzählt, daß sie damals Bibliotheksassistentin war –«

»Moment mal, jetzt komme ich nicht mehr mit. Das klingt wirklich wie aus einer Fernsehserie. Wer zum Teufel ist denn dieser andere Kerl jetzt? Vielleicht der, von dem wir dachten, er könnte sie vergewaltigt haben?«

»Ich wünschte, ich wüßte es. Jedenfalls brauchte Yoko ihn damals so nötig wie ein Loch im Kopf, denn sie war bis über die Ohren verliebt in Rogers. Gleichzeitig war ihr Vater nämlich dabei, die Vorbereitungen zu einem Heiratsarrangement zu treffen; sie sollte einem Jungmanager von Mitsui angetraut werden.«

»O ihr Götter. Das wäre dann Nagai gewesen, was? Der, den sie dann schließlich heiratete?«

Lesli schüttelte den Kopf und blätterte in dem Notizbuch, das auf ihrem Schoß lag. »Nein. Zumindest bin ich ziemlich sicher, daß er es nicht war. Kann sein, daß ich es erfahre, wenn ich sie das nächstemal besuche. Ich habe keinen großen Einfluß auf die Gespräche mit ihr, Charlie. Ich bin neugierig, was den älteren Bruder angeht, und natürlich habe ich eine ganze Liste von Fragen zu Shimada selbst, die ich ihr gern stellen möchte; aber ich habe das Gefühl, daß ich die Wahrheit über Jiro Shimada erst herausfinden kann, wenn ich weiß, was aus allen anderen in dieser Familie geworden ist. Ich quetsche mehr und mehr Informationen aus ihm heraus, aber ich tue es nach seinen Bedingungen, und ich glaube nichts von dem, was er mir erzählt, wenn es nicht woanders eine Bestätigung dafür gibt. Im Moment also ist Objekt Nummer eins für mich Yoko. Ihr glaube ich ohne weiteres, und wenn ich sie dazu bringe, diese Jahre noch einmal zu durchleben – na, ich glaube, dann wird sie über die anderen bald ebenso locker plaudern wie über sich selbst.«

»Yeah. Vielleicht hast du recht. Tja, ich sag's noch mal: Wenn ich irgendwas tun kann...«

»Du glaubst es vielleicht nicht, Charlie, aber du hast mir schon enorm geholfen, indem du einfach Interesse gezeigt hast. Wenn ich mit dir rede, ordne ich damit meine eigenen Eindrücke... es hilft mir, den roten Faden nicht zu verlieren. Ich wünschte, ich könnte auch etwas für dich tun.« Noch während sie diesen Satz aussprach, machte sie sich darauf gefaßt, den unvermeidlichen Vorschlag, kombiniert mit einem lüsternen Grinsen, präsentiert zu bekommen; sie freute sich beinahe darauf, denn es war etwas, womit sie fröhlich umgehen konnte, anders als die spröde Spannung, die sich anfangs zwischen ihnen entwickelt hatte, als sie die Wucht der Emotionen in Goldfarbs Augen gesehen und begriffen hatte, daß er sie immer noch haben wollte, eine Erkenntnis, auf die ihr eigenes Herz mit einer gewissen Verwirrung geantwortet hatte.

»Vielleicht kannst du es.« Es lag keine Spur von Zweideutigkeit in Goldfarbs Tonfall, und einigermaßen überrascht hob Lesli die Brauen. »Wir sind dabei, einen Artikel über Anfang 1936 zusammenzustellen. Die Ereignisse des 26. Februar. Weißt du was darüber? Der fünfzigste Jahrestag steht jetzt bevor, und ich dachte, es könnte Material für ein Feature sein. Sogar für eine Titelgeschichte, wenn in der Woche sonst nichts Welterschütterndes passiert. Den Jungs daheim auf der Ranch gefällt die Idee.«

»Gehört habe ich natürlich davon, aber was Details angeht, muß ich passen. Sind da nicht ein paar Minister der Regierung ermordet worden?«

»Sie fielen einem Attentat zum Opfer. Nette Jungs morden nicht, sie verüben Attentate. Und es waren furchtbar nette Jungs. Nur irregeleitet. Hitzköpfig vielleicht. Ließen sich von der eigenen Begeisterung ein bißchen hinreißen. Außerdem endeten sie als Verlierer, und du weißt, wie sehr die Japaner einen Verlierer lieben. Jedenfalls kam mir der Gedanke, daß deine Interviews mit dem steinalten Professor Rogers und seinem Schmuckstück in Kamakura während der letzten Wochen dir eine ganze Menge Hintergrundmaterial und Augenzeugenberichte speziell über diesen Zeitabschnitt eingebracht haben müssen. Hast du Lust, dir mal anzuschauen, was wir bisher haben? Vielleicht ein bißchen Atmosphäre dazuzugeben, beispielsweise vom Neujahrstag 1936 am – wo war's gleich? – am Meiji-Schrein? Jun und Miyoko haben schon ein paar japanische Oldtimer interviewt und einige Zitate zusammengestellt, aber das Stück könnte noch ein bißchen Farbe vertragen, ehe wir diese Analphabeten drüben in New York drauf loslassen.«

»Aber natürlich, Charlie. Mit Vergnügen. Ich würd's sowieso gern lesen.«

Goldfarb grunzte befriedigt, stand auf und streckte sich. Er ging hinüber zu dem niedrigen Regal an der Wand und nahm eine Mappe aus gelbgetöntem, durchscheinendem Plastik heraus, die einige Fotokopien von maschinengeschriebenen Blättern enthielt. »Großartig. Ich hatte gehofft, du würdest ja sagen. Hab's kopieren lassen, als du anriefst, um zu sagen, daß du kommst. Kannst du in zwei oder drei Tagen etwas liefern?«

»Das nehme ich an. Es kommt ja nicht unvorbereitet. Manchmal habe ich das Gefühl, ein Teil von mir durchlebt diese Zeit.«

Goldfarb kam zu ihr und reichte ihr die Mappe. »Ich sorge dafür, daß dein Name zusammen mit den sechsundfünfzig anderen nachher druntersteht. Irgendwie abscheulich, nicht? Früher schrieb einer bei 'nem Butterbrot eine Story, und die wurde entweder gedruckt oder weggeschmissen. Heute trampelt sich ein Dutzend fleißiger Mäuschen vierzehn Tage lang gegenseitig auf den Füßen herum, um achthundert Wörter auszuschwitzen. Bei *Newsworld* gibt's mehr Redakteure als bei manchen Leuten – na, lassen wir's. He, hast du schon die Delikatessentheke im Kinokuniya-Supermarkt gesehen, seit du wieder hier bist? Die ist nicht übel.«

»Noch nicht.« Lesli stand auf und lächelte ihn an. »Aber ich werde sie mir irgendwann anschauen. Ich muß jetzt gehen, Charlie. Tut mir leid wegen dem Lunch, aber ich habe in einer halben Stunde einen Termin mit Yamada-san drüben im STC-Gebäude.«

»Ich werde ihn umbringen«, erklärte Goldfarb fröhlich. »Mach's gut, Lesli.«

»Mach' ich. Morgen rufe ich dich an, und wir vereinbaren einen Termin, an dem ich dir dieses Material und das, was mir dazu einfällt, bringe. Tschüs, Charlie.« Lesli gab ihm einen raschen Kuß auf die Wange und schlüpfte davon, ehe er sie umarmen konnte. Als ihre Hand schon auf dem Türknopf lag, drehte sie sich mit einem hinreißenden Lächeln noch einmal um. »Vielen Dank für dein Heiratsangebot, Charlie; ich dachte schon, du würdest mich nie fragen. Ich wette, Rachel hat dich dazu angestiftet.«

28. *Montag, 17. Februar 1936*

»Herr Shimada berichtet mir, es sei ihm gestern endlich gelungen, mit seinem Sohn zu sprechen«, sagte Nishi, als er vor Yukichi in das luxuriös eingerichtete Büro Seihin Ikedas, des Präsidenten des Mitsui-Konzerns, trat.

Ikeda blickte auf und betrachtete die beiden Männer; er hakte die Drahtbügel seiner Brille von den Ohren, während seine Sekretärin sich zurückzog und die Tür hinter sich schloß. »Guten Morgen, Direktor Nishi«, sagte er spitz. Seine Stimme war ruhig, beherrscht und voll seidiger Autorität. »Guten Morgen, Herr Shimada. Ich bin Ihnen sehr verbunden dafür, daß Sie zu mir gekommen sind. Nehmen Sie Platz, meine Herren. Beide. Es ist wieder erbärmlich kalt; aber vermutlich dürfen wir im Februar kein anderes Wetter erwarten.«

Obgleich dieses Konversationsklischee nicht ernsthaft etwas bedeuten sollte und es im gesamten Mitsui-Gebäude mit seiner modernen Dampfheizung auch ziemlich warm war, schauderte Yukichi nichtsdestoweniger, als er sich daran erinnerte, wie er am Tag zuvor hinter seinem Sohn Hideo das schäbige Restaurant am Bahnhof Ueno verlassen und sich tiefer in seinen Mantel gehüllt hatte, als der Wind ihm den feinen Regen ins Gesicht peitschte. Zumindest war der Wind sauber und frisch gewesen; ein einziger, stinkender Paraffinofen hatte das Lokal beheizt, und die dünne Fisch- und Gemüsesuppe, von der sie sich einen Topf geteilt hatten, hatte unangenehm ölig geschmeckt.

»Das dürfen wir in der Tat nicht. Ich könnte mir denken, daß uns noch mehr Schnee bevorsteht. Der Frühling wird dann um so willkommener sein, wenn er schließlich da ist.« In der verspäteten Einsicht, daß es allzu grob und direkt gewesen war, wie er mit der Tür ins Haus gefallen war und unverzüglich vom Anlaß dieser Konferenz zu reden angefangen hatte, war Nishi jetzt ganz liebenswürdige Freundlichkeit und wechselte mit Ikeda noch weitere Bemerkungen über das Wetter, während Yukichi stumm dasaß und versuchte, den Gedankenbrei in seinem Kopf in eine geordnete Bewegung zu bringen. Schließlich merkte er, daß beide Männer sich ihm erwartungsvoll zugewandt hatten, und er konzentrierte sich auf Ikeda, der von diesen beiden der Verständnisvollere zu sein schien. Er war jetzt um die sechzig und anscheinend immun gegen den eisigen Wind der Pensionierungsvorschriften; seit vielen Jahren war er im Hause Mitsui eine Legende. Vor der Jahrhundertwende hatte er im Bankbereich des Unternehmens zu arbeiten begonnen und einen rücksichtslosen Aufstieg durch die Hierarchie vollzogen. Seit mindestens zehn Jahren hatte Yukichi nicht mehr viel mit ihm zu tun gehabt, aber zu Anfang der zwanziger Jahre war Ikeda drei Jahre lang sein Abteilungsdirektor gewesen, bevor eine weitere Beförderung ihn in beinahe unsichtbare Höhen entrückt hatte.

Ikeda lachte mißbilligend; es klang wie ein papierenes Rascheln. »Ich sagte eben, Herr Shimada, ich war zunächst ein wenig verwirrt, denn ich erinnere mich noch genau an die Geburt ihres Sohnes; ich hatte damals das Vergnügen Ihrer Gesellschaft in meiner Abteilung. Es ist gewiß nicht mehr als fünfzehn oder sechzehn Jahre her. Doch dann fiel mir ein, daß es Ihr *zweiter* Sohn war. Wie geht es ihm übrigens?« Yukichi brauchte einen Augenblick, um seine Gedanken von Hideo auf Jiro zu lenken, dessen Anwesenheit im Hause nur selten spürbar wurde und der ihm als einziger keinen Anlaß zur Sorge bot.

»Oh. Ja, ihm geht es recht gut, vielen Dank. Es ist höchst freundlich von Ihnen, daß Sie sich die Mühe machen, nach ihm zu fragen, Präsident. Er ist, genau gesagt, siebzehn und arbeitet zur Zeit angestrengt, in der spärlichen Hoffnung darauf, einen Studienplatz an der Kaiserlichen Universität zu erlangen.«

Ikeda hob in bewunderndem Staunen die Brauen. »Tatsächlich? Höchst lobenswert. Sicher wird er seinen Weg machen. Und der ältere Bruder schon Leutnant. Sie müssen sehr stolz auf Ihre beiden Söhne sein ... und froh darüber, daß beide hier in Tokyo sind. Obgleich ich mir vorstellen kann, daß es recht schwierig für Sie sein muß, mit dem Leutnant Verbindung aufzunehmen. Ich nehme an, Sie haben es genossen, einmal nach Herzenslust mit ihm zu plaudern, als er während der Neujahrsfeiertage Urlaub hatte.«

»Die Neujahrsfeiertage scheinen schon sehr weit zurückzuliegen«, sagte Yukichi. »Ein oder zweimal im Monat kann mein Sohn es ermöglichen, sich für ein paar Stunden freizumachen, um uns zu besuchen, aber leicht ist es nicht für ihn.« Nishi rutschte ungeduldig auf seinem Stuhl hin und her.

Ikeda nickte milde. »Und natürlich teilen wir alle Ihren Schmerz über die fortgesetzte Krankheit Ihrer Gattin, auch wenn es mich gefreut hat, von Herrn Nishi zu hören, daß sie sich auf dem Wege der Besserung befindet. Ich habe es zutiefst bedauert, Ihren Sorgen noch dieses... beunruhigende Gerücht hinzufügen zu müssen.«

»Aber gestern haben Sie ihn gesehen, sagen Sie«, warf Nishi abrupt ein, Ikedas scharfen, warnenden Blick mißachtend.

»Ja. Es war ein Glück, daß Sonntag war. Mein Sohn hatte den ganzen Tag Urlaub, und so gingen wir zusammen aus, um zu essen.

Ich ... ich weiß nicht, wie es geschehen konnte, daß Ihre Aufmerksamkeit auf seinen Namen gelenkt wurde, aber ich bin davon überzeugt, das Gerücht, er habe sich mit einer gewissen politischen Gruppe eingelassen, ist absolut unbegründet.«

Zumindest waren sie jetzt endlich zur Sache gekommen, überlegte Yukichi, und er dachte daran, wie sehr er sich seinem Sohn entfremdet hatte, als sie schweigend nebeneinander durch die graue Kälte des Sonntagnachmittags heimwärts gegangen waren. Es war, als Hideo am späten Vormittag unverhofft zuhause aufgetaucht war, schon schwierig gewesen, ihn dazu zu bewegen, nach oben zu gehen und seine Mutter zu besuchen, und schwieriger noch, ihn danach zu überreden, zum Essen und zum Reden auszugehen; aus irgendeinem unerfindlichen Grunde war er anscheinend entschlossen gewesen, Teruko in das Kaufhaus Mitsukoshi in der Nähe der Ginza zu schleppen, wozu Teruko offensichtlich überhaupt keine Lust gehabt hatte. Ohnehin war Yoko ausgegangen gewesen, und Teruko hatte sich ausnahmsweise in den Kopf gesetzt, sich ihrer Mutter zu widmen, und sich daher schlankweg geweigert, Hideo zu begleiten.

»Sind Sie dessen ganz sicher, Herr Shimada?« fragte Ikeda mit großer Ruhe. »Ich brauche Ihnen kaum zu sagen, daß ich mich nur mit äußerstem Widerwillen in Ihre privaten Angelegenheiten mische, aber die Informationen, die wir von einem ganz bestimmten Kontaktmann erhalten haben, der, sagen wir, über beispiellose Verbindungen zu den führenden Persönlichkeiten in der Bewegung Junger Offiziere verfügt, sind höchst spezifisch ...«

Etwas in Yukichi schien zu zerreißen. »Ich kenne meinen Sohn, Herr Ikeda«, sagte er schroff. »Er ist kein Intellektueller. Im Gegenteil, in vieler Hinsicht ist er noch naiv und unreif. Er ist stolz darauf, ein Offizier zu sein, und der Militärdienst ist sein einziger Ehrgeiz. Er ist kein Politiker und ganz bestimmt kein Verschwörer. Er ist ein einfacher, im herkömmlichen Sinne patriotischer Soldat.« Keiner Menschenseele hatte er je zuvor seine Ansichten über Hideos Charakter anvertraut, und nach diesem Ausbruch bebte er vor Erregung.

»Ja, ja, aber haben Sie ihn *gefragt* –«

»Ich bin sicher, der Leutnant ist all das, was Sie von ihm sagen,

Herr Shimada. Wer wäre besser in der Lage, den Charakter eines jungen Mannes zu beurteilen, als sein eigener Vater?« Ikedas sehr viel ruhigere Stimme schnitt sich eisig in Nishis Interventionsversuch. »Nichtsdestominder glaube ich, daß wir alle drei erfahren und realistisch genug sind, in der vertraulichen Atmosphäre dieses Zimmers zuzugeben, daß genau dies die Worte sind, mit denen so prominente Aktivisten der Fraktion des Kaiserlichen Weges wie etwa Oberst Aizawa sich gern beschreiben.« In Ikedas Benehmen schien keinerlei Feindseligkeit zu liegen. Trotz seiner offensichtlichen Skepsis vermittelte er den Eindruck, als verbünde er sich mit Yukichi gegen Nishi, der finster und ungeduldig dasaß.

Yukichi zwang sich, ruhig zu bleiben, und es gelang ihm, in einem halbwegs unbeteiligten Tonfall weiterzusprechen. »Ja. Das bestreite ich nicht. Ich habe meinen Sohn offen gefragt, wie er die Debatte beurteilt, die gegenwärtig über den Prozeß gegen Oberst Aizawa und über den innerhalb der Armee ausgetragenen Konflikt zwischen der Fraktion des Kaiserlichen Weges und der Fraktion der Kontrolle geführt wird. Er antwortete sinngemäß, er bedaure, daß die Generäle in der Frage uneins seien, ob nun die Chinesen oder die Russen die größere strategische Bedrohung für Sicherheit und Wohlstand des Reiches darstellten. Ich fragte ihn, ob er schon über die innenpolitischen Implikationen dieser Uneinigkeit nachgedacht habe. Offenbar hatte er es nicht getan. Es sei auch nicht seine Gewohnheit, darüber mit seinen Offiziersbrüdern zu diskutieren, erklärte er. Ich glaubte ihm. Weiterhin fragte ich ihn, ob er glaube, daß es Elemente im Offizierskorps gebe, die irgendwelche Formen direkter politischer Aktion in Erwägung zögen. Er fand diesen Gedanken lächerlich.« Yukichi atmete tief durch. »Schließlich fragte ich ihn, ob er sich je versucht fühlen könnte, einem Mann wie Oberst Aizawa nachzueifern. Es war für mich unverkennbar, daß ihm dieser Einfall noch niemals in den Sinn gekommen war.«

Yukichi hörte sich selbst mit einigem Staunen zu; als er fertig war, lehnte er sich zurück: Es konnte nur an seiner schlichten Erschöpfung liegen, daß er so fließend lügen konnte. Er hatte sich beinahe selbst eingeredet, daß er und Hideo am Tag zuvor ein vernünftiges und beruhigendes Gespräch geführt hätten, nicht etwa eine Auseinandersetzung, die ihm Angst und böse Ahnungen eingeflößt und Hideo die Zornesröte ins Gesicht getrieben hatte.

Sichtlich gelangweilt und frustriert, hatte Hideo sich abwechselnd hochmütig und mißmutig gezeigt, und für die subtilen Bedeutungen dessen, was Yukichi ihm während des Essens zu sagen versucht hatte, war er völlig unempfänglich gewesen. Er war weit davon entfernt gewesen, die Ansichten zu äußern, die Yukichi ihm angedichtet hatte; statt dessen sprach er mit hochtrabender Geringschätzung von der Horde der Politiker und ihrer Verbündeten im Big Business, und voller Bewunderung redete er von Männern wie Oberst Aizawa und den Generälen Araki und Mazaki: Sie seien die einzigen prominenten Amtsträger, denen die Interessen des Reiches am Herzen lägen.

Hideo wurde hitziger, als Yukichi etwas von Gerüchten murmelte, denen zufolge einige Offiziere sich womöglich versucht fühlten, das Recht selbst in die Hand zu nehmen. »Und wenn schon!« bellte er, und dann erging er sich weiter in rücksichtslosen Schmähungen gegen Admiral Saito und den Premierminister, ungeachtet der neugierigen Blicke der anderen Gäste.

Echte Wut war aufgelodert, als Yukichi ihn gedrängt hatte, die Stimme zu senken, und hinzugefügt hatte, er hoffe sehr, daß Hideo sich nicht zur Mitarbeit in einer aufrührerischen Gruppe werde verleiten lassen. Yukichi schrumpfte auf seinem Stuhl zusammen, als er sich an die Szene erinnerte und daran, wie seine Hände gezittert hatten, als er die Rechnung bezahlte, während Hideo hinausgestürmt war.

»Nun, mein Informant kann sich natürlich irren«, räumte Ikeda gelassen ein. »Was die mögliche Beteiligung Ihres Sohnes angeht, meine ich. Es gibt keinen Zweifel daran, *daß* etwas im Gange ist, und wie die Wahlen in dieser Woche auch ausgehen mögen, wir müssen auf jeden Fall mit noch größerer Unruhe in der Armee rechnen.« Er seufzte und lächelte Yukichi müde an. »Vielen Dank dafür, daß Sie mit dem Leutnant gesprochen haben, und danke auch für diese hilfreiche Information. Zumindest werde ich Baron Mitsui jetzt versichern können, daß Ihr Sohn sich nicht in diese Gruppe ungestümer junger Hitzköpfe hat ziehen lassen, von der es heißt, sie plane die eine oder andere Torheit.«

»Ich hoffe inständig, es möge nicht so sein«, erklärte Nishi ingrimmig, als er und Yukichi sich erhoben und Ikeda sie mit einem Kopfnicken verabschiedete. »Es wäre unerträglich, wenn jemand, der durch seine Familie mit uns verbunden ist, in derartige Schwierigkeiten geriete.«

»Es wäre unglückselig, gewiß, Direktor Nishi«, pflichtete Ikeda ihm bei. »Danke, daß Sie Zeit für uns hatten; es tut mit leid, daß ich Sie so lange aufgehalten habe. Herr Shimada, könnten Sie wohl noch einen oder zwei Augenblicke hierbleiben?«

Nishi war so empört darüber, weggeschickt zu werden, daß er den Mund öffnete, um etwas zu sagen, aber Ikedas Augen fixierten ihn düster, und nach kurzem Zögern drehte er sich auf dem Absatz um und marschierte hinaus. Ein freudloses Lächeln huschte über das Gesicht des Managers, als er Nishi nachschaute, doch als er sich dann wieder Yukichi zuwandte, lag würdevoller Ernst in seiner Miene. Er stand auf, zog sein schwarzes Jackett glatt und ging zu einem Fenster, wo er auf die Banken und anderen Geschäftshäuser von Marunouchi, dem Finanzzentrum Tokyos, hinausblickte. Dann drehte er sich um, so daß er mit dem Rücken zum Licht stand und Yukichi seine Züge nicht mehr deutlich erkennen konnte.

»Bitte setzen Sie sich wieder. Es gibt eine Reihe von Dingen, die Direktor Nishi nicht weiß und die er auch nicht zu wissen braucht, Herr Shimada«, begann er. »Auch Sie bräuchte ich nicht ins Vertrauen zu ziehen, aber ich gedenke es dennoch zu tun, denn ich habe Achtung vor Ihnen, und es betrübt mich, Sie in einer Position zu sehen, in der Sie die Unwahrheit sagen müssen. Ihr Sohn ist aktives Mitglied der Bewegung Junger Offiziere. Das haben Sie vielleicht nicht gewußt, aber ich bin ganz sicher, daß er gestern auf Ihre Fragen nicht so reagiert hat, wie Sie es uns berichtet haben. Herr Shimada – Mitsui zahlt seit einigen Jahren beträchtliche Geldsummen an Vertreter der radikalen Offiziere. Ein Grund dafür ist meine persönliche Überzeugung, daß für die Wahrung der Interessen des Unternehmens Mitsui ein echter Richtungswechsel notwendig ist. Andere mögen von Schutzgeldern sprechen; ich selbst bin einer derjenigen, deren Sicherheit erkauft wird. Hoffentlich.«

Ikeda löste sich vom Fenster, und Yukichi sah jetzt das winterkalte Lächeln in seinem Gesicht. Es fiel ihm schwer, zu glauben, was er hier hörte.

»Nur unter einigen Schwierigkeiten hat man dafür sorgen können, daß mein Name von der Liste potentieller Attentatsopfer gestrichen wurde, und wie ich höre, ist zu erwarten, daß ich im Verlauf des Aizawa-Prozesses allerlei unpatriotischer Einstellungen und Aktivitäten beschuldigt werde – ironischerweise durch einen Offizier namens Mitsui. Nicht verwandt, Herr Shimada. Der Grund für letzteres ist, vermute ich, der Umstand, daß ich im vorigen Monat die Bitte eines Offiziersbruders Ihres Sohnes, eines Hauptmann Yamaguchi, um eine Spende von dreitausend Yen abschlägig beschieden habe; es ging um die Begleichung von, wie er es so drollig nannte, Publikationsspesen: Allzu offensichtlich darf man es nicht treiben. Sagen Sie, haben Sie je von Ikki Kita gehört?«

»Ja, natürlich.«

Ikeda setzte sich in freundlicher Ungezwungenheit in einen Sessel neben Yukichi.

»Ja, natürlich. Aber was Sie vielleicht nicht wissen, ist, daß Herr Kita zusammen mit seiner Frau und seinem chinesischen Adoptivsohn ziemlich stilvoll in Nakano wohnt. Er gibt sich in der asketischen Manier des Gelehrten und trägt stets nur chinesische Gewänder, aber tatsächlich beschäftigt er drei Dienstmädchen und einen Chauffeur. Das kann er sich leisten, Herr Shimada, weil ich ihm seit zwei Jahren jährlich zwanzigtausend Yen aus Mitteln des Hauses Mitsui zahle – oh, und im vergangenen Jahr habe ich ihm zusätzliche fünftausend gegeben, damit er umziehen und sich ein Telefon installieren lassen konnte. Sie machen ein ziemlich überraschtes Gesicht: Ich nehme an, es *ist* überraschend.«

Yukichis Reaktion war nicht Überraschung, sondern schiere Ungläubigkeit. Daß Kita, ein Erzfeind der *zaibatsu*, Philosoph und Inspirator der radikalen Rechten, verehrter Lehrmeister Mitsugi Nishidas, im Sold des Unternehmens Mitsui stehen sollte, war einfach unglaublich – aber der Präsident der Mitsui Holding Company war kein Mann, der Witze machte.

»Und Sie mögen immerhin fragen, was wir für diesen beträchtlichen Aufwand bekommen – wobei ich die drei *Millionen* Yen noch nicht erwähnt habe, die ich im vergangenen Jahr der Militärpolizei Tokyo gespendet habe, vorgeblich zur Schaffung weiterer Ausbildungsmöglichkeiten für junge Offiziere in diesem Distrikt. Nun, den Schutz habe ich bereits erwähnt. Es ist zu hoffen, daß eine zukünftige Militärregierung infolge von Mitsuis Großzügigkeit zögern wird, gegen unsere Interessen zu verstoßen. Auch auf Herrn Kitas Ansichten hat unser kleines Arrangement, so glaube ich, abgefärbt, und diese Ansichten haben bei den Freunden Ihres Sohnes ein beträchtliches Gewicht. Ganz abgesehen davon indessen stellen diese Zahlungen sicher, daß ich stets über alles, was vor sich geht, genauestens im Bilde bin.« Yukichi vergrub das Gesicht in den Händen.

»Sie sehen also, ich weiß einiges mehr über die gegenwärtigen Aktivitäten Ihres Sohnes als Sie, Herr Shimada. Bitte seien Sie versichert, daß ich Herrn Nishi nicht mehr gesagt habe als Ihnen, als er vorhin hier in diesem Zimmer war. Sehen Sie, es könnte ein gewisser Vorteil für uns in Ihrer Verbindung zu dieser Gruppe liegen – es steht fest, daß sie einen Putsch plant, und es kann sein, daß sie wesentlich dazu beiträgt, einen Regierungswechsel herbeizuführen –, aber nicht, wenn Sie mit Ihrem Sohn im Streit liegen. Es könnte nichts schaden, wenn Sie ihm von der besonderen Beziehung zwischen Mitsui und Ikki Kita berichten, und auch von der weitreichenden finanziellen Unterstützung, die wir der Bewegung Junger Offiziere in den letzten Jahren haben zukommen lassen – ungeachtet des Attentats, dem unser früherer oberster Direktor, der verehrte Takuma Dan, 1932 zum Opfer fiel. Das heißt, falls Kita-*sensei* und sein Schüler Mitsugi Nishida nicht daran gedacht haben sollten, es zu erwähnen.«

Ikeda rieb seine trockenen Hände und begann sich zu erheben. »Nun, ich hoffe, nach diesem kleinen Schwätzchen verstehen wir einander ein bißchen besser. Übrigens, Herr Shimada – ich weiß, Sie schauen ein wenig bekümmert in die Zukunft – wegen Ihrer Pensionierung, meine ich. Nun, seien Sie bitte unbesorgt. Wir verstehen es, uns gegenüber jemandem, der uns einen Gefallen erwiesen hat, dankbar zu erweisen, wie Sie inzwischen gesehen haben werden.«

29. *Mittwoch, 19. Februar 1936*

Yoko hatte halbwach in einem schlaftrunkenen Dämmerzustand geschwebt, aber sie drehte sich auf ihrer Schlafstatt um, als sie den leisen Schritt ihrer Schwester auf der Treppe und dann das zischende Wispern der beiseite gleitenden *fusuma*-Schiebetür hörte. Dann entspannte sie sich vollends in sinnlichem Behagen, begierig danach, sich in die samtene Umarmung des Schlummerns sinken zu lassen. Nach zwei Wochen gewöhnte sie sich allmählich daran, daß Teruko klammheimlich gegen Mitternacht oder später nach Hause kam, und ein oder zweimal hatte sie so tief geschlafen, daß sie überhaupt nicht gemerkt hatte, wie die Schwester neben ihr ins Bett geschlüpft war. Die physischen Anforderungen der Hausarbeit, verbunden mit beinahe täglich stattfindenden ekstatischen Liebesspielen, ließen sie abends in wohliger Erschöpfung zu Bett gehen, und die wilde Glückseligkeit ihrer Liebe war stärker als die verzweifelte Sorge um die Mutter, stärker auch als der Schmerz der Erkenntnis, daß ihrer Beziehung zu Dwight Rogers langfristig keine Zukunft beschieden sein könne, und stärker als ihr Unbehagen über den Betrug, den sie gegen Teruko zu begehen glaubte. Trotz allem hatte Yoko keine Mühe, Schlaf zu finden.

Sie hatte keine Ahnung, ob ins Bewußtsein ihrer Mutter gedrungen war, was hier im Hause vor sich ging, oder ob sie wenigstens von der Existenz des Amerikaners Notiz genommen hatte – zwei- oder dreimal war er ja gekommen, als Chie wie ein Gespenst durchs Haus strich, statt stumm oder langgezogene Gebete murmelnd oben in dem Zimmer zu hocken, das sie nur noch selten verließ; alles in allem gesehen, zweifelte Yoko daran. Als Rogers drei Tage nach ihrer Rückkehr aus Tenri das erstemal zu Besuch gekommen war, hatte er sich steif und unbeholfen benommen, und Yoko hatte kläglich vor ihm gesessen, das Gesicht flammend rot in qualvoller Verlegenheit, und versucht, ihm für seine Freundlichkeit im Zug zu danken, und auch für die teuren Chrysanthemen und die Morozoff-Pralinen, die er als Geschenk mitgebracht hatte.

An diesem Tag war sie erleichtert gewesen, als er gegangen war, erleichtert auch, weil er zu einer Zeit gekommen war, als sie und ihre Mutter allein im Hause waren. Sie hatte sich in feierlichem

Ernst ihrem Schicksal ergeben, und in dieser Stimmung war sie davon überzeugt, daß ihre Karriere zu Ende sei: Also hatte sie begonnen, einen Brief an Herrn Nagai in der Universität zu verfassen, eine sorgsam abgewogene Mischung aus versteckten Entschuldigungen und würdevollen Äußerungen des Bedauerns. Die Verheiratung mit dem schielenden und ehrgeizigen Herrn Sato von Mitsui schien unausweichlich zu sein, vorausgesetzt, er erfuhr nicht, welcher Art die Erkrankung ihrer Mutter war, denn dies würde ihn zum Rückzug veranlassen. Ein bißchen ungläubig hatte Yoko den unvollständigen Entwurf nach Dwight Rogers' zweitem Besuch am Mittag des folgenden Tages noch einmal gelesen.

Nachdem sie sich in der kleinen Eingangsdiele des Hauses voreinander verbeugt hatten, hatte Dwight wortlos hinter sich gegriffen, um die Schiebetür zuschließen; dann hatte er sich die Schuhe ausgezogen, war auf sie zugekommen, während sie noch ratlos, ihn begrüßend, am Boden kniete, hatte sie stumm hochgehoben und geküßt.

Es hatte nicht die geringste Ähnlichkeit mit dem, was in Herrn Nagais chaotischem Büro geschehen war. Yokos Körper übernahm nicht die Herrschaft über sie, wie er es da getan hatte – im Gegenteil: Sie wehrte sich mit kraftlos flatternden Armen, stemmte sich gegen den übermächtigen Brustkasten des Amerikaners, während er mit einer warmen Hand ihr Kinn und ihre Wange umfaßte und ihr Gesicht mit sanfter Unerbittlichkeit zu sich emporzog. Aber der Kuß schien eine Ewigkeit zu dauern, und als er sie schließlich losließ, war sie benommen. Sie leistete keinen Widerstand, als er sie in das Hauptzimmer im Erdgeschoß führte, und gleichzeitig sanken sie auf die Knie. Er ließ sie auf die *tatami*-Matten sinken, zog ein flaches Polster heran, um ihren Kopf darauf zu betten, und küßte sie wieder.

Es blieb beim Küssen an diesem ersten Tag. Eine Stunde später umklammerte Yoko ihn in einer letzten Umarmung, ehe er ging – trunken vor Lust, aber immer noch Jungfrau, und ihr Kimono war kaum in Unordnung. Am nächsten Tag schliefen sie miteinander; der Schmerz ließ Yoko wimmern, aber genußvoll fühlte sie tief in sich das Pochen, das auch noch anhielt, als Rogers längst fort war.

Es betrübte sie, ihn bitten zu müssen, am Samstag und am Sonntag nicht zu kommen, aber dafür empfand sie die Lust am darauf folgenden Montag um so durchdringender, und als fünf Tage vergangen waren, versuchte sie schon scheu, ihn zu erfreuen, bevor und auch nachdem sie sich von den rauschenden Wogen der Verzükkung, die sie verschlangen, hatte forttragen lassen. Die Gedanken an die Heirat mit Herrn Sato waren ausgelöscht, und sogar Herr Nagai war fast vergessen – verkleinert und überlagert von der Unmittelbarkeit des Wunders, das sie vom Rande der Verzweiflung ins Reich der Wonne erhoben hatte.

Teruko machte mehr Lärm als sonst, als sie sich auszog; sie tappte im Zimmer umher und stolperte einmal über Yokos Bein, wodurch diese jäh in hellere Ebenen des Bewußtseins gerissen wurde. Yoko drehte sich, einen Augenblick lang gereizt, auf die andere Seite, als Teruko sich auf das Bett fallen ließ und an der daunenweichen Decke zerrte, und jetzt erst hörte sie das unterdrückte Schniefen und Schluchzen ihrer Schwester.

»Teru-chan! Geht es dir nicht gut?« Keine Antwort kam, und Yoko richtete sich auf dem Ellbogen auf und strich sich das Haar aus den Augen, jetzt war sie hellwach. Es war stockfinster im Zimmer, denn in Winternächten pflegten sie die schweren hölzernen Sturmblenden draußen vor den *shoji*-Wänden aus Papier und Lattenwerk zu schließen, um die Kälte abzuwehren, und bei trübem Wetter ließen sie die Blenden auch tagsüber geschlossen. In der Familie war gelegentlich davon die Rede gewesen, die *shoji*-Wände im Obergeschoß teilweise verglasen zu lassen – ein Luxus, der unter modebewußten Leuten immer mehr Verbreitung fand –, aber die Installation des Badezimmers war Umwälzung genug gewesen, und so war aus dieser Idee nichts geworden.

»Teru! Was ist? Warum weinst du?«

»Ich weine nicht. Laß mich in Ruhe.« Neuerliches ersticktes Schluchzen strafte Terukos Antwort sogleich Lügen. Sie wandte Yoko den Rücken zu, doch diese rüttelte sie an der Schulter.

»Sei nicht albern. Sag's mir. Wie spät ist es überhaupt?« Der billige Blechwecker mit den beiden Klingelscheiben, den sie hatten, ging einigermaßen genau, aber er hatte keine Leuchtziffern.

»Viertel nach eins«, brummte Teruko. »Laß mich in Ruhe. Ich

muß um halb sieben wieder aufstehen; das ist schon schlimm genug.« Sie schniefte wieder, und Yoko grub sich tiefer in das warme Bettzeug.

»Vater hat heute abend nach dir gefragt; er wollte wissen, wo du bist«, sagte sie. »Sonst schien er es nie zu bemerken. Ich mußte ihn belügen. Ich sagte ihm, du seist sehr müde nach Hause gekommen, als er im Bad gewesen sei, und du seist gleich zu Bett gegangen. Irgendwann wird er dir auf die Schliche kommen, weißt du. Auch wenn du Jiro dazu überredet hast, dir die Haustür wieder aufzuschließen, nachdem Vater sie am Abend verschlossen hat; daß du ihn da hineinziehst, finde ich unfair. Außerdem, was werden die Nachbarn denken, wenn du um diese Zeit nach Hause kommst?«

Noch während sie Teruko dies zuflüsterte, hatte Yoko das unbehagliche Gefühl, daß Frau Toda und die anderen Klatschweiber der Nachbarschaft höchstwahrscheinlich viel eher Dwight Rogers am hellichten Tage kommen und gehen sahen; wenn Teruko diskret heimkehrte, pflegten sie längst im Bett zu liegen. Ausländer waren hier im ruhigen Hongo, so weit weg von ihren gewohnten Sammelplätzen an der Ginza oder der Hiniya, nicht nur ein seltener Anblick, sondern auch Gegenstand der mißtrauischen Neugier der Streifenpolizisten, und nachdem Dwight sie zum fünftenmal zuhause besucht hatte, war Yoko nicht umhin gekommen, schüchtern von ihren Befürchtungen zu sprechen. Betreten räumte er ein, daß er sich auf eine nicht zu rechtfertigende Weise rücksichtslos benehme, und stimmte ihr zu, als sie meinte, es sei besser, wenn er sie hier nicht mehr besuche.

Seither ging Yoko an mehreren Tagen in der Woche aus, sobald Jiro aus der Schule heimgekommen war und ein Auge auf seine Mutter haben konnte, und hastete zum Tokyo Station Hotel, wo Dwight sie in seinem Zimmer erwartete; für sie war es vergleichsweise einfach, inmitten der allgemeinen Betriebsamkeit zu dieser Tageszeit unbemerkt die Treppe hinaufzuhuschen.

Am Sonntag zuvor hatte sie kühn den ganzen Tag für sich beansprucht, und sie hatte es Teruko überlassen, Jiro und den Vater mit Essen zu versorgen. Sie und Dwight waren nach Kamakura gefahren, wo er sich mit anderen ein winziges Wochenendhäuschen teilte, und dort hatten sie sich so oft geliebt, bis sie beide schließlich vollends befriedigt waren; danach hatte sie jeden Augenblick ihres langen Beisammenseins noch einmal durchlebt, und die Erinnerung an diese Freuden hatte ihrem Geist Kraft gegeben. Yoko hatte keine Ahnung, wie lange sie dieses verzwickte Doppelleben noch würde führen können. Sie wußte, früher oder später würden sie sich trennen müssen, aber vorläufig lebte sie von Tag zu Tag und überlegte unablässig, wie sie für eine oder zwei Stunden mit ihrem Geliebten zusammenkommen könnte. Dwight indessen schien nicht minder berauscht zu sein; er redete davon, ein Apartment in einem der Neubaublocks zu mieten, in denen nur Ausländer wohnten, denn diese interessierten sich im Gegensatz zu den Japanern nur wenig für die Aktivitäten anderer.

»Die Nachbarn sind mir gleichgültig. Sie haben schon genug Vergnügen daran, sich zu fragen, wie verrückt Mutter wohl ist. Und an Jiro brauchst du dein Mitgefühl nicht zu verschwenden. Er wäre der letzte, der mir leid tut.« Obwohl auch Teruko flüsterte, machte die Bitterkeit, die in ihren Worten lag, Yoko betroffen. Yoko seufzte und drehte sich um, so daß sie flach auf dem Rücken lag. »Was Mutter angeht, so kann ich dazu nichts sagen«, meinte sie. »Wenn du mir nicht sagen willst, was dich so aufbringt, dann wirst du es wohl nicht tun. Aber ich glaube, allmählich bist *du* nicht mehr ganz richtig im Kopf; du verschleißt dich und kommst jede Nacht wie heute halb tot vor Erschöpfung nach Hause. Du warst früher nie geldbesessen. Ich begreife immer noch nicht, wie du es über dich bringst, Abend für Abend in dieses Lokal zu gehen und dich dort hinzusetzen, dich von Kopf bis Fuß begutachten zu lassen und dann mit jedem Mann zu tanzen, der bereit ist, dafür zu zahlen.«

»Halt den Mund und kümmere dich um deinen eigenen Kram!« Solche Wildheit lag in Terukos Stimme, daß Yoko körperlich zurückzuckte. »Verzeih«, wisperte sie schließlich. »Ich hätte das nicht sagen sollen.« Zögernd streckte sie die Hand aus und griff nach Terukos. Teruko wollte sie wegziehen, doch dann umklammerte sie Yokos Hand und unterdrückte wieder ein Aufschluchzen.

»Es ist deine Sache, ich weiß«, fuhr Yoko fort. »Und du hast dir ja auch schon ein paar sehr hübsche Kleider kaufen können... Es ist nur so, daß ich Angst habe, Vater könnte es erfahren. Er hat sowieso schon den Kopf voller Sorgen, und ich fürchte, daß ein Unglück geschehen könnte. Sag doch, warum weinst du, Teru-chan? Bitte sag's mir.«

»Ich kann nicht. Es ist – oh, so vieles. Ich kann es dir nicht erklären. Bitte frag mich nicht mehr. Ich muß jetzt einfach zu schlafen versuchen.«

Yokos Herz setzte einen Schlag aus, als sie sich zwang, die Frage zu stellen, die ihr seit Dwight Rogers' erstem Besuch daheim immer wieder durch den Sinn gegangen war. »Was ist mit Mr. Rogers, Teruko?«

Teruko gab einen Laut von sich, der halb Seufzen, halb Schniefen war. »Ich nehme an, vielleicht kommt er eines Abends mal herein und bezahlt einen Yen, um mit mir zu tanzen. Jetzt wäre ich nicht einmal mehr verlegen, wenn er es täte. Ich bin nicht clever genug für ihn. Eigentlich wußte ich es schon am ersten Abend, als er mit mir ausging. Außerdem ist jetzt alles anders. Ich habe keine Zeit mehr für ein Rendezvous. Ich habe nichts zu verschenken. Ich bin zu kaufen.«

Sie zog ihre Hand zurück und warf sich auf die Seite. Keines der beiden Mädchen sprach noch ein Wort, und nach ein paar Minuten merkte Yoko, daß ihre Schwester sich in den Schlaf geweint hatte. Eine Mischung aus Sorge und schlechtem Gewissen hielt sie noch ein Weilchen wach, doch dann dämmerte auch sie ein.

30. *Mittwoch, 19. Februar 1986*

»Guten Tag, Hoshino-san. Bitte setzen Sie sich.« Lesli setzte sich wachsam. Es war der »japanische Shimada«, der sie begrüßte, und er sah furchteinflößend aus wie nie. Er trug nicht, wie sonst, einen grauen, sondern einen dunkelblauen Nadelstreifenanzug, und am Revers blinkte ein STC-Firmenabzeichen. »Ich komme eben aus einer ausgedehnten Konferenz beim Verband der Wirtschaftsorganisationen und habe kaum Zeit finden können, meine Gedanken zu ordnen. Verzeihen Sie mir.« Er sah weder verwirrt noch bußfertig aus, und die höflichen Entschuldigungsformeln, die

Lesli im Japanischen so viel leichter von der Zunge gingen als im Englischen, wischte er beiseite.

»Von Yamada-san höre ich, Sie konzentrieren sich seit einigen Tagen auf die Unterlagen zur Brandt-Kommission. Man spricht heutzutage herzlich wenig vom sogenannten Nord-Süd-Dialog.« Er sah sie scharf an. »Fühlen Sie sich wohl? Sie sehen ein bißchen blaß aus.«

Lesli war überrascht, daß er so etwas bemerkte. »Ich danke Ihnen für die Nachfrage. Mir geht es gut. Ich habe nur letzte Nacht schlecht geschlafen.«

»Es tut mir leid, das zu hören. Als ich jung war, litt ich stark unter Schlaflosigkeit. Es heißt, man schläft weniger gut, wenn man älter wird. Bei mir scheint das Gegenteil der Fall zu sein.«

»Ich beneide Sie«, antwortete Lesli inbrünstig. »Und doch haben Sie sich in den letzten zwanzig Jahren die Probleme der Welt auf die Schultern geladen. Vorher hatten Sie sich nur um sich selbst gekümmert.«

Shimada hob ruckartig den Kopf. »Das ist eine seltsame Bemerkung.«

»Entschuldigen Sie«, erklärte sie hastig. »Ich wollte nicht unhöflich sein. Aber es ist doch eine schlichte Tatsache, nicht wahr? Sie waren sehr jung, als Sie das Fundament zu Ihrem geschäftlichen Erfolg legten – Sie gingen noch zur Schule, genau gesagt –, und darauf konzentrierten Sie sich, so weit es der Militärdienst gestattete, bis in die fünfziger Jahre. Dann erst fingen Sie an, sich mit internationalen Problemen zu befassen. Ich würde Sie gern fragen, ob es in dieser Zeit vielleicht ein persönliches Erlebnis gegeben hat, das Sie zu diesem neuen Interesse geführt hat.«

»Aha.« Es klang nicht so, als sei Shimada durch Leslis Erklärung restlos zufriedengestellt. »Sie kehren immer wieder zu meinem Privatleben zurück, nicht wahr? Ich frage mich, ob es sich dabei um eine weibliche Eigenheit handelt. Nun – mein Interesse für das, was in der Welt vor sich geht, war nicht etwas, das sich plötzlich entwickelte. Politik und Geld sind unentwirrbar miteinander verknüpft. In jedem Bereich, in jedem Staat. Vielleicht vor allem in Japan. Als ich mein Geschäft aufbaute, brauchte ich die Politiker. Später dann brauchten sie mich, und oft hat man mich aufgefordert, selbst in die Politik zu gehen. Japanische Geschäftsleute können es langfristig nur in einer stabilen und gesunden Wirtschaft zu etwas bringen. Und derselben Argumentation folgend, hat Japan – oder so sollte es doch sein – ein ausgeprägtes Interesse daran, eine stabile und gedeihliche Weltordnung zu sichern.«

»Ja. Darauf haben Sie in einigen Ihrer Reden hingewiesen. Warum *sind* Sie dann nicht in die Politik gegangen, Präsident Shimada? Sie sind eine der einflußreichsten Einzelpersonen im japanischen Geschäftsleben, vielleicht in der Welt, aber Sie sind immer noch Privatbürger. Hätten Sie nicht noch mehr Einfluß auf den Gang der Ereignisse nehmen können, wenn Sie einer der politischen Führer Japans geworden wären? Premierminister zum Beispiel?«

»Vielleicht. Aber ich habe mich anders entschieden«, erwiderte Shimada knapp. »Wenden wir uns nun einigen Ihrer anderen Fragen zu, ja?«

31. *Tokyo – Freitag, 21. Februar 1936*

Hauptmann Nonaka führte den Vorsitz. Er gehörte zwar nicht zu den Schlüsselfiguren im Führungskreis, aber er war der Rangälteste, denn er war länger Hauptmann als alle anderen. Er brauchte nicht erst um Aufmerksamkeit zu bitten: Alle Blicke ruhten auf ihm, als er seinen *sake* austrank und dann dem Zivilisten Mitsugi Nishida zunickte, der auf dem Ehrenplatz vor dem *tokonoma*-Alkoven saß. Nishida räusperte sich, sah sich um und begann schließlich zu sprechen. »Meine Herren, dies war ein Abend der Kameradschaft, des Vertrauens und der Erwartung. Noch immer haben wir keine handfesten Neuigkeiten für Sie, aber Sie dürfen versichert sein, daß der Augenblick der Tat unmittelbar bevorsteht. Ich halte es für höchst unwahrscheinlich, daß die Erste Division im April in die Mandschurei marschiert, wie es sich einige unserer hochbezahlten, *geisha*-begrabschenden Generäle anscheinend vorstellen.«

Leises Gelächter schwang durch den Raum. Die Hauptleute Kono und Ando saßen rechts und links neben Nonaka, und würdevoll betrachteten alle drei die anderen jungen Männer, die sich in einem Zimmer über demselben Restaurant in Shinjuku versammelt hatten, das die Verschwörer schon ein paar Monate zuvor für ihre ersten Zusammenkünfte benutzt hatten. Alle trugen Zivilkleidung, und die Kellnerinnen waren aus dem Zimmer verbannt worden, nachdem sie die Überreste der Mahlzeit abgeräumt und reichlichen Vorrat an *sake* herbeigeschafft hatten.

So gut wie sicher befanden sich unter dem Personal des Restaurants Polizeispitzel, und Nonaka und seine Kollegen wußten sehr wohl, daß die Zivilbehörden über die gelegentlich in diesem Restaurant stattfindenden Versammlungen eines aus Offizieren bestehenden »Freundeskreises der Folkloredichtung« informiert sein mußten. Niemanden kümmerte das sonderlich: Der absurde Name führte kaum jemanden hinters Licht, und in Tokyo wie auch in der Provinz gab es eine ganze Reihe solcher politischen Debattierzirkel. »Jetzt und hier werden keine weiteren Einzelheiten erörtert werden. Hüten Sie Ihre Zungen wie stets, und lassen Sie es sich angelegen sein, von jetzt an ausnahmslos jeden Tag Ihre jeweiligen Verbindungsoffiziere zu konsultieren. Wir werden erst dann wieder alle zusammenkommen, wenn der Erfolg sichergestellt ist.«

Während des ganzen Essens hatte eine Atmosphäre von gedämpfter Erregung geherrscht, und es hatte keine jener lebhaften Auseinandersetzungen stattgefunden, von denen ihre Zusammenkünfte sonst geprägt gewesen waren. Als Hideo sich unter seinen Offiziersbrüdern umsah, hoffte er, die gleiche hingebungsvolle Würde, die er in ihren Gesichtern sah, möge auch auf dem seinen erkennbar sein. Er war froh, daß das Warten nun bald ein Ende haben sollte, aber wenn er über das nachsann, was er in vermutlich weniger als einer Woche persönlich würde tun sollen, war es, als betrachte er einen Film in seinem Kopf. Der Gedanke, sich am Sonntag noch einmal für eine oder zwei Stunden mit Teruko zu treffen, verschob das Bild seiner selbst, wie er den Grafen Saito tötete, und rückte es in weite Ferne: Mehrere Male hatte er in seiner zellenartigen Kammer gestanden und mit der ungeladenen Pistole auf das harte Kopfkissen seiner schmalen Pritsche gezielt, und dabei hatte er versucht, sich den Kopf des alten Mannes vorzustellen, den er aus dem Wagen steigen und ins Haus hatte gehen sehen. Jedesmal aber war das Bild zerschmolzen und verschwommen, und wenn es dann wieder deutlich geworden war, war es das Gesicht seiner Schwester gewesen.

Terukos Bild verschwand niemals lange aus seinem Bewußtsein. Auch jetzt, umgeben von seinen Kameraden, sah Hideo sie vor seinem geistigen Auge in einer scharfen, physischen Unmittelbarkeit, die ihm fast den Atem raubte, wie sie in der billigen Absteige am Rande von Yoshiwara bei ihm gelegen hatte, und das Pochen am Ansatz ihres zarten Halses war deutlich sichtbar, während er mit zitternden Händen den Konturen ihres Körpers folgte. Niemals sah sie ihn an; sie hielt die Augen fest geschlossen und das Gesicht abgewendet, und sie verweigerte ihm ihre Lippen selbst dann, wenn sie sich in wilder, schändlicher Ekstase unter ihm wand.

Daß er seiner Schwester intensive sexuelle Lust bereitete, war für Hideo offenkundig, und niemals kam es ihm in den Sinn, über ihre Gefühle nachzudenken. Er befand sich in einem traumartigen, exaltierten Zustand, und als Teruko sich am Sonntag zuvor geweigert hatte, wieder mit ihm in das Gasthaus zu gehen, hatte er vor verständnisloser Frustation gezittert – ein Halbgott mit göttlichen Gelüsten, deren Erfüllung ihm kein gewöhnlicher Mensch zu verweigern wagen durfte, schon gar nicht ein bloßes Mädchen, eine jüngere Schwester, die ohnehin zu ehrfürchtiger Achtung gegen ihn erzogen und konditioniert war, selbst wenn er nicht im Dienste des Kaisers mit einer Mission von entscheidender Wichtigkeit betraut wäre.

Und doch, obgleich ein Teil seiner selbst sich daran nicht erinnern wollte, dachte Hideo oft auch an jenen ersten Abend, als Teruko verachtungsvoll über ihm gestanden und ihn in blinder Anbetung sich zwischen ihre Schenkel hatte wühlen lassen, im schwelgerischen Vollgefühl ihrer eigenen Macht. Ihre Macht, sich zu verweigern, war ebenso total, und er hatte das Aufblitzen der Verachtung in ihren Augen gesehen, als er sie am Sonntag ein wenig später angefleht hatte, sich statt dessen in der folgenden Woche mit ihm zu treffen, und ihr schließlich ein aufreizendes, unschlüssiges Halbversprechen abgerungen hatte. Die Möglichkeit, sie könne es nicht einhalten, quälte ihn, und er fand es unerträglich, daß er in dieser Weise gepeinigt wurde.

Und dann hatte sein tänzelnder, geckenhafter Vater, dieser alte Schwachkopf, angefangen von Dingen zu schwatzen, die er in alle Ewigkeit nicht würde begreifen können; er hatte nicht einmal das Recht, auch nur zu versuchen, derlei mit einem Offizier der Kaiserlichen Armee zu erörtern. Als Kind, und selbst noch als schlaksiger, pickliger Jüngling, hatte Hideo für Yukichis kultivierte Eleganz Bewunderung empfunden, er hatte ihm aufmerksam zugesehen, wenn er morgens mit künstlerischer Präzision seine Krawatte gebunden hatte, und der rauhe Klang seiner eigenen Stimme und sein unbeholfenes Stammeln hatten ihn erröten lassen, wenn sein Vater in seiner geschliffenen Art mit ihm geredet und komplexe Wortformen verwendet hatte, um mit lässiger Vertrautheit auf alle möglichen intellektuellen Mysterien anzuspielen. Es hatte ihn beschämt, daß Yoko schon mit zwölf oder dreizehn Jahren imstande gewesen war, sich mit ihrem Vater zu verständigen; ernsthaft hatten sie über die Romane von Riichi Yokomitsu und Yasunari Kawabata sowie über die von beiden bewunderte literarische Schule der »Neuen Sensibilität« diskutiert, während Hideo sich verbissen mit seinen Schulbüchern geplagt hatte, die mit Ausnahme jener, die sich mit Mechanik und Mathematik befaßten, für ihn nichts als unverständliches Gefasel enthielten. Seine Mutter war in jenen schmerzlichen Jahren gut zu ihm gewesen, denn auch sie war scheu und ebenso wenig wortgewandt wie ihr ältester Sohn. Sich untereinander zu verständigen, hatte ihnen beiden anscheinend keine Mühe bereitet, und damals hatte er selten wohlige Entspannung finden können, wenn sie nicht bei ihm war. Gern hätte er jetzt, da sie sich in diesem Zustand befand, Mitleid mit ihr gehabt, aber es machte ihn nur zornig und verlegen, wenn er an sie dachte.

Mit seinem Vater war es etwas anderes; der hatte in seiner schüchternen Anmaßung verächtlich gewirkt, als sie bei dem ekelhaften Essen in diesem Restaurant gesessen hatten. Wie konnte er es wagen, seine Nase in Angelegenheiten der Armee zu stecken und gar zu versuchen, Hideo den Mund zu verbieten, als er ihm ein paar ungeschminkte Wahrheiten über die korrupten Politiker an den Kopf geworfen hatte, die das Kaiserreich in Gefahr brachten, während sie ihre Nester mit Hilfe zigarrerauchender Kapitalisten auspolsterten, die einfache und ehrbare Bauern und Handwerker aussaugten, die mit der flitterhaft degenerierten westlichen Art nichts zu schaffen haben wollten. Und an eben diese Kapitalisten hatte sein Vater sich – bei all seinem hochfahrenden Kulturgehabe – schon als junger Mann mit Leib und Seele verkauft, und seither war er in ihren Diensten immer nur noch unterwürfiger geworden! Dank der inspirierenden Vorträge des ehemaligen Offiziers Nishida und seiner glutvollen Auslegungen der Schriften seines Lehrmeisters Kita-*sensei* sah Hideo seinen Vater jetzt als das, was er war, und er verachtete seine lächerlichen Versuche, die hehre Philosophie zu verstehen, der er, Hideo, sich hingebungsvoll verpflichtet hatte.

Er hatte keinen Grund gesehen, die Tatsache zu melden, daß Gerüchte über eine bevorstehende politische Intervention der Armee anscheinend den Leuten bei Mitsui und vermutlich auch bei den anderen *zaibatsu* zu Ohren gekommen waren: Mochten sie in ihren stinkenden Schlupflöchern herumwieseln, bis sie schließlich ans Tageslicht getrieben würden, wo sie sich der reinigenden Macht der neuen Ordnung zu stellen hätten, einer Ordnung, deren prächtige Repräsentanten ihn als einen der ihren aufgenommen und ihm das Privileg gegeben hatten, sie seine Freunde zu nennen!

»Und so, meine Herren, bleibt uns nur übrig, auf diesen Erfolg zu trinken, auf die Gesundheit unserer Kameraden in Zivil und vor allem auf unsere Lehrmeister, auf Kita-*sensei*, der heute abend nicht bei uns sein kann, und auf Nishida-*sensei*, der hier ist.« Hauptmann Nonaka rappelte sich auf, packte die nächstbeste *sake*-Flasche und ging zu Nishida hinüber, um ihm seine Tasse zu füllen. Dann kehrte er zu seinem Platz zurück und entbot erst Hauptmann Ando und dann Hauptmann Kono die gleiche Höflichkeit. Schließlich hob er seine eigene Tasse, und Hauptmann Kono erwiderte das Kompliment. Alle anderen im Raum boten und empfingen in gleicher Weise ihren *sake*. Als Nonaka sich vergewissert hatte, daß alle bereit waren, blickte er in die Runde und hob seine Tasse. »*Kampai*!«

Als alle einander zugetrunken hatten, erhob Nishida sich und ließ seinen Blick über die Anwesenden wandern. Er war einer der wenigen im Raum, die japanische Kleidung trugen, und Hideo wünschte, er hätte selbst auch daran gedacht: Es sah so *richtig* aus, wie Nishida-*sensei* vor ihnen stand. »Meine Herren, ich danke Ihnen im Namen von Kita-*sensei*, im Namen unserer übrigen zivilen Verbündeten und auch in meinem eigenen Namen. Ich bitte Sie jetzt, niederzuknien, sich in die Richtung des Kaiserlichen Palastes zu wenden und mit mir den Akt der Unterwerfung zu vollziehen.« Nach einer halben Drehung ließ er sich auf die Knie sinken, während die anderen sich hastig in dieselbe Richtung wendeten und sich eifrig auf die Knie erhoben; die meisten hatten mit gekreuzten Beinen vor ihren niedrigen Tischen auf den *tatami*-Matten gesessen.

Es war Hauptmann Nonaka, der den Befehl kläffte. »*Ojigi*!« Hideo fühlte, wie ihn die Gänsehaut überlief, als er sich tiefer und tiefer verbeugte, bis seine schweißfeuchte Stirn auf der kühl duftenden glatten *tatami* ruhte. Eine gewaltige Woge von Vertrauen und Freude durchströmte ihn, so machtvoll, daß ihm war, als müsse Seine Majestät doch die Ausdünstungen der Hingabe spüren, die auf ihn gerichtet wurden. Tiefe Stille herrschte im Raum, und es blieb so, bis Nonaka ihnen den Befehl gab, sich wieder aufzurichten; seine Stimme klang jetzt ruhig und ehrfürchtig.

Nachher erinnerte Hideo sich kaum daran, das Restaurant verlassen zu haben; auf der Rückfahrt zur Kaserne nach Azabu in einem Taxi, das er sich mit drei anderen teilte, blieb er stumm. Der Weg war nicht allzu weit; das Taxi brauchte nur etwa zwanzig Minuten. Als sie draußen vor dem Tor ausgestiegen waren, sagte er seinen Freunden Gute Nacht und ging noch ein Stück weit spazieren, ehe auch er einrückte. Die Sterne standen in dieser Nacht hell am Himmel, und der *sake*, den er getrunken hatte, erfüllte ihn mit köstlicher Wärme. Mit einem heimlichen Lächeln wandte er sich um, als der Amtssitz des Premierministers in Sicht kam, und als er das Tor erreichte, war er immer noch so guter Laune, daß er den Salut des Postens vor der Azabu-Kaserne mit einem liebenswürdigen Gruß beantwortete und in der Wachstube noch ein Weilchen mit dem diensthabenden Sergeanten plauderte.

Alles erschien ihm klar, sauber und sicher, und er zweifelte jetzt nicht mehr daran, daß Teruko sich am Sonntag mit ihm in dem Hotel treffen würde. Ihr Liebesspiel würde die Krönung seiner Vorbereitungen werden.

32. *Dienstag/Mittwoch, 25./26. Februar 1936*

»Ich glaube, er schläft, Liebling.« Mrs. Grew beugte sich zu ihrem Mann hinüber und hauchte ihm die Worte ins Ohr, während die Gesichter von Jeanette MacDonald und Nelson Eddy die Leinwand erfüllten, die an einem Ende des großen Salons in der Residenz aufgestellt worden war; Musik von Victor Herbert klang schwellend aus einem Lautsprecher, der auf einem flachen Tisch daneben stand. Der amerikanische Botschafter warf einen Blick an ihr vorbei und ließ die hauchzarte Andeutung eines Lächelns über seine disziplinierten Züge huschen, als er sah, daß der alte Mann die Augen tatsächlich geschlossen hatte. Er machte keine Anstalten, ihr zu antworten, sondern griff verstohlen nach ihrer Hand und drückte sie.

Joseph Grew konnte an dem Umstand, daß der Ehrengast ein Nickerchen einlegte, nichts Schlimmes entdecken. Das Dinner für sechsunddreißig Gäste war ein großer Erfolg gewesen, und die Tatsache, daß der Ehrwürdige Bewahrer des Geheimen Siegels und die Gräfin Saito noch geblieben waren, um sich den Film anzusehen, war ein Beweis dafür, denn es war allgemein bekannt, daß der Admiral in der Regel gern früh nach Hause und zu Bett ging. In diesem Augenblick durchbrach das gedämpfte Klingeln des Telefons im Flur das Sinnen des Botschafters; gereizt blickte er auf, doch sogleich verstummte es wieder: Einer der Bediensteten hatte sich offenbar sofort darum gekümmert. Bald hatte sich der Botschafter in seinem bequemen Sessel in der vordersten Reihe wieder entspannt zurückgelehnt, und er sah, wie die Gräfin Saito auf der anderen Seite fröhlich im Takt der Musik mit dem Kopf nickte und mit dem Fächer unaufdringlich, aber rhythmisch auf ihren Schoß klopfte.

Wieder lächelte Grew im Halbdunkel bei sich, als er an den zweifelnden Ausdruck dachte, der die sanften Züge der guten alten Seele verdunkelt hatte, als er ihr beim Dinner erklärt hatte, er habe sich den Film im voraus angeschaut und sich vergewissert, daß er, obgleich der Titel *Naughty Marietta* im Japanischen »Die Unmanierliche« bedeute, nichts Unschickliches enthalte; er hatte ihr versichert, daß er den Film eben wegen seiner Sauberkeit und der zauberhaften Musik unter mehreren anderen, die der Vertreter der Filmgesellschaft ihm angeboten hatte, ausgewählt habe.

Er angelte seine Uhr aus der Westentasche und warf im Flackerlicht der Leinwand einen Blick darauf. Zehn nach elf, und die letzte Rolle war mehr als zur Hälfte abgelaufen. Spätestens um halb zwölf würde sich das alte Ehepaar auf den Heimweg machen. Der Botschafter wußte, er konnte sich darauf verlassen, daß Alice den Admiral beizeiten taktvoll wecken würde.

Im Sanno Hotel wischte Hideo sich den Schweiß von der Stirn, als er den Telefonhörer auf die Gabel legte. Es war riskant gewesen, in der Residenz des Botschafters anzurufen, und er hätte sofort auflegen müssen, wenn ein Amerikaner sich gemeldet hätte. Aber zum Glück war der japanische Butler am Telefon gewesen; er hatte sich als dieser identifiziert und dem Anrufer, der sich als Mitarbeiter des Ehrwürdigen Bewahrers ausgegeben hatte, dienstfertig erklärt, der Admiral und seine Gemahlin seien dabei, einen Film anzuschauen, der voraussichtlich in spätestens einer halben Stunde zu Ende sein werde. Und jawohl, es schneie recht stark, aber der Chauffeur des Ehrwürdigen Bewahrers habe bereits den Motor des Wagens angelassen, so daß es im Wagen angenehm warm sein werde, wenn sie sich auf den Heimweg begaben.

Es war beruhigend, sicher zu wissen, wo die Zielperson sich aufhielt, und vor allem, zu wissen, wo sie sich um fünf Uhr am nächsten Morgen aufhalten würde, wenn die Sonderkommandos losschlagen sollten. Die Tatsache, daß das Ehepaar Saito in dieser Nacht ungewöhnlich spät zu Bett gehen würde, machte es um so unwahrscheinlicher, daß sie am nächsten Morgen schon vor dem Morgengrauen wieder auf den Beinen sein könnten. Der unerwartete Schneefall war indessen lästig. Technische Probleme konnten sie sich nicht leisten, und Ando hatte Hideo eben klargemacht, daß die anderen Offiziere und Soldaten, sobald er und seine Gruppe den Admiral zur Strecke gebracht hätten, unverzüglich in die strategisch wichtigen Gebäude zu schaffen seien, die sie zu besetzen hatten, während er selbst ins Putsch-Hauptquartier im Sanno zurückkehren und sich auf seine entscheidend wichtigen Aufgaben als Hauptverbindungsoffizier konzentrieren sollte.

Es war bereits ein Tag hektischer Aktivitäten gewesen, eingeleitet durch den Umstand, daß Hauptmann Ando auf dem Dienstplan als Ordonnanzoffizier des Dritten Regiments für diese Woche gestanden hatte; Hauptmann Yamaguchi hatte infolgedessen dafür gesorgt, daß er für das Erste Regiment den gleichen Dienst zu übernehmen hatte; Leutnant Nakahashis Kompanie der Kaiserlichen Garde indessen hatte unverhofft den Befehl erhalten, am sechsundzwanzigsten einen Teil der Palastgarde abzulösen.

General Mazaki hatte seinen entscheidenden Auftritt als Zeuge der Verteidigung beim Prozeß gegen Aizawa ebenfalls an diesem Tag absolviert, während Hideo und die anderen achtzehn Offiziere im Zentrum des Planes ihre Schlußeinweisung erhalten hatten und losgeschickt worden waren, damit sie ihre Unteroffiziere zur Kooperation aufforderten. Zu Hideos Befriedigung hatten sich diejenigen, die er angesprochen hatte, allesamt bereitgefunden, sich ihm und Yasuda anzuschließen, obgleich er ihnen freigestellt hatte, sich zu weigern.

Gerüchten zufolge hatten Kita und Nishida im letzten Augenblick zu einer Verschiebung des Unternehmens geraten, aber jetzt waren die Würfel gefallen. Hauptmann Kono würde sich gegen Mitternacht mit einer kleinen Hilfstruppe aus Zivilisten in zwei Autos auf den Weg zu den heißen Quellen des Badeortes Yugawara machen, der sechzig Meilen westlich der Hauptstadt gelegen war, um dort Saitos Vorgänger, den Grafen Makino, seinem Schicksal zuzuführen; um zwei Uhr früh, in wenigen Stunden also, wäre es für Hideo an der Zeit, sich mit seinen drei Offiziersbrüdern und deren Unteroffizieren zu treffen, mit ihnen einen hastigen Kompanieappell durchzuführen, bei dem die Männer in allgemeinen Worten über die Aktion in Kenntnis gesetzt werden sollten, und sie dann leise aus der Kaserne und zum zwei Meilen weit entfernt in Yotsuya gelegenen Haus Saitos zu führen.

»Es ist Zeit, daß du zu Bett gehst, Jiro.« Yukichi sah auf die Uhr neben dem Rundfunkgerät in der Ecke, als Jiro, von der Toilette kommend, wieder das Zimmer durchquerte und er feststellte, daß sein Sohn immer noch vollständig angekleidet war; nur die beiden oberen Knöpfe seiner schwarzen Schülerjacke standen offen. »Es hat keinen Sinn, *zu* hart zu arbeiten, weißt du. Wirst nur krank davon.« Yukichi legte einen Finger zwischen die Seiten seines Buches, um die Stelle zu markieren; behalten hatte er nichts von dem, was er zu lesen versucht hatte, seit Yoko ihm sein Abendessen serviert und nachher abgeräumt hatte und nach oben zu Bett gegangen war.

»Es geht schon. Es schneit ziemlich heftig.«

»Ja. Es macht alles so still, nicht wahr? Deine Mutter schläft ausgezeichnet; es muß an der Stille liegen.« Yukichi schaute wieder auf die Uhr. »Ich verstehe nicht, weshalb Teruko noch nicht zuhause ist. Sie müßte längst hier sein.«

Jiro rieb sich mit der Hand über seinen borstigen Schädel und unterdrückte ein Gähnen. »Wenn es darum geht – Yoko ist auch erst zehn Minuten vor dir nach Hause gekommen. Sie ging aus, kaum daß ich von der Schule zurück war. Ich weiß nicht, wohin.«

Das stimmte, und Jiro ärgerte sich darüber. Er war fast entschlossen, Yoko bei ihrer nächsten frühnachmittäglichen Expedition zu folgen. Sie hatte jedesmal, wenn er eine Bemerkung darüber gemacht hatte, so ausweichend geantwortet, daß Jiro überzeugt war, sie habe etwas zu verbergen. Daß sie am vorletzten Sonntag sogar den ganzen Tag über nicht daheim gewesen war, störte ihn genauso.

»Yoko hat es im Augenblick sehr schwer mit Mutters Krankheit. Sie muß ab und zu einmal aus dem Haus gehen«, erwiderte Yukichi, als die Haustür ratterte, und beide hörten Teruko in beiläufigem Ton rufen: »Ich bin zuhause.« Es folgte ein Stampfen: Sie klopfte den Schnee von ihren Schuhen, und gleich darauf trat sie händereibend ein.

»Ah, da bist du ja endlich. Yoko ist schon im Bett, und Jiro wollte eben gehen. Ich fing schon an, mir Sorgen um dich zu machen.« Beide starrten Teruko an. Die kalte Luft hatte ein wenig Farbe auf ihre Wangen gebracht, und ein paar schmelzende Schneeflocken in ihrem Haar, dort, wo es nicht bedeckt gewesen war, glitzerten im elektrischen Licht.

»Es ist halb zwölf«, sagte Jiro gleichmütig, und Teruko fauchte: »Das ist mir durchaus bekannt.« Dann wandte sie sich ihrem Vater zu.

»Der Schnee hat dich aufgehalten, nehme ich an«, sagte Yukichi müde. »Es schneit ungewöhnlich heftig. Ich habe selbst länger als sonst gebraucht, um nach Hause zu kommen, und jetzt ist es ja noch schlimmer. Morgen früh, bevor du zur Schule gehst, solltest du den Weg freischaufeln, wenn es dir recht ist, Jiro. Wir wollen nicht, daß jemand ausrutscht und stürzt. Yoko sagte, wahrscheinlich kommt der Arzt morgen her.«

Yukichi machte kein weiteres Aufheben von Terukos später Heimkehr. Jetzt, da sie hier war und er seine eigene Frage mehr oder weniger selbst beantwortet hatte, vergaß er die Sache, denn sie war seine geringste Sorge. Die drängendste erhob sich derzeit aus der Tatsache, daß bei Mitsui Gerüchte kursierten, denen zufolge Präsident Seihin Ikeda am Montag wie gewöhnlich ins Büro gekommen war und, nachdem er ein paar Telefongespräche empfangen und durchgeführt hatte, Tokyo unvermittelt verlassen und sich zu einem nicht genannten Ziel begeben hatte. Seine Sekretärin hatte mehrere wichtige Konferenzen absagen müssen. Yukichi hatte nach seiner Unterredung mit Ikeda nicht mehr tun können, als Hideo einen sorgfältig formulierten Brief zu schreiben, und jetzt befürchtete er das Schlimmste.

In Saitos Haus zu gelangen, war ein Kinderspiel. Hideos einzige Sorge war ihre große Zahl gewesen: Sie waren so viele, daß es womöglich schwierig sein würde, es leise genug zu bewerkstelligen. Er hatte daher jedem der drei anderen seiner Truppe zugeteilten Leutnants das Kommando über fünfzig der insgesamt fast zweihundert Sodaten übertragen und sie zurückbleiben lassen. Eine Abteilung war jetzt dabei, die Polizeiwache in der Nachbarschaft zu besetzen, um jede mögliche Intervention von dort zu blockieren, während die anderen die Zufahrten zum Haus und zum Hintereingang absperrten. Nur Hideo, sein Sergeant und etwa ein Dutzend Mann marschierten auf die hohen Torflügel zu; die Schneedecke dämpfte ihren Tritt. Der kleinste und leichteste der Soldaten erklomm, von zwei anderen hochgestemmt, das Tor, ließ sich drinnen lautlos in den Schnee fallen und schob die Riegel beiseite.

Obgleich sie nur wenig Lärm gemacht hatten, ging ihre Ankunft doch nicht gänzlich unbemerkt vonstatten. Als sie sich dem Hause näherten, ging im Erdgeschoß ein Licht an, und das kleine Dienstmädchen, das Hideo zuletzt in der Umarmung des Ortspolizisten hatte zappeln sehen, öffnete die Haustür. Ihr *yukata* war zerdrückt; mit schlaftrunkenen Augen und schlaff herabhängendem Unterkiefer glotzte sie den bedrohlichen Schatten im Schnee entgegen. Starr vor Schrecken wich sie zurück, als der Sergeant den Strahl seiner Taschenlampe auf ihr Gesicht richtete. »Solange du keinen Laut von dir gibst, wird dir niemand etwas tun«, sagte Hideo, als er sich an ihr vorbei in den Hausflur drängte, den Dienstrevolver in der Hand.

Dann zögerte er, nicht weil ein angstvoller Ausdruck des Wiedererkennens in die Augen des Mädchens trat, als sie sich an der Wand zusammenduckte, sondern weil ihn das instinktive Bedürfnis überkam, sich die Stiefel auszuziehen. Doch das Schieben der Männer, die hinter ihm hereindrängten, zwang ihn, das seidig glänzende Holz der Stufe und die nachgiebige *tatami* zu betreten; gleichwohl zog er den Kopf zwischen die Schultern, als er das Scharren der schweren Nagelstiefel der anderen hörte, die jetzt die strenge Schönheit des Eingangsflures schändeten.

Den Sergeanten neben sich, durchschritt Hideo rasch die leeren Räume im Erdgeschoß. Flüsternd gab er den Befehl, zwei Mann abzustellen, die Küche, Toilette und Bad durchsuchen sollten, und stieg dann, so leise er konnte, die Treppe hinauf. Das Haus war um einiges größer als sein Elternhaus, aber in der Anlage unterschied es sich nicht sonderlich. Wie es schien, lebte das Ehepaar Saito trotz seinem Status nicht in besonders luxuriösen Verhältnissen, wenngleich sich in den Alkoven und auch in dem feuersicheren Lagerhaus, das an das Hauptgebäude angrenzte, sicherlich unbezahlbare Kunstgegenstände verbargen.

Hideo hatte kaum einen Zweifel daran, welches das Schlafzimmer war, und er hatte, obwohl sein Herz pochte und das Blut ihm in den Ohren donnerte, nicht den geringsten Zweifel an dem, was er jetzt zu tun hatte. Er winkte dem Sergeanten, als er die *fusuma*-

Tür beiseiteschob, und der Strahl der Lampe schwankte nur einen Moment lang, bevor er das erschrockene Gesicht der Frau, die sich hastig aufsetzte, und dann auch den neben ihr liegenden Mann erfaßte. Hideo fand Zeit, zwei Kugeln in den Körper des Ehrwürdigen Bewahrers des Geheimen Siegels zu feuern, bevor die alte Dame sich schützend über ihren Mann warf und die übrigen Soldaten ins Zimmer stürmten.

Auf der anderen Seite von Tokyo erwachte Yukichi Shimada aus unbehaglichem Halbschlummer, als seine Frau Chie schmerzerfüllt aufschrie und dann beinahe unverzüglich anfing, eines ihrer unverständlichen Gebete zu stammeln, während er sich mühsam aus dem Bett quälte und zu ihr hinüberging, um sie zu beruhigen.

»Es war nicht zu ändern«, sagte Hideo ein paar Stunden später zu Leutnant Takahashi bei einem hastig hinuntergeschlungenen Imbiß aus Reisbällchen und grünem Tee. Der Reis schmeckte nach nichts, und sein Körper fühlte sich an wie unter Narkose; das Gefühl war so stark, daß selbst seine Emotionen betäubt waren: Ganz unberührt konnte er von der Affäre erzählen. »Sie bekam eine Kugel in jeden Arm und eine in die Schulter, obwohl ich allen ausdrücklich eingeschärft hatte, daß wir niemandem außer ihrem Gatten ein Haar krümmen wollten. Das Problem war: Sie wollte nicht aus dem Weg gehen, und so mußten wir sie beiseite schieben, um ihn mit unseren Waffen treffen zu können. Und dann mußten wir uns natürlich vergewissern, daß wir ihn auch wirklich erledigt hatten. Einer der Soldaten von unten kam herein und erklärte, er wolle auch einmal auf ihn schießen; der Sergeant erlaubte ihm, ein paar Schüsse abzugeben. Ich wollte mich da nicht gern einmischen. Der Sergeant wollte ihm dann die Kehle durchschneiden, um absolut sicherzugehen, aber er war unbezweifelbar tot, und die Alte war nicht von der Leiche wegzubringen; also zogen wir ab. An das, was danach kam, habe ich nicht viel Erinnerung; ich weiß nur noch, daß du und die anderen die Männer draußen vor dem Tor habt antreten lassen. Das war ein prächtiger Anblick, nicht wahr? Ich nehme an, es war deine Idee, ein dreifaches *banzai* für Seine Majestät zu befehlen, bevor wir abmarschierten?«

»Was denkst du denn? Jedenfalls hast du bessere Arbeit geleistet als einige der anderen«, erwiderte Takahashi. »Yasuda und Tanaka und ich ebenfalls. Wir haben uns von General Watanabe nicht bequatschen lassen. Von seiner Frau übrigens auch nicht. Sie besaß doch die Dreistigkeit, uns zu fragen, auf wessen Befehl wir handelten. Yasuda sagte ihr ins Gesicht, wir seien nicht die Privatarmee ihres Alten, sondern Soldaten Seiner Majestät. Dann entdeckten wir ihn; er kauerte hinter einem Haufen Bettzeug, und Yasuda gab's ihm. Dann befahl Tanaka den Leuten, ihm ausgerechnet mit dem Maschinengewehr den Rest zu geben. Aber die anderen scheinen gepatzt zu haben. Die Idioten, die auf den Großkämmerer Suzuki angesetzt waren, hatten ihn praktisch erledigt, doch dann, sagen sie, schaltete *seine* Frau sich ein. Forderte das Recht, ihrem Mann selber mit einem Dolch den Gnadenstoß zu geben, und die Dummköpfe erlaubten es ihr. Jetzt ist er im Krankenhaus, und vielleicht kommt er sogar durch.«

»Gruppe Vier hat den Premierminister anscheinend erwischt«, sagte Hideo. »Mußten allerdings vier Polizisten erschießen, die sich ihnen in den Weg stellten. Und Nakajima und die anderen von Fünf haben kurzen Prozeß mit dem Finanzminister gemacht. Wir werden mehr wissen, wenn Nonaka vom Hause des Kriegsministers zurückkommt; dort haben wir auf jeden Fall alles in der Hand. Behalte du die Situation hier einstweilen im Auge; ich bin gleich wieder da.«

Hideos Beine waren schwer wie Blei, als er das Büro des Hoteldirektors, das sie beschlagnahmt und zu ihrer Kommunikationszentrale gemacht hatten, verließ; als er auf der Toilette im Erdgeschoß seine Blase entleerte, begann sein Kopf zu schmerzen. Dann würgte er, und gleich darauf erbrach er sich hilflos.

33. *Freitag, 22. Februar 1986*

Charlie, ungefähr 11 Uhr 45, in Eile
ich habe versucht, dich anzurufen, aber du warst verreist. Also bin ich vorbeigekommen, um das Material zum 26. Februar zurück-

zubringen; ich habe die Schwäne angeschaut und mir eine Schreibmaschine ausgeborgt, um dir diese Zeilen zu schreiben.

Grundsätzlich halte ich das Material für großartig; es dürfte die Leser faszinieren. Es muß eine gräßliche Nacht gewesen sein – diese armen Menschen, was immer sie getan haben mochten! Einfach in ihren Betten abgeschlachtet. Und wie tapfer die Frauen waren, vor allem Kazuko, die junge Enkelin des Grafen Makino, die dem lahmen alten Mann half, aus dem Hotel in diesem Badeort außerhalb von Tokyo, wo die heißen Quellen sind, zu entkommen, nachdem Kono, dieser wahnsinnige Schurke, seinen Leuten befohlen hatte, das Haus in Brand zu stecken. Ich arbeite schon viele Jahre in unserer Branche, und ich kann mir noch immer nicht vorstellen, welche »Idealisten« solche Dinge *tun* können. Zumindest gelang es der Polizei, ihn zu verwunden... und ich nehme an, er brauchte einiges an Mumm, um im Krankenhaus Selbstmord zu begehen. Und wenn man sich vorstellt, daß das Kriegsministerium am Abend dieses Tages ein offizielles Statement herausgibt, in dem von einer Gruppe die Rede ist, die »sich erhoben hat, um die nationale Verfassung aufrechtzuerhalten und zu läutern«! Zweifellos diktiert von diesem Hauptmann Nonaka oder von einem ihrer unheimlichen zivilen Gurus.

Ein tolles Foto, das du da in den Archiven ausgegraben hast: Wie die Soldaten da im Schnee herumstehen, die Gewehre zu Pyramiden zusammengestellt wie auf altmodischen Bildern von der Ernte. Und die ganze Zeit über rennen die Generäle durcheinander wie ein Haufen kopfloser Hühner und wissen nicht, was sie mit den ungezogenen Jungs anfangen sollen! Ich wünschte, ich hätte Zeit, an Dwight Rogers zu schreiben und ihn zu fragen, was er damals glaubte, was da vor sich ging. Ich könnte ihn vermutlich anrufen, aber ich bezweifle, daß bei einem Telefongespräch mit ihm sehr viel herauskommen wird. Wahrscheinlich hat er inzwischen sowieso vergessen, wer ich bin. Jedenfalls sehe ich nicht, wie ich diesen Entwurf noch verbessern könnte, selbst wenn ich morgen noch einmal mit Yoko gesprochen habe. Jun und Miyoko haben sich sicher die Absätze schiefgelaufen und gut recherchiert, aber das Ganze trägt trotzdem deine Handschrift. Ich hoffe wirklich, sie nehmen es als Titelgeschichte – es hat's verdient.

Ich begreife jetzt, weshalb die Japaner einen Tick haben, was diese Affäre angeht. Mord im Schnee und all das – es ist fast so gut wie ihre Lieblingsgeschichte von den siebenundvierzig *ronin*. Allerdings war mir bisher nie klar, wieviel dabei eigentlich vom Kaiser persönlich abhing. Und er war erst Anfang Dreißig. Er war ziemlich taff, als es darauf ankam. Während des Lesens fing ich an zu spekulieren; ich dachte mir, der Umstand, daß er zwei Jahre zuvor endlich einen Sohn bekommen hatte, machte ihn vielleicht sicherer... Wenn ich mich recht erinnere, habe ich einmal gelesen, daß es Bestrebungen gab, ihn zum Rücktritt zugunsten seines Bruders Chichibu zu bewegen. Vielleicht lohnt es sich, das mal zu überprüfen. Na, ich habe jedenfalls nicht mehr getan, als einen oder zwei Sätze einzufügen, die dazu beitragen könnten, die Rolle des Kaisers ein bißchen deutlicher werden zu lassen, obwohl mir im Grunde selbst dabei nicht sehr wohl zumute ist. Was für ein Leben dieser alte Mann mit der Lupenbrille hinter sich hat! Irgendwie nett, daß er die Micky-Maus-Uhr, die er in Disneyland bekommen hat, immer noch gern trägt – so erzählt man es sich wenigstens.

Ach, noch etwas. Ich frage mich, ob du die Tatsache, daß die Putschisten zu Anfang auf höchster Ebene der Armee Unterstützung hatten, nicht ein wenig mehr akzentuieren solltest... auch wenn diese beiden Generäle, Mazaki und Araki, sich nicht eben die Beine ausrissen, als es hart auf hart ging, nicht wahr? Mir gefällt dein Zitat von einem anderen General, der gesagt hat, Mazaki sei wie ein Mann, der in einer Hand eine Schachtel Streichhölzer und in der anderen einen Feuerwehrschlauch hält. Ein unheimlicher Typ. Ich werde Yoko fragen, was junge Intellektuelle wie sie von der ganzen Geschichte hielten. Und natürlich, was der große Bruder Hideo dachte. Könnte nichts schaden, auch den hohen Herrn persönlich zu fragen, wenn ich das nächstemal mit ihm spreche; aber irgendwie läßt mich der Gedanke zurückschrecken. Womöglich schöpft er Verdacht und ahnt, daß ich etwas von seinem Bruder in der Armee weiß. Mit all dem würde ich allerdings deinen Termin weit überschreiten. Vielleicht belassen wir es dabei, daß ich dich anrufe, falls ich in den nächsten vierundzwanzig Stunden noch irgendwelche brillanten Ideen habe.

Übrigens, das fragliche Subjekt (wie die Privatdetektive im Roman sagen) hat sich beim letztenmal ziemlich knorrig gezeigt. Ich lade dich demnächst zu einem Drink ein und erzähle dir davon, falls du mal Zeit hast, auf einen Sprung zum International House zu kommen. Wirf diesen Brief in den Reißwolf, wenn du ihn gelesen hast, ja? Okay, ich *werde* paranoid, aber ich geb's wenigstens zu.

Alles Liebe, Lesli.

34. *Mittwoch, 26. Februar 1936*

Mit gesenkten Köpfen standen Kriegsminister General Kawashima, General Honjo, oberster Adjutant, der Stellvertretende Stabschef, General Sugiyama, und der Innenminister erbebend vor dem Zorn der schmächtigen Gestalt, die sie mit blitzenden Augen anfunkelte. Der Marineminister stand außerhalb der Schußlinie wachsam und staunend an der Seite des verängstigten Kämmerers. Der Kämmerer und der Innenminister waren die einzigen im Raum, die zivile Tageskleidung trugen, wenngleich auch sie, wie die Militärs, weiße Handschuhe an den Händen hatten.

Sie alle waren daran gewöhnt, die Bedeutung kaiserlicher Äußerungen aus vagen, anspielungsreichen Andeutungen zu schließen, die hin und wieder an die Oberfläche des archaischen Hofjapanisch trieben, das der Kaiser zu benutzen pflegte, prachtvollen, buntschillernden Karpfen gleich, die sich für einen verlockenden Augenblick zu zeigen geruhten, ehe sie wieder in den düsteren Tiefen eines uralten Tümpels verschwanden. Die meisten der Anwesenden hatten den Kaiser oft genug lustlos und deprimiert gesehen, vor allem, wenn seine Berater ihm wieder einmal in den Ohren gelegen hatten, er möge doch weniger Zeit in seinem marinebiologischen Laboratorium in der Kaiserlichen Villa in Hayama an der Bucht von Sugamo verbringen. Auch gereizt hatten sie ihn schon erlebt, ja nörgelnd, wenn er mit den Myriaden von einschränkenden Protokollvorschriften haderte, die beinahe seinen gesamten Tagesablauf beherrschten. Aber dies war etwas gänzlich und erstaunlich anderes. Der sanftmütige, gelehrtenhafte Sohn des Himmels versprühte kaiserlichen Zorn. Wenngleich seine Sprechweise immer noch verhalten und gestelzt wirkte, waren seine Worte doch jetzt einfach und ungeschönt, und ihre Bedeutung war klar und über jeden Zweifel erhaben. Drei seiner engsten und geschätztesten Höflinge waren überfallen worden; der Ehrwürdige Bewahrer des Geheimen Siegels war auf das Feigste ermordet worden, der Großkämmerer Suzuki kämpfte mit dem Tode, und Graf Makino war nur durch den Mut und die Geistesgegenwart seiner Enkelin gerettet worden. Finanzminister Takahashi und General Watanabe waren ebenfalls hingemetzelt worden, und welches Schicksal den Premierminister ereilt hatte, war noch unklar. Gar nicht zu reden von der beiläufigen Ermordung mehrerer loyalen Polizisten, die es unternommen hatten, die Opfer dieser... *verräterischen* Meuterer zu beschützen.

Wie *konnten* die Generäle es wagen, dieses feige Gesindel als »irregeleitet« zu bezeichnen, als »übereifrig«, als »besorgt um die Verfassung und die Sicherheit des Reiches«? Wie konnten sie auch nur *andeuten*, daß man die schmählichen, impertinenten sogenannten »Forderungen«, die der Kriegsminister sich erdreistet hatte in den Palast zu bringen, nachdem er die Verbrecher in seine offizielle Residenz *eingeladen* und dort tatsächlich *empfangen* hatte, auch nur einen Augenblick lang würde in Erwägung ziehen können? Wie hatte er solch verräterischem Geschwätz feige Gehör schenken können?

General Honjo ließ den Kopf hängen; seine Beschämung war noch um einiges größer als die des Kriegsministers. Ihm war das Los zugefallen, dem Kaiser um sechs Uhr früh die Nachricht von dem Aufstand zu überbringen: Noch hatte er nicht gewagt, zu berichten, daß er die Neuigkeit per Telefon erfahren hatte, und zwar durch einen Anruf von Hauptmann Yamaguchi, der nicht nur einer der Rädelsführer, sondern zugleich auch sein eigener Schwiegersohn war. Er hatte es nicht gewußt.

Er hatte es nicht gewußt! Honjo suchte sich in diesen Gedanken einzugraben, um dort Sicherheit zu finden. In den Nervenzentren der Hauptstadt herrschte völliges Chaos. Das Hauptquartier der Stadtpolizei von Tokyo war den Rebellen übergeben worden, ohne daß auch nur der Form halber Widerstand geleistet worden wäre – just in diesem Augenblick dürften sie nach Lust und Laune die Akten dort durchstöbern. Man hatte keinen Versuch unternommen, die Meuterer aus der Residenz des Premierministers zu vertreiben, obwohl im Palast bereits Gerüchte die Runde machten, die besagten, daß die Attentäter nicht gewußt hätten, wie Premierminister Okada aussah, und deshalb versehentlich seinen Schwager getötet hätten; es war denkbar, daß Okada entkommen war. Schon um diese frühe Stunde waren die Generäle Mazaki und Araki umtriebig dabei, unter den übrigen Mitgliedern des Obersten Militärrates um Unterstützung für den Entwurf einer Vorlage an den Thron zu werben, in der die politischen Ziele der Aktivisten gebilligt wurden, und es stand keineswegs fest, daß der Kaiser nach seiner erzürnten Reaktion der persönlichen Empörung seine Ansichten auch tatsächlich würde durchsetzen können.

Der Kaiser fuhr herum und richtete das Wort an den Marineminister, wie sein Kollege im Kriegsministerium ein aktiver Offizier. »Wir sehen die Armee in kläglicher Verwirrung!« zischte er. »Und die Marine? Der Bewahrer des Siegels, Saito, der Großkämmerer Suzuki und Premierminister Okada sind allesamt Admiräle im Ruhestand. Was sagt die Marine dazu?« Der Marineminister machte eine hilflose Gebärde. Er war entschlossen, in Gegenwart der Generäle nichts zu sagen; er hoffte, sich eine Privataudienz beim Kaiser sichern zu können, ehe das Kabinett zusammentrat: Dann würde er ihm versichern, daß bereits Kriegsschiffe zum Auslaufen bereitgemacht wurden, die von ihrem Stützpunkt im nahegelegenen Yokosuka in die Bucht von Tokyo dampfen und dort vor Anker gehen sollten. Zwar hatten sowohl Mazaki als auch Araki Brüder in hohen Positionen bei der Marine, aber im Offizierskorps dort gab es doch nur wenige junge Hitzköpfe von der Art, wie sie jetzt in der Armee solchen Lärm machten, und die Flotte hatte überhaupt nur wenig Sympathie für das hartnäckige Politisieren der Armee.

General Sugiyama war der einzige, der kühn genug war, seinem zornbebenden Souverän ins Auge zu blicken. »Der Generalstab teilt den Unwillen Eurer Majestät auf das Bescheidenste. Wenngleich der Stabschef, Seine Kaiserliche Hoheit Prinz Kan'in, unglücklicherweise, wie Eurer Majaestät bekannt ist, unpäßlich ist und derzeit nicht in Tokyo weilt, bin ich doch zuversichtlich, daß er mich in meiner Absicht, entschlossen durchzugreifen, bestätigen wird. Es wird Eurer Majestät gefallen, daß die hier im Palast befindliche Abteilung der Kaiserlichen Garde in ihrer Loyalität standhaft bleibt, dank des prompten Einsatzes des Kommandanten vom Dienst, Major Homma, wie auch des Leutnants Otaka, der den Versuch eines gewissen Leutnant Nakahashi vereitelte, das Sakashita-Tor zu erobern und aufständischen Einheiten Zugang zum Palastgelände zu verschaffen, und ihn des Geländes verwies.«

Der Kriegsminister warf Sugiyama in verstohlener Überraschung einen Seitenblick zu. Dies war der erste Rückschlag für die Rebellen, von dem er gehört hatte, und die entschlossene Haltung, die Sugiyama selbst an den Tag legte, machte die Situation um einiges komplizierter. Allmählich sah es so aus, als werde es schwieriger als zunächst erwartet werden, den Kaiser zu beschwichtigen und die Wogen zum Vorteil der Fraktion des Kaiserlichen Weges in der Armeeführung zu glätten.

Zum erstenmal während dieser Audienz ließ der Kaiser eine Andeutung von Befriedigung erkennen. Dann ergriff er wieder das Wort. Die Offiziere Homma und Otaka seien zu belobigen. Was die allgemeine Situation betreffe, so solle nicht gefackelt werden: Keinerlei Verhandlungen mit Meuterern, die in ungeheuerlicher Anmaßung den kaiserlichen Namen für ihre verbrecherischen Aktionen beansprucht hatten.

Ein formelles Ende fand diesmal nicht statt; der Kaiser schickte einen letzten vernichtenden Blick in die Runde, wandte sich dann auf dem Absatz um und verschwand hinter dem golden-grünen Wandschirm, der die Tür zu seinem Arbeitszimmer verbarg. Der Kämmerer wieselte hinter ihm drein. Die Männer, die zurückblieben, standen noch einen Augenblick lang wie angefroren da, als bildeten sie zusammen ein *tableau vivant*. Dann schob sich der Innenminister neben den Marineminister, der verhalten ausatmete, während er die Generäle musterte.

»Du hättest nicht herkommen dürfen«, flüsterte Yoko und schmiegte sich an Rogers; Entzücken und Furcht mischten sich mit der süßen Qual des Verlangens nach ihm. »Wir hatten doch vereinbart...« Er löste sich wortlos von ihr, und plötzlich war ihr sehr kalt; er stand vor ihr und schaute sie an, und in seinem Gesicht lag ein Ausdruck, wie sie ihn noch nie gesehen hatte. »Liebster, was ist? Was ist passiert?«

»Ich mußte kommen, Yoko. Der Aufstand der Armee – du hast natürlich davon gehört?« Ihre verständnislose Miene war beinahe komisch, und Rogers fühlte sich fast wie bei einem der in Tokyo so häufigen Erdbeben, wenn das Zittern ihn an den vertrauten Dimensionen der stofflichen Welt zweifeln ließ. Es war denkbar, daß sie wirklich nichts davon gehört hatte. Straßenbahnen und Busse verkehrten jedenfalls wie immer, die Geschäfte waren offen, und er hatte keine große Mühe gehabt, ein Taxi zu bekommen. Die Leute schienen ganz wie gewöhnlich ihren Geschäften nachzugehen, wenn auch nicht ohne gelegentliche neugierige Blicke auf die Soldaten, die im Zentrum der politischen Verwaltung nördlich des Kaiserlichen Palastes das Straßenbild merklich prägten, und auf die Stacheldrahtverhaue, die um einige Regierungsgebäude errichtet wurden. Nur die forscheren Passanten indessen blieben stehen, um eines der Flugblätter anzunehmen, die die Soldaten ihnen in täppischer Verlegenheit entgegenhielten.

»Nein. Wovon sprichst du? In den Rundfunknachrichten wurde davon nichts gesagt, und Vater hat auch nicht erzählt, daß etwas passiert sei, als er gestern abend nach Hause kam. Er ist in letzter Zeit so müde und besorgt, daß er überhaupt nicht mehr viel mit mir spricht... und heute morgen habe ich ihn kaum zu Gesicht bekommen. Er ist früher als sonst ins Büro gegangen.«

»Ist dein kleiner Bruder in der Schule?«

»Ja natürlich. Warum denn nicht? Und Teruko ist zur Arbeit gegangen. Bitte, Dwight, was ist denn? Warum machst du so ein trauriges Gesicht?« Scheu hob Yoko die Hand, um seine Wange zu streicheln, und er umfaßte ihre Finger und hielt sie dort fest.

»Yoko, es ist sehr ernst. Ich komme eben aus dem Club der Auslandspresse. Du hast recht, es gibt noch keine offiziellen Verlautbarungen, aber Gerüchten zufolge sind mehrere Minister ermordet worden. Die Aufständischen haben das Kriegsministerium und mehrere andere wichtige Gebäude in Tokyo in ihre Hand gebracht, und sie haben dem Kriegsminister ihre Forderungen mitgeteilt. Sie wollen eine neue Regierung unter Führung von General Mazaki einsetzen, und...na, es ist alles ziemlich wirr. Aber da ist noch etwas Wichtigeres, Yoko. Einer meiner bestinformierten Kontakte ist ein deutscher Reporter namens Richard Sorge; er ist befreundet mit einem deutschen General, der als Berater für die japanische Armee abgestellt ist. Sorge hat mir erzählt, wer hinter der ganzen Sache steht. Es ist eine Gruppe junger Offiziere, die zur Fraktion des Kaiserlichen Weges zählen. Er kannte sogar viele von ihnen namentlich... Yoko, ich glaube, dein Bruder gehört dazu.«

»Yoko-chan. Ich glaube, ich kenne diesen Herrn.« Beide fuhren herum, als sie die brüchige Stimme hörten und sahen, wie Chie sich mühsam auf die Knie niederließ. Der Gürtel ihres *yukata* war nur lose um ihren Leib geschlungen, und das Haar hing zu beiden Seiten ihres totenblassen Gesichtes glatt herunter. Es war das erstemal seit dem Neujahrstag, daß Rogers sie zu Gesicht bekam, und während er hastig selber niederkniete, dachte er, daß sie ganz so aussah wie die tragische, dem Irrsinn verfallene Gestalt der Mutter aus dem No-Stück *Sumidagawa*, die ihr verlorenes Kind sucht.

Auch Yokos Gesicht war schreckensbleich, aber sanft hob sie ihre Mutter aus der tiefen Verneigung empor und winkte Rogers, er möge ihr helfen. »Ja. Es ist Herr Rogers, Mutter«, murmelte sie. »Du hast ihn am Meiji-Schrein gesehen. Er ist gekommen, um sich nach deinem Befinden zu erkundigen. Aber es ist kalt hier unten. Komm, ich bringe dich hinauf ins Bett.«

Als Chie wieder aufrecht stand, sah sie zu Rogers auf, der sie seitlich stützte. Ihre Gesichtshaut war wie aus Wachs, aber tief in ihren Augen flackerte Intelligenz, und einen Moment lang fühlte er, daß sie sich auf subtile Weise mit ihm verständigte. »Ich muß mich für das ungebührliche Benehmen meines älteren Sohnes entschuldigen, Herr«, sagte sie, und dann fing sie an zu weinen, und als Yoko sie fortführte, wich sie Rogers' Blicken aus.

Yoko war noch oben, als die Polizei kam.

»Ich nehme an, du willst wieder ausgehen«, stellte Jiro säuerlich fest, als er am Nachmittag nach Hause kam.

»Ja. Du mußt dich um Mutter kümmern, bis Vater oder Teruko heimkommen. Hör zu, Jiro. Etwas Furchtbares ist geschehen. Die Polizei war hier und hat das ganze Haus durchsucht.«

Jiro war schnurstracks zum Rundfunkgerät gegangen, noch während sie redete, und hatte es eingeschaltet; er wandte ihr den Rücken zu. Eine Zeitlang stand er stocksteif da, und er antwortete, ohne sich umzudrehen. »Die Polizei? Warum? Was haben sie gesucht?«

»Jiro! SIEH MICH AN!« Kreischend stürzte Yoko sich auf den Jungen und packte ihn bei den Schultern. »Hideo ist in entsetzlichen Schwierigkeiten! Er ist in diese Armeegeschichte verwickelt. Die Polizei sagt, er sei ein Rebell. Ich muß jetzt zur Polizeiwache, um weitere Fragen zu beantworten. Wann ich zurückkomme, weiß ich nicht; sie haben mir nur erlaubt, hier auf dich zu warten, weil sie selber sehen konnten, daß Mutter nicht allein bleiben kann.« Verzweifelt schluchzend wand Yoko sich in den Mantel, den sie neben der Tür zurechtgelegt hatte.

»Wenn du hingehen mußt, dann, schätze ich, haben sie Vater wohl auch abgeholt. In seinem Büro. Wahrscheinlich kommt er später nach Hause«, sagte Jiro. »Und ich nehme an, Teruko wird wie immer in ihr Tanzlokal gehen. Aber macht nichts, ich werde hierbleiben.«

Kühl sah er zu, wie Yoko Schuhe und Galoschen überstreifte und ihm wortlos einen letzten Blick zuwarf, ehe sie das Haus verließ. Dann lief er rasch in sein eigenes Zimmer und stellte erleichtert fest, daß das Geld, das er unter der *tatami* versteckt hatte, noch da war. Allzu gründlich konnte die Polizei nicht gesucht haben; aber es war leicht möglich, daß sie noch einmal zurückkamen. Jiro verwandte einige Zeit darauf, sich ein besseres Versteck auszudenken, bevor er die Treppe hinauf und zu seiner Mutter ging.

»Das eine oder andere sollten Sie vielleicht noch einmal wiederholen, Mr. Rogers«, sagte Botschafter Joseph Grew zu dem hochgewachsenen jungen Mann, der vor ihm in dem geräumigen Salon saß, in dem am Abend zuvor *Naughty Marietta* vorgeführt worden war. »Es kann sein, daß George hier alles mitbekommen hat, aber ich habe schon vor längerer Zeit den Faden verloren. Die Polizei hat Sie fünf Stunden lang festgehalten, und Sie sind hergekommen, sobald man Sie dort weggelassen hat. Um zwei, halb drei hat man Sie im Hause dieser Miss – äh, Shimizu verhaftet –«

»Shimada, Sir. Miss Yoko Shimada.« Der Botschafter wedelte gereizt mit der Hand. »Ja, ja«, sagte er nervös. »Und die Polizei war dort, weil ihr Bruder einer der Rädelsführer dieses, dieses Aufstandes ist. So – *wußten* Sie das? Darum geht es doch sicherlich.«

Rogers rieb sich die Augen. Er war erschöpft, und das alles war ihm zuwider. »Jawohl, Sir«, sagte er noch einmal mit schwerer Stimme. »Wie ich vorhin schon sagte, es war ja der Grund, weshalb ich dort war. Ich war den ganzen Vormittag über herumgelaufen und hatte mit verschiedenen Kontakten über die politischen Attentate gesprochen, und dabei hatte ich die Namen einiger Offiziere in Erfahrung gebracht, die anscheinend dahintersteckten. Bei einem von ihnen handelt es sich offenbar um Leutnant Hideo Shimada. Ich... nun, ich habe Miss Shimada ziemlich gern, Sir, und so fuhr ich zu ihr, um zu sehen, ob sie etwas davon wußte, und... na ja, ich schätze, auch um sie zu warnen.«

»Haben Sie all das auch der Polizei erzählt?« Das war der wachsame Mann, den der Botschafter George nannte, der diensthabende Offizier, den der Posten der US-Marines im Eingangsbüro herbeigerufen hatte, als Rogers dort aufgetaucht war und einen Verantwortlichen zu sprechen verlangt hatte.

»Ja. Zuerst dachte ich daran, sie zu bluffen und ihnen weiszumachen, ich hätte Leutnant Shimadas Namen im Laufe meiner Erkundigungen gehört und den Wohnsitz seiner Familie ausfindig gemacht, um vielleicht ein Exklusivinterview mit einem Familienangehörigen zu ergattern. Aber dann fiel mir ein, daß sie auf jeden Fall Miss Shimada nach mir befragen würden und daß sie der Polizei zweifellos etwas anderes erzählen würde, und dann säßen wir womöglich beide ernsthaft in der Patsche. Also erzählte ich ihnen genau das, was ich jetzt auch Ihnen erzählt habe. Wie ich die Familie Shimada ganz zufällig am Neujahrstag kennenlernte, und daß ich den Leutnant bei dieser Gelegenheit zum ersten und letzten

Mal gesehen habe. Daß meine Freundschaft mit der jungen Dame erst vor ungefähr drei Wochen begann, als sie mich im Bahnhof wiedererkannte; wir fuhren zusammen im selben Zug nach Kyoto, und ich hörte von der Krankheit ihrer Mutter. Und daß ich sie dann... hier in Tokyo ein paarmal zuhause besuchte, um sie wiederzusehen.«

George nickte. »M-hm. War wahrscheinlich das Vernünftigste. Und zweifellos haben Sie ihnen auch eine Menge Zeug über Ihre eigene Familie erzählt, über Ihre Ausbildung und über Ihre Lieblingslektüre, weil sie so was schrecklich gern wissen wollten. Stimmt's?«

»Ja, Sir. Ich schätze, wir wissen alle, mit welchem Enthusiasmus die Polizei vorgehen kann, wenn sie erst einmal in Schwung gekommen ist.«

Mit scharfer Stimme schaltete sich der Botschafter ein. »Sie sind doch nicht etwa in irgendeiner Weise mißhandelt worden, oder, junger Mann?«

»Nein, Sir. Sie waren hartnäckig und auch nicht allzu freundlich. Sie wissen, wie das ist: Anscheinend können sie zwischen einem Journalisten und einem Spion nicht unterscheiden, und der Gedanke, daß Ausländer sich für ihre Krise interessieren könnten, ist ihnen ohnehin zuwider. Ich hatte den Eindruck, daß sie im Moment nicht wissen, wer die Regierungsverantwortung hat; es kann sein, daß sie deshalb lieber vorsichtig waren. Jedenfalls hat mir niemand ein Haar gekrümmt.«

»Andererseits«, meinte George nachdenklich, »halte ich es für mehr als wahrscheinlich, daß sie ihn beschatten. Vielleicht war es nicht besonders gerissen von Ihnen, jetzt herzukommen, Rogers.« Rogers überlief es heiß und kalt bei diesem Gedanken. Wie hatte er so naiv sein können, schnurstracks in die amerikanische Botschaft zu rennen, nachdem er vorher mehrere Stunden damit zugebracht hatte, zu bestreiten, daß er zu amerikanischen Diplomaten – mit Ausnahme des Presseattachés – andere als sporadische und rein gesellschaftliche Beziehungen unterhalte? Andererseits war es die natürlichste Sache der Welt gewesen, seine vorübergehende Festnahme unverzüglich zu melden, und sei es nur als ganz gewöhnliche Vorsichtsmaßnahme für den Fall, daß man ihn noch einmal verhaften sollte. Bedrückt fand er sich mit der schlichten Tatsache ab, daß er Angst gehabt hatte, um sich und um Yoko, und daß er wie ein Kind hergelaufen war, um hier Trost und Schutz zu suchen. Es war zutiefst beschämend, und es wäre noch unendlich viel schlimmer, wenn seine gedankenlose Reaktion etwa noch größere Schwierigkeiten für die Shimadas bringen würde.

Botschafter Grew hatte seine Pfeife inzwischen gestopft und angezündet; er hob eine buschige Braue und sah George an. »Ja. Gut, wie dem auch sei, George – jetzt, da Mr. Rogers schon einmal hier ist, wäre es interessant zu erfahren, was er von dieser tragischen Affäre hält. Zumindest kann er uns etwas über den Hintergrund eines dieser blutrünstigen jungen Offiziere erzählen.« Düster schaute er sich in dem prachtvollen Zimmer um. »Ich muß immer wieder an den armen Admiral Saito denken. Verdammt, noch gestern abend hat er hier gesessen und ist ganz behaglich eingedöst, und ein paar Stunden später war er tot. Es heißt, der Kaiser sei außer sich vor Schmerz...«

35. *Donnerstag, 27. Februar 1986*

»Ich kann dir nicht sagen, wie schrecklich es war, Charlie. Oder wie unaussprechlich *dumm* ich mir vorkam, weil mir nicht schon früher ein Licht aufgegangen ist – bevor ich mein großes Maul aufriß.«

Goldfarb schaute in die rotgeränderten Augen der Frau, die ihm in der Lobby im Erdgeschoß des International House gegenüber saß, und er bemerkte die besorgten und zugleich neugierigen Blicke der anderen Leute, die vorübergingen oder bei seinem Sessel verharrten, um nach einer der Zeitungen zu greifen, die in ihren hölzernen Haltern an einem Ständer hinter ihm hingen. »Das konntest du nicht erraten. Geh nach oben in dein Zimmer, Lesli«, sagte er leise. »Nummer 302, nicht wahr? Ich komme in zwei Minuten nach. Ich weiß, daß du da oben keinen Besuch empfangen darfst, aber wir müssen jetzt mal ungestört miteinander reden.«

Lesli sah ihn einen Augenblick lang an; sie begriff kaum, was er da sagte. Wie betäubt stand sie auf und ging zu den Aufzügen.

Goldfarb lief zielstrebig auf den Ausgang zu und dann daran vorbei zur Herrentoilette; von dort aus durchquerte er die Lobby in Richtung Bibliothek, ohne diese indes zu betreten. Statt dessen stieg er die gegenüberliegende Treppe hinauf. Die Tür zu Zimmer 302 stand offen; er trat ein und schloß sie hinter sich. Lesli saß auf dem Bett, aber Goldfarb drückte lediglich kurz ihre Schulter und unternahm weiter keinen Versuch, sich dort zu ihr zu gesellen. Statt dessen ging er zum Sessel in der Ecke neben dem Fenster und setzte sich wortlos hin. »Nimm dir etwas zu trinken, Charlie«, sagte Lesli schließlich. »Ist leider nur Santory da. Eiswasser ist in der Thermoskanne.«

Goldfarb schüttelte den Kopf. »Danke, nein. Nur *in extremis*, Liebes. Aber du könntest wahrscheinlich einen vertragen?«

Lesli schüttelte den Kopf. Blind tastete sie nach einem Kleenex aus der Schachtel am Kopfende und putzte sich die Nase.

»Okay, noch mal von vorn. Du warst heute vormittag bei Yoko, ganz aufgekratzt wegen der Geschichte vom 26. Februar, und hast dich gewundert, weshalb sie offenbar nicht sehr erpicht war, darüber zu reden.«

»Ich habe sie drangsaliert und eingeschüchtert, Charlie.« Ein neuerlicher Tränenstrom begann zu fließen. »Habe ihr in den Ohren gelegen, mir doch zu erzählen, was sie an diesem Tag getan hat und ob die Normalbevölkerung überhaupt viel von dem, was in den drei Tagen geschah, mitbekommen habe.«

»Eigentlich vier«, sagte Goldfarb ruhig, um ihr Gelegenheit zu geben, ihre Stimme unter Kontrolle zu bringen. »Eine Zeitlang glaubten die Rebellen, sie hätten es geschafft, als sie nämlich tatsächlich dem Kriegsrechtskommando einverleibt wurden; und auch am siebenundzwanzigsten blieb die Lage noch konfus, bis Sugiyama und die anderen harten Jungs ihren Kollegen schließlich klarmachen konnten, daß der Kaiser es ernst meinte. Klar wurde es, als Bruder Chichibu in Tokyo aufkreuzte und mit dem Gedanken spielte, den Rebellen zur Hand zu gehen, und der große Bruder ihn in den Palast sperrte, wo er keinen Schaden anrichten konnte. Als der Kaiser sein Siegel unter den Befehl setzte, mit dem das Kriegsrechtskommando angewiesen wurde, am achtundzwanzigsten aufzumarschieren, und als die Marine ihre Kriegsschiffe in der Bucht von Tokyo in Position gebracht hatte, war es so gut wie aus. Aber sie wollten kein weiteres Blutvergießen, und so war der neunundzwanzigste der Tag der psychologischen Kriegführung: Die Panzer rückten gegen die Stellungen der Rebellen vor, ohne jedoch einen Schuß abzufeuern. Junge – es muß ein toller Anblick gewesen sein, wie die Flugzeuge ihre Flugblätter über der Stadt herabregnen ließen und wie am Reklameballon über dem Gebäude der Luftfahrtvereinigung ein Transparent wehte, auf dem die Soldaten aufgefordert wurden, sich im Namen des Kaisers ihren Offizieren zu widersetzen. Und der General, der den Distrikt Tokyo befehligte, verbreitete etwa die gleichen Parolen. He, aber weißt du eigentlich, daß der arme Trottel später vors Kriegsgericht gestellt wurde, weil er seinen Jungs gesagt hatte, es sei immer noch Zeit, sich dem Kaiser zu unterwerfen? Die Anklage vertrat die Auffassung, jede Aufforderung zu anderem als *unverzüglichem* Gehorsam sei Hochverrat. Er wurde aber freigesprochen.«

Lesli nickte dankbar und schniefte. »Danke, Charlie. Es geht jetzt.« Sie brachte sogar ein kleines Lächeln zustande. »Ich hab' den Artikel gelesen, weißt du.«

»Klar hast du. Und wenn du noch eine Nacht darüber geschlafen hast, wirst du dir auch überlegt haben, ob du noch etwas hinzufügen kannst oder nicht. Wann hat sie angefangen, dir von Hideo zu erzählen?«

Goldfarb sah zu, wie Lesli die Schuhe abstreifte und sich vollends auf das Bett sinken ließ, die Augen geschlossen. »Ich habe Kopfschmerzen, Charlie – nicht, daß du auf die falschen Gedanken kommst. Unsensible Kuh, die ich bin, habe ich sie tatsächlich gefragt, ob die Krise ihren älteren Bruder persönlich betroffen habe. Ich war immer noch zu blöd, um auch nur einen Gedanken an die Möglichkeit zu verschwenden, daß er daran beteiligt gewesen sein könnte. Yoko sagte in sehr würdevollem Ton, sie spreche nicht gern darüber, aber ihr Bruder sei mit der Fraktion des Kaiserlichen Weges verbunden gewesen. Er habe bei dem Aufstand eine Rolle gespielt, und er habe die Verantwortung für seine Taten übernommen... und dann brach sie zusammen, Charlie. Ich fühlte mich... ich kann dir nicht sagen, wie gräßlich ich mich fühlte, als ich versuchte, die arme alte Dame zu trösten und sie mich von sich stieß, als ob sie mich haßte. Das quält mich, seit ich von ihr wegging. Ihre Reaktion war so heftig, so verzweifelt, daß ich mir nur denken kann, er muß Selbstmord oder so etwas begangen haben, es sei denn...«

»Sag's, Lesli. Es wird helfen. Es sei denn, er war einer von denen, die nach dem Prozeß erschossen wurden. Ich glaube nicht, daß er Selbstmord begangen haben kann. Gegen zwei Uhr am Nachmittag des neunundzwanzigsten waren die Soldaten allesamt wieder in ihre Kasernen zurückspaziert. Nur die Offiziere waren noch übrig. Sie hatten sich allesamt *erboten*, Selbstmord zu begehen, vorausgesetzt, der Kaiser werde davon in Kenntnis gesetzt, und tatsächlich schickte Prinz Chichibu, als er erkannte, daß der Tanz vorbei war, auch eine Nachricht an seinen Kumpel Hauptmann Ando und schlug ihm vor, eben dies zu tun. Aber der Kriegsrechtskommandant weigerte sich, auch nur zu versuchen, ihnen das Einverständnis des Kaisers zu beschaffen, und so brachten sich am Ende nur zwei von ihnen wirklich um: Hauptmann Nonaka nach der Konfrontation mit seinem alten Kommandanten im Kriegsministerium, und Hauptmann Kono im Lazarett, wohin er nach dem Anschlag auf Graf Makino gebracht worden war. Ach ja, da fällt mir ein, es gab noch einen – einen Leutnant, der gleich zu Anfang Selbstmord beging. Yoko Mishima hat eine Kurzgeschichte über ihn geschrieben und einen Film dazu gedreht. Aber der hatte mit dem Putsch nichts zu tun. Verlor bloß den Verstand, als er davon hörte, der arme Bursche. Außerdem erinnere ich mich, daß Miyoko erwähnte, er sei verheiratet und schon ziemlich alt gewesen. ›Ziemlich alt‹ heißt für die Kleine wahrscheinlich, daß er um die vierzig war. Yokos Bruder war's jedenfalls nicht.«

Lesli stemmte sich auf einem Ellbogen hoch, klappte die Augen auf und starrte ihn an. »Das müssen wir überprüfen, Charlie. Wir müssen es wissen.«

»Nichts leichter als das. Wir haben nicht alle in dem Artikel namentlich genannt; du weißt, wie es den Leuten stinkt, wenn sie eine Liste von zungenbrecherischen ausländischen Namen lesen sollen. Aber entweder Miyoko oder Jun hat sie bestimmt allesamt irgendwo in den Kopien des japanischen Quellenmaterials. Ich lasse es gleich morgen früh –«

»Nein. Heute abend. Ich muß es heute abend wissen.«

Goldfarb kratzte sich am Kopf. »Himmel, Lesli, das ist aber jetzt ein bißchen viel verlangt. Jun und Miyoko sind schon lange zuhause... Ich schätze, ich könnte einen von der Nachtschicht beim *Mainichi Shimbun* bitten, die Akte durchzusehen, aber –«

»Charlie. Japanisch ist meine zweite Sprache. Ich kann selbst nachschauen. Bitte bring mich hin.« Goldfarb seufzte. Dann wuchtete er sich aus dem Sessel und sah zweifelnd auf sie herab. »Bist du sicher, daß es dir gut geht, Kleines? Ist das wirklich so eilig?« Doch dann zuckte er die Achseln und lächelte. »Okay – ich weiß, wann ich geschlagen bin, und Selbstmord werde ich deswegen ganz bestimmt nicht begehen. Also los.«

Mit verqollenden Augen streckte Lesli die Hand aus. Goldfarb ergriff sie in der Annahme, er solle ihr aufhelfen, aber sie zog ihn zu sich herunter, und er quetschte sich in einer unbequemen Position neben ihr auf die Kante des schmalen Bettes. »Halt mich fest, Charlie«, wisperte sie. »Ich fühle mich so elend. Ich hätte mich nie auf das alles einlassen sollen.« Sie fing an zu schluchzen, als er sie aufhob und in seine Arme nahm; wild klammerte sie sich an ihn.

»Na, ich will es mal so sagen, Lesli: Wenn das, was wir glauben, stimmt, dann bekomme ich so etwas wie Mitleid für Shimada. Kein Wunder, daß der Kerl sich sträubt, wenn er von dieser Zeit erzählen soll. Wie alt war er denn – sechzehn oder siebzehn? Muß ein scheußliches Trauma für einen Bengel in diesem Alter gewesen sein. Klar, wir fahren jetzt in die Redaktion und schauen nach.« Er drückte ihr einen sanften Kuß auf die Stirn. »Aber vorher solltest du dein Gesicht restaurieren.«

36. *Sonntag, 2. März 1936*

Yukichi rutschte voller Unbehagen auf den Knien hin und her; mit Schrecken stellte er fest, daß er selbst bei solcher Gelegenheit zu so trivalen und unwürdigen Reaktionen wie der Befriedigung darüber fähig war, daß er sich doch noch für japanische Kleidung entschieden hatte. Die gestreiften Hosenbeine seines Tagesanzugs hätten sich unangenehm straff am Oberschenkel und Knie gespannt, und die Weste und der steife Kragen hätten ihn in seinen Bewegungen eingeengt, während er sich mechanisch verbeugte und die Beileidsbekundungen derer entgegennahm, die jetzt an ihm vorbeigingen. Seit er erwachsen war, trug er fast täglich Kleider wie sie, und als junger Mann hatte er gelegentlich neidvolle Blicke seiner Altersgenossen auf sich gezogen, weil er ein Auge für elegante Krawatten besessen hatte, und auch wegen seiner Anzüge, die er sich bei einem chinesischen Schneider in Yokohama hatte anmessen lassen; aber unversehens erschienen ihm die umständlich verschlungenen Röhren westlicher Männergewänder fremdartig, lächerlich und in absurder Weise unbrauchbar im Vergleich zu der anmutigen, aber praktischen Einfachheit, den fließenden, großzügig weiten Falten von Kimono und *haori*.

Nicht viele Leute waren gekommen, um sich vor dem schwarz drapierten Foto Chies auf dem improvisierten Altar im kleinen Eingangsflur zu verneigen und ihm eine Prise Weihrauch darzubieten. Den Verwandten in Kumamoto war es unmöglich zu kommen. Sie konnten es sich nicht leisten; der Umstand, daß die alte Frau zu krank und zu gebrechlich war, als daß Chies Bruder und seine Frau sie hätten alleinlassen können, erwies sich als hinreichender Vorwand, der Peinlichkeit gar nicht erst entstehen ließ. Sie hatten ein Kondolenztelegramm geschickt, und dazu eine Postanweisung über zehn Yen »Weihrauchgeld«, eine hübsche Geste der Leute, wenn man die Verhältnisse bedachte. Yukichis Familie war durch einen Vetter vertreten, einen Lehrer aus Shizuoka; daß er sich auf die dreistündige Reise begeben hatte, war in anbetracht der Umstände ebenfalls höchst großzügig.

Abgesehen von ihm und ein paar Nachbarinnen, die durch das schwarz und weiß verhängte Tor traten, sich der Haustür näherten, die für diesen Anlaß aus den Schienen gehoben worden war, und das Ritual würdevoller Trauer vollzogen, wobei ihre Augen in achtbarer Boshaftigkeit glitzerten, hatten die Trauergäste großenteils aus Händlern der Umgebung bestanden, und eine Handvoll Bekannter von Yoko, Teruko und sogar Jiro waren auch gekommen. Jiro selbst stand in seiner schwarzen Schuluniform draußen vor dem Tor, unterstützt von einem Schulfreund, während die Besucher einer nach dem anderen den bereitliegenden Pinsel ergriffen, ihren Namen in das Buch eintrugen, das er am Tag zuvor beim Schreibwarenhändler gekauft hatte, und ihre Geldgeschenke in besonderen Trauerumschlägen überreichten, wofür sie von Jiro die erforderliche symbolische Gegengabe erhielten, in diesem Fall ein Taschentuch in einer flachen Schachtel aus dünner grauer und weißer Pappe.

Es war Jiro gewesen, der die Bürde der praktischen Bestattungsvorkehrungen für Chie auf sich genommen hatte, nachdem Yukichi in jener furchtbaren Nacht von der Polizeiwache nach Hause gekommen war, um zu erfahren, daß sie sich die Kehle durchschnitten hatte, Jiro, der darauf hingewiesen hatte, es sei sehr viel einfacher, den Altar im Eingangsflur aufzustellen, so daß die Gäste nicht die Schuhe würden ausziehen müssen, wie es nötig wäre, wenn sie das Haus vollends beträten, Jiro, der den Bestattungsunternehmer angerufen und später eigenhändig das Zimmer gesäubert hatte, in dem die Mutter endgültig und unwiderruflich aus der Welt geschieden war, die so bedrückend und verwirrend für sie gewesen war. Jiro war eine Festung der Stärke für sie alle gewesen.

Diejenigen unter den Besuchern, die über derlei verfügten, trugen nicht nur ihren Namen in das Kondolenzbuch ein, sondern hinterließen auch ihre Visitenkarte; einer von diesen war Direktor Nishi von Matsui, in dessen Beileidsgemurmel etwas von eisigem Haß mitschwang. Yukichi war allzu betäubt von den Ereignissen der letzten Tage, als daß es ihn bekümmert hätte. Es war, als sehe er sich selbst vom Standpunkt eines leidenschaftslosen Kritikers aus, der sich fragte, wie dieser Sohn eines Samurai je so feige hatte sein können, daß er in Betracht gezogen hatte, seine Tochter an einen ehrgeizigen Funktionär zu verhökern, um diesem gelackten Sadisten zu Gefallen zu sein und sich selbst ein paar Jahre der finanziellen Sicherheit zu ergattern. Irgendwie würde er schon zurechtkommen, und wenigstens würde er jetzt Yoko in den nächsten Jahren in die Augen sehen können.

Yukichi gestattete sich ein bitteres Lächeln, als er darüber nachdachte, daß er nun nicht mehr in der Lage war, Mitsui zu helfen. Präsident Ikedas Informationsquellen waren in der Tat zuverlässig gewesen, und er war die ganze Zeit über in Deckung und außerhalb der Reichweite potentieller Attentäter geblieben, bis Kita und Nishida verhaftet worden waren und jedermann wußte, daß der Aufstand fehlgeschlagen war. Yukichi konnte nichts tun, um noch zu Diensten zu sein, nicht einmal, wenn er es gewollt hätte. Es war eine Erleichterung, daß er nicht einmal der Verlockung eines Schmiergeldes länger würde widerstehen müssen.

Jahrelang hatte Yukichi sich zwar insgesamt tolerant gezeigt, aber doch bedauert, daß seine Frau Chie nie in der Lage gewesen war, sein Niveau zu erreichen. Bevor Yoko ein vernünftiges Alter erreicht hatte und zu seiner intellektuellen Gefährtin geworden war, hatte er zeitweise bitter bereut, daß er mit seiner schüchternen Unentschlossenheit die Zuneigung Fujikos eingebüßt hatte, jener Medizinstudentin, die ihn zweifellos zu einer Lebensweise geführt hätte, die von der eintönigen Knauserei seiner Ehe mit Chie himmelweit entfernt gewesen wäre. Jetzt, als er Chies Fotografie auf dem Altar betrachtete, eine Vergrößerung aus einem Familienfoto, das anläßlich von Hideos Examen an der Militärakademie aufgenommen worden war, machte der ungerührte Beobachter, der Yukichis Bewußtsein beherrschte, ihn darauf aufmerksam, daß er alles ganz falsch gesehen hatte.

Yukichi war derjenige gewesen, dem es nicht gelungen war, Chies Niveau von Empfindsamkeit und Einsicht zu erklimmen, Yukichi, der gefühllos zugesehen hatte, wie sie jahrelang nach Anmut und Schönheit geschmachtet hatte, herausgerissen aus der tanzenden Welt ihrer Träume, verwandelt in ein demütiges, niemals klagendes Dienstmädchen. Der resignierte, aber irgendwie auch angstvolle Ausdruck in dem Gesicht auf dem Foto verschwamm, als die Tränen ihm in die Augen stiegen, und Yukichi senkte den Kopf voller Reue und Scham.

An ihrem Platz zwischen ihrem Vater und der mit versteinerter Miene dasitzenden Teruko beobachtete Yoko, wie Dwight Rogers zum Tor zurückging, und ihre Gefühle waren in Aufruhr. Er hatte makellose und einfühlsame Höflichkeit an den Tag gelegt; aber er hätte nicht kommen dürfen. Daß Hideo am Freitagabend, am neunundzwanzigsten, verhaftet worden war, mußte er wissen, aber wie konnte er vom Tode ihrer Mutter erfahren haben? Sie hatten keinen Kontakt mehr gehabt, seit die Polizei ihn aus dem Haus geführt hatte, so sehr Yoko sich auch nach dem Trost seiner Gegenwart gesehnt hatte, denn sie war voller Ratlosigkeit, Schmerz und Entsetzen. Und zu allem Überfluß wußte Yoko jetzt so sicher, wie wenn ihre Schwester es ausgesprochen hätte, daß Teruko den Ausdruck in Dwights Gesicht gesehen hatte, bevor und nachdem er sich vor ihnen dreien verneigt hatte: Sie hatte gesehen, daß er Yoko allein gegolten hatte, und intuitiv hatte sie endlich die Wahrheit über ihre Beziehung erkannt.

Für Teruko war es nicht mehr als die trostlose Bestätigung dessen, was sie längst erraten hatte, und sie verspürte keinen Ärger gegen Yoko. Sie hatte wenig Raum für irgendwelche Gefühle neben dem wilden Haß, der sie allein davor bewahrte, vollends zu verzweifeln; der Anblick von Dwight Rogers brachte sie mehr als irgend etwas anderes dazu, in hilflosem Unglauben darüber nachzusinnen, wie lange es her zu sein schien, daß sie keine echten Sorgen gehabt hatte, sondern nur alberne Frustrationen, die in den aufregenden Tagträumen, die durch ihren Kopf gejagt waren, mehr als aufgewogen worden waren. Und doch waren nicht einmal zwei Monate vergangen, seit sie an der Seite dieses Amerikaners auf Wolken gegangen war und ihn im Taxi geküßt hatte. Und jetzt war sie eine Hure.

Als sie das erstemal ihren ganzen Mut zusammengenommen hatte und mit einem der Männer, die sich erboten, sie für den Abend freizukaufen, in die diskrete Herberge in Nihombashi gefahren war, von der die anderen Mädchen gesprochen hatten, war die Aussicht auf das, was sie erwartete, beängstigend und die Wirklichkeit eher lächerlich als sonst etwas gewesen. Der Mann war zu betrunken gewesen, als daß er viel hätte anstellen können, aber er hatte lammfromm bezahlt, bevor er sich mit einfältiger Miene verzogen hatte, und das viele Geld, das sie bekommen hatte, ließ Teruko für einen oder zwei Tage beinahe leichten Herzens sein.

Seither hatte sie ein paar Ausländer gehabt und viele Japaner; anfangs hatte Teruko noch gezählt, doch dann hatte sie es aufgegeben. Es wußten inzwischen beinahe dreißig sein. Die behaarten Körper westlicher Männer bargen keine Geheimnisse mehr für sie. Es war gar nicht so übel, wenn man sich erst daran gewöhnt hatte. Vor allem mit denen, die es zu genießen schienen, erniedrigt und beschimpft zu werden. In den letzten drei Wochen hatte sie mehr Geld verdient als in ihrem ganzen Leben bisher, aber noch nicht genug, um die furchtbare Bürde von ihren Schultern zu nehmen. Schlimmer noch – jetzt, da es unvermeidlich war, daß Hideos Name an die große Glocke gehängt werden würde, dämmerte in ihr die übelkeiterregende Erkenntnis, daß ihre Bestrafung um so vernichtender und langwieriger werden würde. Niemals würde Jiro sich mit der Summe zufriedengeben, die er ursprünglich als Preis für sein Schweigen genannt hatte.

Endlich waren die anderthalb Stunden, die sie anberaumt hatten, vorüber, und Jiros Schulfreund kam, um sich zu verabschieden, während Yukichi sich, von Yoko gestützt, müde erhob. Die Angestellten des Bestattungsunternehmers waren bereits dabei, die Draperien vom Tor abzunehmen, und Jiro trug eben das Lacktablett herein, auf dem die Umschläge mit dem Weihrauchgeld lagen, als draußen ein feldgrauer Armeelastwagen vorfuhr.

Unbewußt umklammerte Yoko den Arm ihres Vaters, und Teruko, die noch auf ihrem Polster kniete, eine zierliche Gestalt in ihrem formellen schwarzen Kimono, schwankte leicht, als ein Hauptmann der Armee in Uniform sich herrisch an Jiro vorbeidrängte, gefolgt von Hideo, ebenfalls in Uniform, doch ohne seine Mütze. Ein Sergeant bildete die Nachhut. Der Hauptmann setzte seine Schaftstiefel millimetergenau nebeneinander und verbeugte sich formell vor Yukichi. »Hauptmann Iwaya«, erklärte er. »Im Namen des Kriegsgerichtskommandanten des Distrikts Tokyo entbiete ich mein Beileid. Angesichts der außergewöhnlichen Umstände wurde Leutnant Shimada gestattet, Weihrauch darzubringen. Der Sergeant und ich werden uns aus Achtung für die Verblichene bis ans Tor zurückziehen und dort zehn Minuten warten. Der Gefangene hat die ganze Zeit über vollständig sichtbar zu bleiben.«

Hauptmann Iwaya salutierte vor Chies Fotografie und wollte kehrtmachen, doch dann zögerte er, riß seine Mütze vom Kopf, nahm eine Prise Weihrauch aus dem Behälter, warf sie auf die verlöschende Glut der Holzkohle im Becken und verbeugte sich tief. Dann wandte er sich ab und machte Platz für Hideo. Zusammen mit dem Sergeanten zog er sich, wie versprochen, zum Tor zurück.

Teruko versuchte nicht erst, ihre Tränen zurückzudrängen, als es sie beim Anblick ihres Bruders, der barhäuptig, aber stolz vor ihr stand, warm durchflutete. In diesem Augenblick gestand sie sich selbst ein, daß sie ihn liebte, und sie wußte, sie würde die Kraft finden müssen, ihre Bürde zu tragen.

Yukichi sah Hideo eindringlich in die Augen, und er sah darin arrogantes Selbstbewußtsein, von einer gewissen heiteren Gelassenheit gefärbt. Sein Mund mühte sich, Worte zu finden, um sie diesem Fremden zu sagen, der sein Sohn war.

37. *Kamakura – Dienstag, 4. März 1986*

Yoko Nagai verschränkte die Hände fest vor sich und sprach mit so leiser Stimme, daß Lesli trotz der Stille in dem kleinen Zimmer Mühe hatte, sie zu verstehen; aber sie wagte nicht, sie zu unterbrechen, denn sie fürchtete, durch eine Ungeschicklichkeit die eierschalendünne Brücke der Versöhnung, auf der die alte Dame ihr entgegenkam, irreparabel zu zerbrechen. »Es war der fünfzigste Jahrestag der Bestattung meiner Mutter, der mich erkennen ließ, wie albern ich mich bei Ihrem letzten Besuch benommen habe. Es gibt keine Entschuldigung für mein kindisches Benehmen. Ich bin so froh, daß Sie nicht zu erzürnt über mich waren, um noch einmal wiederzukommen.«

Lesli begann selbst Entschuldigungen zu murmeln, doch Yoko wischte sie mit einer kleinen, aber seltsam anmutigen Geste beiseite und sprach weiter. Es war das erstemal, daß Lesli sie im Kimono sah; sie wirkte sehr viel kleiner und verwundbarer als die energische Altakademikerin mit dem klaren Blick, die Lesli bislang stets in Wollrock und Pullover oder Bluse und Strickjacke begrüßt hatte. »Wir betteten ihre Asche auf dem großen Friedhof bei Nippori, nicht weit von Ueno, zur letzten Ruhe. Meine Mutter war dort immer gern umherspaziert, und es gelang uns, eine Grabstelle unweit ihres Lieblingstempels zu finden. Am Rande des Friedhofes gibt es mehrere davon. Ich nehme an, Sie wissen es. Es ist jetzt das Familiengrab. Die Asche meines Vaters liegt dort. Und ein Teil von Hideos Asche auch, obwohl die Behörden eine richtige Bestattung nicht erlauben wollten... Und eine Locke von Teruko habe ich dort begraben.«

Yoko betupfte sich die Augen mit einem winzigen Taschentuch; dann schniefte sie und hob den Kopf. »Es war sehr nett von Ihnen, sich in den letzten Wochen mit einer törichten alten Frau zu beschäftigen, Hoshino-san. Ich weiß, ich habe Ihnen nicht sonderlich geholfen, und mir ist klar, daß Sie auf eigene Faust sehr viel mehr herausgefunden haben, als ich bisher zu erzählen bereit war. Ich glaube, ich muß jetzt ehrlicher zu Ihnen sein und Ihnen den Rest der Geschichte erzählen. Schließlich war ich diejenige, die Sie überhaupt eingeladen hat, herzukommen und über meinen jüngeren Bruder zu sprechen, und ihn können Sie nicht verstehen, ohne daß Sie über uns andere Bescheid wissen. Außerdem ist es an der Zeit, daß ich Ihnen erzähle, weshalb ich mich überhaupt an Sie gewandt habe und warum ich so viel von Ihrer Zeit in Anspruch genommen habe.«

Die alte Dame stand auf und ging zu dem kleinen *tokonoma*-Alkoven in einer Ecke des Zimmers. Er war zu klein, als daß er mehr als ein einfaches Blumengesteck hätte enthalten können, und Yoko hatte eines aufgestellt, das aus einem von Blütenknospen überzogenen Pflaumenzweig und zartem grünen Blattschaum bestand. »Die Pflaumenblüte kam in dem Jahr sehr spät«, flüsterte sie. »Der Februar war so bitterkalt gewesen.« Sie drehte sich um und sah Lesli wieder an.

»Mein älterer Bruder Hideo wurde am 29. Februar zusammen mit etwa einhundert anderen Offizieren und Unteroffizieren verhaftet. Die gemeinen Soldaten wurden nicht gestraft, als sie die Waffen niederlegten und in ihre Kasernen zurückmarschierten, nachdem der Kaiser es ihnen befohlen hatte. Mutter hatte sich am Abend des sechsundzwanzigsten... selbst ein Ende gemacht, nachdem die Polizei im Hause gewesen war und mich nach Hideo gefragt hatte.«

Yoko schloß die Augen und neigte für einen Moment den Kopf; aber gleich darauf sprach sie weiter. »Dwight war da. Irgendwie hatte er erfahren, daß mein Bruder einer der Rädelsführer war, und er kam, um mich zu warnen; die Polizei fand ihn bei uns. Meine Mutter war an diesem Tag zufällig auf den Beinen; wir wußten zwar nie, wieviel sie von dem, was um sie herum vorging, wahrnehmen konnte, aber sie muß doch wenigstens gehört haben, daß Hideos Name fiel, und sie muß irgendwie verstanden haben, daß er etwas Furchtbares getan hatte. Es muß so gewesen sein. Es muß. Die Alternative ist so grauenhaft, daß ich sie noch heute nicht glauben kann.«

»Ich weiß, was der Leutnant getan hatte«, sagte Lesli leise, als sie sah, wie es im Gesicht der Schwester arbeitete. »Versuchen Sie nicht, es mir zu erzählen. Die Einzelheiten des Prozesses sind mir inzwischen vertraut.«

Yoko nickte ihr dankbar zu. »Ja. Ja, das kann ich mir denken. In japanischer Sprache ist über dieses Thema viel geschrieben worden. Es war furchtbar, schrecklich. Aber das ist es nicht, was ich meinte.« Die Pflaumenblüten schienen sie zu faszinieren; sie befingerte sie ein paar Sekunden lang, ehe sie sich abwandte und sich wieder auf ihr flaches *zabuton*-Polster sinken ließ. »Weit größeres Grauen hat mir in all den Jahren der Gedanke bereitet, Jiro könnte unsere Mutter getötet haben. Unmittelbar danach hat er ihren liebsten Besitz gestohlen, wissen Sie.«

»O mein Gott. Die Töpfe.« Ohne es zu merken, verfiel Lesli wieder ins Englische, aber Yoko verstand anscheinend, was sie sagte, denn sie blickte in müder Überraschung zu ihr auf und senkte dann den Kopf wieder. »Er hat Ihnen also davon erzählt. Gleichwohl sehe ich, Sie halten es für unglaublich, daß er –«

»Völlig, völlig unglaublich. Er ist ein harter, skrupelloser Mann, das weiß ich. Aber er ist bestimmt kein Mörder.«

Wieder blickte Yoko auf, und sie hatte Tränen in den Augen. »Ich wünschte so sehr, ich könnte es ohne jeden Zweifel wissen, bevor ich sterbe. Er ist böse, Hoshino-san. Er hat mir im Laufe der Jahre gewaltige Summen angeboten – aber ich habe mich stets geweigert, auch nur einen einzigen Yen von ihm anzunehmen. Ich weiß so schlimme Dinge über ihn, und er ist sich dessen bewußt. Meine Schwester Teruko, sehen Sie, hat mir einen Brief geschrieben, und zwar mit der Anweisung, daß ich ihn erst nach ihrem

Tode erhalten sollte. Darin erzählte sie mir, daß Jiro sie erpreßte, weil er entdeckt hatte, daß sie... daß sie und Hideo einander auf verbotene Weise liebten. Um Jiro das Geld zu geben, das er forderte, arbeitete sie als Tanzpartnerin und später... als Schlimmeres. Es beschämt mich so, Ihnen das zu erzählen. Ich hasse ihn seit dem Tag, an dem ich diesen Brief las, und ich will ihn nie wiedersehen. Aber ich könnte ein wenig Frieden finden, wenn ich wüßte, daß wenigstens diese andere Sache sich nicht so verhält. Ich war in dem törichten Glauben, Sie könnten es vielleicht herausfinden. Der Vorschlag kam von Herrn Yamada, der Sie im Unternehmen meines Bruders betreut. Er ist mein Freund, ein früherer Student meines verstorbenen Mannes. Seit Jahren schon behält er meinen Bruder im Auge, aber er hat nichts in Erfahrung gebracht, das ich nicht schon wußte. Jetzt sehe ich ein, wie hoffnungslos es war...«

Es gab nichts, was Lesli hätte sagen können. Sie beugte sich vor und nahm die alte Hand in ihre, wie sie es bei Dwight Rogers in Vermont auch getan hatte, und dann wartete sie, bis Yoko wieder sprechen konnte. Es dauerte lange, bis es soweit war, und dann mußte Lesli sich zwingen, mit ihren Gedanken wieder zu jenem anderen Grauen zurückzukehren, mit dem Yoko sich irgendwie hatte abfinden *können*.

»Es war sehr gütig von ihnen, Hideo an dem Tag, an dem die Trauergäste kamen, um Weihrauch darzubringen, noch einmal nach Hause fahren zu lassen. Der Hauptmann, der ihn eskortierte, war sehr freundlich. Er begab sich außer Hörweite und gestattete uns, ein paar Minuten mit meinem Bruder zu reden.«

Lesli biß sich auf die Lippe, konnte aber den Gedanken nicht unterdrücken. Vielleicht würde er ja auch dazu beitragen, Yoko daran zu hindern, zu ihren erstaunlichen Vorwürfen gegen Jiro zurückzukehren, die Lesli erst einmal verdauen und abwägen mußte. »Das muß schrecklich für Sie alle gewesen sein. Wie hat er –«

»Wie hat er gewirkt? Seltsam. Abwesend, aber irgendwie auch zutiefst glücklich. Er äußerte kein Bedauern über das, was er getan hatte – ich glaube, das schockierte mich am meisten. Tatsächlich sagte er sogar zu Vater: ›Ich möchte, daß du deine privilegierten Kapitalistenfreunde aufforderst, ihr Benehmen zu überdenken und mehr Vernunft zu zeigen. Meine Freunde und ich werden dies vor dem Kriegsgericht deutlich machen.‹ Ich werde das nie vergessen; es kam mir so... na, eben *unglaublich* vor.«

»Ahnte einer von Ihnen zu dieser Zeit schon, was geschehen würde?« Lesli befürchtete schon, sie habe diese Frage mit einem Obermaß an Takt gestellt – so zartfühlend, daß sie dadurch unverständlich wurde. Aber Yoko schüttelte sogleich den Kopf.

»Nein, ganz gewiß nicht. Hideo schien jedenfalls damit zu rechnen, daß sie ihn degradieren und in die Provinz strafversetzen würden; schlimmstenfalls erwartete er die unehrenhafte Entlassung aus der Armee.«

Lesli sah sie ungläubig an. »Aber angesichts dessen, was passiert war, müssen Sie doch –?«

»Nein. Sehen Sie, es war ja nicht der erste derartige Zwischenfall, an dem Armeeoffiziere beteiligt gewesen waren, und in den meisten Fällen war man sehr milde mit diesen Leuten umgegangen. Das Verfahren gegen Oberst Aizawa wegen des Mordes an General Nagata hatte fast einen Monat gedauert, und man hatte ihm gestattet, lange politische Reden zu halten. Hideo erzählte uns, einige der wichtigsten Generäle hätten den Aufstand unterstützt, manchmal sogar offen. Zwei der führenden unter den jungen Offizieren hatten ohnehin Selbstmord begangen –«

»Hauptmann Nonaka und Hauptmann Kono.«

»Ja, ich glaube, so hießen sie. Die anderen meinten, da die Anführer auf diese Weise die Verantwortung übernommen hätten, werde das Gerichtsverfahren nur noch eine Formsache sein. Ich hatte den Eindruck, daß mein Bruder sogar daran dachte, an einem neuerlichen Versuch dieser Art teilzunehmen, wenn ›der Wirbel‹, wie er es nannte, erst vorüber wäre.« Yokos Miene wurde sanft, und behutsam zog sie ihre Hand aus Leslis.

»Wie ich es erzählte, klingt es, als wäre er unerträglich hart und arrogant gewesen, aber in Wirklichkeit war es ganz und gar nicht so. Vater war zuerst wütend und aufgebracht – wir alle waren es –, aber die restliche Zeit über sprach Hideo von Mutter, zärtlich und liebevoll. Und als dann der Hauptmann vom Tor herüberrief, es sei Zeit zum Gehen, verbeugte er sich vor Vater und bat ihn um Vergebung. Und dann verbeugten er und Jiro sich voreinander. Und was das Seltsamste war – bevor er ging, küßte er mich und dann Teruko. Höchst ungewöhnlich für einen japanischen Mann. Erst viele Jahre später verstand ich, warum er es getan hatte.«

38. *Donnerstag, 6. März 1986*

Lesli nahm die letzten paar Blätter zur Hand, klopfte sie auf dem Schreibtisch zurecht und heftete sie zusammen. Dann hängte sie sie in einen Ordner, der bereits aus den Nähten zu platzen drohte. In ihrem Zimmer im International House standen schon drei solche Ordner. Die graugrüne Plastikhülle lag bereits über der IBM, und Lesli fragte sich, ob die Schreibmaschine wohl jetzt in einem Lagerkeller schlummern und erst wiederentdeckt werden würde, wenn die Zeit kam, das Gebäude einzureißen und durch einen noch höheren Wolkenkratzer der Shimada Trading Corporation zu ersetzen – auf dem Grundstück, das der junge Jiro als Schüler in kluger Umsicht erworben hatte. Zweifellos hatte Mr. Yamada Pläne für die Maschine.

Sie würde Mr. Yamada vermissen, um so mehr, da sie jetzt von seiner loyalen Freundschaft zu Yoko wußte. Er hatte sich so eifrig bemüht, ihr zu Gefallen zu sein, stets bereit, ins Archiv zu springen, um ein Datum für sie zu überprüfen, oder Fotokopien für sie zu machen, statt es ihr oder einer der Sekretärinnen zu überlassen, obgleich er als Leiter der recht umfangreichen Abteilung für Internationale Beziehungen selbst genug Arbeit haben mußte. Seine Diskretion war perfekt gewesen. Nicht eine Sekunde lang war Lesli auf den Gedanken gekommen, daß es sein Bestreben sein könnte, sie dazu zu bringen, um Yokos willen den Panzerschrank zu öffnen, der Jiro Shimadas innerste Gefühle und Gedanken enthielt. Sie hätte viel dafür gegeben, Yokos qualvolle Frage vor ihrer Abreise aus Tokyo beantworten zu können.

Sie schaute sich in dem aufgeräumten, zweckmäßig entworfenen, unpersönlichen Büro um und seufzte. Sie konnte Mr. Yamada nicht dabei helfen, Yoko zu helfen, und jetzt hatten er und die verschwenderischen Quellen der Shimada Trading Corporation ihr nichts mehr zu bieten. Keine Akte war ihr verschlossen geblieben, und wahrscheinlich gab es außer ihm selbst niemanden, der mehr über die Geschichte der Firma und über die stetige Entwicklung von Jiro Shimadas internationalen Kontakten, Verpflichtungen und seinem Ruf wußte als sie. Sie wußte, welche führenden japanischen Politiker und Staatsbeamte er in seinen Anfangsjahren bei Essen und Golf gehätschelt hatte und welche recht bald gelernt hatten, ihn zu hätscheln, und sie wußte auch, daß in den letzten Jahren eine wachsende Zahl von großmächtigen Persönlichkeiten hinzugekommen war, die seine diskrete persönliche Unterstützung suchten oder dem einen oder anderen Projekt dadurch Auftrieb geben wollten, daß sie es von Glanz seines Namens bescheinen ließen.

Lesli hatte widerliche Briefe gesehen, unterzeichnet von amerikanischen Politikern – von mehreren Kennedys über Johnson, Kissinger und Nixon bis zu Carter, Shultz und Reagan; es waren freundliche Botschaften von Willy Brandt und Edward Heath dabeigewesen, von Pompidou, zwei Päpsten und drei UN-Generalsekretären, und Dutzende Fotografien, die Shimada in Gesellschaft dieser und anderer hochstehender Persönlichkeiten zeigten.

Sie hatte längst mehr als einen bloßen Entwurf zu ihrem Buch. Es war so viel an säuberlich sortiertem Material, daß das Buch sich, wie sie vor scheinbar ewigen Zeiten zu Charlie Goldfarb gesagt hatte, von selber schreiben würde. Aber das *andere* Buch, die wahre Geschichte von Jiro Shimada, würde niemals geschrieben werden – ein Buch, an das sie drei Monate zuvor nicht im Traum gedacht hatte und von dem sie jetzt besessen war. Ein kurzer Schauder überlief sie, als sie überlegte, wie Shimada reagieren würde, wenn er je herausfand, wieviel sie über ihn wußte. Über seinen Bruder, der zusammen mit anderen einen alten Mann in seinem Bett ermordet hatte. Über die Mutter, die sich umgebracht hatte, als die Erkenntnis der Schreckenstat, die ihr Sohn begangen hatte, die Drogenschleier vor ihrem Bewußtsein durchbohrt hatte – oder die er, was ebenso gut möglich war, als eiskalt amoralischer Halbwüchsiger ermordet hatte, um sich zu bereichern. Über den Vater, dessen Asche ebenfalls in dem Familiengrab auf dem Nakano-Friedhof in Nippori lag, neben einem Teil der Asche eines in Schande gefallenen Armeeoffiziers, dessen Überreste zusammen mit denen seiner Kameraden in einem gewöhnlichen, nicht gekennzeichneten Grab verscharrt worden waren. Über das erbärmliche kleine Überbleibsel von Teruko, das daneben ruhte: Eine Locke von der Schwester, die Shimada durch Erpressung zur Prostution gezwungen hatte und die – wie? wo? – gestorben war. Und vor allem über seine ältere Schwester Yoko, die, noch sehr lebendig, von quälendem Haß gegen ihn verzehrt wurde und die doch in ihrem Schmerz sanft geblieben war und in der Erinnerung an ihre Liebe zu einem Amerikaner schwelgte, der selbst auch einer von Leslis Informanten war.

Als Lesli sich vergewissert hatte, daß sie nichts Persönliches im Schreibtisch vergessen hatte, machte sie sich daran, ihre Habseligkeiten einzupacken. Da klopfte es. »*Ohaeri nasai*! Herein!«

»Hoshino-San. Verzeichen Sie, daß ich Sie störe. Yamada-san sagt, Sie wollen heute ausziehen. So früh?«

»Oh, Mr. Shimada. Ja. Ich habe aus Ihrem Archiv alles bekommen, was ich mir wünschen oder gebrauchen kann. Mr. Yamada war mir unglaublich hilfreich... aber es ist besser, wenn ich jetzt fortgehe.«

»Sie vergessen nicht, daß ich für nächsten Montag noch ein Gespräch mit Ihnen angesetzt habe, hoffe ich?« Lesli hatte auf englisch geantwortet, aber er sprach weiter japanisch, herrisch und einschüchternd wie immer in dieser Sprache.

»Nein, Sir, natürlich nicht.«

Shimada sah sich abschätzend im Zimmer um. »Gut. Gut. Ich hoffe. Sie haben es hier einigermaßen bequem gefunden... ich bin lange nicht in diesem Raum gewesen. Ich sollte öfter umhergehen und mit den Leuten an ihrem Arbeitsplatz sprechen. Das sei gute Managementpraxis, sagt man. Das heißt selbstverständlich nicht, daß ich mir anmaßen würde, Ihr Management übernehmen zu wollen. Es sei denn – wie mir soeben eingefallen ist –, es sei denn, ich könnte Sie dazu überreden, hier eine Stellung anzunehmen? Sie wären höchst willkommen, wenn Sie die Neigung dazu verspürten. Yamada wird seine Position bald freimachen. Wir befördern ihn, bevor er in zwei Jahren in den Ruhestand tritt, und die Abteilung für Internationale Verbindungen könnte eine Direktorin wie Sie gebrauchen.«

Shimada stand kantig in der Tür; seine Haltung war die eines sehr viel jüngeren Mannes: Sein teurer Maßanzug trug dazu bei, aber sein ganzes Wesen strahlte eine gesunde Munterkeit aus, und die neue Idee ließ seine Augen funkeln. Lesli mußte sich anstrengen, ein Lächeln zustandezubringen, als sie aufstand.

»Das ist ein schmeichelhaftes Angebot, Sir, auch wenn Sie es nicht ernst meinen.«

»Ich meine es ernst, Hoshino-san. Es ist nicht meine Gewohnheit, Dinge zu sagen, die ich nicht ernst meine. Denken Sie darüber nach. Wir könnten einen Zeitplan vereinbaren, der Ihnen paßt; Sie müssen das Buch zu Ende schreiben, und dann werden Sie Urlaub machen wollen. Überlegen Sie es sich ernsthaft, und dann sagen Sie mir am Montag, was Sie davon halten. Sie sind fest entschlossen, die eigentliche Schreibarbeit an dem Buch in Amerika vorzunehmen?«

»Ja. Es ist ein Buch über eine internationale Person. Ich muß die internationale Dimension richtig erfassen, und Japan ist allzu sehr damit beschäftigt, japanisch zu sein.«

Shimada gab ein Geräusch von sich, das ein Lachen hätte sein können, und wechselte endlich ins Englische, bei dem Lesli die ganze Zeit über hartnäckig geblieben war. »Ich glaube, ich verstehe, was Sie meinen. Jedenfalls wissen sie jetzt alles über mich. Das Objekt soll sein Porträt ja erst zu sehen bekommen, wenn es fertig ist, aber sagen Sie mir: Werde ich das Buch entsetzt in die Rumpelkammer werfen, wie Winston Churchill es mit seiner Biographie getan hat?«

»Ich weiß fast nichts über Sie, Mr. Shimada, und je mehr ich herausfinde, desto weniger sicher bin ich, daß es mich stört«, entgegnete Lesli mit fester Stimme. »Ich weiß nicht einmal, wo Sie wohnen.«

Sehr langsam richtete Shimada sich auf und löste seine verschränkten Arme. »Das ist eine merkwürdige und provokante Bemerkung. Aber schließlich haben Sie ja die Begabung, stets mit unverhofften Dingen aufzuwarten, nicht wahr? Zumindest mein Wohnort ist kein großes Geheimnis. Yamada hätte Ihnen die Adresse genannt, wenn Sie sich die Mühe gemacht hätten, ihn danach zu fragen. Ich ebenfalls. Ich wohne hier. In diesem Gebäude. Und wenn sie behaupten, fast nichts über mich zu wissen, so kann ich nicht glauben, daß Ihre Recherchen so unproduktiv gewesen sein sollten. Es steht alles in diesen Akten dort.«

Da es ihr nun einmal gelungen war, ihn mit ihrer Äußerung sichtlich zu reizen, ließ Lesli nicht locker. »Ich frage mich, was für ein Mann das ist, der alle seine persönlichen Unterlagen in seinem Büro aufbewahrt, und dann nicht einmal unter seiner direkten Aufsicht, sondern in der Obhut eines professionellen Archivars. Alle seine verschiedenen Urkunden, Auszeichnungen, Preise. Jetzt, da ich weiß, daß Sie hier im Hause wohnen, kommt mir das um so merkwürdiger vor.«

»Nicht merkwürdig. Praktisch. Ich bin kein junger Mann mehr, Miss Hoshino. Unsereins kann nur noch sicher wissen, daß er – oder sie« – er unterbrach sich zu einer dezenten kleinen Verbeugung in ihre Richtung – »sterben wird. Meine Angelegenheiten sind inzwischen seit vielen Jahren wohlgeordnet. Ich gedenke nicht, daran etwas zu ändern.«

»Aber Sie müssen doch bestimmt ein *paar* Papiere, Fotos, Andenken behalten haben – irgend etwas.«

»Sie sind heute entschieden aggressiv, Miss Hoshino. Mißverstehen Sie mich nicht. Ich mag diese Eigenschaft. Aber ich habe es Ihnen schon einmal gesagt, und ich sage es Ihnen noch einmal: Alles, was für Ihre Arbeit relevant ist, steht Ihnen zur Verfügung.«

Versonnen rieb Jiro Shimada sich das Kinn und war offenbar im Begriff, sich abzuwenden, doch dann überlegte er es sich. »Wir werden am Montag ziemlich spät zusammentreffen, glaube ich – um halb fünf, nicht wahr? Ja. Nun, ich freue mich darauf, Sie wie gewöhnlich in meinem Büro zu empfangen, wenn es Ihnen recht ist. Und danach würde ich Sie – falls Sie nicht etwas anderes vorhaben – auf einen Drink in meine Wohnung einladen. Auch zum Abendessen, wenn Sie Zeit dazu haben. Wenn es Ihre Neugier befriedigt, werde ich Ihnen dann einige rein persönliche Erinnerungsstücke zeigen, die ich dort oben aufbewahre. Sie brauchen nicht nervös zu werden, Miss Hoshino. Ich lebe allein, aber ich bin mehr als alt genug, um Ihr Vater zu sein.«

Zum erstenmal lachte Lesli in seiner Gegenwart laut und verachtungsvoll. »Und Sie glauben, das sei beruhigend? Von Männern, die alt genug sind, um mein Vater zu sein, könnte ich Ihnen das eine oder andere erzählen, Mr. Shimada, und ich glaube, Sie wären nicht im geringsten überrascht. Okay, ich nehme Ihre Einladung zum Drink an...« Sie zögerte, als sie den inzwischen vertrauten, aber immer noch unergründlichen Ausdruck in seinem Gesicht sah. »Und zum Abendessen. Danke. Nervös bin ich auch nicht.« Sie atmete tief durch und stürmte dann blindlings weiter, ohne zu wissen, wie er reagieren würde. »Nach allem, was ich habe erfahren können, bin ich davon überzeugt, daß Sie ein kalter, herzloser und absolut skrupelloser Mann sind, vor dem jeder vernünftige Mensch Angst haben sollte. Aber ich möchte gern glauben, daß noch keine Frau Anlaß hatte, Ihretwegen um ihre Unversehrtheit zu fürchten.« Ihre Lippen verzogen sich zu einem unaufrichtigen Halblächeln. Sie hörte den Klang ihrer eigenen Stimme, und beschämt vernahm sie den Unterton von Aggression und beginnender Hysterie. In Wahrheit bereute sie ihren Entschluß jetzt schon, und sie war völlig sicher, daß Shimada sehen konnte, wie sie zitterte.

Eine ganze Weile starrte er sie nur an, und Lesli hatte Mühe zu atmen. »Ein interessantes Stück Charakteranalyse. Jetzt erwarte ich den kommenden Montag mit ganz besonderem Vergnügen.«

39. *4. März 1986*

Route 3
Alderton,
Rutland, Vt.

Liebe Miss Hoshino,
ich kann eigentlich nicht sagen, daß ich mich über Ihren Brief gefreut habe; dafür hat er zu viele schmerzhafte Erinnerungen in mir wachgerufen. Aber trotzdem vielen Dank. Ich bin nicht sicher, daß es die Wahrheit ist, wenn Sie schreiben, unsere Gespräche hätten Ihnen bei Ihrer Arbeit geholfen. Es war nett von Ihnen, Ihre Zeit dafür zu opfern, einen alten Mann zu besuchen, und ich hoffe, es hat Ihnen Freude gemacht, Ihre Familie wieder einmal zu besuchen, so daß das viele Geld, das es kostet, von Japan aus um

die halbe Welt zu fahren, vielleicht doch nicht nur zum Fenster hinausgeworfen war. Tut mir leid, daß ich nicht früher dazu gekommen bin, Ihnen zu schreiben, wie ich Ihnen, glaube ich, versprochen hatte. Es bereitet mir heutzutage einige Mühe.

Es ist eine echte Freude und ein Trost für mich, zu wissen, daß Yoko wohlauf ist und liebevoll an mich denkt. Ich habe Ihnen nicht ganz die Wahrheit gesagt, als wir miteinander sprachen – ehrlich gesagt, mein Gedächtnis ist nicht mehr so, wie es einmal war, und ich weiß nicht mehr genau, was ich Ihnen erzählt habe; aber ich glaube doch, ich habe Ihnen den Eindruck vermittelt, ich sei wie Lieutenant Pinkerton in *Madam Butterfly* einfach davongesegelt und hätte nie wieder versucht, mit Yoko Kontakt aufzunehmen. Die Wahrheit ist, daß ich über einen Freund im Außenministerium, der 1938 in der Botschaft in Tokyo eingesetzt war, Erkundigungen einzog und erfuhr, daß sie einen Dozenten von einer der großen Privatuniversitäten geheiratet hatte – von Keio oder Waseda, das weiß ich nun nicht mehr. Ich glaube aber, es war Waseda, weil Yoko dort arbeitete. Ein prachtvoller Mann namens Nagai, der zwei Jahre im Gefängnis gesessen hatte, weil er seine Meinung gesagt hatte. Naturgemäß wäre es daher nicht recht gewesen, wenn ich Yoko noch einmal belästigt hätte.

Als ich selber nach dem Krieg wieder nach Japan kam, fragte ich selbst ein bißchen herum und erfuhr, daß dieser Mr. Nagai auch mit der Kriegsregierung aneinandergeraten war. Nach einer neuerlichen Haftstrafe wurde er als Gemeiner zur Infanterie eingezogen und in Burma schwer verwundet. Yoko selbst verlor ihren Job an der Universität und mußte in einer Flugzeugfabrik oder etwas ähnlichem arbeiten.

Nun, in diesen ersten Jahren nach dem Krieg hatte ich Freunde in guten Positionen in MacArthurs Stab, und mit ihrer Hilfe gelang es mir, Yoko und ihren Mann ausfindig zu machen. Sie lebten zurückgezogen in Shizuoka, wo sie, wenn ich recht informiert bin, Verwandtschaft hatte, einen Vetter ihres Vaters oder so etwas. Yoko unterrichtete Bibliothekskunde an einem Junior College, und ihr Mann schrieb für irgendein Käseblättchen. Vielleicht sollte ich noch erwähnen, daß es mittlerweile akzeptabel war, links zu stehen. Nun, inzwischen hatte ich selbst geheiratet, und so ließ ich sie in Frieden; ich hoffe aufrichtig und von ganzem Herzen, daß sie zusammen glücklich waren. Ich bin froh, daß ich der großen Versuchung, Kontakt mit Yoko aufzunehmen, damals widerstanden habe, und auch wenn wir jetzt im Alter beide wieder allein sind, ist es, schätze ich, für mich zu spät, an ein Wiedersehen zu denken. Sie glauben nicht, wie viele Briefe ich an sie geschrieben habe, seit Sie hier bei mir waren. Aber ich bezweifle, daß ich jemals einen abschicken werde.

Nun, ich habe den Artikel über die Ereignisse des 26. Februar in Newsworld gelesen; wahrscheinlich hätte ich es sowieso getan, auch wenn Sie mich nicht darum gebeten hätten. Als alter Zeitungsmann und auch als eine Art Augenzeuge bei einigem, was damals geschah, würde ich sagen, er war ziemlich gut, auch wenn eine Menge Leute nötig waren, ihn zu schreiben. Habe auch Ihren Namen darunter gefunden und versucht, herauszufinden, welche Bröckchen wohl von Yoko stammten. Das war mehr als eine Gedächtnisauffrischung; es hat mich regelrecht in diese erstaunlichen Tage zurückversetzt.

Sie bitten mich, Ihnen mehr über den Leutnant und über Yokos Schwester Teruko zu sagen. Nun, ihn habe ich natürlich nie wiedergesehen. Nach dem Begräbnis ihrer Mutter erzählte Yoko mir, er sei mit einer Militäreskorte zuhause aufgekreuzt, frech wie Dreck, wenn Sie mir diesen rüden Ausdruck nachsehen wollen. Er rechnete natürlich damit, vors Kriegsgericht gestellt und für schuldig befunden zu werden, aber anscheinend war er ziemlich zufrieden mit dem, was er getan hatte, und erwartete, daß er und seine Freunde lediglich einen Klaps auf die Finger bekommen würden. Anfang März müßte das gewesen sein – heute, da ich hier vor meiner alten Schreibmaschine sitze, vor ziemlich genau fünfzig Jahren.

Ich glaube, es trifft zu, wenn man sagt, daß die meisten Leute, mich selbst eingeschlossen, diese Erwartung eine Zeitlang teilten, aber wir alle irrten uns gründlich. Das Kriegsgericht, das einberufen wurde, um den etwa hundert Burschen den Prozeß zu machen, hatte nicht die geringste Ähnlichkeit mit denen, die es vorher gegeben hatte. Es arbeitete schnell und effizient, es gab keine Publicity, und die Angeklagten durften keine langen Reden halten. Tatsächlich gestattete man ihnen nicht einmal einen Verteidiger. Und wie Sie inzwischen wissen, wurde Yokos Bruder Hideo zusammen mit einem runden Dutzend anderer natürlich zum Tode verurteilt; es waren auch ein paar Zivilisten darunter, zum Beispiel dieser sonderbare Visionär Ikki Kita und ein Mann namens Nishida, wie ich mich erinnere. Ich mußte über das alles berichten, und es war kein Geheimnis, daß die jungen Soldaten sich auch nach dem Urteil immer noch an den Glauben klammerten, man werde ihnen das Offiziersprivileg einräumen, Selbstmord begehen zu dürfen. Aber da hatten sie ihre Rechnung ohne den Kaiser gemacht. Er war *unversöhnlich*. Sie waren Meuterer, und damit hatte sich's für ihn. Also wurde ihnen der militärische Rang genommen, und dann wurden sie erschossen.

Ja, Miss Hoshino, ich wünschte nur, ich könnte Ihnen auch erzählen, was aus Teruko wurde. Sie war eine sehr hübsche junge Frau, und ich bin einmal mit ihr ausgegangen. Nach kurzer Zeit war mir allerdings klar, daß wir im Grunde nichts miteinander gemeinsam hatten, und so lud ich sie nicht wieder ein. Aus einer Beziehung mit Teruko wäre nie etwas geworden, selbst wenn Yoko und ich uns nicht gefunden hätten. Nachdem wir miteinander ausgegangen waren, sah ich sie nur einmal wieder, als ich nämlich zu ihnen nach Hause ging, um nach Mrs. Shimadas tragischem Tod mein Beileid auszudrücken. Es lagen nur ein paar Wochen dazwischen, aber ich fand, daß Teruko viel älter und irgendwie auch zynischer aussah. Vermutlich lag es an der Belastung, unter der sie alle standen, und an der schwarzen Trauerkleidung. Wenn Sie je herausfinden, was aus ihr geworden ist, dann würde ich mich freuen, wenn Sie es mich wissen ließen.

Es freut mich, daß Sie alles Material haben, das Sie für Ihr Buch über Jiro Shimada brauchen; ich erwarte es mit großem Interesse und freue mich darauf, es zu lesen, sobald es erschienen ist. Es fällt mir immer noch schwer zu glauben, daß er Yokos kleiner Bruder sein soll, aber selbstverständlich werde ich Ihren Wunsch respektieren, dies vertraulich zu behandeln. Wem um alles in der Welt sollte ich es aber auch erzählen sollen? Bitte sagen sie Yoko, daß ich – verdammt, jawohl: daß ich sie liebe, und Sie könnten ihr auch meine Adresse geben, für alle Fälle.

Und besuchen Sie mich wieder mal, wenn Sie in den Staaten sind. Ich hoffe, noch ein oder zwei Jahre erreichbar zu sein. Gruß – Dwight A. Rogers.

40. *Montag, 10. März 1986*

»Sehen sie sich ganz nach Belieben um, Miss Hoshino. Es ist eine völlig normale Wohnung.«

»Im dreißigsten Stock? Wohl kaum, Mr. Shimada. Eine normale New Yorker Millionärswohnung vielleicht.« Mit dem Glas in der Hand spazierte Lesli zum Fenster und schaute auf den Juwelenteppich aus Lichtern hinunter.

»Ich frage mich... nein, Sie sind zu jung.« Die Stimme war beunruhigend nah an ihrem Ohr. Lesli wich ein Stück zur Seite.

»Was wollten Sie sagen?«

»Ich wollte die Vermutung äußern, daß Sie hinunterschauten und sich dabei an die berühmte Szene auf dem Riesenrad im *Dritten Mann* erinnerten und mich mit Harry Lime verglichen, aber ich nehme an, Sie haben den Film nie gesehen.«

Lesli drehte sich um und schaute ihm in die Augen. »Ich habe ihn gesehen. Aber nein, Mr. Shimada – ich halte Sie nicht für jemanden, der auf die Masse der gewöhnlichen Menschen wie auf Insekten hinunterschaut. Außerdem, wieso interessiert es Sie, was ich denke?«

Es war eher wie im privaten Speiseraum eines luxuriösen Hotels, nicht wie in der Wohnung eines Mannes. Ein Tisch, der für mindestens acht Personen Platz bot, war für zwei gedeckt, und ein Kellner in weißem Jackett machte sich professionell an einem Sortiment Speisen zu schaffen, die auf einem Tisch seitlich an der Wand arrangiert waren. Einige zugedeckte Schüsseln wurden in *bains-maries* über Spiritusflammen warmgehalten; von anderen entfernte der Mann soeben die schützende Folie. Shimada sah, wohin Leslis Blick gerichtet war, und wedelte leichthin mit der Hand. »Ich hoffe, Sie essen gern chinesisch. Wie Sie zweifellos schon selbst herausgefunden haben, gibt es in diesem Gebäude die verschiedensten Restaurants. Ich bediene mich aller von Zeit zu

Zeit. Der Coffeeshop im Tiefparterre schickt mir mein Frühstück herauf, aber das Abendessen lasse ich mir am liebsten von dem französischen oder dem chinesischen Restaurant im Stockwerk unter uns bringen.«

»Ebenso gut könnten Sie in einem Hotel wohnen«, stellte Lesli fest. Ihre Stimme klang in ihren eigenen Ohren angespannt, widerborstig und unfreundlich, und sie wünschte sich, sie wäre eine bessere Schauspielerin gewesen. »Entschuldigen Sie. Ich will nicht unhöflich oder schroff sein. Sie haben ein phantastisches Apartment, und ich bin sehr dankbar, daß Sie mir Gelegenheit geben, es zu besichtigen.«

Shimada spreizte die Hände. »Es stimmt ja, ich genieße hier großenteils die Annehmlichkeiten eines guten Hotels. Aber ich verbringe ohnehin schon genug Zeit in Hotels, so daß ich nicht auch noch in einem wohnen möchte. Dieses Zimmer erscheint Ihnen vielleicht unpersönlich, aber für mich sind viele angenehme Assoziationen damit verknüpft.«

Der Kellner hatte seine Vorbereitungen beendet und schwebte lautlos durch das Zimmer; er trug ein Tablett mit zwei Drinks. »Oh, ich habe diesen hier kaum angefangen, aber...« Lesli ließ sich von dem Mann das Glas aus der Hand nehmen und griff nach dem neuen; sie ärgerte sich über ihre Schreckhaftigkeit.

Es war nicht, als gebe es eine spezifische Begründung dafür. Im Gegenteil – das Interview in Shimadas Büro war reibungslos verlaufen. Ihre Fragen hatten sich auf die letzten Jahre bezogen; es waren sachliche Fragen gewesen, und er hatte sie unumwunden und geschäftsmäßig beantwortet. Lesli hatte zwar nicht vermocht, das, was sie eigentlich beschäftigte, völlig aus ihren Gedanken zu verbannen, aber sie hatte das behagliche Gefühl gehabt, sich selbst und die Situation im Griff zu haben, solange sie in Shimadas Büro gesessen hatten, denn die Umgebung dort war ihr im Laufe der Wochen beruhigend vertraut geworden. Er indessen hatte sich lässig von seiner charmantesten Seite gezeigt, und Lesli hatte den leisen Hauch von Bedrohlichkeit, der sie bei den vorherigen zwei Gesprächen beunruhigt hatte, nicht spüren können.

Sie hätte nicht sagen können, was an der Atmosphäre oben im Penthouse anders war, aber was immer es sein mochte, es bereitete ihr Unbehagen. Möbel und Ausstattung waren luxuriös, aber nicht in der diskret geschmackvollen Art, in der Shimadas Büro eingerichtet war. Die schweren Goldfransen an den olivgrünen Samtvorhängen vor den Fenstern waren von krasser Extravaganz, und die opulenten Kissen auf dem massigen Sofa trugen ebenfalls zu einem Gesamtbild bei, das bedrückend und zugleich ein bißchen lächerlich wirkte. Eine halbe Stunde bei einem Drink zu plaudern, hätte vollauf genügt; Lesli lächelte angestrengt und wünschte sich inständig, sie hätte Shimadas scheinbar beiläufige Einladung zum Dinner nicht so impulsiv angenommen.

»Gut. Ich bin froh, daß Sie in mir keinen Harry Lime sehen.« Auch Shimadas Benehmen ließ eine leise Unsicherheit erkennen, aber dies fand Lesli nur um so beunruhigender, und sie mußte einen Schauder unterdrücken, als sie in sein sorgsam gepflegtes Gesicht schaute und ihr ein Gedanke kam, der ihr, so albern er war, den Magen umdrehte: Vielleicht trug er ja buchstäblich eine Maske, eins von diesen realistischen Gummidingern, mit denen sich im Film so entsetzliche Effekte erzielen ließen. Shimada hob eine Hand zum Gesicht, und Leslis Herz setzte einmal aus. Es war, als habe er ihre Gedanken gelesen und schicke sich jetzt an, sich die Larve vom Gesicht zu reißen und eine unsagbar entstellte Fratze zu enthüllen, ehe er mordlüsternen Blickes auf sie eindrang. Aber er rieb sich nur das Kinn, und in seinem Lächeln lag eine Andeutung von Schüchternheit; Lesli fühlte, wie ihre Schultern erleichtert herabfielen. Als Shimada wieder sprach, tat er es mit einem gewissen defensiven Unterton, der für den Mann, mit dem sie jetzt viele Stunden im Gespräch verbracht hatte, ganz uncharakteristisch war und völlig anders klang als die Art, in der er noch vor einer Stunde mit ihr gesprochen hatte.

»Ich hoffe, Sie fanden unser letztes... wie soll ich es nennen? – förmliches Gespräch heute nachmittag hilfreich.«

»Die letzte Sitzung vor der Enthüllung des Porträts? Ja. Vielen Dank. Aber die Analogie taugt eigentlich nichts, denn ich habe noch nicht angefangen zu malen. Was ich in diesem Stadium habe, ist eine Masse von eigenhändigen Skizzen, auf deren Grundlage ich arbeiten kann – und natürlich die Ansichten zahlreicher anderer Leute über Sie. Einige sind schmeichelhaft.«

»Nur einige?« Shimada sah sie über den Rand seines Glases mit Scotch und Wasser hinweg an, und dann krümmte er wehmütig die Mundwinkel herab. »Aber natürlich. Nach dem Ausbruch zu urteilen, zu dem das Thema meines Charakters Sie am letzten Donnerstag verleitete, müssen Sie mit ein oder zwei Leuten gesprochen haben, die mich aus ganzem Herzen verabscheuen.«

Sein Tonfall gab Lesli den Mut, ihm den Trost und die Hilfe, die er zu suchen schien, zu verweigern. »Ja, das stimmt. Ich habe in den letzten zwei Monaten selbst mit einer Reihe von Leuten gesprochen, Mr. Shimada, und Sie werden sich sicher auch denken können, daß mir eine gewaltige Menge von Interviewmaterial zugänglich war, das gegen Ende des vergangenen Jahres von der Redaktion des *Newsworld*-Magazins bei den Recherchen für die Titelgeschichte über Sie zusammengetragen wurde.«

Für einen Moment flüchtete sie sich vor seinem Blick in ihren Drink; dann sah sie ihn wieder an. Der Alkohol half Lesli, sich zu entspannen, und sie stellte fest, daß es ihr immer leichter fiel, unverblümte Offenheit zu simulieren. »Das dürfte Sie nicht überraschen. Niemand kann eine Karriere wie die Ihre hinter sich bringen, ohne bei anderen Leuten – Politikern, Konkurrenten und so weiter – Eifersucht zu wecken. Mißtrauen. Angst. Erbitterte Feindschaft.«

»Nein. Das ist mir klar. Was mich allerdings verblüfft, ist der Umstand, daß, wie Sie implizit sagen, die Leute so rundheraus davon erzählt haben. Ich weiß, Sie würden es mir nicht verraten, wenn ich Sie danach fragte, aber ich würde viel darum geben, zu wissen, wer Ihre Informanten waren. Es entspricht nicht japanischer Art, solche Gefühle offen zuzugeben.«

»Oh, das haben sie nicht getan. Nicht alle. Aber Sie vergessen etwas, Mr. Shimada. Ich bin von Geburt Japanerin. Ich weiß alles über *tatemae* und *honne*, über das Bild und die Wirklichkeit, über die wahren Gefühle hinter dem leidenschaftslosen Gesicht und den sorgsam gewählten höflichen Worten, bei denen man mit dem Bauch denkt. Ich kann zwischen japanischen Zeilen lesen.«

In der Offensive zu sein, ließ Leslis Stimmung immer besser werden; kühn sah sie Shimada ins Gesicht, und in ihr erwachte das Bewußtsein, daß es Spaß machte, diesen mächtigen Mann behutsam zu verspotten. Sie wußte, daß sie blendend aussah; nach dem Gespräch am Nachmittag hatte sie sich umgezogen und das eleganteste Kleid angelegt, das sie für mögliche noble Abendeinladungen mitgebracht hatte. Es war aus anschmiegsamem Seidenjersey, zart maulbeerfarben, und bei früheren Gelegenheiten hatte es ihr dazu verholfen, sich kultiviert, ausgeglichen und zugleich ein bißchen waghalsig zu fühlen. Jetzt kam sie zu dem Schluß, daß diese Wirkung heute lediglich mit etwas Verspätung einsetzte. Langsam begann Lesli diese Unterhaltung zu genießen, und einigermaßen überrascht stellte sie fest, daß es keineswegs unangenehm war zu merken, wie Shimadas Blick über ihren Körper huschte.

»Ja. Ja, ich nehme an, das können Sie. Wie ich schon einmal sagte, Sie können eine beunruhigende Frau sein, Miss Hoshino. Ich sehe ein, daß es sehr töricht von mir war, Sie zu unterschätzen. Vielleicht sollten wir etwas essen, bevor Sie mir den Appetit verderben.« Sanft faßte er ihren Ellbogen und führte sie hinüber zum Tisch. Es war das erstemal, daß er sie berührte, seit sie einander bei ihrer ersten Begegnung im Januar die Hand gegeben hatten, und Lesli fand es angenehm und beunruhigend zugleich.

Das Essen war köstlich, und das Gefühl von Absurdität, das sie dabei empfand, am Tisch zu sitzen und sich bedienen zu lassen, als posiere sie für ein Reklamefoto für American Express, verflog ein wenig, als Shimada seinen eindrucksvollen Charme wieder aufleuchten ließ, das Thema wechselte und interessant und amüsant über die Auswirkung des japanischen Beamtentums auf Premierminister Nakasones unverblümten und individualistischen Stil plauderte und von einem Gespräch zwischen Nakasone und Margaret Thatcher erzählte, bei dem er zugegen gewesen war. Shimada war ein begabter Mime und brachte Lesli mehrmals zum Lachen, aber noch immer dachte sie auch genußvoll daran, daß sie in dem Gespräch zuvor ihre Stellung gehalten hatte, und sie fand Sicherheit in der tiefen weiblichen Kraft, die dem Bewußtsein entströmte, daß er sie körperlich begehrenswert wie auch freimütig und zugleich rätselhaft fand. Gleichwohl war sie vorsichtig genug, den warmen chinesischen Wein, der zum Essen gereicht wurde, zurückzuweisen, denn sie fürchtete, sonst indiskret und geschwätzig zu werden.

»Es ist unorthodox nach einem solchen Essen, ich weiß, aber ich werde jetzt einen Kaffee trinken«, erklärte Shimada schließlich und legte seine Serviette aus der Hand. »Und Sie? Oder haben Sie noch Platz für eine Hummerschere?«

Lesli schüttelte den Kopf. »Ich habe jetzt schon zu viel gegessen. Ein Kaffee wäre nicht schlecht.«

»Gut. Wir nehmen ihn im Arbeitszimmer, dann kann der Kellner hier abräumen und gehen.« Shimada erhob sich, und der Kellner trat hinter Lesli und zog ihren Stuhl zurück. Sie stand auf, ohne Shimada aus den Augen zu lassen, und versuchte einzuschätzen, was dieser scheinbare Eifer, den Kellner loszuwerden, wohl bedeuten mochte, und sie fragte sich, was sie wohl tun würde, falls er sich ihr – was allmählich in den Bereich des Möglichen rückte – sexuell nähern sollte. Aber sie entdeckte nichts als gastfreundliche Höflichkeit in seiner Miene. Als sie das Zimmer verließen, hielt er jedoch wieder ihren Ellbogen umfaßt, und die Wärme seiner Hand ließ das Fleisch an ihrem Oberarm kribbeln.

Shimadas Gewohnheiten waren hier offenbar gut bekannt, denn der Kaffee erwartete sie bereits im Arbeitszimmer, das übrigens ganz anders wirkte als das riesige, formelle Wohnzimmer, welches eher so aussah, als sei es ganz und gar von einem prätentiösen, aber unsicheren Innenarchitekten eingerichtet worden. Die Bücher in den überquellenden Regalen waren keine in feines Leder gebundenen Reihen, sondern eine zusammengewürfelte Vielfalt von Publikationen in englischer und japanischer Sprache, und Zeitschriften lagen verstreut auf Fernsehapparat, Schreibtisch und Sesseln. Shimada nahm ein paar davon auf, um für Lesli einen Sessel freizumachen, sah sich ziemlich hilflos um und warf sie dann auf den Teppich. »Das einzige Zimmer, das die Putzfrau nicht anrühren darf«, erklärte er. »Wollen Sie uns den Kaffee eingießen, oder soll ich es tun?«

»Ich mach's schon. Dieses Zimmer gefällt mir.« Lesli griff nach der Kaffeekanne.

Shimada grunzte, als er sich über den Schreibtisch beugte, eine Schublade aufzog und darin herumwühlte. »Hier«, sagte er schließlich. »Ich habe Ihnen etwas versprochen. Meine verstorbene Frau.«

Er kam herüber und reichte ihr das Foto. Lesli studierte es, während er neben ihrem Sessel stehenblieb und auf das Bild heruntersah. »Aber sie war ja *wunderschön*«, stellte sie fest.

»Versuchen Sie weniger überrascht zu klingen, Miss Hoshino. Es ist nicht sehr schmeichelhaft für mich. Ja, sie war schön. Das hier ist natürlich eine Atelieraufnahme, und dabei gibt es Mittel und Wege, eine Frau von ihrer besten Seite zu zeigen. Aber viele Leute außer Ihnen und mir hielten sie ebenfalls für schön... Das Bild wurde aufgenommen, kurz bevor ihr letzter Film herauskam; sie wurde nie wieder fotografiert, und nicht einmal zwei Jahre danach ist sie gestorben.«

»Aber... aber Sie sagten, es sei keine Liebesheirat gewesen?«

»Es war auch keine. Jeder von uns war in der Lage, die Karriere des anderen zu fördern. Aber ich gewann sie sehr lieb.«

»Und umgekehrt war es auch so?«

»Nein, das glaube ich nicht. Ich bin kein liebenswerter Mann, Miss Hoshino, wie Sie sicher schon gemerkt haben.« Er räumte einen weiteren Sessel frei, setzte sich dorthin und starrte sie ausdruckslos an. »Sie widersprechen dieser Feststellung nicht«, sagte er nach einer Weile. Wieder kam es Lesli so vor, als fische er nach Trost; sie zuckte die Achseln – sie fand es geschmacklos.

»Wie könnte ich? Es tut mir leid, wenn ich vorige Woche und heute abend wiederum unhöflich zu Ihnen war, aber ich habe Ihnen schon erklärt, daß ich Sie – was immer ich an Informationen und Eindrücken von anderen Leuten habe gewinnen können – persönlich überhaupt nicht kenne. Ich weiß nicht, was Sie antreibt, und ich weiß nicht, was vor all den Jahren angefangen hat, Sie anzutreiben. Ebenso wenig weiß ich, was Sie getan haben mögen, um dorthin zu gelangen, wo Sie heute sind.«

Lesli bemühte sich, den wachsenden Verdruß zu bezähmen; es fiel ihr schwer, sich vor dem Abgrund der Indiskretion festzuklammern, in den Shimada sie mit seinem scheinbaren Selbstmitleid zu stürzen drohte. Sie spürte gleichsam, wie ihre geistigen Fingerspitzen abrutschten: Es würde so leicht und befriedigend sein, einfach loszulassen und aus der Höhe ihres Wissens auf ihn herabzustürzen, ihn zu Geständnissen zu zwingen, zu Ausflüchten, ja, zu loderndem Zorn; aber damit geriete sie auch in große Gefahr, ihre

Bekanntschaft mit Yoko offenbar werden zu lassen, und Lesli hatte immer noch so viel Angst um Yoko und tatsächlich auch um sich selbst, daß sie sich lieber zurückzog. Deshalb sagte sie nichts mehr, sondern griff nach ihrer Kaffeetasse.

Sie war froh, es dabei belassen zu haben, als Shimada antwortete, denn unversehens gab er sich wieder autoritär und selbstbewußt: Der Präsident des Konzerns, der sich zu einem Interview herabließ. »Ist es tatsächlich möglich, daß Sie in der Frage nach dem, was ›mich antreibt‹, wie Sie sagen, noch Ihre Zweifel haben? Das Phänomen des Ehrgeizes ist Ihnen doch wohl oft genug begegnet, nicht wahr? Kombinieren Sie es mit einigen starken Überzeugungen hinsichtlich der Fehler, die wir Japaner in der Vergangenheit begangen haben, und des Weges, den wir in Zukunft gehen müssen, und Sie haben eine psychologische Erklärung für mich und mein Handeln, die Ihnen ausreichen müßte.«

Mit einem Gefühl der Erleichterung spürte Lesli wieder festeren Boden unter den Füßen, aber es erschien ihr wie eine ironische Fügung, daß ausgerechnet jetzt, wo sie im Begriff war, Japan zu verlassen, die Barrikaden demontiert wurden und Shimada sie zum erstenmal geradezu aufforderte, die persönlichen Fragen zu stellen, denen er in ihren vielen reglementierten Gesprächen stets so behende ausgewichen war.

»Das ist *Ihre* Erklärung, Mr. Shimada. Ich muß erst noch eine finden, die mir genügt.«

»Und Sie erwarten, daß Sie beim Schreiben darauf stoßen?«

»Vielleicht. Eher beim Schreiben des Buches in meinem Kopf, das niemals gedruckt werden wird.«

»Sie sprechen in Rätseln, Miss Hoshino, Cognac?«

»Nein danke. Aber ich nehme noch eine Tasse Kaffee, wenn ich darf.« Shimada nickte, als sie ihm die Kanne entgegenhob, und während sie ihnen beiden nachschenkte, goß er sich ein großzügig bemessenes Quantum Cognac aus einer Flasche ein, die neben ihm auf einem Tablett stand. »Sie werden doch nichts dagegen haben, wenn ich Ihnen aus Amerika schreibe, falls mir Ergänzungsfragen in den Sinn kommen? Und selbstverständlich werde ich Ihnen eine Kopie des Manuskriptes schicken, wenn es fertig ist, damit Sie es kommentieren und Faktenkorrekturen vornehmen können.«

»So war es vereinbart. Und mit Vergnügen werde ich weitere Fragen beantworten, die Sie mir womöglich brieflich übersenden. Vorausgesetzt, Sie klären mich auf und verraten mir, was Sie meinen, wenn Sie sagen, Sie wollten ein anderes Buch in ihrem Kopf schreiben.«

Lesli versuchte leichthin zu lachen, aber was dabei herauskam, ärgerte sie: Sie fand, es klang nur albern und kindisch.

»Ach, das? Ich nenne es *Der wahre Jiro Shimada*. Gestatten Sie mir, daß ich Ihnen jetzt eine persönliche Frage stelle. Darf ich?« Shimada sah sie starr an und nickte schließlich ernst; dabei ließ er die ölige Flüssigkeit in seinem Glas kreisen.

»Ihr Vater starb 1940, sagten Sie. Woran?« Das Schweigen zog sich so sehr in die Länge und Shimada saß so still da, daß Lesli plötzlich merkte, wie sie im Geiste eine Entschuldigung zu formulieren begann. Dann aber wechselte ihre Stimmung jäh zu verdrossenem Abscheu. Sie hatte die Nase voll. Es war Zeit, sich endgültig von diesem Abgrund zurückzuziehen, Zeit, Japan und seine bodenlosen Tiefen von Heuchelei, Trug und Selbstgefälligkeit zu verlassen. Der monströse Shimada, der ihre Gedanken seit Wochen heimsuchte, schien zu schrumpfen, je länger er schwieg, und Lesli fühlte sich fade, beinahe gelangweilt, und sie empfand dumpfe Scham angesichts ihrer noch kürzlich verspürten aufblühenden sexuellen Erregung. Da war nichts Beängstigendes, nichts Beeindruckendes mehr an diesem einsamen, alternden Mann auf der anderen Seite des Tisches mit seiner künstlichen Sonnenbräune und seinem Gefolge aus Putzfrauen und Kellnern. Es klang gereizt, als sie ausatmete, und sie machte Anstalten, sich aus ihrem Sessel zu erheben. Da endlich sprach Shimada, und er parierte ihre Frage mit einer zweiten.

»Das Buch in Ihrem Kopf. War es Ihr Ernst, als Sie sagten, es werde niemals gedruckt werden?«

Lesli funkelte ihn mit kalten Augen an. »Ich wüßte nicht, wie es gedruckt werden könnte. Sie etwa? Ohne Ihre volle persönliche Kooperation könnte ich es nicht schreiben, und Sie könnten es ganz bestimmt nicht. Autobiographien sind inhärent mangelhaft.« Dann schrak sie ein wenig zurück: Wieder zeugte sein Gesichtsausdruck von arroganter Selbstsicherheit.

»Ich brauche keine Therapie, Miss Hoshino«, schnappte er. »Ich bin nicht krank. Die Psychoanalyse ist eine Mumpitzwissenschaft, die davon lebt, daß sie die Schwächlinge und die Wichtigtuer übertölpelt. Und religiös bin ich auch nicht, und daher habe ich nicht das Bedürfnis, zu beichten. Kurz gesagt, ich sehe keinen Grund, weshalb ich auch nur Ihre eigene Neugier befriedigen sollte, indem ich Ihnen von anderen Leuten als mir selbst erzähle – von Ihren Lesern einmal ganz zu schweigen.« Er stand auf und ging zum Fenster. Dann fuhr er herum und starrte sie an. »Ich bin ganz Ihrer Meinung. Sie können meine persönliche Biographie nicht schreiben, und ich verbiete Ihnen, es zu versuchen.«

Lesli reagierte sofort. Blitzender, beglückender Zorn durchströmte ihr Bewußtsein, als sie sich aus ihrem Sessel emporreckte, aufstand und Shimada in die Augen blickte. »Sie tun *was*?« fragte sie mit eisiger Ungläubigkeit. »Habe ich recht gehört? Sagten Sie ›verbieten‹?«

»Sehr richtig.« Beide standen stocksteif da und starrten einander über eine Distanz von wenigen Schritten hinweg an, und sie schmetterten ihre Sätze hin und her wie zwei aufmerksame, gut eingespielte Tennisspieler.

»Mr. Shimada. Anscheinend haben Sie vergessen, daß ich vor zwei Stunden in Ihrem Büro Ihr Stellenangebot ablehnte. Ich habe Ihnen ein paar Gründe dafür genannt; es gibt einen, zu dem ich noch nicht gekommen bin: Der Gedanke, von Ihnen Befehle entgegenzunehmen, paßte mir nicht. Er paßt mir auch jetzt noch nicht, und ich denke nicht, daß sich daran etwas ändern wird.«

»Diesen werden Sie entgegennehmen.«

»Im Gegenteil. Soeben haben Sie eine völlig neue Biographin gefunden.«

Shimadas Haltung entspannte sich kaum merklich, und als er antwortete, klang seine Stimme seidig und drohend. »Nein, meine liebe Miss Hoshino. Sie irren sich. Warum soll ich es Ihnen nicht erklären? Ich habe mich vor einer Weile – letzte Woche, genau gesagt – endgültig entschieden, auf eine Biographie überhaupt zu verzichten. Das Projekt ist beendet. Abgesagt. Aus.« Er hob sanft die Hand, als Lesli in neuerlicher Empörung den Mund öffnete. »Warten Sie. Ich habe Ihnen noch etwas zu sagen, und dann werde ich Ihnen erklären, wie ich dafür gesorgt habe, daß Sie nicht versuchen werden, meine Entscheidung zu umgehen. Vor einigen Wochen ist mir klargeworden, daß ich, wie ich schon vor dem Essen sagte, anfangs nicht nur Ihre Beharrlichkeit, sondern auch Ihren Erfindungsreichtum unterschätzt hatte. Zudem hatte ich die Tatsache übersehen, daß gewisse Dinge von jedermann in Erfahrung gebracht werden können. Das alles gebe ich zu, aber andererseits haben auch Sie einen großen Fehler begangen, indem Sie mich für einen Dummkopf hielten.« Shimadas Augen glitzerten, und Lesli atmete schwer. Angst schlich sich jetzt in ihre Wut, und sie verspürte das körperliche Verlangen, wegzulaufen, aber sie konnte sich nicht bewegen.

»Ich habe einige Zeit gebraucht, um herauszufinden, was Sie bezweckten, als Sie nach Amerika flogen.«

Das Blut strömte ihr ins Gesicht, und ihre Stimme versagte, als sie zu sprechen versuchte. »Wie –?«

»Oh, Sie törichtes, selbstgerechtes Weib! Natürlich wußte ich von der Reise: Tatsächlich läuteten da zum erstenmal die Alarmglocken bei mir. Ich wußte auch von den meisten, wenn nicht von allen Ihren Besuchen in Kamakura. Jetzt sind Sie nicht nur verlegen, sondern auch überrascht, Miss Hoshino. Das sollten Sie nicht sein. Glauben Sie ernsthaft, ich würde Ihnen oder sonst jemandem Zugang zu meinen Unterlagen eröffnen, ohne mir angelegen sein zu lassen, zu erfahren, welche Quellen da sonst noch angezapft werden?«

»Sie ... Sie *Schuft*! Sie haben mit mir *gespielt*! All dieser Quatsch vom Manuskriptlesen ... dieses Stellenangebot –« Wild schaute Lesli umher, und Shimada schüttelte den Kopf.

»Nicht. Werfen Sie nichts nach mir. Es könnte sein, daß ich böse werde, und das würde Ihnen nicht gefallen. Vielleicht sollte ich Sie ja tatsächlich um Verzeihung bitten. Es hat mir in der Tat Spaß gemacht, Sie – wie sagt man? – heute abend an der Nase herumzuführen. Aber das Stellenangebot war tatsächlich echt. Und für den Fall, daß Sie es angenommen hätten, hatte ich gänzlich andere Pläne in petto. Ich habe mehrere Lösungsmöglichkeiten in Betracht gezogen. So wird es Sie zum Beispiel interessieren, daß ich in den letzten Tagen mit der Idee gespielt habe, Ihnen einen Heiratsantrag zu machen. Sie sind eine höchst attraktive Frau, und ich bin zwar alt, aber ich *bin* nun einmal sehr reich. In der Vergangenheit hat sich diese Kombination als recht reizvoll erwiesen.«

Lesli erstickte fast vor Empörung. »Sie haben die gottverdammte Stirn, sich einzubilden, Sie könnten mich *kaufen*? Ich soll Sie *heiraten*? *Sie* heiraten? Nur über meine Leiche.« Shimada zuckte beleidigend mit den Achseln und packte dann mühelos Leslis Handgelenk, als sie wütend auf ihn eindreschen wollte.

»*Jeden* kann man kaufen, Miss Hoshino. Glauben Sie mir, ich weiß es: Ich bin ein sehr erfahrener Käufer. Es ist nur eine Frage des richtigen Preises. Oh, ich rede in Ihrem Fall nicht nur über Geld, obwohl meine amerikanischen Anwälte sicherlich zu einer freundschaftlichen Regelung mit Ihrem Verlag gelangen werden, und wenn Sie sich erst beruhigt haben, dann werden Sie, glaube ich, meine Arrangements auch recht großzügig finden. Es wird da kein Problem geben. Sehen Sie, wenn es nötig wäre, würde ich den Verlag einfach kaufen. Mir ist natürlich klar, daß diese Art der Regelung nicht unbedingt für alle Zeit Ihr Schweigen sicherstellen wird, was aber von meinem Standpunkt aus ganz entscheidend wichtig ist.«

Wutentbrannt riß Lesli das Handgelenk los, das er umklammert hielt, und trat einen Schritt zurück. Ihr Gesicht glühte. Sie hatte Mühe, zu glauben, was sie da hörte. Shimadas Gerede vom Heiraten war so hinterhältig wie empörend arrogant, und es war, als sei das Getriebe ihres Verstandes ausgerastet und ihre Gedanken rasten unkontrolliert umeinander. Die Drohung, die hinter Shimadas Worten lauerte, ängstigte sie, denn jetzt glaubte sie, daß er nicht nur ein Erpresser, sondern auch ein Mörder war. Sie versuchte die Vorstellung, daß ihr eigenes Leben durch ihn bedroht sei, in ihrer ganzen Wucht zu erfassen, und doch fühlte sie sich gleichzeitig zu ihrem Erstaunen und Entsetzen durch seine kalte, gnadenlose Kraft erregt. Er sah sie an, sein Blick bohrte sich in ihre Augen, und für einen wahnsinnigen Moment spürte sie, wie Wut, Angst und Ekel zu einer abscheulichen Lust verschmolzen, zu der blinden, verzehrenden Leidenschaft des Besitzens und Bessenwerdens. Dann aber lächelte er knapp und sprach wieder, und das Grauen gewann die Oberhand. Er hatte sich nicht gerührt, aber Lesli drehte sich der Magen um: Sie war davon überzeugt, daß er ihre Gedanken gelesen hatte. Ihre Beine wollten den Dienst versagen, und kraftlos fiel sie in den Sessel, emotional ausgepumpt.

»Ich bin sicher, Sie verstehen. Infolgedessen habe ich natürlich ausgiebig über Mittel und Wege nachgedacht, Sie wirksam zum Schweigen zu bringen. Die einfachste Methode wäre selbstverständlich gewesen, Sie töten zu lassen.« Sein sanfter Ton stand in bizarrem Kontrast zu den Worten, die er benutzte. »Für jemanden mit meinen Mitteln und Möglichkeiten wäre es kein Problem, dergleichen zu arrangieren. Mehr als einmal habe ich in den letzten paar Tagen erwogen, es zu tun, vor allem, nachdem ich im *Newsworld*-Magazin den Artikel über die Ereignisse des 26. Februar gelesen hatte, sehen Sie. Ihr Name stand darunter. Als ich ihn gesehen hatte, war mir sogleich klar, daß Sie von meinem Bruder gehört haben mußten. Vermutlich von dem Amerikaner, Rogers. Es hätte mich verwundert, wenn Yoko in diesem Zusammenhang von ihm gesprochen hätte.«

Bei den letzten Worten klang Shimadas Stimme brüchig, und ohne zu wissen, warum, fühlte Lesli, wie ihr die Tränen in die Augen stiegen. »Es tut mir leid«, sagte sie. »Ja, ich habe von ihm gehört. Aber ich hatte niemals die Absicht, ihn im Buch zu erwähnen.« Shimada nickte langsam, und Lesli starrte ihn mit ganz neuer Schüchternheit an, die weniger schrecklich war als die Angst, die sie eben noch gelähmt hatte.

»Würden Sie mich wirklich umbringen lassen? Wenn ich mir vornehme, das Buch zu schreiben?« Mit fast akademischem Interesse wartete sie auf Antwort. Shimada schüttelte den Kopf.

»Jetzt nicht mehr. Es wäre plump und, was mich betrifft, auch ziemlich feige. Außerdem bin ich bereit, Ihnen einen anderen Preis zu zahlen, wissen Sie. Ich glaube nicht, daß Sie ablehnen werden.« Er setzte sich und nahm einen Schluck Cognac.

Lesli wartete, daß er weiterredete; als er stumm blieb, brachte sie es nicht über sich zu fragen *»Was für einen anderen Preis?«* Er war ganz still geworden, als wäre er allein im Zimmer, und ihn zu befragen, erschien ihr plötzlich weniger dringlich, als ihn zu beobachten. Die Stille dauerte fast eine halbe Minute, und Shimada war anscheinend so weit weg, daß er nicht merkte, mit welcher Intensität sie ihn betrachtete. Als er leicht den Kopf schüttelte und ihr in die Augen blickte, hielt sie den Atem an.

»Sie haben mich nach meinem Vater gefragt«, sagte er leise. »Ich nehme an, man könnte sagen, er starb an der Traurigkeit, obgleich er tatsächlich im Gefängnis starb. Als mein Bruder... hingerichtet worden und er bei Mitsui ausgeschieden war, stürzte er sich auf politische Aktivitäten. Er war schon immer linken Ideen zugetan gewesen, aber das behandelte er mit einer erstaunlichen Diskretion, die er erst in den letzten Jahren seines Lebens ablegte. Dann aber machte er die verlorene Zeit wieder wett. Vom Sommer 1936 an bis zu seiner Inhaftierung widmete er sich dem offenen antimilitaristischen Aktivismus. Heutzutage klingt das nicht besonders eindrucksvoll, aber damals war er einer von wenigen. Ich glaube, er hatte das Gefühl, er habe nichts zu verlieren und vielleicht... eine gewisse Würde zu gewinnen. Also stellte er sich der Geheimpolizei. Ich glaube, er entschied sich so, weil er nicht ›erwischt werden‹ wollte. So wie ich mich jetzt entschieden habe, mich Ihnen zu stellen.«

Shimadas Stille war von seinem Entschluß, zu sprechen, nicht durchbrochen worden. Noch nie hatte Lesli ihn so ruhig und entspannt wirken sehen. Als der Vergleich zwischen ihr und der Geheimpolizei einen Ausdruck der Entrüstung auf ihr Gesicht lockte, lächelte er einen Augenblick lang amüsiert.

»Machen Sie kein so verdutztes Gesicht. Der Vergleich ist so unpassend nicht, wissen Sie. Sie haben sich in arroganter Weise das Recht angemaßt, Dinge zu erfahren, die Sie nichts angingen. Sie haben herumgeschnüffelt und sich gegen mich verschworen, Sie haben sich in private Bereiche gedrängt, selbstgefällig im Wohlgefühl Ihrer moralischen Rechtschaffenheit. Aber gut – das ist jetzt erledigt. Für mich ist es zu spät, Ihnen zu grollen, und für Sie ist es zu spät zur Reue. Ich werde Ihr Schweigen übrigens nicht *kaufen* – aber ich bin ein Mann, der alles erreicht hat, was er sich in seinem Leben erhoffen kann, und so, scheint mir, bin ich in einer Position, es zu *erzwingen*.«

Lesli fühlte, daß sie fast so still wurde wie er – und kalt. ... »erzwingen«? Im selben Augenblick, noch bevor sie Zeit fand, diesem »Zwang«, den er an die Stelle eines »Preises« setzte, einen Namen zu geben, spürte sie die Furcht – ja, die Ehrfurcht –, die mit der ganzen Erkenntnis kommen würde.

»Nein«, wisperte sie. »Nicht. Sie brauchen nichts zu tun, überhaupt nichts, damit ich schweige. Natürlich nicht. Ich schenke Ihnen mein Schweigen. Hören Sie – Sie hätten es sowieso haben können, um Yokos, wenn auch nicht um Ihrer selbst willen.«

Shimada sah sie lange unverwandt an, bevor er langsam den Kopf schüttelte. »Ich glaube Ihnen, und ich danke Ihnen. Sie dürfen nicht beleidigt sein, meine Liebe, wenn ich Ihnen sage, daß es bedeutungslos geworden ist, was Sie zu tun gedenken. Ich habe getan, was ich konnte, und ich bin müde. Mein Entschluß steht fest.«

Unwirklichkeit, Unausweichlichkeit – Lesli war es, als habe sie sich in einen Traum verirrt, in dem diese beiden miteinander verschmolzen, und was immer sie diesem Mann zu entgegnen versuchte, würde als sinnloses Gezwitscher über ihre Lippen kommen. Gleichzeitig beharrte alles Kompetente in ihr – was ihr geholfen hatte, ihre Karriere zu steuern – darauf, daß sie selbstverständlich doch die richtigen Worte finden, den richtigen Ton treffen, die beherrschbare Realität wiederherstellen könne. Wenn sie nur rasch und raffiniert genug denken könnte, dann würde sie auch in der Lage sein, diesen Mann aus der Ferne – dieser irrwitzig *japanischen* Ferne – zurückzuholen, in der er jetzt zu verschwinden schien. »Ihn am Reden halten«, dachte sie, »das muß ich jetzt tun«, als wäre sie eine Polizistin, die Zeit zu schinden versuchte, während ein Wahnsinniger auf dem Fenstersims hockte. Sie atmete tief und sagte kühl: »Aber wenn das der Fall ist, dann müssen Sie mir alles erzählen – das wissen Sie, nicht wahr?«

Shimada nickte, als sei das, was sie gesagt hatte, völlig logisch gewesen. »Ja. Sie wollen etwas über die Schwester hören, die im Krieg starb. Ihr Name war Teruko.« Ein zuckendes Zusammenziehen seiner Braue störte seine Ruhe für einen Augenblick, und Lesli dachte: »O mein Gott, das wird es noch schlimmer machen.«

»Teruko«, wiederholte er. »Sie war ein hübsches Mädchen... Sie war eine Hure. Sie fing als Hosteß an, in einem Tanzpalast an der Ginza, aber bald nach dem Tode meiner Mutter wechselte sie in ein Etablissement in Shinjuku, in ein richtiges Bordell. Gar nicht weit von hier. Überhaupt nicht weit. Im Herbst 1936 suchte sie sich eine eigene Wohnung, und dann verloren wir sie aus den Augen – sie ›verdunstete‹, wie die Leute hier sagen. 1938 schrieb sie uns dann aus Shanghai. Sie war das geworden, was man damals ein ›Trostmädchen‹ für die japanischen Soldaten nannte, und das blieb sie bis zu ihrem Tod. In der Benachrichtigung war die Rede von Tuberkulose, aber mich erreichte auch das Gerücht, sie sei erwürgt worden.« In den wenigen Sekunden, die verstrichen waren, seit er Terukos Namen ausgesprochen hatte, war sein Gesicht fahl geworden. »Jetzt wissen Sie alles.«

»Nein, nicht ganz.« Sein Versuch, zu behaupten, er habe das Ende der Geschichte erreicht, ließ Leslis Empörung wieder erwachen. »Sie vergessen, Mr. Shimada, daß ich bereits weiß, warum Yoko Sie haßt.«

»Sie wissen, warum *sie glaubt*, mich hassen zu müssen«, antwortete er müde. »Bilden Sie sich wirklich ein, das könnte ich vergessen? Sie glaubt, ich hätte unsere Mutter ermordet. Es dauerte ein paar Jahre, bis sie auf diese Idee kam – nach dem Tod meiner Mutter standen wir einander lange Zeit ziemlich nahe. Mein Bruder wurde ja nur wenige Monate später ... und dann wurde uns auch mein Vater genommen. Teruko war nicht mehr da, und wir hatten nur noch einander ... Es war die Nachricht vom Tode Terukos, die es auslöste, der Tropfen, der das Faß zum Überlaufen brachte. Es war wie ein Gewitter in ihrem Kopf, sie hat getobt und geschimpft und mich beschuldigt, Teruko getötet zu haben – es war natürlich verrückt. Und dann – ich werde es nie vergessen – stand sie plötzlich stocksteif da, den Blick starr auf mein Gesicht gerichtet, und sie sagte – sie flüsterte: ›Natürlich – *du hast auch Mutter ermordet.* Jetzt verstehe ich alles.‹ Und dann fiel sie in Ohnmacht. Seither hat sie nie wieder ein Wort mit mir gesprochen. Wenn ich versuchte, mit ihr zu reden – und, beiläufig gesagt, ich *habe* es versucht, oft sogar –, dann flüchtete sie sich in hysterische Anfälle, und ich hatte jedesmal Angst, ich könnte sie in einen Nervenzusammenbruch treiben. Wenn ich ihr später schrieb, kamen alle meine Briefe ungeöffnet zurück. Sie *wollte* mir nicht glauben ... Sie wird dankbar sein, wenn ich nicht mehr bin.«

»Und haben Sie Ihre Mutter ermordet?«

Shimada schloß die Augen. »Nein, ich habe es nicht getan.«

»Warum sollte Yoko Ihnen glauben? Warum sollte ich Ihnen glauben? Sie haben die Tonschalen Ihrer Mutter gestohlen, und Sie haben Teruko erpreßt. Yoko schöpfte nicht aus heiterem Himmel Verdacht, sondern weil sie von der Erpressung wußte: Teruko hatte ihr einen Brief geschrieben. Sie lügen selbst jetzt noch und versuchen, das zu verschweigen. Weshalb sollte ich Ihnen also glauben, wenn Sie von Ihrer Mutter sprechen? Sie sind fähig, zu Ihrem eigenen Vorteil einen Mord zu begehen – das haben Sie vorhin halbwegs zugegeben, als Sie sagten, Sie hätten erwogen, mich umbringen zu lassen. Vielleicht erwägen Sie es immer noch – was weiß denn ich?«

»Nein. Sie wissen es jetzt besser.« Shimada sah ihr in die Augen und ließ ihren Blick nicht los. »Oder nicht?«

Lesli funkelte ihn an, aber sie schwieg. Sie wußte es besser, aber das linderte ihren Zorn nicht, ebenso wenig, wie das Wissen es tat, daß er sie am Ende doch zwingen würde, ihn zu achten.

»Also gut – mag sein, daß Sie mich nicht umbringen werden; aber wie sollte man Sie nicht hassen für das, was Sie Teruko angetan haben? Das war böse und unbarmherzig – welchen denkbaren Grund hätten Sie haben können, sie so erbittert zu hassen?«

»Hören Sie: Ich habe meine Mutter nicht ermordet, und ich habe ihre Schalen nicht gestohlen. Sie hat sie mir geschenkt, ein paar Tage, nachdem Yoko sie aus Tenri zurückgebracht hatte. Es ist gleichgültig, ob Sie mir glauben oder nicht; es ist die Wahrheit. Und es ist leider auch die Wahrheit, daß ich Teruko haßte. Ich haßte sie, weil sie Japan den Rücken gekehrt hatte. Weil sie westliche Art nachäffte. Weil sie trivial war, und weil sie den einzigen Menschen, den ich je wirklich geliebt habe, auf das Abscheulichste verdorben hatte – meinen Bruder.« Shimadas Augen waren wieder geschlossen, und er bewegte den Kopf sachte hin und her, als leide er körperliche Schmerzen. »Damals glaubte ich, was immer mein Bruder glaubte. Teruko besudelte ihn. In meiner Arroganz ernannte ich mich selber zum Werkzeug der Gerechtigkeit und übernahm es, sie für ihre Schlechtigkeit zu bestrafen. Mir mangelte damals an Respekt vor meinem Vater; ich hatte die bescheidene Fassade, hinter der er seine große Kraft verbarg, nicht durchschaut, und so gab ich meinem Bruder die Gefühle, die ich ihm hätte geben müssen. Erst als ich den wahren Mut meines Vaters schließlich erkannte, fiel es mir wie Schuppen von den Augen, und ich sah das Grauen dessen, was ich getan hatte, und ich sah auch das Ungeheuerliche, für das mein armer Bruder gestanden, was er in seinem romantischen Fieber begangen hatte – in seiner Torheit, japanisch bis zum Irrsinn. Ich konnte nie ungeschehen machen, was ich Teruko angetan hatte. Mit dieser Schuld lebe ich seit einem halben Jahrhundert. Aber ich habe versucht... es wiedergutzumachen. Ich habe versucht, mit dem, was ich mit dem von ihr erpreßten Geld erworben hatte, für ein anderes Japan zu arbeiten, das nicht von sich selbst besessen ist, sondern offen für das Licht. Ein grelles Licht ist es oft, aber einmal hat es Terukos Augen funkeln lassen... bevor... bevor ich tat, was ich tat. Es hat Zeiten gegeben, da ich erheblichen Einfluß auszuüben glaubte, aber ich mußte sorgsam darauf achten, nicht in mein Herz zu schauen. Das ist es, was Sie getan haben: Sie haben mich gezwungen, in mein Herz zu schauen. Aber was ich dort gesehen habe, war immer da – das Wissen, daß nichts von dem, was ich erreicht habe, den Preis wert war, den meine Schwester dafür zahlen mußte. Es ist ein verbrecherisches Konto, und es ist an der Zeit, es abzuschließen.«

Er trank seinen Cognac aus, stand auf und sah auf die Uhr. »So. Es ist spät geworden. Mein Fahrer Hatano-san wartet auf Sie; er wird Sie zurückbringen. Sie werden ihn im Auto finden, am gewohnten Platz in der Garage.« Er sprach gleichmütig und freundlich, als er auf sie zukam und ihr die Hand entgegenstreckte; es war, als habe die Auseinandersetzung dieses Abends niemals stattgefunden. »Nun – goodbye, Lesli.«

Sie ergriff seine Hand und sah ihn an. »Ich glaube Ihnen jetzt«, sagte sie leise. »Und vielleicht werde ich eines Tages aufhören können, Sie zu hassen. Was Yoko angeht, so weiß ich es nicht, aber ich verspreche Ihnen, daß ich versuchen werde, es ihr zu erklären. Goodbye, Jiro.« Ganz kurz drückte er ihre Hand, ehe er sie losließ, doch das war seine einzige Reaktion. Als Lesli sich an der Tür noch einmal umdrehte, sah sie, daß er ihr nachschaute, und ein verzerrtes Lächeln lag auf seinem Gesicht. Sie zögerte und kämpfte mit dem Drang, zu ihm zurückzukehren, ihn anzuflehen, er möge es sich anders überlegen, ja, ihn zu trösten in seiner letzten Einsamkeit; aber dann schüttelte sie traurig den Kopf.

»*Sayonara*«, sagte sie, und ihre Stimme war rauh vor Rührung. Und dann veranlaßte etwas sie dazu, sich tief vor Jiro Shimada zu verneigen, zum Abschied und als Zeichen der Achtung vor seinem Entschluß. Mit Würde und Anmut erwiderte er ihre Verneigung, ohne zu zögern, und als Lesli das Zimmer verließ und ihren Mantel suchte, wußte sie, daß er sich für den richtigen Weg entschieden hatte.

Es war schließlich der japanische Weg.

EPILOG

Samstag, 12. Juli 1936

Obwohl die Zeit des schweren »Pflaumenregens« offiziell fast vorüber war, erfüllte feuchte Luft die Zelle; auf dem lackierten Stahl der Tür perlte das Kondenswasser, und das saubere Hemd, das sie Hideo gegeben hatten, war beim Anziehen an seiner Haut klebengeblieben. Dann kam einer der Wärter mit einem kleinen Topf Farbe und tupfte die schweißnasse Haut an seiner Stirn mit einem Tuch trocken. Hideo fühlte das kühle, glitschige Prickeln des Pinsels auf seiner Stirn: So, dachte er, mochte die Zunge einer Schlange sich anfühlen, wenn sie tastend über ihn zuckte.

Es war eine große Erleichterung, nach draußen in die frische Luft zu kommen, wenngleich der Himmel die Farbe von Blei hatte. Es nieselte, und schon zu dieser frühen Stunde war es fast so warm wie drinnen. Ein Gingko wuchs dicht beim Hinrichtungshof; Hideo sah, wie gleich hinter der Mauer seine Blätter einzeln zuckten und sich regten, wenn das Regenwasser von ihnen ablief.

Hideo begriff, daß er als letzter herausgekommen war. Die Leutnants der Ersten Division, die im Gegensatz zum normalen Verfahren das Exekutionskommando bildeten, hatten schon ihre Position eingenommen, halb verdeckt hinter einer Erdbrüstung, aber Hideo sah genug von ihnen, um die dunklen Schweißflecken zu erkennen, die bereits sichtbar waren, deutlich unterschieden von der Nässe des Sprühregens, die auf ihren Hemdschultern glitzerte. Der kommandierende Major führte die Aufsicht, während Yasuda mit Handgelenken und Fußknöcheln an den Rahmen gefesselt wurde.

Drei weitere seiner Freunde waren bereits angebunden, und es war nur noch ein Platz übrig. »Guten Morgen, Kamerad Shimada!« rief einer von ihnen, und Hideo blickte lächelnd zu ihm hin. Die vier sahen ziemlich komisch aus mit den Zyklopenaugen, die man ihnen auf die Stirn gemalt hatte, ein bißchen wie die grotesken *daruma*-Puppen, die augenlos als Glücksbringer verkauft wurden: Wenn man ein Unternehmen begann, malte man ihnen ein schwarzes Auge, und das andere malte man erst, wenn es erfolgreich zu Ende geführt worden war. Bald waren sie mit Yasuda fertig, und die Wache führte Hideo zu seinem Platz am Ende.

»Sind wir die erste Gruppe, Major?« fragte Hideo. »Dreimal fünf, nicht wahr?« Der Major nickte und sah zu, wie die zwei Soldaten sich an Hideos Handgelenken zu schaffen machten. Hideo ließ sich ein wenig erschlaffen, als sie fertig waren. Er fühlte sich viel zu unwirklich, als daß er Angst gehabt hätte; außerdem wechselten die anderen tapfere, hitzige Reden, fast wie in jenen seltsamen Tagen im Sanno Hotel. Der, von dem Hideo begrüßt worden war, sang jetzt ein Liedchen, und als er fertig war, brüllte Yasuda der Abteilung der Offiziersschützen zu: »Das Volk vertraut auf die Armee! Laßt nicht zu, daß es verraten wird! Die Russen dürfen uns nicht überwinden!« Alle fünf Verurteilten jubelten. Dann senkte sich bedrückende Stille herab; der Major ließ das Exekutionskommando Haltung annehmen und befahl, die Gewehre zu einem letzten Ehrenerweis in einem Generalsalut zu präsentieren.

Dann wurden ihnen die Augen verbunden, Hideo als erstem. In der plötzlichen, privaten Dunkelheit seines Kopfes starrte Hideo auf das Bild Terukos, das sein Bewußtsein mit Schönheit überflutete, und er ließ sich in die Fesseln sinken, die ihn an dem rauhen Holz hinter ihm hielten. Sie, Yoko, Jiro und der Vater hatten ihn am Abend zuvor im Militärgefängnis in Yoyogi besuchen dürfen, um sich von ihm zu verabschieden. Hideo erinnerte sich kaum an das, was gesprochen worden war, aber er fühlte, wie Terukos tiefer Blick noch immer in seinem Herzen suchte und ihm Mut gab.

Dann rissen ihn das scharfe Knirschen von Stiefeln auf dem Kies und das metallische Klappern der Gewehrverschlüsse aus seinem Sinnen, und er richtete sich auf; ein Entsetzensschrei quoll in ihm auf und stieg mit fast physischer Macht in seine Kehle. Hideo konnte ihn nicht unterdrücken, er konnte ihn nur verwandeln, und Tränen triumphierender Erleichterung brannten in seinen Augen, als er seine brüchige Stimme schreien hörte: »Für Seine Majestät und das Reich!«, und der rauhe Chor seiner Kameraden stimmte ein in ein letztes dreifaches *Banzai*!

Yoko kniete schweigend neben Teruko und Jiro; sie sah zu, wie ihr Vater sich verbeugte, den Brief von dem schlichten Lacktablett nahm, das sie vor ihn auf die *tatami* gestellt hatte, und ihn aufriß. Sie selbst hatte ihn an der Tür von dem Armeekurier entgegengenommen. Der Mann hatte respektvoll salutiert, bevor er sich abgewandt hatte. Sie hatte den Brief in den Händen gedreht und gedreht, bis das Knattern seines Motorrads im vormittäglichen Verkehrsgesumm verklungen war. Sie alle trugen formelle japanische Kleidung, sogar Jiro: Er hatte einen von Yukichis Kimonos an.

Als erster las Yukichi die offizielle Mitteilung über die Vollstreckung des Urteils des Militärischen Sondergerichtes gegen den ehemaligen Leutnant Shimada und legte sie beiseite; dann entfaltete er die Anlagen, Hideos Testament und sein »Nach-Lebens«-Gedicht. Er las beides stumm und dann noch einmal laut für seine Kinder, mit der ruhigen, geschliffenen Stimme, die sie alle so gut kannten. Dann warf er noch einmal einen Blick auf die Benachrichtigung mit ihrem Gewirr aus offiziellen Siegeln, legte alle Papiere auf das Tablett und stellte dieses in den *tokonoma* vor das gerahmte Foto von Hideo, das dort auf dem Ehrenplatz stand. Alle verbeugten sich ehrerbietig.

Nach einer Weile richtete Yukichi sich wieder auf. Dann erhob er sich und sah auf seine Kinder herab.

»Ich muß jetzt zum Gefängnis«, sagte er ruhig. »Um alles in die Wege zu leiten.« Jiro verbeugte sich noch einmal vor Hideos Fotografie, dann stand auch er auf. Sein Gesicht war blaß und ernst. »Ich komme mit dir, Vater«, sagte er.

Titel der englischen Originalausgabe: »The Imperial Way«
Ins Deutsche übertragen von Rainer Schmidt

Satz: alfa datatype, Berlin
Druck und Verarbeitung: May & Co., Darmstadt
Printed in Germany 1987

CIP-Kurztitelaufnahme der Deutschen Bibliothek

Melville, James:
Chrysantheme und Schwert / James Melville.
[Ins Dt. übertr. von Rainer Schmidt]. –
Frankfurt/Main; Berlin: Ullstein, 1987.
Einheitssacht.: The imperial way ‹dt.›
ISBN 3-550-06137-4